昭和
わたしの証言Ⅴ

まえがき

昭和は第一次世界大戦や関東大震災など動乱の大正時代に続き、その初期は軍部の台頭、満州事変の勃発など物騒な時代であった。

昭和十六年には、ついに太平洋戦争がはじまる。そして、昭和二十年、広島と長崎に原爆が投下され、ポツダム宣言を受諾し、終戦となり、ＧＨＱの占領政策が始まる。艱難辛苦をのり越え、我が国は早々と復興する。繁栄が続き、昭和三十年前後には家電製品が普及し、「神武景気」という言葉が飛び交う。新安保条約の強行採決や国民所得倍増計画などが思い出される。

昭和三十九年、東京オリンピックの開催、昭和四十七年、沖縄県の本土復帰、昭和五十二年、男女とも平均寿命が世界一などニュースは続く。昭和五十八年頃にはワープロ、パソコンなどが急速に普及する。昭和六十二年、地価の高騰が続く。昭和六十四年、元号は平成となる。「戦後は遠くなりにけり」である。

そして、早や平成時代も過ぎ、令和三年となる。「昭和は遠くなりにけり」の感が強い。

十四、五年前の話だが、仲間内で「あの戦争のときのことは忘れられない」と、しばしば話題に上る。そして、津森明と私の両人が友人知己に声をかけて、戦中、戦後の経験を自分史と併せて執筆して頂く。知られざる昭和の出来事も垣間見られ、「昭和わたしの証言」として、冊子にまとめた。

同じような趣旨で、執筆者の賛同を得て、平成二十五年までに、第四巻まで上梓した。

その後、執筆者代表の津森明先生が他界され、本誌の編集は中断のやむなきに至った。

今回、山崎敏範香川大学名誉教授の支援を得て、「昭和のわたしの証言Ｖ」を発刊する運びとなる。本書が今までの四巻と同じように、わが国の昭和期を検証し、未来を考える縁となれば、望外の幸せで、故津森先生も大変喜ばれるに違いない。

最後に、ご多用中にも拘らず執筆頂いた各位に深甚なる謝意を表するとともに、美巧社の田中一博氏にご高配を賜り、厚く御礼申し上げたい。

令和三年　盛夏

西岡　幹夫

目次

生まれる命

宮武　都

母「都（ミヤコ）」は昭和二年一月三日鹿児島県川内郊外の草道と言う在所に入江義雄・トヨ夫婦の間に四男二女の長女として生まれました。尋常小学校の途中で家族揃って大阪に引っ越し西成で育ちました。西成は今でも昭和の風情が色濃く残る大阪の下町なので人情味の厚い、母の敬愛する田辺聖子の小説に出てくる「カモカのおっちゃん」のような人達に揉まれて、やや躁気味の賑やかな人柄が形成されたのかも知れません。日々の食べ物にも事欠くような青春時代を大阪や名古屋で過ごした母は「とにかく銀シャリが腹いっぱい食える」との思いで昭和二十一年十一月十二日に讃岐の農家に嫁入りしました。このやや能天気な性格は齢を重ねるごとに磨きがかかり、宇野発の急行鷲羽の窓から子供を押し込んで席を確保したり、一輪車を壊されたと土建屋に乗り込んで弁償させたりと面目躍如で元予科練崩れの親父をして「若い頃は可愛げにあったんじゃが」と嘆かせるはどの元気さ明るさでありました。

その後、昭和五十年四十八歳にして一念発起、ビル管理会社に清掃作業員として就職、その底抜けな元気さ賑やかさを遺憾なく発揮したのでありました。古希を迎えビル管理会社を定年退職し、それを契機に畑作業の合間に毎月二十日の四国新聞社の締め切りを目指して机に向かい、その賑やかな性格から生み出された生涯にわたる数限りないエピソードを自分史として残すべく随筆を書き連ねております。

宮武正容（都　長男）

半世紀前のふるさと

故郷は遠きにありて思うもの、と言われているのだが、私の場合は古稀を迎える迄は故郷の事を思い出す心の余裕はなかった。

さぬきへ嫁に来て早や六十年になる。大家族の中での生活。多勢居た姉妹達、自分の子供も四人他所さんよりは多い。百姓仕事も現在のように機械でなく全部手作業だった。

其の日の生活に追われて、生きて行くのがせい一ぱ

在来線特急「有明」
5時間かかりました

いで一生懸命だった。

　舅姑の介護、旅立ち、又主人の長年の病気介護そして旅立ちをすませて、気が付けば古稀を迎えていた。それからの私は孫七人が集まると無情に生まれた第一のふるさと、又育った第二のふるさとの話を聞かすようになった。

「ちょっと皆聞きまいよ、ふるさと言う歌知ってるか」「そんなん知らん」「そうかそしたら、おばあちゃん歌うけん聞いて」と私は歌うのだ。すると忘れていた生れた場所風景が目に浮かんでくる。一度行ってみたい。その風景が本当か確かめてみたい。ことあるごとに、嫁や孫達に一年生迄生まれ育ったふるさとのことを話している私だった。平成十四年私の喜寿に思いがけないラッキーな出来ごとがあった。

　嫁が言うのには、「今年は里のお墓参りにお盆前に行きます、お母さんも一しょに行きませんか、何時も聞いている生れた鹿児島へ連れて行って上げますから」と誘いを受けた。私は暑さを忘れて飛上りはしなかったが、心からうれしくなった。永生きをすれば良いことが有る、本当だと思った。私は注文を付けた。

「ありがとう貴女の御両親にお合いしたいし、古里へも行きたいけど、飛行機で行くんだったら、キャンセルするわ、むり言うけど車で連れて行っていた。ゆっくりと鹿児島街道三号線で東シナ海見たいんよ、頼むけん息子と相談していた」。話は出来た。車で発車することになった。嫁の実家の熊本のお宅で挨拶をすませ一路故郷へと走る。東シナ海、亡き父に泳ぎを教えてもらった海だ。頭の中は完全に子供の頃に戻っている。

　地図をたよりに坂道を上る。大きな梅の木が無い、おかしい。六軒の家が有る。石垣のある家の前で車が止る。

「此の石垣の上で祖父母の家が有った屋敷跡だから、待っていて」と歩き出した。「あれ？　堀がない、シャシャブの木も無い」従兄弟の表札は有るが留守だ、五軒とも留守、「お母さん頑張って残り一軒行って下さい」「ごめん下さい四国の高松から来ましたが、どのお宅も留守で幸雄さん宅の様子が知りたくて参りました」。人が出てきた。「あっー静さん」「都さんようきやった、なつかしか」従姉妹の同い年生れの静さんだった。

うれしかった。七十年ぶりの生まれ故郷での再会だった。子供の頃の話に花が咲いた。梅の木や堀はどの家も車が必需品で切ったり埋めたりしたそうだ。永い年月を思う。真夏の暑い日のふるさとでの喜寿の祝いだった。

大きな賭

私の愛用している国語辞典に（賭）とは勝負ごとに金や物をかけること、また博打と書いてある。我が人生を振り返り、これから生きるための大きな賭の話。

終戦後私は叔父の経営する大阪戎橋角の喫茶店を手伝っていた。昭和二十一年春、叔父さん宅の檀那寺木田郡池戸の西徳寺さんが、お参りの帰りに店へ立ち寄られ、戦争中さぬきへ疎開している祖母に頼まれたと私に嫁入り話を持ってこられた。院主さんは「さぬきは祖父母やお母さんの生まれた所や、住めば都ええ所や、おばあさんに良い返事してあげまい」。と帰られた。早速父母に話すと、母は大反対、百姓仕事の大変なことを知り尽くしているから。けれど父は大賛成。それは母の妹夫婦に養子に出した弟が讃岐に住んで居るのだ。父が言った「年を取って乗物で大阪へ来れなくなった時、姉弟が近くに住んで居ると心強いものだから」という。私は随分迷って、千日前の竹林寺の東北角石垣の所で店を出している八卦（易）見のオッチャンの所へ行き「私の運勢みて」顔見知りのオッチャンが「どないしたん嫁はんにでも行くんか手出してみ」手を出すと「二男か三男やな、子供運はええは四人、後家相やな、お天道さんと食べる物は付いて廻る。どこや？」「それがな百姓やね」。「姉チャンオッ

七人の孫達

チャンええこと教えたろか。大きな賭し、それも勝負でなく、悪い方向考えんと良い方へばかり賭るんやで、一番に字で書くと辛抱やけど心棒の方やで心の木やろ、根も出て葉も花も付く木やで、心棒しといで」。終生忘れる事の出来ない賭の話。そして嫁に来た私。

永い人生で物事良い方へばかり進んだと思って喜んで居る。

八年前、五十五年ぶりに娘夫婦と当時小二の孫と千日前の竹林寺へ行ってみた。やはり同じ場所に昔と同じ法衣の八卦見さんが店を出して居られた。私は近づいて「昔ここで大きな賭教えてもらって幸せな人生でした五十五年目に々法衣の方にお礼が言いたくてありがとうございました」。と深く頭を下げた。娘いわく「ええ年して何見てもらうつもり」「今さら見てもらうもんは無い充分賭で幸せもうけたけん、命あるかぎりの大きな賭したるから何にも無いわフッッ」と私は笑っていた。

現在の私の年齢になってつくづく父の言った、きょうだいのきずなもよく分かる。弟夫婦も「ぼちぼちしまいよ」と声をかけに来てくれる。八卦見のオッチャンの言った子供四人それぞれの人生を歩いている。内外孫七人も最年少の孫も高校一年生になり、健全な生き方で前を向いて進んでいる。私の頭がしっかりしている間にその都度会う孫に大きな賭の方法を伝授しなければと思っている。

大切な記念日

昭和二十一年十一月十二日は、私が当地へ嫁に来た日だ。大阪から加藤汽船で高松へ着き、父が大きな柳行李を担ぎ、祖母は鏡台を持ち、私は旧式の柳行李で出来たトランクを持って、長尾線高田駅に着いたのは夜だった。夜空に丸いお月様が出ていた。迎えのリヤカーも来てくれず、父も祖母も大変だったと思う。現在八十五歳になっても、その夜のお月様が鮮明に今も頭に残っている。

無事到着の挨拶もそこそこに、舅姑祖母父、叔母夫婦のお世話で内輪だけの杯事を済ませた。父は祖母と叔母宅へ泊りに行った。だから次の十一月十三日の出来事は知らない。思い出すと私の第二の人生はその日から苦労が始まったのだ。

朝目をさますと外で何やら人たちが忙しそうにしている。私は大急ぎで「おはようございます、すみません」と朝食も食べずに手伝いにかかった。その日は一回目のモミスリの日で機械も据えられて準備が出来ていた。主人は知っていたので、私は起こさずに黙って自分だけ起きていたのだ。

私は腹が立ってきた。すると姑が「早よ、箕持ってきまい」と言うが、私は何が何やら分からない。急いで主人に「箕ってなに」と聞くと姑に一喝「百姓するなら見て覚えまい」。主人は「これが箕や」と取ってくれた。私は「分からんこと聞いて何が悪いんや、くそ見よれ、何もかも覚えてやる」とその時堅く決心した。これが嫁入り二日目早朝の出来事だった。だから一生この日を私達夫婦の大切な記念日と決めた。

まあ後で考えてみると家の人達が、大阪から来て疲れているだろうと起こさなかったと良い方へ腹の虫を納めて、次の日から私は決して家の人達より遅く起きたことは一度も無い。

高齢の今日もお陰様で至って健康で早起きで、朝飯前の一仕事にせいを出している。

年一度の大切な記念日も六十六回目になる。

難しかった姑が早く亡くなり、それから私は大切な記念日にはお赤飯を作っていた。子供達の小さい頃は「今日だれの誕生日な?」と言う。「今日は国旗の立たん記念日や」の会話。子供達も巣立ち、主人も身障者になり、私も仕事に出、お赤飯も作らず専ら高松のおもち屋さんで買う。

あれから主人も亡くなり、早十四年。自立した一人暮らしで頑張っている、近所の九十六歳の姉さんが言う。「おまはん、姑に似ん嫁はない言うが、いかさま亡くなった叔母さんに似てきたで」。私は言い返す。「何んでな、姑に言われて嫌だったことは嫁には言わんように心に決めてる、まだボケてない」と笑い飛ばしている。

世の中便利になり、電子レンジでチンするだけで赤飯も出来上がる。主人の仏前で私は言う。「慌てて迎えにこんといていたよ。まだまだ仕事が仰山あるからたのむで……」と。今も私は、お天気がよければ戸外で畑作業をしている。

今年も十一月十三日を元気に迎えたい。

悔しい一点

夏ほど楽しく、嬉しい思い出の沢山ある私の永い人生行程だったが、ただ一点だけ悔しく、腹立たしい、わが家の一大事件の思い出は、今日、老人になっても決して忘れていない。

当地前田地区は、高松市最東、三木町との境。現在の香川大医学部の場所は、なだらかな丘陵が続く桃畑だった。北には前田山に建つテレビ塔までの平尾山一帯が桃畑、芳尾山西の丘陵も桃畑。このように完全な桃の産地で、組合から阪神方面へ船で出荷、高松の市場へも出荷していた全盛期時代。当時、桃に感謝し宣伝を兼ねて、「前田音頭」の歌や踊りまで出来た、なつかしいよき時代だった。

わが家の桃畑も医学部の実習棟周辺だった。桃の収穫がひと段落すると、主人は三木町平木の農学部へ夏期講座を受けに行っていた。

昭和二十五年夏、桃新品種三箱を市場へ出荷した時の出来事。当時は各家に電話は無く、市場から電報が来た。「スグコラレタシ」。何事かと私は主人とオート三輪で市場へ行くと、仲買さん達が、私方出荷の三箱の桃を囲んで居られた。私は「電報ありがとうございました。いったいどうしたんですか」と聞く。すると「前田の駐在所から、盗んだ桃だから売るのを止めて」と連絡があったと言う。主人と私は異口同音に「なんで家《うち》の新品種三本の桃の木で初めて収穫して出荷して差止めとは。まあええわ、皆さん、ご心配かけました。三箱の桃試食して下さい。白黒は自分で付けます」と帰宅途中、私は駐在所前で降り、「駐在さん一緒に家の桃の木を見に行って下さい」と連れ立って畑の道すがら、「駐在さん、誰が言って来たか聞いても言えないと思いますから、このようなことは孫子の代まで言われます。自分でけじめをつけますから」と話しながら桃の木三本を見てもらった。

帰宅後さっそく、舅姑、主人へこれから法務局へ訴えに行くからと言い、「このまま泣き寝入りでは、嫁に行く義妹達、自分の子供、孫子の代まで言われる」と言って高松法務局の人権擁護へ訴え届を出した。

前田村が蜂の巣をつついたようになった事をしっかり覚えている。その出来事の最中、大阪の母より電報。「チチニュウイン」。なんということか私は大阪へ。わが家が気がかりで一泊で帰宅。主人が「座敷へ県会議員、組合長他の方達が寄って相手が悪かったと謝っているから、こらえてやってくれ」と話し合いが出来たと言う。一件落着だったが、あの時私はなぜ人権の事を知っていたのか、いくら考えても自分が分からなかった。長年の私の課題だったが謎が解けた。先日、檀那寺の夏参りに行き、講話で老人にも分かりやすく、戦後の憲法の話を聞いた。一番に人権の事だった。目から鱗の例え。私の長年の悔しい一点が頭から、スーと出て行ったようだった。年寄りの御寺参りも悩み解消の手立てを教えてくれると感謝している。

出てきたポンプ

ふと思い立って倉庫の奥の片付けにかかった。

入口近くは毎日シャッターを上げて倉庫番の犬に食事を与えて、常日頃使用する農具は出し入れしているのだが、奥の方は十数年余り手も付けず置いたままの品物が所狭しと並んでいる。

奥の壁にそって丸太の木でしっかりと棚を作って昔は使用していたと思える品が色々と並んでいる。棚を作りながら大工さんが「此の棚へ取り合えず置くと仮り末代になるんと違うんな」と笑いながらの話だった。

そうだ本当にその通りになっている。最下段の床に井戸水用のポンプが寝ている。舅が置いたと思える、引張り出して長い間の埃を払い、私は本腰で座って「おまはん、おたいと一緒に大阪から来てよう動いてくれたなー」と話しかけて、頭の中は嫁入りした当時の事が走馬灯のように駆けめぐっている。

私には母方の叔父が三人いた。母の兄へは子供の頃「大きいオッチャン」と呼んでいた。讃岐への嫁入りをとても喜んでくれた。祖父と叔父も口をそろえて「池戸にある墓を頼む」と言っていた。お墓の所為と思わないが、一番先に届いたのが、出てきたポンプだった井戸から水を引き上げるのに今のように塩ビのパイプも無くて手頃な竹を切ってきて中を抜いて舅と主人が井戸に取り付けたのだった。

次は稲こきも大変だろうと発動機が届いた。野菜果実の市場への出荷も大変だろうと、主人に車の運転免許を取るようにと連絡があり、七半の大きなバイクを送ってくれ、そのあと、マツダのオート三輪が加藤汽船で送られて来た。大根を車で中央市場へ出荷した時の事だ、仲買や小売の人達が「おーい百姓が車で大根持ってきたが」と大騒ぎだった。昨今では考えられないことだった。ドアも無いオート三輪だったが、我が家の生活も随分助かった。特に朝は早いが新聞逓送だった。当時天神前にあった四国新聞社で四国新聞を積み、連絡船の貨車で送られてくる、朝日、毎日を積み東讃引田迄の各所販売店へ降ろして行くのだ。

凍て付く冬の朝は、ドアが無いので厚い外套を着て首巻で頬を包んで、凸凹の土の道を走るのだ。二度ほど助手をした私は振り落とされないように手摺を必死で捕まえていた。

月日がすぎ三輪から四輪に替え二男が小学校三年生の時、見学に行くと言って同乗して行った。不思議なことに二男が大学在学中のアルバイトは、大阪駅での新聞の積み込みの仕事だった。朝の目覚ましコールは私の早朝の日課になっていた。

出てきた古いポンプを前に片付けもせず、遠いなつかしい思い出にふけっている私だった。古いポンプは高松市指定収集袋に入れて、「ありがとう」と言った。

助手で鍛えた力瘤

終戦後大阪在住の叔父から加藤汽船で、オート三輪が送られてきた。

野菜果実を市場へ出荷している我が家は大助かりだった。当時は車は珍しく、現に私の嫁入りタンスは加藤海運の荷馬車で、小学校近くの自転車店まで配達の時代だった。

桃の出荷時期、近所のおじさんが猫車で桃数箱を持って来られ「すまんが、この桃、市にかけてくれ」と頼まれ、市場へ出荷し、翌日桃の代金を持参すると「姉さんほんどり助かった。この酒駄賃に飲んでくれ」と一升出された。私はとっさに「お酒なんか頂けんで、桃何箱分な、心配せんでもええけん」と言いながら頭の中で一箱の代金を決めて運賃にすると両方気遣いせずに済むと判断した。「おじさん、運ばせてくれありがとう、一箱二円にする、二円で箱数分だけいた。これから市場へ出す品預かって、運ぶのを商売にする。桃作りの人達へ一箱二円（当時）で市場へ持って行き、代金もらうからと話していた」とお願いして帰宅。さっそく主人に、駄賃酒一升の話をし、自分勝手に運賃を決め、青果物の委託販売の仕事を始めようと相談する。が、もう商売にするとおじさんに宣伝まで頼んである。又私は言った、「お父ちゃんは運転手、私は助手。銭金の計算は私の特技、嫁入りにそろばんは持って来た。帳面付けは出来るから、安心して色々の荷運んで上げていた」と。主人も納得していた。

毎日の仕事、早朝の新聞配送、高松天神前にあった四国新聞を積み、連絡船で送られてくる貨車の大手紙を積み、東讃引田までの各販売店へ降ろしていく。車での仕事が主になり、田畑はおろそかになり、私は舅や主人に「二兎を追う者は一兎をも得ず」の諺が有る話をして「田畑は逃げないから当分出来が悪くても、現状のまま片手間にしよう」と言う。車での運賃収入は、農外収入で別に税金の申告をした。

　私は車の助手の荒仕事で、足腰腕力も鍛えられた。特に困ったのは、農協倉庫への米麦の集荷。三十キロの米俵はヒョイと車の上へドサーと上げられるが、ドンゴロス三十キロは、グニャグニャして困り、紙袋六十キロは扱い方で破れる。このようにして腕に力瘤が出来た。

　昭和五十年、私は長く続けた助手の廃業を主人に話した。「車での仕事は新聞配送だけにして車を買い変えていた。今がしおどきと思う。車の月賦、ガソリンスタンド、修理屋に借りは無い。農協が車を扱い、委託の荷主さん方に運転免許を取ってもらい、荷待ちの仲買さんと会っていただき自分で出荷してもらうといい」と提案した。

　荷主さん方へ長い間のお礼と報告をして私の助手生活も終わった。それから三十七年、いつの間にか力瘤が無くなっている。でも今日も昨日も田畑を耕している。元気印の私。

方言にかかわる私の人生

「こおれ燗場の姉さんでないんな、こんなとこでなんしょん」

「おたしここのビルの中で掃除の仕事始めたんで、ほんでおまはんどこ行っきょんな」

　三十三年前高松市内中央通の舗道での近所の姉さんとの会話である。私が日本の大手各企業の入居するビ

職場の仲間と四国遍路

ルの掃除の小母さんになった時のことだ。

小学生の時方言で随分困ったことが忘れられず、当地讃岐へ嫁に来た時、私は考えた。

郷に入れば郷に従えと、先づご近所の方々に讃岐弁（方言）を覚えて実行し、姑が近所の方達との会話等、すっかり方言が身に付いた時の掃除の小母さんだった。

高松は支店の町と言われている。転勤の方が多く、他県の方達だとその分又言葉遣いに困り、標準語で話せるように私は努力した。

勤務時間終了「失礼します」とビルから一歩外へ出ると張り詰めていた緊張感が取れて、讃岐弁丸出しになると同時に肩から荷物が降りたようだった。

勤務する管理会社の支店長（大阪の人）いわく、「宮武さんは仕事が終ってビルの外へ出ると、ころっと変わりますな」と言われていた。本当にその通りだ。仕事中はお給料いただくから私の営業時間中だから精一杯働く、これが私の持論だ。

もう思い出になったが、当時各事務所の庶務課長さんとは仕事がら一番良く話をする。

その時私は課長さんの言葉の訛りで話を始める、大抵ピンポン当たりだ。掃除の仕事もスムーズに運ぶ。昔（訛り）は国の手形と言っていたとか。男子トイレで泣いている新人社員の兄ちゃん、「あんちゃん県外それとも地（香川）の人」「僕香川です」私は咄嗟に讃岐弁になり「あんちゃんこらえまいよ、あの課長さん朝から、きげん悪いけん、当たりばちが、もくれてきたおもて辛抱しまいよ、いんで内の人に言いまあーすなよ、小母さんが教えるけんこなな時は『くそくらえ』とトイレで三回言うたらすかーとするけんの」と伝授する。

やんわりとした讃岐弁に笑顔が出る。方言は生まれ育った場所の宝物だと思う。

母方の祖母は香川郡浅野村の出身だ。大阪へ上阪して母と話す時、「なんじゃらじゃ」と良く話に出る。子供の時不思議でその一言が今日になっても解明されていない。

平成二年塚田先生の書かれた「香川の方言」（な行）に無い。平成十二年塚田先生の「方言とその特徴」の一冊にも無い。平成二十年藤村先生の書かれた「高松の方言」にも無い。母の従兄弟達、浅野村と塩江村の小学校教員もおそらく標準語だと思って聞いていない。

四国新聞社発行オアシスのお梅ばあさんは九十歳、私より年上だ。ひょっとしたら「なんじゃらじゃ」を知っているかも……

「お梅さんおたいに教せていただ……」

温泉宿と亭主の涙

生涯忘れえぬ温泉宿の思い出。

平成三年一月十五日、愛媛県八幡浜港発のフェリーが別府港へ着船したのは早朝だった。長男の運転する車で各温泉地の湯煙りを横目に、やまなみハイウェイを一路、嫁の実家の熊本へ立ち寄り、鹿児島へと体の不自由な亭主を連れての結婚四十三年目の初めての旅行だった。

事の始まりはお正月を嫁の実家で済ませた長男が、我が家の恒例のお正月礼の日に帰宅した時のこと。亭主を囲んで姉妹弟夫婦達と杯を交わしながら、「親父さん、正月すんだら鹿児島へ出張するから一緒に飛行機で連れて行ってあげるけん、航空隊の跡へ行ったり、温泉の段取りつけるけん」と言い出した。「お母はんも行く準備していたよ」「何んでや常日頃、飛行機嫌いやと言ってるだろう」「いかん」「僕は一度、親父さんを飛行機に乗せてあげたいんや」。飲んでいる酒が手伝って「いや」と反対する私にとうとう泣き声になっている。

「あれ、この子泣き上戸かいな」と思っていると、長女が言い出した。「母ちゃんも父ちゃんの元気な時は仕事は何日も一緒だったけど、旅行なんか行ったことが無いんやから行って来まい」。だが私は戦争中に低空の飛行機からバリバリと機関銃の弾の下を逃げ廻って生きてきたので、今日でも大きなトラウマで絶対いやだ。

別府のSAで仲良く朝食

私は考えた。体の不自由な亭主を連れての旅行は大変だと思ったが「車でだったら父ちゃんのトイレの心配せんでええけん」と出発したのだ。

熊本の嫁の実家へ立ち寄り世話になったお礼を言い、初孫を不自由な手で抱いて目を細くしている亭主を見て「やはり出かけて来てよかった」と心配が喜びに変わった。

夕方、目的地の鹿児島の温泉旅館へ無事到着。一息入れて「さあー親父さん疲れただろう。此々の温泉そらええけん、心配せんでも滑らんように僕が一緒に入ってあげるけん」と連れて行った。私は一人ゆったりと温泉に入り、思わずニヤニヤ笑いが出てきた（とてもうれしくて）。湯上りのいい気分で食事にかかり、猪口一杯「乾杯」。私が口の不自由な亭主の変わりに「今日は本当にお疲れさんありがとう」と一口飲んだ時、突然亭主が声を上げて泣き出した。私も長男もびっくりした。

「どうしたんな泣くこと無いがな喜ばな……」。杯を置いて、しばらく嗚咽していた亭主が回らぬ口で話し出した。

「わしは今うれしいが、あの時（戦争中のこと）死ぬために飛び立って行った同期の仲間のことが思われて、一人生きている自分がつらいんや」と話しながら又涙。長男には当時の若者の死に対する考え方など分からないと思う。だが亭主との唯一度の旅行で初めて見た涙。私は大切な命を拾って今の幸せがある。温泉宿での写真を見ながら、幸せを感じている昨今である。

心の痛むプラットホーム

平成二十七年一月四日午前九時五十分、高速バスが大阪駅前到着。私は京阪沿線に在住の実弟のお通夜に間に合うように、やっとの思いで入手出来た乗車券での上阪であった。

駅構内に入り、自動販売機の操作が何度やってもエラー。常日頃地元電車バスは、イルカカード使用、とうとう。後の人に「すみません、機械が私の言うこと聞いてくれなくて切符が出て来ません。京橋までの切符買って下さい」と頼みありがたく入手。「おばさん教えましょうか」。「ありがとうございました。教えて頂いてもすぐ忘れると思います」。再度「ありがとうございました」とお礼を言う。

大阪駅正面には、西口、中央口にはエレベーターが無く東口まで行かなければだめ。

改札口を入ると、駅員さんが三人いる。私は惚けて

「ちょっと駅員さん、エレベーターどこな」と聞く。「エレベーターは有りません、エスカレーターが有りますよ」と教えてくれる。「手押カートを引いているからエスカレーターはだめ、困ったなあー」「環状線の内回りの最後尾に乗らんとまた京橋で困るしなあ」と私の一言。「僕がホームまで手押もって上ります。婆ちゃんどうします」「ありがとう助かるわ、私は手摺伝って階段上ります」。「すみませんなあー」とお礼を言って、ホームまで年寄りの足に合わせて案内してもらい、やっとホームに着いた。

「兄ちゃんありがとう。何やら孫に手引かれてる思いや」「僕の仕事ですから」。こちらに天王寺行が着きますと教えてくれる。私は「今日は日曜日でまだお正月休みでホームの人も少ないね、婆ちゃん環状線のプラットホームに来ると心が痛いんよ」。「どうしたんですか、体の具合悪いんですか」と心配してくれる。「兄ちゃん、婆ちゃんの話聞いてくれる？　痛いのいさまると思うんよ」と私は話し出した。

「七十年前の戦争で京橋駅へ一トン爆弾が四発も落とされて、駅の人や大勢の人が死んだ如。私も大阪駅で環状線へ乗り換えて森ノ宮駅まで通勤していたから、死んだかも分からんのよ。でも八月十三日転勤命令で名古屋に居て、八月十四日の大阪大空襲も京橋駅の爆弾のことも知らず。名古屋駅へ迎えにこられた兵隊さんから『広島と長崎へ新型爆弾を落とされた』と聞いた。十四日の名古屋は異常なく、八月十五日終戦。大阪へ帰って京橋駅で同級生や友人達が亡くなれた話を聞き、ホームに立つと今も心が痛むんよ。でも兄ちゃん話聞いてくれてありがとうね」「僕全然知りませんでした。大変なお話聞かせていただきありがとうございました」と帽子を取り深くお礼を言ってくれた。

「八十八歳の婆ちゃんのホームでの話し、今日の日報に記入しときまい、ありがとう」と車中の人となり、なんだか心の痛みが、やわらいだような気持だった。初めて人に話した心の痛みだった。

拾った命を大切に生きて

七十年前の八月十五日も暑かった。雑音の入ったラジオからの玉音放送を聞くまでの私達夫婦は、完全な日本国を愛する青年、乙女だった。

いまにして思えば、当時の教育の有り方を考えると恐ろしさを感じる。戦争中を振り返ってみると、先づ亡き主人は、中学校卒業をまたず、予科練を志願し、鹿児島で入隊、飛行訓練、ようやく特攻機出撃前、飛行場への集中攻撃を受け、搭乗機が無くなり、長崎県佐世保へ転属命令。数日後長崎に原爆投下。同じ長崎県でも佐世保に居て命拾いしている。

十五日終戦、大分県出身の部下の方へ、自分の所持品一切差上げ帰郷。ところが十七年前主人が亡くなり、座敷の床の間に小さな木箱が置いて有った。中の品物は、中央市場の夜間の荷受をしていた時、荷受伝票の裏に、戦中、戦後の事柄が書いてある。底に右から特攻と書いた日の丸の鉢巻きが一本入っていた。

五十年余り共に暮していて主人が大切に何処へ隠し持っていたのか、其の日の生活に精一杯で、座敷の掃除も何事か有る時だけで私は主人が亡くなるまで知らなかった。

体の不自由になった晩年の父親を、長男が鹿児島航空隊跡へ旅行に連れて行った。主人が飛び立って死んだ同期の方達を思い、生き残った自分が辛いと声を出して泣いていた。永年心の中のジレンマに耐えていたと思うと、私の心も切なくなった。

鹿児島　鴨池海軍航空隊に所属

戦争イコール死だと確信している。私の青春も、尋常高等小学校二年卒業、大阪城南に有った陸軍被服廠へ幼年工として就職し、倉庫部長付給仕になった。

部長は年配の方で、軍人らしからぬ方、部室では良く本を読んで居られた。机の上に置かれた本を私はだまって拝借。見ると「つれづれ草と人生観」という本だった。難解のままだ。気付かれた部長が「マス目があるから書きよいよ」と、表裏に桜ともみじの絵、表紙に部長の文字で、（わすれな草）と書いた一冊の帳面をくれた。数日後部長他上官の方々の転属命令、大阪駅へお見送り。初めて頂いた帳面に教わったことのない三十一文字の一首を書いた。昭和十八年三月十九日記、とある。他に四十首私の戦争中の戦争の日々が分かる、最期の頁には、終戦後インクの色の違う復員船をまつ二首で終っている。マス目は大方消えている。私も昭和二十年八月十三日付けで名古屋へ転属命令。大阪大空襲は知らない。八月十五日の玉音放送を聞く。結局私は命拾いしたのだ。だから私たち夫婦は拾った命を大切にを合言葉に、人を困らせずに生きて来たと自負している。だが老婆の私でも最近のニュースを見て、なんだか心配している。「自衛隊員で手が合わんようなったけん」と言って「男孫達に戦争経験させんといていたよ」と言いたい婆がいる。

ここに掲載した作品は、地元紙四国新聞に掲載されて話題を呼んでいるものも多く、原稿のままにして埋もれさせるのも勿体なく思っていたところ、「私がやる」と、孫の颯輝が就活の合間に殆ど手作りで書籍化したものです。

宮武　都（みやたけ・みやこ）
一九二七年一月（昭和二年一月）鹿児島県川内郊外草道生まれ。小学校のとき大阪に移住、西成で育つ。昭和二十一年十一月結婚、高松市へ。野菜委託販売業などに従事。還暦ごろから随筆を地元新聞に投稿、評判となる。現在九十四才。

宮武のおばさん　ありがとう

「昭和」の本の編集も大詰めになり、美巧社と細部の打ち合わせに行った帰りの車中で、宮武さんの訃報を聞いた。近所に住む私の妹からの電話であった。近所中に衝撃が走った。あの宮武のネエさんが――。「お世話になった」「いつも公平で、頼りになる人だった」―接した皆の愛惜の想いはその日のうちに広がった。私ももう一度会いたかった、出来上がったこの本を届けたかった。残念で仕方がない。

戦中、名古屋に派遣されている時に大阪大空襲に会い、知り合いを失くしたこと。戦後、農家に嫁ぎ、懸命に働き、病気の夫さんの介護をしながら四人の子供さんを育て上げたオバさん。時々、オバさんと話したくて伺うと、「前の畑に居ります」の貼り紙がある。「こんなん書いたよ」と原稿用紙に鉛筆で書いたオバさんの随筆を見せてもらったり、昨今の出来事を面白おかしく話してくれたり。鋭い観察を暖かく表現する力があった。一度、「平塚雷鳥の映画が宇多津に来てるけん、見にいかんな?」と誘われたことがある。私の車で出かけた。帰り道、「世の中を変えるのは賢い

三木町場外舟券売り場消滅を祝う住民たち
（2001年６月）

女たちゃな」と言われた。映画を見たのは何十年ぶりだとのこと。

その後、国道高松東道路の三木町の場外舟券売り場建設計画反対ポスターを国道沿いのオバさんの倉庫に貼らせて貰いたいと頼んだことがある。「なんぼでも貼りまいよ」と言ってすぐ貼ってくれた。数年後反対運動が実って舟券売り場は撤退した。三木インター近くの畑に建てていた建設反対の大看板を撤去する際、テレビ局が取材に来ると言うので関係者皆んなで「祝舟券売場消滅」のデモンストレーションをやる事になった。オバさんを誘うと喜んで来てくれた。帰りに「あー面白かった」と言ったオバさん。

世の中のおかしな事には真っ直ぐ物を言う人だった。新しいことに挑戦する勇気と実行力を高齢になっても持ち続けたオバさん。オバさんがこの地に嫁いで来てくれたことは、私たちには大きな幸いであった。書き残された多くの文章は、本人にとって書く必然性のあるものだった。労働の尊さ、平和の有難さを次の世代に伝えて余り有る力強いメッセージである。本書に採録できたことを編集者として光栄に思う。

（山崎千津子）

宮武都さんは、令和三年四月三日、ご逝去。九十四歳であった。

鍬の戦士

野口　雅澄

日中戦争の勃発したのは、昭和十二年七月七日、私の生まれたのはその五十日後だった。満洲に第二の故郷を建設しようとして父は、その頃から渡満の志を固めたようである。幼少の私の知るよしもないことであった。

私が四歳になっていた昭和十七年三月、父は満蒙開拓青少年義勇軍の中隊長として勇躍渡満する。まず三ヵ月の内原の内地訓練、三カ年の現地訓練を経た後、満洲各地の開拓団に入植することになる。家族の我々はそれまで内地で待機していたのである。我が家の場合、母子四人自宅待機で渡満の日を待っている間に終戦となった。早くに呼び寄せられていたならば、戦後の混乱で生きて帰れなかったかもしれない。

香川県出身の満蒙開拓団、その遭難死亡者は一一九五名。在籍者四五三名のほぼ四分の一になる。ソ連の参戦によって最も犠牲者の多く出たのは樺林栗熊村で、約半数が死亡している。女子供の残された一般開拓団は、若い者ばかりの義勇隊よりはるかに悲惨であった。この人たちの悲惨さは戦後長く義勇隊員の脳裏に焼き付いて離れなかった。

義勇隊員は訓練所という国家管轄機構の中で、一般の軍隊並みの支配を受けていたという点では一般開拓団とは異なる苦難を経ている。極寒の荒野という悪条件で過酷な労働を強いられ、堪え忍ぶことが日本男児であると教え込まれた。開拓精神とは、何ものにも挫けず突き進み切り開く意志の堅固さに支えられていた。

満洲開拓は日本人として天職であり、道義的大陸政策の拠点であるという指導者の錯覚は、まだ批判力の少ない隊員に浸透してはいなかった。軍国主義に批判できるようになるには、終戦と二十歳になることを要した。

義勇軍を送出した各県の順位が付いていた。昭和二十年五月現在の総計で香川県は二三七九人で全国十二位の多さだった。

齢十五の少年が香川県下で二〇〇人すべてが、志を立て義勇軍に行くとは思われない。そこに何かがあったはずである。茨城県内原訓練所の応募動機の調査によると、教師の勧めによるのが圧倒的に多い。当時高等科二、三生のうち、農家の二、三男で身体的条件の整った者を担任が勧誘した。各小学校に割当てがあったからである。気が重い担任も校長から強く要求されると、受持の生徒本人を説得する羽目にも陥った。統計上二番目に多い「本人の意思」で応募したことになっていても、必ずしもそうとは限らない。家族反対者の統計もあって、父親よりも母親が多く反対していた。それを押し切って応募しているのが目に付く。

香川県から派遣された満蒙開拓青少年義勇軍。昭和十三年から毎年一回、第一次から第七次まで連続派遣され、北満の漱江訓練所・対店訓練所が多い。戦局が急変するのに即応して、その後の開拓団入植地も北辺の守りに備えてソ満国境に近くに配属される。

第三次野口中隊は、ソ満国境に近い北安省克山の北方昭明開拓団であった。第一次義勇隊が旧団として男子はほとんど出征してその跡を守る支援の形であった。

昭和二十年八月十四日夜半電話にて照明開拓団員は召集を受けた。直ちに克山へ出発した。団長が団員を引率して克山に到着、同時に孫呉へ向け出発のため軍用列車に乗り込んだ。その途中ソ連機の襲来を受け、出発不能になり、そのまま待機していたが、克山の守備隊より停戦になったから一応引揚げよとのことにて部隊まで引揚げた。翌日部隊の整理をして部隊長より「停戦のやむなきに至った。自信のあるも者は逃げよ」との宣告を受けた。ただ団本部としてはできる限りまとまって行動したいが、自由行動もやむを得ない。大混乱の中で団全体の行動をすることは危険であるし、不可能であることは分かっていた。生死を共にする覚悟で渡満したのに、このような離散は慚愧の至りであった。

隣の芙蓉開拓団は集団自決した。女子供を家の中に閉じ込め、外から油をかけて燃やしたと伝えられる。自決しかねた十人ほどが、照明開拓団に身を寄せてきた。肉親を殺して殺気だっていた。その人たちは何かをしなければ気が収まらなかった。欝憤を晴らす何かを求めていた。三人別々に捕えていた斥候を片付ける役目を担うことになる。

日本人居留民会に問い合わせても、不得要領で、引揚げはなかなかはかどらなかった。飢えと寒さで収容所での越年は大変だった。昭和二十一年五月からやっと引揚げは始まるのだが、それが待てず二月三月、ばたばたと死者が増えていった。

義勇軍開拓団の公式記録は次のようになっている。香川県第五次・北安省克山・昭和二十年入植・在籍二二二名・応召一一名・死亡二一名・未帰還五名・帰国一九六名・越冬地長春一一〇名、他は溶陽（奉天）で越年。

帰国した旧隊員による慰霊祭は戦後三十年で終わり、対店野口会も長くは続かなかった。なんとかして中隊の記録を残したいと我が家の資料と隊員から聞き取った彼の地での体験談をまとめた中隊誌の拙著『鍬の戦士』（印美書房昭和四八年刊）がある。

「開拓少年への挽歌」の見出しで毎日新聞香川版の記事が私の意図を一番よく汲んでくれていると思われるので、ここに紹介しておきたい。

太平洋戦争下はるか北満の地に駆り立てられ、敗戦後は飢えと寒さと病で死んでいった満洲開拓の少年たち―。その一つ香川の「満州開拓青年義勇隊・野口中隊」の苦難の足跡をたどった中隊史『鍬の戦士』がこのほど出版された。著者は野口中隊長の長男雅澄さん（観音寺市柞田町）。この書は誤った国策のもとで異国に散った異国の少年への挽歌と言う。

満洲開拓青少年義勇軍は「聖業」という美名のもとに昭和十三年から敗戦の昭和二十年まで全国から送り出された。野口中隊は香川の第五次義勇隊で、隊員は国民学校高等科を卒業したばかりの少年二百十六人。野口中隊長ら幹部に引率され、十七年五月五月下旬渡満し、日本から四千四百キロも離れたソ満国境近くの対店、昭明で開拓に当たった。

『鍬の戦士』は雅澄さんが戦後も保管していた父親からの私信（約二百通）や無事に帰還した隊員らの話をもとに二年がかりでまとめたもので、渡満前の内地での訓練から始まり北満での開拓作業、生活、ソ連軍の侵入、敗戦後難民となって次々と死んでいった引揚げまでの悲痛な道程など詳しく描いている。

雅澄さんは「父が渡満した当時、私は四歳。満洲体験のない私が書くのは適任ではない」としながら、あえて筆をとったことについて『童顔のおもかげを持つ北満の地に駆り立て、若い命をむなしく落とさせたのは為政者の過ちだ。その片棒をかついだ父は本望で

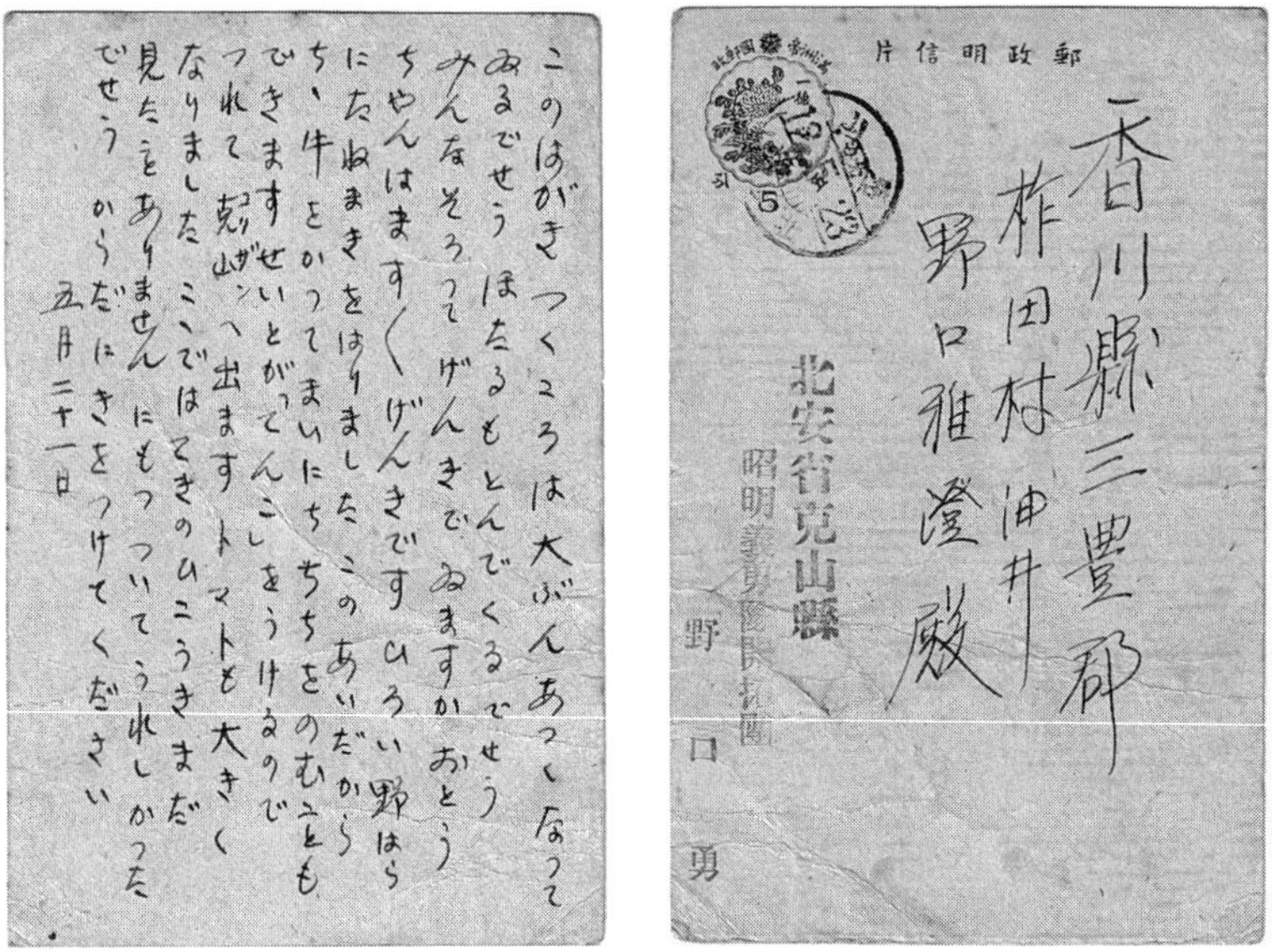
郵政明信片

香川縣三豊郡
柞田村油井
野口雅澄殿

北安省克山縣
野口勇

このはがきつくころは大ぶんあつくなって
ゐるでせう ほたるもとんでくるでせう
みんなそろってげんきでゐますか おとう
ちゃんはますますげんきです ひろい野はら
にたねまきをはりました このあいだから
ち、牛をかってまいにちちちをのむことも
できますせいとがってんこをうけるので
つれて克山《コクザン》へ出ます トマトも大きく
なりました こゝではてきのひこうきまだ
見たことありません にもつついてうれしかった
でせう からだにきをつけてください
五月二十一日

野口勇中隊長より郷里の長男雅澄に送られた最後の満州だより

あったと思いなしたい。しかし、国策の捨て石と若者の死はあまりにもむなしい。父に代わって、忘れようとしているその足跡をたどることがせめてもの供養になればと思った」と話している。

本書は限定二百部の自費出版で、関係者に進呈、特に犠牲者の仏前に供えられるだけでいいと思っていた。その後聞き及んだ人から頼まれても残部一冊をお貸しするだけである。縮刷ダイジェスト版でも限りがあってほとんど行き渡っていない。本書『昭和わたしの証言』の紙面を借りて半世紀前の拙著『鍬の戦士』の内容を要約しておきたい。

序文は帰還した中隊幹部多田剛先生にお願いした。勿論今は鬼籍に入っている。

著者は満洲の現地は知らないが、三年余中隊長から家族へ宛てた通信が保管され、また隊員達を巡廻し、実生活についてその様子を克明に記録されていて、実に感嘆する。吾々も三十年も過去のことで余程の記録の無い限り茫然となりつつある。

実は昭和十七年五月二十四日鴨緑江を渡り、安東駅で臨時列車を待つ小休止までが内地で言う「満蒙開拓青少年義勇軍」であった。それが国境を越えると「満洲開拓青年義勇隊」と称呼せられるようになり、全員をして軍人の卵に変えさせてしまった。往古の屯田兵とはこのことであろうかと想像される。

やがて汽車は北満の大平原を一路北上、朝日も夕日も地平線から出て地平線に沈む、初めて見る雄大さに感嘆した。目的地は海北駅から四十粁の対店大訓練所だった。お客様扱いは当日のみ、翌日から早速宿舎の整備、開墾、播種、大地との闘いであった。隊員は皆真面目によく働き上司の意を体して活動してくれた。

不幸にして昭和二十年七月在満日本人に総動員令が下り、私も召されて軍隊に入ることになった。わずか一ヵ月足らずで敗戦。北満の日本人は皆北安飛行隊へ収容されてしまった。九月十三日シベリアへ移送される際の集合中、隊員や野口中隊長にも面会はできたが、之が最後の別離だった。

（野口中隊幹部教学教士　多田剛）

続く私の「はしがき」は二頁あるが末尾数行のみを抜書きしておく。

昔中国において楚王項羽が郷里に子弟を連れ帰し得ず、自刃したように、父は死んで然るべきであったと思う。私はそのことよりも若き隊員の多くが、大人たちに欺かれて命を落としたことを問題にしたい。まだ童顔の面影をもつ少年をはるかなる北満の地に駆り立てたことを、そしてむなしくかの地に眠らせてしまったことを。それは明らかに為政者の過ちであると思うものの、直接隊員を指導した当事者野口勇の責任を感じ、贖罪したい気にもなっている。（父二十八回忌に）

さて、本文は次のように略述しておく。

〔内原訓練所〕茨城県鯉淵村にある内地訓練所で昭和十七年一月から三月までまず幹部訓練。三月十日香川日々新聞は義勇軍野口中隊の郷土出発を祝して次のように報じた。

心は満蒙の大地に
～若き拓士たち内原の訓練所へ～

大陸に第二の故郷を建設しようと今春の国民学校高等科卒業生二百五十名をもって編成した満蒙青少年義勇軍香川中隊は十日午後七時二分野口中隊長に引率され県係員および肉親恩師など多数見送り人の歓呼、万歳を浴びて勇躍内原訓練所に向かった。壮行会には知事代理、拓務省理事官ほか多数列席、関係係官の激励があった。

一日は五時半起床、礼拝、日本体操（やまとばたらき）、「天皇（すめらみこと）、弥栄（いやさかどとうやうやしく二拍子一拝して終わる。隊員と言ってもまだあどけない少年である。厳しい軍隊式訓練にも絶対服従、命令には忠実に従った。

〔渡満〕いよいよ数ヵ月の内地訓練の後、満洲へ向かう日が来た。五月二十日東京行二六四〇号の列車に乗る。上野で省線電車に乗り換え、宮城を遥拝した。芝増上寺で休憩、午後十時東京駅を出発、下関に向かう。二十三日、関釜海峡を渡り釜山に上陸。二十五日奉天着、奉天神社に参拝、春日国民学校で休憩。二十六日ハルピンで下車、十二時間休憩。本願寺別院において中隊一行二百十九名の記念写真を撮影した。

「二七ヒブジトイテン二ツイタフケイニレンラクヲコフ」と香川県庁宛に打電。汽車で八六八里、汽船で八六八里、徒歩十里を加えると、一一〇四里の行程に皆疲れ切っていた。はるばると一週間かけて満洲へ、なぜここまで来なければならなかったのか、つくづくと運命の不思議さを感じていた。

〔対店訓練所〕この大訓練所でみっちり三年間過ご

昭和17年５月26日　ハルビンで下車　本願寺別院にて
野口中隊一行219名

すことになる。本部中心にして十二中隊が東西に陣取られている。前年度入所した香川県送出の浅野中隊がすでに先輩中隊として訓練中であった。野口中隊に与えられた敷地は、東西六十六間、南北百二十間、約二町五反余あった。建物は十五棟、中隊本部兵舎、小隊兵舎、講堂、炊事場、畜舎、農具舎、馬繋場があった。一個小隊四十人の隊員が寝食を共にした。

五月二十九日いよいよ満洲開拓事業の第一日が始まる。開墾の第一鍬を大地深く打ち下ろした。全員力を合わせて働き、一日で五反歩を開墾し、春播蔬菜の地圃とした。

一日は六時の起床ラッパに始まる。四時には日が出ているのである。井戸の水は冷たく、底には氷が張っている。気温は内地の四月の中頃であろうか。日没は八時半頃、九時には消灯して、明日への英気を養わねばならない。開拓の作業は長続きしなければならない。

六月七日　この十日間に馬鈴薯を三町歩余り、蔬菜を四町歩播種した。はるかなる大地満洲の畑地に播いた種、その芽はやがて出てくるのである。忙しいがやり甲斐のある仕事、二百余の若者を思うように育て、そのうち嫁をもらい、千二千と人数も殖え、育ての親として老後を送るのも夢でない、と思う中隊長であった。

十一月二十二日最近の状況を次のように通信した。

「当地はもう冬になりました。零下二十数度と下りますが、馴れれば平気、寒さに対しての懸念はなく、食糧増産と北辺鎮護の重責を元気に果してゐます。拓けゆく大地、伸びゆく青年を眺めて男子の本懐之に過ぐるものなしと感じてゐます」

〔昭明開拓団〕三年間の現地訓練を終え、晴れて開拓団に入植するのである。条件のいい牡丹江三豊開拓団近くを望んでいたが、現実は厳しく、対店より更に北のソ満国境に近い克山の奥地に決まった。

昭和十九年十二月九日先遣隊の三十名が入植、昭明開拓団に併設されたのである。この旧団は第一次義勇軍が地歩を固めていたが、男性はほとんど応召、婦女子が残されて手薄な所に強力な援助隊が入っていく形で歓迎された。

昭和二十年（満洲の年号）康徳十二年四月十八日今年度の耕作計画が立てられた。約二百二十町歩耕作の予定で、一人当り一・四町歩の面積が割当てられることになる。訓練所三年間の経験を基にして、団員各自は自発的に働く喜びに満たされていた。

やがて長い冬が終わり、自分の土地で農耕が開始される。溌痢たる開拓青年が点在する北満の平原、ようやく見えてきた希望の光。それは突如ソ連軍の侵入で水泡に帰することになる。

〔虜囚〕として突如囚われる身になることを誰が予想していただろう。

八月十二日夜半、本部に最近設けられた非常電話が鳴り響いた。克山独立守備隊からであった。全員直ちに克山へ向かえという守備隊への召集命令であった。三日前すでにソ連軍が参戦し、国境を越えて攻めてきていることは知っていた。決死の覚悟はしていたが、来たるべき時は来たという緊張と不安が交錯するのだった。そして、運命の十五日昼過ぎ、停戦になって立往生の汽車から団に帰り「戦いは終わった。自信のあるものは逃げよ。ただし、団としてはまとまって帰国の途につく」ということになった。その後の取り調べには「義勇隊は軍隊ではありません」「ここにいる隊員は二十歳未満の未成年です」を繰り返し、捕虜抑留から逃れることに腐心するのだった。

〔南下〕ひたすら南へ、日本に一歩でも近い南へ逃れることが在満日本人全員の悲願であった。持てる者は皆持っても、最後は着の身着のまま飢えと寒さに耐えて越年。

〔屍の街奉天〕ここで引揚げを待つ間に多くの日本人、同胞が無念の死を遂げた。

三月十二日野口勇中隊長死亡。四月五日久本茂隊員死亡。四月五日三好民義隊員死亡。五月三日香川進隊員死亡。四月二十六日鎌野勝隊員死亡。死の床にはべり、最期を看取る者もなく、動かなくなって死体扱い、川辺に遺棄された。

某隊員の回顧談に次のような記述がある。「広場や路上でよく見かける光景の一つは、親が子を売っているところである。今まではどんなことがあっても、子を連れて内地に帰らねばならぬと思っていた親も、自分も子も共に死ぬことを避け、生き延びんがために子を異国人に売ったのである。男の子は二千円から三千円、女の子は三千円から五千円の相場で売買されていた」

〔祖国日本へ〕

六月二十日引揚げ船は高松桟橋に着いた。四年前船出した日とは違い、わびしい港でありながら喜びの波が寄せていた。帰ったのだ、香川へ。父母待つ故郷へ。使役に残っていた後続隊も一日遅れで、戦災で焼けただれた高松に帰って来た。

一緒に行った他の隊員が帰っているのに、我が子が帰らない親は夜も眠れなかった。

本隊からはずれ、かの地に住み込み機会を見計らって帰国した隊員も数十人ある。シベリアに抑留され、数年して帰った隊員もある。

帰還した原田正義隊員の手紙が残されている。

「北満の厳冬零下幾十度と言ふ衛庭にて教練の指揮や、夏は極暑の中疲れた体もいとはずに鍬を取りて御奮闘致されてゐたお姿が瞼に浮かびます。蔭に陽に父となり母となり、又自分らには良き兄様でもありました。苦楽四年の建設も、あの忘れられない終戦の報、帰国命令。一夜の夢と消えてしまいました。先生は彼の奉天で黄泉の人となられましたが、魂は二百名の若者の胸に生きて居ります」

〔開拓魂のゆくえ〕

開拓―それは決して異国の領土を侵すことではないということも当然の帰結として分かってきた。あの神がかり的な「心田を耕す」などというものではなく、もっと深く人生の真実に根を下ろした強い魂の雄叫びであった。それは、ある時は沈潜して人の心に静かな喜悦をもたらし、ある時は躍動して他に対する自信ある行動となって現れる。

過去の全ての体験が全く無駄であったという人はいないであろう。求めようとしたものは得られず、傷ついて帰った者であっても、予期しなかった貴重な体験、その奥義、人生のあるべき姿を体感したのであった。

誤れる「拓魂」よ、滅び去れ。されど、己に忠実な真の人間を開発せんとする「開拓者魂」は、強く深くかつての義勇隊員帰還者に新しく蘇っているのである。

〔あとがき〕本書はしがきに記したように、はるかなる満洲の地に散華した人々への供養の書としてひそかに墓前に捧げられたなら、それで満足である。そういう意味で、ささやかなこの書も尊い犠牲者への限りない挽歌であることを明記し、関係者の家に末永く保存されることを願って筆をおく。（昭和四十八年）

その後私は、残留孤児の親探しに心動かされ、一人で現地満洲に行き、父が非業の死を遂げた奉天の地に足を踏みしめたくなった。すでに戦後五十年が過ぎていた頃である。

拙作の小品「帰燕」は戦没者遺児による慰霊友好親善事業に参加、満洲再訪。日本遺族会が中国東北地区に遺児二十名の団体旅行である。私は以前一人旅で父親を供養してあげているので、再度の訪問は亡くなった隊員への供養の気持ちが強かった。連れ帰しえなかった父の責任を感じ、謝罪したい思いが強かった。そして、なにより一人の残留孤児に対面し、その親探しに努力したいと約束する結末。

我が市内に中国残留孤児が住んでいることを知り、市の遺族会で体験談を語ってもらうことになった。八歳の時Kさんは昭和二十年三月家族七人満洲牡丹江の開拓団に入った。私は父の開拓団に母子四人この時期に渡満する直前で中止した。治安の悪化が予見されたからである。Kさんの両親は死亡、兄妹五人が残留孤児として戦後五十年、帰国を果たしたが、その間紆余曲折があった。

さて、戦後七十五年の今も天気のいい日は墓地巡りをしている。町村毎に残っている軍人墓地。一般墓地にも戦死者の墓碑はある。満州牡丹江五河林開拓団で一家六人が戦死・病死した年月日・行年を刻んだ碑に巡り合う。それを自分には関係ないと、見て見ぬふりをして、黙殺すれば戦争犠牲者は二度殺されたことになる。モーゼの十戒には「汝殺すなかれ」とある。私は言いたい。「汝戦没者を黙殺するなかれ」と。

それは他の人に対してでもあるが、自分自身に対しても言わねばならない。ともすると自分に捉われがちで、すぐ横のお墓にも無関心になりがちである。いつも供華のない、遺族の途絶えた墓が横にあれば、一本でもお花を供えてあげたい。次第に見捨てられる軍人墓地は、今後は地域共同体で見守っていきたいものである。遺族がなくなると、無縁仏となって見捨てられる。「昭和の歴史遺産として軍人墓地」を《永久保存》するよう、今私は必死に頑張っている。

もう手遅れになろうとしている地区が次第に増えてきたが、「全国無比」を標榜する仁尾町に準じてせめて西讃地区がその気になってくれることを念じている。

戦後七十五年が過ぎ去った。我が地域共同体の戦没者六四八〇柱の墓碑の前で戦没者の声なき声と対話し続けている。

最後に、次の碑文を掲げて「鎮魂の賦」としたい。

香川県海外開拓者殉難之碑
（高松市・田村神社）

【香川県海外開拓者殉難之碑】

昭和拾弐年、果てしない満蒙の荒野において一万有余名の人々が開拓と食糧増産に懸命に取り組んでいました。開拓団五千九百余名、義勇隊二千七百余名、報国農場隊一千百余名、花嫁女塾二百余名が、十八の出身母体から集結したこの人たちは、零下何十度の厳寒に耐えながら、海外雄飛の夢を抱き日本の発展に尽くす熱意に燃えて、新しい村造り国造りに励んでいました。村を襲撃されるなど幾多の苦難の末、ようやく安住できるようになったのも束の間、昭和十六年十二月八日、突如大東亜戦争が勃発し戦火が日増しに激烈さを増す中で若者は次々と召集され開拓地は戦場となりました。残された女性老人子供は相次ぐ外敵の襲来にさらされ、各地に離散を余儀なくされたのでした。こうした中、昭和二十年八月十五日に終戦を迎えました。寒さや飢えとたたかいながら、救いを求めて一歩でも母国に近づこうとさまよう中で、栄養失調や病気に苦しみ、母を子を友を失い一家が全滅し、ついには足手まといになるまいと自ら命を絶つ者が出るなど、悲惨な状態が続きました。生きて祖国日本の土を踏んだ者は一万余名のうち約三千八百名にすぎませんでした。これはひとり満蒙開拓団だけのことではありません。朝鮮、台湾、樺太、南方方面、さらに遠くは南米、北米等でも、開拓者の苦難と辛苦は同様です。無事帰国できたものはまだしも幸いで、志なかばにしておわった人々の無念の思いは今もなお、その地に残っているに違いありません。終戦後三十余年を経た今、往時をしのんでこれら海外開拓に携わった人々の御魂を祀るため、殉難の碑を建ててその功績を誌すとともにご冥福を祈念するものであります。

昭和五十六年三月吉日

香川県海外開拓者殉難之碑建設会

高松市田村神社

〔昭和百年を目指して〕戦後七十五年が終り、五年後には昭和百年が来る。「昭和の証言」はおそらくそれが最終であろう。その布石のような今回の試みに参加させていただいた。自分の余命はいくばくもなくても、生ある限り「昭和」を書き続けたい。昭和初年に生まれてすぐ夭折した兄の名は「昭」、その父親の名は「勇」法名「勇躍院釈精励居士」ただ蛮勇を奮って満洲で挫折、客死。昭和の繁栄を見ずに死んだ。

激動の昭和から平穏な平成へ、そして今令和というコロナ禍に混迷する時代に生きる日本人。ここで激動の「昭和の光と影」に思いを馳せる機会に恵まれたことをひそかに感謝している。

野口雅澄（のぐち・まさずみ）

一九三七年（昭和十二年）八月二十八日、観音寺市柞田町生まれ。広島大学文学部卒業。昭和三十五年から三十八年間、香川県内高等学校教員。昭和五十六（一九八一）年、第十六回香川菊池寛賞受賞『俳諧の風景』。観音寺連句会代表、三豊の戦世を伝える会代表、観音寺市文化財保護審議会委員等。著書『鍬の戦士』、『父の帰還』、『志の文学』等。筆名　剣持雅澄。

父の昭和史

猪又　清之

両親が亡くなり、高松市番町のその住まいを片付けた際、押し入れの奥から革製のトランクが出てきた。中には辞令や戸籍抄本などが束になり納められていた。それをここに整理し、父の来し方を辿ることにする。

父・猪又康二は明治四十四年（一九一一年）二月十日に、その父・精（クワシ）、母・リサの六男として新潟県西頸城郡西海村（現在の糸魚川市）大字成澤にて出生。六男にもかかわらず康二としたのは、その出生時には男子が父を含めて二人しかいなかったのではないかと推測する。

猪又家は屋号を「清右衛門」とし、代々庄屋を務めた家柄で、本家は池のある広大な庭、土蔵、後ろの山には夏でもヒヤッとする横井戸があり、今でも残されている。母屋は既に解体され今の人が住みよい現代風に建て替えられているが、昔の母屋は入るとすぐ左側に牛を飼うところがあり、土間から二段上がった座敷には大きな熊のゴツゴツした毛皮が敷かれ、長押には槍、弓が掛けられていた。

リサは同じ郡内の穂刈忠左衛門の二女であり、その甥、姪には小沢元（元・あいおいニッセイ同和損保会長）を夫とするルミやその弟・穂刈正臣（医師）（一九七九年、日本赤軍によりハイジャックされた日航機に乗り合わせており、乗客・乗員の手当に尽力）がいる。

大正十四年（一九二五年）～昭和三年（一九二八年）

康二の母校である「新潟県立能生水産学校」の卒業証明書によると、大正十四年（一九二五年）四月本科製造課第三学年に入学（＝十四歳）、昭和三年（一九二八年）三月卒業（＝十七歳）とある。

康二の姉・世子（以下「伯母」という）から「旧制中学の受験に失敗、水産学校には飛び級入学した」と生前聞いたことがある。当時の学制を調べると尋常小学校を十二歳で卒業すると、その次の進学コースとしては①中学校へ　②高等小学校へ　③実業学校へと三コースがあったようだ。これも私の推測だが、中学受験に失敗した父は二年制の高等小学校に進み、卒業後実業学校三年生に編入したのではないだろうか。

昭和三年（一九三九年）～昭和十四年（一九五〇年）

昭和三年同校卒業、大阪市の「伊佐奈商会」に入社、東京支店に配属、五年ほど勤めた後、昭和八年六月東京市の「日本水産株式会社」に転じ、ここも五年ほど勤めて十三年八月に退職している。ネットで「伊佐奈商会」を検索してみると、「くぢら大和煮」の缶詰のラベルが出ていた。康二のアルバムに魚の缶詰のラベルが貼られていたのを見たことがあるので、水産学校の製造科を出た康二はこういう仕事に関わっていたのだろう。

昭和十四年三月　香川県三豊郡伊吹尋常高等小学校に代用教員として就職、翌昭和十五年七月青年学校教員免許を取得し助教諭に任じられている。何故、康二がこんな縁も所縁もない四国のしかも離れ島に来たのか、やはり伯母から聞かされたことによると、家督相続の争いで兄夫婦から追われ、地元から遠ざけられ、就職先が伊吹島であったとのこと。

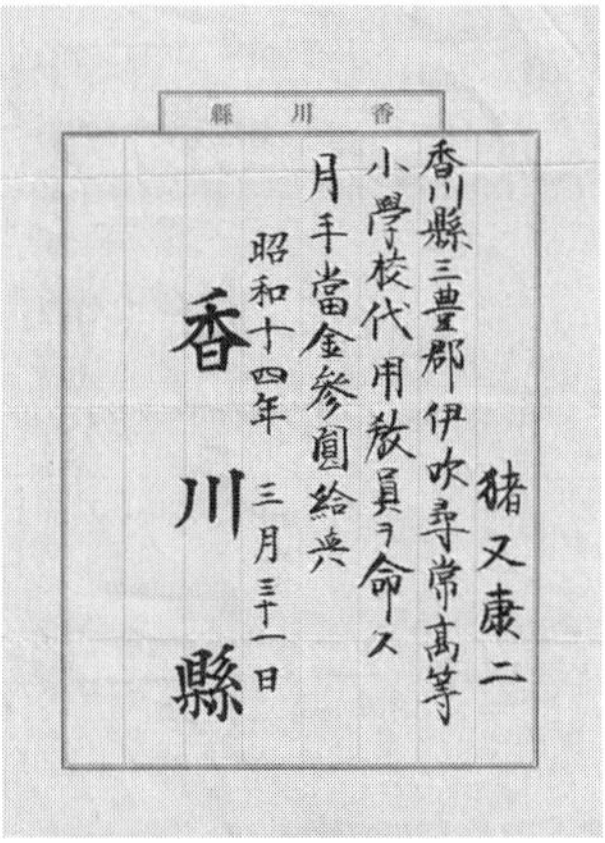
香川縣

猪又康二

香川縣三豊郡伊吹尋常高等小學校代用教員ヲ命ス
月手當金参圓給與

昭和十四年三月三十一日

香川縣

図１：辞令
（昭和14年、香川県代用教員）
20×27cm

因みに戸籍謄本には「昭和六年（一九三一年）一月弐拾四日前戸主精隠居ニ因リ家督相続届出同月弐拾六日受附」、「猪又康二ヲ家督相続人ニ指定届出昭和八年（一九三三年）拾弐月弐拾日受附」と記されている。

しかし色々疑問が湧いてくる。

（一）康二は家督相続人とならず、追われたのは何故か?

（二）隠居の届けから相続人の届けまで三年間も空白があるのは何故か?

（三）家督相続人と指定された昭和八年十二月は「日本水産株式会社」に在籍中で、何故この時期に?

＊戦前の旧民法には「戸主の隠居」（旧民法七五二、九六四条）の条文があり戸主が満六十歳に達したときは（女戸主には年齢制限なし）家督相続人とともに隠居を届出ることで家督相続人が新しい戸主となり、隠居した前戸主が新しい戸主の家族として戸籍に記載することできた。

昭和十五年（一九四〇年）

戸籍抄本によると伊吹島に赴任してから一年半ほど後の昭和十五年（一九四〇年）十一月に、私の母となるハツヱと婚姻している。これも伯母によると康二を遠くに定着させて、新潟に戻らせないための策であったとか。ハツヱも新潟県の西頸城郡の出だったが、お互い全く面識もなく、康二の兄・精止がはるばる新潟からハツヱを連れて伊吹島まで来たとのこと。後にハツヱから聞いたことによると、ハツヱは長時間汽車に乗り、船で四国に上陸、また汽車に乗せられ、なんということか今度は小舟に乗せられ着いたところが、小島！　と驚いたとのこと。また康二はハツヱが来るなり、「お前、いくら持ってきた?」と聞いたそうな、なんでも間借りしている家賃が滞っていたとのこと。このとき康二二十九歳、ハツヱ二十一歳。

昭和十六年（一九四一年）〜昭和二十年（昭和一九四五年）

昭和十六年七月三十日　長女・征子誕生、戸籍記載の出生地は新潟県糸魚川市となっているので、ハツヱの実家での出産であったのだろう。

昭和十六年八月　実業学校教員免許を取得し、同月父は伊吹青年学校を退職し、同時に香川県農林技手に任じられ多度津町にあった「香川県水産講習所」に勤務。

（水産講習所⇒水産学校⇒水産高校）

昭和十八年三月三十一日「香川県水産学校」教諭の辞令。舎監を兼任。

昭和十九年一月十三日　長男・清之が多度津町にて誕生。

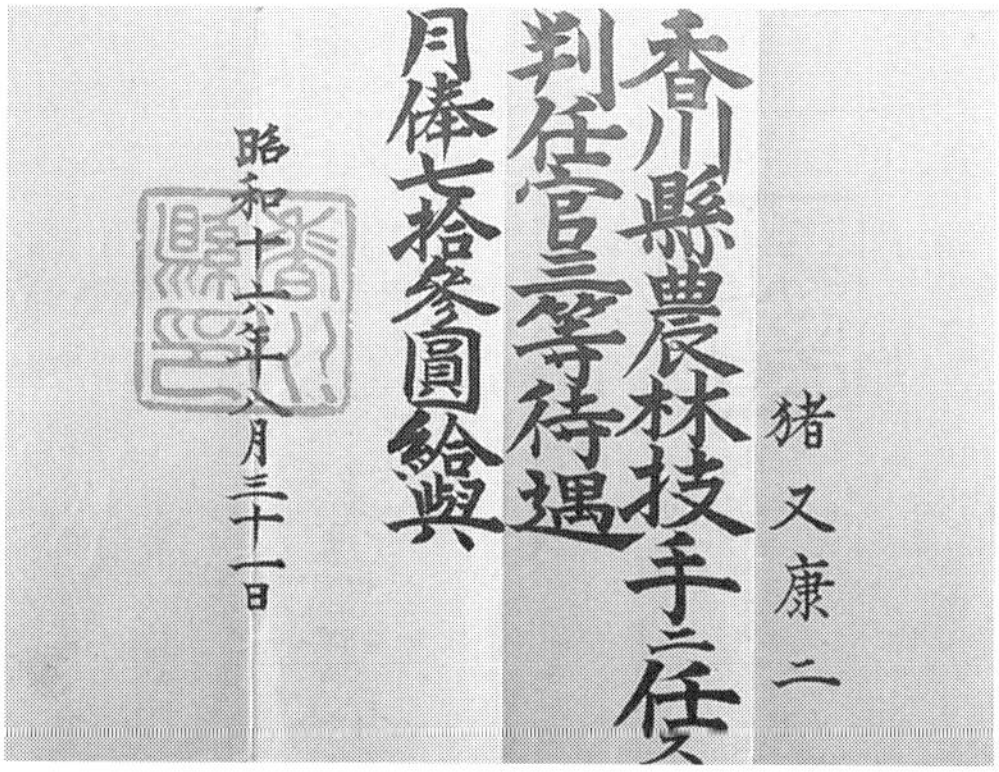

図2：辞令（昭和16年、香川県農林技手ー判任官）

兵役

父から千葉の通信関係の部隊にいたこと、肩にあったケロイド状は枕木を担がされたときの傷跡だと聞いたことがある。残された資料の中に兵役に関する記録は見当たらず、前後の履歴から察するに終戦までの僅かな期間だったようだ。

昭和二十年八月　終戦

敗戦除隊後、持ち帰ったものであろうか、家には国防色の毛布、鉄兜、飯盒があった。毛布は暖かくしばらく重宝したように思う。また鉄兜は庭で飼っていた鶏に餌をやるとき、近所から取ってきた菜っ葉や砕いた牡蠣殻、糠を混ぜ合わせる容器として使っていた。飯盒はキャンプや山行に重宝した。

昭和二十一年（一九四六年）～

昭和二十一年二月　香川県水産学校を願いにより退職。

昭和二十一年三月「太平洋漁業株式会社」入社。

これに先立ち同年三月三日付けで同社の株式八十株を四千円で取得している公的証明書が残されている。

昭和二十一年十二月　次男・悟が多度津町にて誕生。

昭和二十二年四月「太平洋漁業株式会社」退社。

昭和二十二年四月　香川県技師として、県経済部水産課勤務。

香川縣技術吏員　猪又康二
十三號俸ヲ給ス
昭和二十二年十二月
香川縣

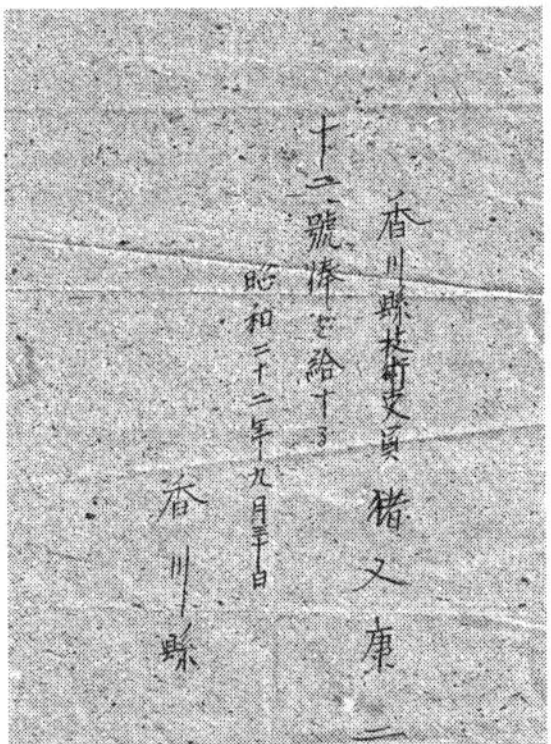
香川縣技術吏員　猪又康二
十二號俸ヲ給ス
昭和二十二年九月三十日
香川縣

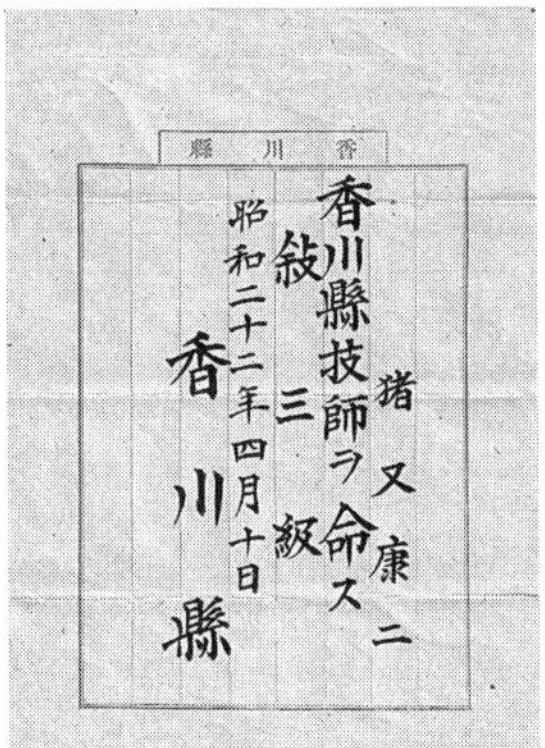
香川縣
猪又康二
香川縣技師ヲ命ス
叙三級
昭和二十二年四月十日
香川縣

図３：採用辞令と昇給辞令（昭和22年、香川県技術吏員）
4月に採用されたときは８号俸であったが、その年の９月、12月に昇給している。戦後の物のない時代を反映して、左２枚の昇給辞令は薄ぺらな藁半紙で12 × 17cm

・昭和二十八年開催の四国国体事務局に出向。
・NHKの早朝の漁村向けのラジオ放送に数年間生出演、後にこれをまとめ県の広報室から「讃岐の魚」として刊行されている。

昭和四十一年七月一日付五十五歳で退職

当時、公務員には定年制度はなく、一般的には五十五歳になると勧奨退職という形で退職していたようだ。また退職日は月末ではなく一日付として、同日に特別昇給して退職金のかさ上げがされていたようでもある。父は三十六歳で県職員となり五十五歳で退職、勤続十九年余、退職金は約二百万円であった。因みにこの年私は大学を卒業し、就職した際の初任給が二万円であったので、父の退職金は初任給のおよそ百倍ということになる。現在の初任給相場は二十万円程度かと思うが、当時の二百万円を現在価値にすると二千万円になり、勤続年数の割に安くないと思う。更に公務員には別途、年金がある。なお父は住まいを移転するにあたり共済組合から百万円余借りており、この退職金から清算されている。

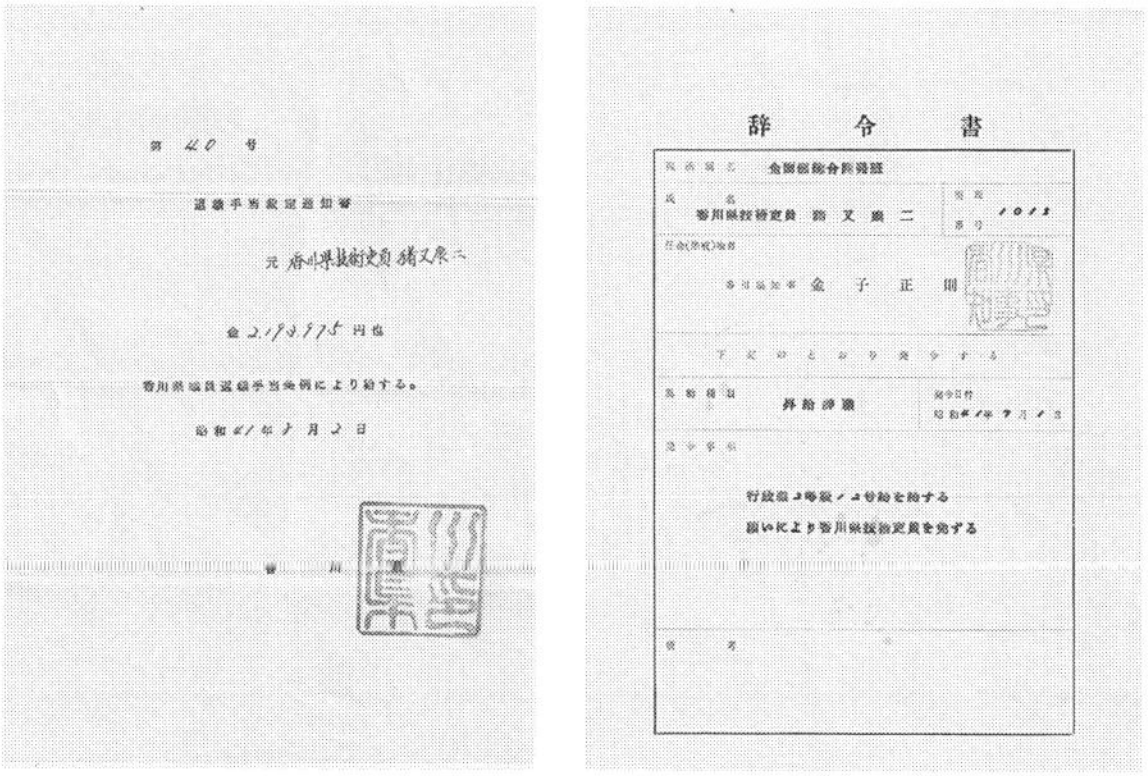
辞　令　書

図４：退職辞令と退職手当（昭和41年、香川県）

昭和四十一年七月　香川県漁業信用基金協会に入所、参与、後に専務理事。

教員免許

昭和十五年七月五日　学科「水産科」青年学校教員認可　香川県知事。

昭和十八年三月一日「製造実習」教員免許（実業学校教員無試験検定合格）文部省。
昭和二十一年十月一日「製造」実業学校教員免許（実業学校教員無試験検定合格）文部省。
昭和二十四年九月一日「製造実習」、「製造」中学校教諭二級普通免許　香川県教育委員会。
昭和二十四年九月一日「製造実習」、「製造」高等学校教諭二級普通免許　香川県教育委員会。

父とその兄との関係

先にも記したが家督相続人の父が何故相続しなかったのか疑問だが、父とその兄（精止）とが不仲だったとは私の知る限り考えられない。

というのは

一．そういう関係なら嫁の世話をしなかったのではないか？

二．私の名前の「清之」は兄の命名で、屋号の清右衛門から取ったと聞かされていたこと。

三．私は夏休みや冬休みなどにはよく新潟糸魚川のその家に長期滞在し、子どものいなかった夫婦から可愛がられていたこと。

四．冬などには餅、干し柿、くるみ、榧の実を毎年送ってくれていたこと。

五．私は欲しいものがあると、手紙でおねだりしていたこと。

六．父がリタイヤしたとき兄夫婦と海外旅行をしていたこと。

七．晩年兄が入院していたとき、私に代理で見舞いに行ってくれと頼んできたこと。

・・・等々むしろ仲が良かったと思う。

（兄は本家を継いだが、その家は戦後台湾から引き揚げてきたもう一人の姉夫婦に住まわせ、農協などがある町中に家を建て、そこで特定郵便局長を務めていた。坊主頭で丸い度の強い眼鏡を掛けていたが、悪戯する私を鼻眼鏡で睨み「コラ！」と一喝、その後ニヤッと笑っていた姿を思い出す。兄嫁（マツノ）は私のことを「清坊」と呼んでいつもニコニコしていた）。

百歳の父を語る

（父が百歳になったとき、お世話になっていた介護施設から依頼され、同所の機関誌に寄稿したものの抜粋）。

父が自分の来し方を語ることは殆どなかったが、伯母や母、私の記憶、アルバムや書類などの断片を繋ぎ合わせると、およそ次のようである。

フォッサマグナや翡翠で有名な新潟県糸魚川市に、庄屋の末っ子として誕生、大切に甘やかされて育ったようだ。旧制中学の受験に失敗するが、その後県立水産学校に入学。卒業後は水産会社に入社し、更にその後、伊吹島で小学校、青年学校の教員を経て、香川県水産講習所（後の多度津水産高校）の教員、そして三十五歳頃、県の水産課に転任、定年後は団体の専務理事として六十五歳頃まで働いたようだ。多度津水産高校の五十周年記念誌に次のような寄稿を今回、発見した。「私達学生の父であり、母であり、兄であられたのが猪又教官であった。水産製造の先生であり寄宿舎の主任舎監であり、就職指導からカウンセラーまで生徒の立場になられて案じておられた」。
（一）父は文筆家である。県・水産課時代よく自宅で原稿用紙に向かっていた。ＮＨＫ・高松放送局のラジオで香川県の漁業関係の番組を依頼されていたようだ。当時は生放送で早朝に出かけていた。後にこれをもとに、県広報室から「讃岐の魚」として出版され、今も県立図書館などで保存されている。
（二）父は凝り性である。庭に鳥小屋を作り、鶏に始まり、十姉妹、文鳥、カナリヤと遍歴、その後はミニ盆栽で、多い時で百鉢以上もあっただろうか。賞状やトロフィーも沢山あった。
（三）父は工夫家である。昔から日曜大工をよくしていたが、体が思うように動かせなくなってからは、家の中でつまずかないよう段差をなくしたり、ベッドで寝たまま天井の電灯、テレビ、棚に置かれた三台のラジオ（選局の都度ダイアルを回さなくて済むようそれぞれ異なった局がセットされている）を点けたり消したりできるようしたりしている。また冬はソファーとテーブルを掘りごたつ式にセットし暖をとっている。今、父が愛用しているのは発泡スチロールの箱、ガムテープ、カッターナイフで、いつ行っても寝ている時以外は、これらと格闘している。
私の兄弟は三人だが（一）の文筆家は姉が引き継いだようで、頻繁に長い手紙を両親に届けている。（二）の凝り性は弟が引き継いだようで、海釣りや吹き矢に凝っている。私は残念ながらこれらのいずれも引き継げず、引き継いだのは短気なところだけ。

ところで父百歳の長寿の秘訣は「九十二歳になる母が、夫大切とひたすら尽し続けて来たこと」に尽きるだろう。

（注）二〇一二年十一月　百一歳九か月で永眠

家族写真　昭和19年２月ごろ（両親、姉と）

猪又清之（いのまた・せいじ）

一九四四年（昭和十九年）一月、香川県生まれ。高松高等学校、中央大学・法学部法律学科卒業。全国繊維産業労働組合同盟（現・UAゼンセン）・調査局、㈶関東電気保安協会・人事部長・理事・監事。㈱永木精機・参与、香川県民共済生活協同組合・理事。川崎市多摩区在住。

感謝状

猪又康司殿
猪又はつ恵殿

あなたがたは戦中・戦後の非常に困難な時代に、文字どおり身を粉にして働き、私たちを育てて下さいました。さらにその間、幾度となく健康、教育のことなどいろいろと心配をおかけ致しました。

おかげさまで、それぞれ恥じるところのない社会人となり、また円満な家庭を築いています。

今日ここ郷里・高松に久しぶりに家族全員が集い、改めて深く深く感謝を致します。

これからもお二人が元気で、楽しい生活を過ごされますようお祈りしますとともに、今までどおり私たちを見守って下さいますようお願い致します。

平成八年十一月十五日

正子
清之
悟

両親への感謝状　平成８年11月15日

ご存知ですか、東かがわ市の手袋産業

橋本　康男

香川県は「うどん県、それだけじゃない香川県」というコピーでお馴染みの「うどん」が有名な県であるが、香川の東端にある東かがわ市は、さしずめ「てぶくろ市」といってよいほどの手袋産地である。東かがわ市の手袋産業は、本年（二〇二一）年で一三三年を迎えたが、展開商品の多様さ、品質レベルの高さ、産地の集積度などから、国内はもとより国際的にも屈指の手袋産地となっている。

産地の歴史

では、どうして東かがわ市の白鳥地区を中心に手袋産業が起こったのだろう。

それはお坊さんの恋の逃避行が、キッカケとなっているようだ。一八八六（明治十九）年に、地元の千光寺というお寺の副住職をしていた、両児舜礼《ふたごしゅんれい》というお坊さんと、同じく地元の三好タケノという女性が駆け落ちをして、大阪へ出ることになった。

当時は廃仏毀釈の動向もあり、副住職としての将来に、強く疑問を感じていたことも動機になったと思われる。当面の生活のため、本人は托鉢にまわり、奥さんのタケノさんは、内職にメリヤス製品の賃加工を始めることになる。

その中に手袋（当時は指なし手袋）の賃加工があり、舜礼はこの手袋の将来性に注目して、一八八八（明治二十一）年から手袋製造に取り組むことになる。しかし、舜礼は三年後の一八九一（明治二十四）年に、病気で急死してしまう。後を未亡人のタケノさんと従弟の棚次辰吉が継ぐことになる。このことがキッカケで、舜礼の出身地、東かがわ市に手袋産業の種がまかれることになったのである。

次に、ではどうして白鳥地区へまかれた「手袋産業の種」が、大きく育つことになったのだろうか？

東かがわの白鳥地区は、江戸時代には地の利を生かした「製塩業」と、現在では和三盆として知られる「砂糖の製造」、それと、高松藩の初代藩主松平頼重が造営したことで、朱印地という特権を与えられていた

「白鳥神社の門前町」という、三つの経済的基盤で潤ってきたが、明治時代になり、塩・砂糖共に海外からの輸入品や製造技術の立ち遅れが原因で、衰退に向かい始めることになる。また、白鳥神社の朱印地としての賑わいも、江戸幕府の消滅と共に次第に薄れていった。

手袋神社ー棚次辰吉翁銅像と両児瞬礼師碑（白鳥神社境内）

明治の中頃には、取り分け製塩業に従事していた人々の救済が緊急の課題となり、経済的に非常に厳しい状況下にあった。そういった状況のもと、手袋製造という現金収入につながる産業の種がまかれたことから、文字どおり旱天に慈雨といった環境のなかで、産業として定着することになった。

具体的には、一八九九（明治三十二）年に、製造技術の指導、原材料の供給、製品の売りさばきを、手袋産業育ての親棚次辰吉が中心となって担当し、作業場は地元教蓮寺の住職楠正雄が提供し、資金は塩田大地主橋本安兵衛が提供して、「積善《しゃくぜん》商会」という事業所名でスタートした。

では、一三三年続くことができた要因とか背景には、どんなことがあったのだろうか？

一八八八（明治二十一）年にスタートを切った手袋産業が、地域にしっかり定着するキッカケとなったのは、一九一四（大正三）年に始まった第一次世界大戦だった。

大戦当時、欧米での手袋最大生産国はドイツであ

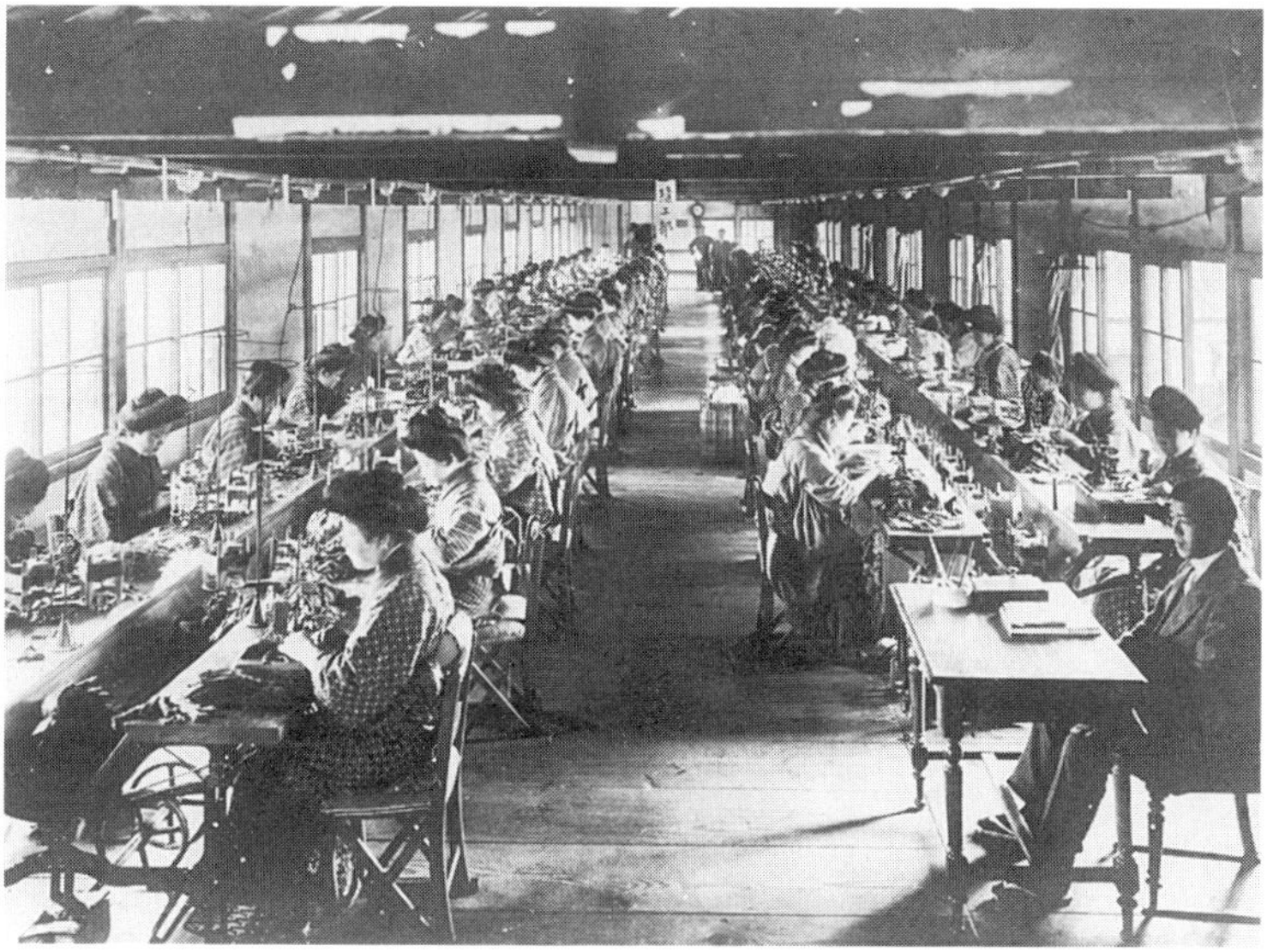

大阪手袋工場

る。一方対戦国のイギリスは、織物、編物などの材料生産と、出来上がった手袋の物流機能を担っていた。そういった国どうしが戦争状態になったので、ドイツに代わる調達国として、イギリスから大量の注文が舞い込むことになる。

それを受けて、白鳥地区を中心に分工場も含めると一〇〇〇人規模の工場が、大阪手袋と東洋手袋の二つ作られたのである。中でも、大阪手袋は棚次辰吉が代表者を務めた会社だった。この二つの大規模工場は、終戦後数年して閉社解散をするが、工場に勤めていた人々が製造技術を習得するに至った。その後種々の問題を経ながらも、物づくりの系譜がこの地域に伏流水のごとく流れ、今日につながっていると、言える。

そのことは言葉をかえると、手袋産業創生期の業界先人達、なかでも産業育ての親棚次辰吉を筆頭に、この地にはチャレンジ精神・開拓者魂に代表される固有の精神風土が、連綿と受け継がれてきたように思う。

具体的に見ると、商品開発の歴史としては、産業創生期には防寒おしゃれ手袋としてスタートを切っている。その後、欧米への輸出を中心におしゃれ防寒用手袋の産地として発展してきたが、一九七一（昭和四十六）年のニクソンショックによる欧米輸出市場の縮小対応策として、昭和四十年代後半から昭和五十年代にかけて内需転換をめざし、各種の用途開発、取り分け新分野となったスポーツ用手袋（スキー・ゴルフ・野球・バイク等など）に取り組み、着実な成果をあげてきた。その後もＵＶ（紫外線防止）手袋、スマホ対応手袋などの新分野開拓に取り組み続けている。また、手袋の加工技術と素材を生かした革小物・バッグなどの関連商品群の開発なども、新市場を切り拓いて来ている。

産地の現状

　現在の状況を見てみよう。手袋の産地組合として日本手袋工業組合がある。加入社の商品構成をみると、１）多様な素材を使ったファッション・防寒手袋、２）スキー・スノーボード手袋、ゴルフ手袋、テニス用手袋、野球用手袋、オートバイ・ドライブ用手袋、フェンシング・釣り・自転車などの各種スポーツ用手袋、３）パイロット・レスキュー用手袋、精密作業用手袋などの特殊作業用手袋、４）手袋加工技術や素材を生かしたバッグ・袋物、ニット製品などの関連商品で構成されている。

　現在では、各種の樹脂製・ゴム製手袋、軍手などを除くファッション・防寒手袋、各種スポーツ用手袋については、全国の九〇％を占める産地となっている。組合員企業のほとんどが、相手先ブランドで物を作るＯＥＭ生産のため、産地の認知度に欠けるものがあるが、代表的な商品として、イチローや松井・大谷などの日本人メジャーリーガーや国内のプロ野球選手が使う手袋、ゴルフでは青木功や松山英樹、宮里藍、渋野日向子などのプロゴルファー、またサッカーやフェンシングなどのワールドカップ出場選手やオリンピック選手などが使う手袋なども、ほとんど組合員企業で作っている。

プロ仕様のゴルフ手袋

また、ファッション分野、ブライダル分野においてもファッショントレンドをリードする商品を作っている。結果として、現在では手袋の種類の多様さ・品質・機能性・デザインなどの視点からも世界屈指の手袋総合産地となっている。

産地の歴史一三三年を不易流行の視点で

産地としてどう変わってきたか「変化・進化の側面」・・・変わらずに継承されてきたもの「継承・継続の側面」で、考えてみることにしよう。

ダーウインの進化論ではないが、生物の歴史を通じて強いもの、大きいものが必ずしも生き残ったわけではない。同様に我々の業界も一三三年の歴史を積み重ねてきたが、手袋事業会社として一〇〇年以上続いてきた会社は一社を数えるのみである。

このように個別な会社は容赦のない競争原理に今日までさらされてきた。一方で、産地としては適者生存というべきか、激変する環境に順応出来た企業がリレーした結果、今日の手袋産地として残っているということが出来る。

まず変化・進化の側面を見ると、ポイントとして二つのことが浮かび上がってくる。

一つは手袋としての用途開発・新市場開拓にたゆまず取り組んできた歴史ということができる。具体的には、防寒手袋 → ファッション・ブライダル手袋 → 各種スポーツ用手袋（手袋が必要なスポーツのほとんど総て） → 特殊作業用手袋（パイロット・レスキューなど） → 紫外線（UV）防止手袋 → スマホ対応手袋など……様々な用途への対応、即ち新市場開拓に取り組んできた。

少し掘り下げてみると、新商品・新市場を具体化するためのキーワードの一つは、素材・材料となる。取り分けスポーツ用手袋は競技ごとに、手袋を使う環境、要求される機能も異なり多岐にわたる展開となっている。

では最初に、ファッション防寒用手袋の素材変遷を見ていくことにしよう。当地での産業出発時は綿素材のメリヤス生地だった。その後、一九一二（大正一）年～一九四五（昭和二十）年頃までは欧米からの輸入素材で、八〇番手～一〇〇番手の極細綿ダブルトリコットが使われていた。

続いて一九五二（昭和二十七）年に東洋レーヨンが

ナイロンの国産化に成功し、二年後の一九五四（昭和二十九）年には欧米へ向けて大量に輸出されている。また一九五七（昭和三十二）年には旭化成がアクリルの国産化に成功したが、一九六〇（昭和三十五）年には編手袋として盛んに欧米へ輸出され、アクリルの普及に貢献することになった。更に一九六三（昭和三十八）年～一九六四（昭和三十九）年には塩化ビニールレザーの手袋が欧米へ大量に輸出されている。一九六五（昭和四十）年には基布の表面にポリウレタンなどの樹脂を塗布または含浸させた合成皮革が新しく登場して、防寒機能の充実につながっている。

一方で、一九五五（昭和三十）年頃からは、本格的にウールや各種の天然皮革（牛革・羊革・豚革）も多く使われるようになった。このように、採用された素材特性を生かした商品群の構成が、ファッションの多様化と防寒機能の充実につながっている。

また、一九九六（平成八）年には紫外線を遮蔽するUVケアー素材が、手袋として商品化された。従来の手袋は主に防寒目的であるのに対し、UVケアー手袋は使用期間も春から秋へと長期間にわたり、企業運営上もメリットのある新市場の開拓へとつながった。さらに、UVケアー素材開発がキッカケで、接触冷感、蓄熱保温などの各種機能素材の開発へとつながっていく。

次に各種のスポーツ用手袋材料においては、スポーツ用手袋は、野球・ゴルフ・スキー・スノーボード・バイク・フィッシング・サッカー・フェンシング・自転車・マリンスポーツ・登山など非常に幅広い展開となっている。いずれも競技ごとに、要求される機能が異なる為、それぞれに必要な機能、物性を備えた素材の調達とその組み合わせが大きいポイントとなっている。

例えばゴルフ手袋では、必要条件として1）グリップ力…すべらない　2）柔らかさ…手に良くなじむ　3）適度の表面強度…手の保護　4）復元力…型崩れしにくい等の要素をあげることができる。ゴルフ手袋開発当初の材料は、仔牛など種々の天然皮革で出発したが、時間の経過とともに、素材物性・コスト・品質の安定性などの点で、現在、天然皮革材料としてはエチオピアとインドネシア産の羊革のみとなっている。

変わって、合成皮革と人工皮革が天然皮革にはない機能（雨・汗などにぬれても使用感、機能に変化が少ない、洗える、手入れが簡単など）を備えていることもあり、中心素材となってきた。

また、作る商品が変わるということは、素材はもちろん、生産方法・生産設備・生産国・販売先・販売方法などが変化することにつながっている。例えば、繊維素材と皮革素材では生産方法、生産設備も大きく異なってくる。販売方法も、最近ではネット販売の伸長著しいものがある。このように、新商品・新市場の開拓にともない、文字どおり各種の挑戦・変革を繰り返して今日にいたっている。

二つ目は国際化戦略である。全国各地にある地場産業の中で、当地の手袋産業は最も早く国際化戦略を推進した地域の一つ、と言ってよいと思う。海外生産の先鞭を切ったのは、国際的なコスト競争を余儀なくされる輸出手袋メーカーだった。一九五〇年代に韓国で委託生産を始め、一九六〇年代には台湾に現地法人を二社設立している。一九七〇年代には韓国に現地法人の設立が四社、中国で委託加工が四社、一九八〇年代～一九九〇年代には中国を中心にインドネシア・スリランカ・ベトナムなどで現地法人の設立、委託加工が多数行われてきた。

一九九一（平成三）年になると、海外生産が五〇％を超えている。現在では特定の商品をのぞいて、ほとんど（八〇％以上）が海外生産となっている。また数年前から、労働事情など種々の要因で、チャイナプラスワンとして、インドネシア、ベトナム、カンボジア、ミャンマー、インドなどへも工場進出している。

この生産体制の海外進出は、産業としての変革の大きいポイントとなっている。これほど早くから海外進出をしてきた地場産業は、他に見当たらないのではないだろうか。種々の課題を抱えているにせよ、海外進出という挑戦・変革があったからこそ今日の産地がある、ということができると思う。

変わらずに継承・継続されてきたことは何だろう？

当地手袋産業一二〇周年を記念して、「香川のてぶくろ資料館」が二〇〇八（平成二十）年に設立された。仲間と設立準備をすすめてきたが、産業の歩みを各種の資料で確かめることを通じて、強く感銘し心打たれることがいくつかあった。

手袋産業創生期の先達として、産業生みの親「両児舜礼《ふたごしゅんれい》」、産業育ての親「棚次辰吉」、生産性向上の立役者「神崎長五郎」、海外市場の開拓者「成瀬歌

香川の手袋資料館

吉」の四人をあげることができる。それぞれに、ここ
ろよく縁の方から、写真や手袋、製造設備など、貴重な資料をご提供いただくことができた。

なかでも、際立った事業家や発明家としての実績と、業界内外で人格者としての評価を得ていた棚次辰吉翁の一生を書いた「棚次体験記」や、ミシンの世界特許取得にまつわるご苦労に触れた「産業観世音と手袋発展史」などの活字資料を、香川のてぶくろ資料館に展示している。一一〇数年前の欧米視察時にニューヨークで撮った写真等から、くみとることができる辰吉翁の「手袋産業への思いの熱さ」「使命感」「郷土愛」といったものには、胸が熱くなる。

言葉をかえれば、辰吉翁を筆頭に、彼らの歩んだ道筋からは、「何事にもくじけないチャレンジ精神とたくましい開拓者魂」を強く感じることができる。当産地の一三三年を振り返ってみると、現在に至る歴代経営者たちの歩みの中にも、伏流水として流れるがごとく、この「チャレンジ精神」と「開拓者魂」がしっかりと引き継がれていることを感じている。

海外進出はその具体例の一つと言ってよいと思う。これからも産業として変えてはならぬ、継承すべきことの何よりのポイントは、苦闘の積み重ねの中で産業の礎を築いた業界先人達の「チャレンジ精神」と「開拓者魂」であるとの思いがある。いつの時代も問題を解決する根源となるものは、人の思いの熱さと使命感に尽きるのではないだろうか。

組合員企業の最近の取り組み事例紹介

日本のファッションが「クールジャパン」として海外に広まる中、早くから欧米市場で高い評価を獲得しているカジュアル・スポーツ手袋企業もある。欧州のファッション市場では、ジャージー素材（繊維素材）の手袋が少ないことに着目し、近年欧州の展示会に積極的に参加し、フランス・イタリーでオリジナルブランドを着実に定着させている企業も出てきた。この企業の取り組みは、日本企業の海外展開成功事例として、ＮＨＫ・ＢＳプレミアム「イッピン」で紹介された。

また、二〇一〇（平成二十二）年に東京・六本木ヒルズに、オリジナルブランド「アルタクラッセ・カプリガンティ」を開設した企業もある。この直営店はブランドコンセプトとして、「最高級、高貴、ハイデザイン」を兼ね備えた手袋の専門店として運営されており、物づくりを熟知し、装い方を提案することができるコンシェルジュが、お客様の相談に応じている。

単に手袋を販売するだけでなく、商品の背景にある物語を伝えて、最高級のファッションアイテムである手袋を紹介し、ファッションの主役になれることを伝え、お客様に手袋というアクセサリーを、もっと楽しんでいただこうという狙いのもとに運営されている。ＯＥＭ生産が中心の産地にあって、情報発信機能からも新しい試みとして、非常に注目されている。

三つ目に、日本手袋工業組合青年部が中心となって取り組んでいる新しい動きを紹介しておこう。当産地をもっと全国的にアピールしようと、「香川手袋」ブランドを確立しようとするものである。このねらいのもと、数年前から「手と手袋の未来を考えるプラットフォーム」が、「１８８８手袋ラボ」としてスタートしている。ファッションディレクターを交え、企業の枠を超え、さまざまな人々が集まって、手と手袋の新しいあり方を考え、クリエイティブする組織として発足している。

この試みに集まった人々によって生み出された手袋ブランドが、「香川手袋」であり、歴史ある産地だからこそ培われた知識と技術力をベースに、手と手袋の未来を切り開くプロダクツを発信することを目的として活動を進めている。

企業活動の一面については、環境適応業という表現もあるが、現在業界を取り巻く環境には、内外ともに様々な課題が山積している。課題解決には業界先人達が取り組んできたごとく、今一度、変えるべきは何か、変えてはならないものは何かの問い直しと、課題解決のための具体的、継続的な活動が望まれる。

以上、香川の手袋産地を紹介させていただいた。最後に、当手袋産地をより詳しくお知りいただくために、東かがわ市役所隣に「香川のてぶくろ資料館」を置き、ネット上で「グローブミュージアム」を立ち上げている。アドレスはhttp://www.glove-museum.net。ご利用いただければ幸いである。

橋本康男（はしもと・やすお）
一九四四年（昭和十九年）三月、香川県東かがわ市生まれ。明治大学卒業。㈱ハシセン会長。香川のてぶくろ資料館館長。

業務活性化カレンダー2021（日本手袋工業組合）
手袋の父－棚次辰吉の銅像－白鳥神社境内

終戦前後の記憶から

篠崎　文彦

終戦前後、小学校に入学

小生は昭和十五年九月東京の自由が丘近くで生を受け、昭和十八年頃までここで生活していた。その後父親が満州に出兵したが終戦前に肺結核を患い戻ってきた。東京の自由が丘と言えば今では超高級住宅地であるがその当時は世田谷にも近かった事もあり畑が相当あった。我が家の隣は納豆屋さんでいわゆる「すぼまき」の納豆を作っていた。その後一時は鳥取県の大山の麓に疎開していた。昭和二十一年福岡に母方の祖父母が住んでいた家があったので福岡市の大名に転居した。祖父はここで弁護士を開業していたようだが、その頃はすでに亡くなっていたので私は顔を知らない。

すぐ近くに福岡市立大名小学校があり昭和二十二年四月に一年生に入学した。一年前までは国民小学校と言っていた。市のほぼ中心（天神）に近かった事もあり周辺は戦災で焼け跡となっていた。大名小学校も木造校舎はすべて焼け、鉄筋三階建ての校舎だけが残っていた。もともと生徒数が市内で最も多い小学校であったようで昭和十七年の在校生は二一七四名もいた。私が卒業する頃は戦後のベビーブームで生まれた子供達が多く一七四二名の児童がいた。

これだけの児童がいては到底教室がたりない。そのため我々は一年生と二年生は二部授業であった。すなわち午前中登校する学年と午後から登校する学年が一週間ごとに変わるのである。土曜日は午前八時半から十時半と十時半から十二時半までの学年に分かれた。午前中が学校へ行かなくてもいいとなると何をするかである。歩いて行けるところとなると、舞鶴城趾のお堀である。電停で言うと下の橋から上の橋の間には四つお堀があった。第一のお堀の向こうに旧陸軍西部指令本部があり、二番堀、三番堀の後ろは後の平和台球場である。

午前中授業がない日は友達を誘ってお堀にフナ釣り出かけた。その頃は時計を持っているわけではなく、日の高さで時間を見計らっていた。しかいつも自宅に帰るのは一時頃で慌てて学校へ走った。すでに授業が始まっていることが多く先生に叱られた。二年生に

写真1　２年生頃　屋外で撮影（全員裸足）

なった頃やっと木造平屋の教室ができ、毎日朝から登校するようになった。しかし教科書は全員に当たるわけではなく二人に一冊、そのうえ上級生が使用したものを使っていた。

当時はみんな貧しく夏場は殆どの者は裸足で学校に行っていたので校庭には足洗い場が必ずあった。二年生頃の屋外で撮った写真を見ると児童はみんな裸足である（写真1）。秋の終わり頃から冬、春先までは下駄か、粗末な運動靴を履いていった。その運動靴も配給制でクラスの半分くらいの生徒しか当たらないのでおさがりの破れた靴を修理して使っていた。

小生は母親がドンゴロスの布で靴を作ってくれた。下駄もはな緒がすぐ切れたり、学校帰りに石蹴りや、缶蹴りをするものだから歯がすぐ折れた。折れた歯を持ち帰り釘で歯を元の位置に戻すがまたすぐ折れた。それで父親がどこからか高下駄を探してきて時々歯を取り替えるので長く使えた。

そうこうするうちに三年生になりクラス替えがあった。当時は一クラス五〇人〜六〇人の児童がいて教室はギリギリいっぱいに机が並んでいた。そのため五年生になったとき一学年を一クラス増やして六クラスになった。これでまた同じクラスの児童が一〇人位六組に移った。

小学校三年生頃に子供銀行ができ学校で少しずつためたお小遣いやお年玉を銀行に預金した。親銀行は福岡銀行で児童全員に通帳が作られ毎月一回午後から銀行の人と一緒に児童が行員になりそろばんをはじいて記帳した。子供がやるので時には間違いもあった。当時は子供が学校へ行く前に新聞配りや、おきゅうとや納豆、アサリ貝売りをしてわずかなお金を稼いでいた。このお金の一部を子供銀行に預金したのである。毎月少しずつでも預金をすると結構貯まるものである。

原則卒業時に全部引き出すのであるがたくさん貯めた児童は五千円以上であった。私は二千数百円であった。貯めていたお金は使わなければ新しく福岡銀行の通帳が作られた。私はそのお金の一部を中学校の修学旅行の費用に使ったが、残りは何に使ったかは記憶にない。

昭和二十二年に学校教育方が制定され新学制が発布され小学校が六年、中学校が三年、高校三年となり小学校六年と中学の三年が義務教育となった。また我が小学校には昭和二十三年にＰＴＡが発足、二十六年に校歌ができた。作詞は西条八十、作曲は教員の原健であった。

その後も児童数が毎年増え続けるので昭和二十七年四月に西に約一キロ離れたところに赤坂小学校が新設された。今まで大名小学校に通っていた児童の一部が転校した。赤坂小学校へは行きたくないと言う友達もいた。その後大名小学校の児童数は昭和五十年頃までは一学年五～六クラス、一クラス五〇人前後の児童がいたが、平成に入る頃から徐々に減少し、平成二十五年には全校児童数が学年によっては一桁の児童しかおらず全校児童わずか五十七名になってしまった（写真2）。これは大名小学校周辺地域が官庁や商店街、飲食店街、複数のデパート、放送局、ホテルができ更に西鉄福岡駅、高速バスや周辺地域、郊外に行くバスの発着場となり、福岡市内で最も賑やかな地域となった。このため住宅は殆ど無くなり、マンションも建たなかった。結局、平成二十六年三月末で一四〇年の歴史を閉じた。残った児童は長浜に小学校、中学校を併設した舞鶴小中学校が旧舞鶴中学校の跡地にできた。

離島や山間部の小中学校が閉校になることはよく聞

写真２　閉校前の教室（1学年に4、5人）

くが、街の中心にあった学校が閉校になるのは珍しい。大名小学校は昭和二十八年に創立八〇周年を昭和四十八年に創立一〇〇周年記念の式典が挙行され、体育館兼講堂が落成した。平成八年に戦後五〇周年を記念して平和記念植樹を行っている。しかし当時私は札幌に住んでいたので知らない。

平成二十六年三月末に閉校式がソラリア西鉄ホテルで同窓会の祝賀会があった。私も参加したが学年が卒業年度ごとに席を設けてあったが一年違っても見覚えのある人はわずかであった。卒業以来初めて会う人もあり、また名前を聞いても思い出せない人もいた。

大名小学校の設置と閉校まで

近代国家に生まれ変わったわが国は明治五年に学制が発布され、その翌年の明治六年に大名小学校が開校した。当時は大明小学校と言い赤坂門（現在の地下鉄赤坂駅付近）の大名郡役所あとに設立されたそうである。

その当時、教育年限は小学校令で満六歳から十四歳までの八年間であった。明治十二年に学制が代わり義務教育年限は十六ヶ月であった。翌明治十三年に改正教育令が公布され教育年限は初等科三年、中等科三年高等科二年となった。明治二十七年に現在地に大名小学校は新築移転した。明治三十五年に大名尋常男子小学校、女子小学校とに分離したが、明治四十五年に再び合併し大名尋常小学校となった。大正十二年、わが国最初の夜間中学（旧制）が小学校の校舎を借りて開校した。

小学校近くに裁判所があったこともあり弁護士さん達が家をかまえていた事で、貧困のため中学に通えなかった向学心旺盛な書生がいたので夜間中学開校を市に依頼したようだ。昭和四年に戦争で唯一残った鉄筋三階建ての校舎ができた。当時は珍しく市内には奈良屋小学校と二校だけであった。

　昭和十七年十二月に太平洋戦争が勃発、十八年六月福岡は大空襲に見まわれ焼夷弾が降った。小学校の木造校舎、近隣の家屋は殆ど焼失し焼け野原となった。住民の多くが家を失い、大人も子供も多数が焼死した。その死体が小学校に安置されていたそうだ。

　昭和二十二年学校教育法が改正され、新学制が制定された。国民小学校は小学校となり、小学校六年、中学三年、高等学校三年となり義務教育は小学校六年、中学三年までとなった。しかし前述のように児童数が

写真３　広田弘毅氏揮毫の書

毎年減少し平成二十六年三月末で閉校なった。閉校一年前に小学校の同級生と鉄筋三階建て校舎、職員室、校長室、当時はなかった理科室、資料室を見学させてもらった。この中には昔懐かしい校長先生、教員、事務職員などの写真があった。資料室には後述の総理大臣を務めた広田弘毅の揮毫した書が額に入れ掲示してあった（写真３）。

明治二年に開校した大名小学校は多くの有名人も輩出した

　福岡市出身で昭和十一年三月総理大臣になった広田弘毅がいる。わが大名小学校の先輩である。父親は石材店を営んでいた。広田は欧米局長、中ソ大使等の要職務めた文官（軍人でない）であった。総理大臣になる前年は外務大臣に付き世界の情勢や他国の国力などをよく把握していたと思われる。わが国はアメリカの力には到底及ばないことを薄々知っていたのではなかろうか。当時は陸軍、海軍の現役武官の力が強く現役武官を大臣に据える武官制復活迫られ広田内閣はわずか十一ヶ月しか維持できず広田は総理大臣を退任した。総理就任当時、帝国議会で戦争は断じて行わない

と述べている。広田は戦後の東京裁判でＡ級戦犯となり死刑判決を受けた。ただ一人の文官で帝国議会では戦争回避に務めたが公判では殆ど喋ることなく裁判長の質問にも沈黙していた。また広田が総理大臣の時アジアで初めてのオリンピックが開催されるはずであったが戦争のため中止になった。

また小説家、絵描きで有名な夢野久作（杉山泰道）は九州日報の記者も勤め新聞に童話を連載したり、探偵小説も手がけ当時は人気作家であったようだ。

担任ではなかったが三年間教鞭をとっておられ、われわれのクラスにも人気であった大野正隆先生は三十歳でプロ役野球の審判となった。

終戦後すぐの小学校の周辺の状況、食料の配給

戦時中に小学校の周辺にはアメリカ軍機Ｂ29からものすごい量の焼夷弾が落とされ木造の校舎、民家が殆ど焼失し焼け野原となっていた。小学校の南側にあった家屋は幸いにも難を逃れていた。当時は死者も多数でたようで恐らく消火活動はできなかったと思う。大きな建物では刑務所の北側にあった裁判所は木造であったが残っていた。さらに北側は電車通りで幅広くその向こうの家屋は戦災にあっていなかった

戦後は食糧難で食べ物はすべて配給であった。わがやの前に役所の人たちがやってきて住民に食料を配給するのでよく見ていた。時にはサツマイモの大きな山が道路にでき周辺の住民が並んで受け取っていた。私も砂糖の配給があるときに母親の代わりにバケツをもって並んだことがある。

街中でも今のように水洗トイレは無くくみ取り式であったので郊外の田舎の農家の人が牛車をひいて定期的にくみ取りにやってきた。農家はこれを肥料として畑や田んぼにまいた。その代わりに「肥やし汲み」の人達は収穫した野菜や芋などを少し持ってきてくれた。米や小麦粉は米穀手帳というものがありこれを持って市役所かどこかで少しお金を払ってもらってきたようだ。父親が出張などで出かけるときは米を持参しないと食事ができなかったそうだ。このような状況は小学校六年生くらいまで続いた。三年生頃に給食も始まった。給食はアメリカからの援助でもらった脱脂粉乳が主であった。砂糖は貴重品であったのでこれに少し塩が入っていた。空腹であっても児童達にはこのミルクは評判が悪かった。その一年後から脱脂粉乳の

ミルクの他にコッペパンも給食に出てきた。いずれも美味しいとは思わなかった。遠足の時は昼食にサツマイモを蒸かしたもの持参するのが定番であった。

この頃学校で毎年身体検査の折りに必ず便を二回とってマッチ箱に入れ提出せねばならなかった。これは寄生虫の虫卵検査をするためである。クラスの半分以上の児童が回虫や十二指腸虫、蟯虫を持っていた。私自身も回虫卵が何度も検出された。

寄生虫を持っている者はカイジン草という駆虫剤を学校で服用させられた。これを服用すると弱った回虫が便から出てきた。「おれは今朝二匹でたとか大きなのが一匹でたとか」クラスで話題となった。十二指腸虫、蟯虫は顕微鏡がないと見られないので直接見たことはなかったが、ウジ虫を小さくしたようなものだと説明を受けた。蟯虫は夜寝て少し体が温かくなると肛門の周りに出てくると「かゆく」なるのですぐわかった。酢で退治することができるとかで食用の酢をちり紙につけて肛門に入れるようにすると飛び上がる程痛かったが、しばらくは肛門周囲が「かゆい」事はなかった。

また髪の毛の長い女子の頭にはよくシラミがわいた。きめの細かい櫛で毛をすくとウジよりちょっと小さな虫（シラミ）がぼろぼろ出てきた。私は髪の毛を伸ばしていたがシラミがついた事はなかった。シラミ、ノミ、蚊はどこでもいた。シラミ、ノミはＢＨＣ、ＤＤＴと言う殺虫剤を散布するのだが頭にかけられる児童は苦しかったと思う。ノミは畳のあるところは大抵いた。夜寝る前に布団の中にＢＨＣやＤＤＴを散布しておくと刺されなくてすむがその匂いがきつかった。朝布団を上げるとき見ると弱ったノミがいつも二、三匹いてつかまえ両手の親指爪の上に乗せて圧すると「プチ」と音がして吸った血が出てきた。いつ頃からシラミやノミがいなくなったかは記憶にないが少なくとも自分が高校生の頃にはめったに見られなかった。

一方蚊は今でも我が家周辺に多くいるし部屋の中にも入ってくる。終戦後しばらくひと部屋ごとに蚊帳を張ってその中で寝ていた。昭和二十年代には蚊取り線香がまだ普及していなかったように思う。当時から蚊に刺されると日本脳炎になると言われていたし、また栄養失調の子供は刺されたあとが化膿し、なかなか治癒しないこともあった。十年位前にベトナムへ診療に行ったがここではベッドのサイズとほぼ同じくらいの蚊帳が天井から吊り下がっていて寝るときはそれを下ろしてやすむ。フィリツッピンにも診療に出かけたが現地は蚊取り線香であった。

しばらくすると朝鮮戦争が勃発した。福岡の板付飛行場（現在の福岡空港）からアメリカ軍の飛行機が朝鮮半島に向かって毎日飛び立って行った。この頃はもうジェット機だったと思う。それは日本海を渡るのに二〇分程度で朝鮮半島に着くと聞きアメリカの国力はすごいと思った。飛行機は小学校の運動場からもはっきり見えた。この時、金属とくに鉄の需要が高まったのか、焼け跡から金属を回収する人やB29から落とされた焼夷弾とそのケースが高値で売れた。自宅の庭にもあったので焼夷弾とケースを金属回収業者に売った。

また陸軍の西部指令本部があった旧舞鶴城跡（後の平和台球場の裏山）にも沢山の焼夷弾が落とされ笹藪の中に刺さっていたのを見ていたので、友達と探しに行ったがその時はすでに遅し、みんな持ち去られていた。そこでわれわれは道路脇にあった壊れた防火用水のコンクリートを金槌で割り、中の太い針金鉄筋を取り出し、鉄くず屋さんに売ってアイスキャンデーを買って食べた。三本一〇円であった。そのうちに街中にかき氷屋もでき一度それを食べてみたかった。

九大医学部生体解剖事件と土手町刑務所

終戦から一年近く経った頃日本中を震撼させた事件が発覚した。それが九大医学部生体解剖事件である。昭和二十年熊本県と大分県の県境で、日本軍の戦闘機がアメリカ軍機に体当たりして墜落させた。アメリカ軍のB29搭乗員はパラシュートで脱出し捕虜なった。住民が猟銃や竹槍を持って捕虜にした。この事件のことは遠藤周作の小説「海と毒薬」にも書かれている。しかしこれが九大医学部生体解剖事件の真相であるかのように思われているがフィクション（作り話）であり、またこの事件が誇大報道された事もあって信じている人もいる。

この他、仙波嘉清「生体解剖事件」、東野利夫「汚名—九大生体解剖事件の真相」、上野文雄「終戦秘録・九州八月十五日」上坂冬子「九州大学医学部事件・生体解剖」また当時外科の助教授であった方の婦人が記した「夫帰り来ぬ」などがある。私はこの先生のご子息と同じ小中学校へ通った。

日本軍の航空基地の大刀洗飛行場（福岡県西部）の滑走路を徹底的に爆破しその帰還中に日本軍の戦闘機が体当たり、B29は操縦不能となったが乗組員はパラシュートで脱出し熊本県の小国町、大分県の産山村、宮城村の山中に降下した。搭乗員十一名のうち三名は現地で死亡、残る八人は捕虜となり福岡の西部軍司令部に送られた。このうち九大医学部で七人が生体解剖に処された。機長のワトキンズ中将は東京の陸軍参謀本部へ送られたため難を逃れ、ただ一人の生存者となりアメリカに帰国することができた。

「戦争法規及び戦争慣習に違反した」という罪で戦争犯罪横浜法廷に三〇人が起訴された。西部軍司令部関係者十一人、九大医学部関係者十二人、偕行社病院（軍の病院）関係者五人、死亡者（自殺）二名であった。この中には外科の教授と助教授、講師など、解剖実習室を使用させた解剖学の教授やその部下、生体解剖時に協力した教官以外の者、その一人に手術室の婦長もいた。外科の教授は「一切は軍の命令なり、責任は余にあり、外科学教室関係者の釈放を希望した後、解剖室を提供した教授に申し訳ない」と詫び、収容されていた土手町刑務所内で自殺した。

裁判は昭和二十三年三月十一日から八月二十七まで横浜地方裁判所の特号法廷で行われた。アメリカ占領軍の軍事裁判で八月二十七日に判決が言い渡された、九大医学部関係者絞首刑三名、終身刑二名、重労働八人、西部軍司令部関係者絞首刑三名、終身刑二名、重労働五人であった。偕行社病院関係者全員無罪となった。手術室の婦長は女性として戦犯第一号となり重労働の判決を受けた。

当時医学界では医師とくに教授に対しては絶対服従であり手術に立ち会ったのも教授の命令によるもので手術の意図すら知らされてなかた。出獄後は大学病院の婦長に復職したが苦難の一生であった。臨終になった時「私も人間だから、人間だから」と繰り返し言ったとか。おそらくこれは人間は神でないので何も知らずに罪を犯したと心底の告白だったと周りの人たちは言った。また解剖学の教授は解剖実習室の管理責任者として、ただそれだけで重労働二十五年の判決を受けた。当時医学部専門部に入学したばかりのT先生は解剖学教室の手伝いを時々していたとかで拘束され裁判で尋問されたが結局罪には問われなかった。この先生は医専卒業後産婦人科の医師なり後に福岡市内で開業した。

Ｂ29墜落から三十三年目にあたる昭和五十二年五月五日に大分県竹田市郊外に現地の人たちの発案で遠く阿蘇の噴煙を望む丘陵地に鎮塊慰霊の「殉空之碑」が建てられ除幕式もあった。Ｔ先生の書かれた碑文は、

火の国の大阿蘇の彼方
決戦の炎　大空に流れ
轟音火を吐き　この地に墜つ
端午に散り　紫電改若桜よ
死の淵に降りし　白き捕らわれ人よ
つましき田舎人の懺悔の中に眠れ
平和を願うみんなの祈りの中に　眠れ
阿蘇の噴煙よ永遠の弔魂の炎となれ

Ｔ先生は昭和六十年六月、戦後アメリカに帰国したＢ29の機長ワトキンズ中将のことが気がかりになりニューヨーク・タイムズの元東京支局長に連絡、調べてもらったところバージニア州コロナールハイツで健在であることが分り自宅を訪ねられ、念願の対面を果たすことがでた。戦後すでに三十五年の歳月が経っていたが快く迎えてくれたそうである。この時の話ではお互いに敵・味方の双方が負った心の傷は想像以上のものであったと述べておられる。ワトキンズ氏は「あの戦争は自分の生涯で最も苦しい体験だった。部下のことについて胸中の奥深くに秘め、限られた関係者にしか漏らしたことはなかった。このたびあなたから連絡を受け家族に責められてやっと話ました。私は生体解剖事件に関与した人たちに対し決して悪い感情は持っていない」と皆さんに伝えてほしいといわれたそうである。私はなんと寛容で優しい心の持ち主だろうと思った。一方のＴ先生は八〇歳を過ぎて不安・不眠などの体調不良、鬱などが克服できないと言っておられます。「戦争とは敵も味方もなく悲惨と愚劣以外何物でもない」と述べておられます。

話を元に戻すと大名小学校と同じ町内の西に土手町刑務所があった。ここに生体解剖事件に関わった人たちが収監されていた。このことはずっと後になるまで知らなかった。この刑務所は私の自宅にも近くよく門のところまで行って中を覗いた。入り口にいつもアメリカ軍の兵隊二人が門番をしていた。白人の兵隊、時には黒人の兵隊もいた。私はこの時はじめて黒人をみ

た。黒人の顔はこんなに黒いのかと思った。不思議に思ったのは人種（色）が異なるので言葉が違うかと思ったがどうも同じ言葉を喋っているようである。向こうも子供に接する時は優しくチューインガムをくれたこともあった。

私の家の隣には弁護士さんが住んでいた。この家は戦災にも焼失せず立派な日本家屋であった。戦後しばらくするとアメリカ軍に一時接収され軍の将校とその家族が住んでいた。一番最初に来たのは日系の二世の将校であった。少し日本語も喋るので子供達とも仲良くなり家に呼んでもらったこともあった。クリスマスには隣の家で子供達はごちそうになった。市内電車もアメリカ軍関係者のみが乗れるきれいな電車が走っていた。運転手と車掌は日本人であったがよくＭＰと腕章つけたアメリカ軍の（警察）関係者もいた。

小学校のななめ前に金洋荘という大きな旅館があった。平和台球場で野球があるときは選手達が泊まっていた。とくに記憶にあるのは読売巨人軍の川上哲治は四番バッターでまだ活躍している時で、夕方になると選手達が小学校のグラウンドにやってきてキャッチボールをやっていた。同級生はノートにサインをもらったりしていた。土日に野球が開催されるときは平和台球場までよく行った。球場の前にはお堀が四つあった。この間に電車の停留所が二つあった。球場はこのお堀二つ分に広がっており周囲には大きな栴檀の木や椋の木があった。われわれはこの木に登りわずかな隙間から試合の様子をみた。スコアボードはよく見えた。ここに一時間も二時間も登って試合を見ていたのである。時には大人の人が『今、なん対なんや」と声をかける。当時は地元の西鉄ライオンズがリーグの一、二位を争っており人気があった。野球の試合日程の看板が電車の脇に掛けてあったので子供達は試合日程をよく知っていた。

遠足で生徒一〇数名が下山途中に道に迷い捜索隊を出す

六年生だったと思うが福岡市の東にある立花山に遠足へ行った。三～四〇〇メートルほどの山で山道は大きなクスノキが繁って鬱蒼とした山である。ふもとの農家はミカンを栽培していた。朝小学校に集合し電車で博多駅まで行き列車に乗り香椎駅で下車それから歩いた。多分学校を出て二時間位で山頂に着いたと思う。山頂で全員が昼食を取りしばらく休憩したあと下山しはじめた。

一本道と思っていたが下山途中登りでは気づかなかった左に下る分かれ道があった。自分と一緒にいた三人とその道を下りしばらく行ったがなんとなく山の様子が違うのに気づいた。「これ変な道を下りているのではないか」と私がいうと「そうかね、一旦もとに戻ろうか」、これが正解であった。十五分位かけて戻ると確かに分かれ道である。しばらくそこで待っていると最後の集団と思われる他のクラスの児童が下りてきて安心した。聞くと一番最後にそのクラスの先生がいるというのでそれまで待った。「先生、おれたちこっちに下りちょっと様子が違うので戻ってきた」と言うと「こっちじゃないだろう、この道をまっすぐ下れと」言われた。でもちょっと前に一〇人くらい左側の道を下っていったのをみていたので「先生、いいんですか?」と言うと、とにかく麓まで下りてみようと言われたのでそれに従い下りた。点呼をとってみると確かに十二人、クラスも別々で児童がいない。先生方協議し探しに行くことにした。

男性の先生二人とわれわれ六年生の児童七、八人で再度登山口から登りはじめた。午後四時は過ぎていたので日暮れは早い、みんなかけ足で息を切らせながら登った。問題の分岐点まできて今度は下りだから楽であった。暫くすると視野が開けて畑、田んぼが見えた。更に行くと畑仕事をしている老婆がいたので小学生の集団が来なかった聞いたところ一時間くらい前にここまできて道を間違えた事に気付き話し合っていたそうである。時間は五時を過ぎていた。

その老婆が「今から山を登って戻るには日が暮れる、その前の大きな農道を左に暫く行くと国鉄の土井駅があり、今朝下車した香椎駅まですぐであると助言したようだ。土井駅に着いた彼らを駅長さんが迎えに出たので事情を話すと次に来る列車に乗せてくれ、鉄道電話で香椎駅にそして博多駅に連絡してもらい運賃を払うことなく博多駅で行くことができた。その時はすでに大名小学校へ連絡が入っており博多駅まで先生二人が迎えに行き市内電車で小学校まで帰ったそうである。

一方捜索に行った我々は畑の老婆に話を聞いたあと土井駅には向かわずに立花山をほぼ半周する道をマラソンして走った。途中みんな「腹へった、何か食うものはないか」。しばらく行くとみかん山のところに出てきたので「先生あれを少しとって食べようよ」でも一人の先生はダメだ。若いもう一人の先生は「いいよ、中に入ってとろう」と言うことになり小高い山を少し登ったが日がとっぷり暮れていたので行く先も十分見えない状況であった。

みかん畑内に「肥たごでもあったら、落ちたら帰られんぞ」と言われ諦めた。道路近くまで下りてきたところに柿の木が一本あった。柿がなっていたが木が高くてとれない。下に落ちていたものを拾い口にしてみると渋柿であった。腹が減ってしようがないのに仕方なく香椎駅に向かって歩いていると遠くに灯が見えた。人家かと思ったらバスがきた。大きな声を出してバスを止め一〇分程度乗り香椎駅に着いた。あとは朝と同じ列車に乗り、博多駅で下車、市電に乗って小学校まで戻った。

道に迷った児童は我々より一時間位早く小学校に戻りすでに解散していた。我々が着いたのは夜の八時過ぎであった。迷った児童も我々も帰りがあまりにも遅いので家族が心配して小学校に来ていたものもあった。自分の家族はいなかったが先生に聞くと暗くなる前小学校まで母親が来て事情を聞いて自宅に戻ったそうである。

小学校時代おもしろかった事、楽しかった事

小学校のある通りは土手町と言い周辺には弁護士さんの家が多かった。それは近くに裁判所と刑務所があったためであろう。裁判所には中庭もありソフトボールをやった記憶もある。一度だけボールが飛びすぎて窓ガラスを割り叱られた。またここにはクスや梅檀の木があり六月末頃から種類を変えて蝉がたくさんやってきた。ニイニイゼミ、クマゼミ（通称ワシワシ）、アブラゼミ、ツクツクホウシなど蝉を捕まえて学校に持って行った。毎朝薄暗い時から鳴き始めるのはニイニイゼミ、日が上がってくるとワシワシが、夕方になるとアブラゼミの声が聞こえた。ワシワシは羽が透き通って比較的大きな蝉で学校では人気があった。

一番蝉が集まるのは梅檀の木である。とくにワシワシは九時頃から喧しいほど鳴くが昼前にはぴたりとやむ。この時を狙って長い竿に小さな網をつけて捕まえていた。網をかぶせて捕まえたときに「ギ、ギ」とな

くワシワシと全く音を出さない二種があることに気づいた。木にとまっているときは全く同じに見える。下からよく観察すると鳴く方は体全体をわずかに震わせている。捕まえて見ると表は全く同じでひっくり返し足がある方をよく見ると、腹の下の方に柿色の扇のようなものがある。これを震わせて鳴いている事がわかった。これが雄である。他の蝉も全く同じであった。

八月十五日を過ぎた頃からツクホウシが鳴き始める。夏休みは間もなく終わりであるが宿題帳がまだできあがっていない。本来毎日二ページをやらなければならないのだが解らないときはほったらかしにしているので終わり頃には沢山たまっている。同級生二、三人が集まって答えあわせをするが殆ど進まない。

夏休みが終わると宿題で採集した昆虫を箱の中に並べ提出した。蝉に他にクワガタやカブトム、トンボなども並べ二等賞をもらったこともあった。友達と一緒に平尾の山（現在の浄水池・動物園）にクワガタやカブトムシを捕りに行くときは朝暗いうちに家を出て二、三キロ歩いて山に行く。時にはスズメバチやアシナガバチもいた。大体クヌギの木、シイの木などの少し傷ついたところから樹液がわずかに出ておりそこに集まっていた。まず捕虫網でスズメバチをとりそのあとにクワガタやカブトムシを採集した。ゾウムシもいた。家に帰ってそれらの昆虫を分けるのも大変であった。みんな大きいクワガタや雄のカブトムシをほしがった。それでジャンケンをして欲しいものを選んだ。そしてまたジャンケン沢山採れた時は何回もやった。

また帰り道に大きな楠の木があって手拳大の洞穴がありそこから野生のミツバチが出たり入ったりしているのを見ていた。近くによっても刺されることはなかった。ある時みんなであの洞穴を塞いだらどうなるかやって見ることになった。山を少し登ったところに湧き水が出ており昆虫採集に出かけたときよくそこで水を飲んでいた。湧き水がでる周辺の赤土を集めて水で濡らして粘土状にしさらにオニギリ状に丸めてミツバチが出入りしている穴に近づいて投げた。完全には塞ぐことができなかったので残った粘土状のものを周辺も含めて出られないようにした。帰り道みんなでミツバチは中で息ができなくなって窒息してしまうだろうとみんなで笑った。

数日後行ってみるとミツバチがやっと行き来できるくらいの穴が開いておりそのまわりに数匹のハチがいた。「今日はもうやめとこう」と言って帰った。帰り道今度あの穴にタバコ火をつけて入れたらどうなるかやって見ようという仲間がいたが煙が出ていたら大人に気づかれるので止めることにした。こんな事を毎日やって少年時代を過ごした。

玉虫とハンミョウ

小学校の東側西鉄本社（今の西鉄グランドホテル）との境あたりに大きな榎木が在った。ここに玉虫がよくいた。夏、朝早く行って下から木のかけらを投げ枝に当たると時々玉虫が落ちてきた。玉虫の雄は本当にきれいである。緑色や黄色っぽい羽で紅紫色縞があり時に金属のように見える。確か雌は焦げ茶色で目立たない。いつも採れるとは限らないので朝早く、時には夕方行って見るがなかなか採れない。最近は玉虫など見たこともない。いるのだろうか。図鑑やインターネットで調べると詳しく書いてあるのでいるのであろう。

小学校が廃校になる一年前校内見学をした。その時まだあの木があるだろうかと行って見るとあった。友達に玉虫のことを話すと「あの木は切られる運命にあった」がどういうわけかわからないが残したそうである。見るからに老木であちこちに空洞もあった。上の方が西鉄グランドホテル側に張り出していたので切らなければならない運命にあったそうだ。今、小学校が廃校になった跡地はホテルなど商業施設ができると聞いている。残念だが榎木も切られるであろう。

それともう一つハンミョウ（斑猫）は子供の頃舗装されていない道路でよく見かけた。別名「道しるべ」とも言った。人が近づくと三〜四メートル先へ飛び決して垣根や薮に入ることが事は無いので捕虫網で捕まえるのは簡単である。しかし最近は全く見たことがない。大きさは二〜三センチ程度で小さいが羽が綺麗で目立つ。羽は頭側三分の一は赤い羽の中に黒い斑点が、尾側三分の二は黒の羽で白い斑点が五〜六個ある。日本には二十三種類もいるそうである。我々は目にしていたのはニワハンミョウらしい。沖縄にはもう少し大きいハンミョウがいるらしい。色も様々でとても綺麗なものから色が黒っぽい種までいるようである。他の小さな昆虫を食べて生活している。

最近は街中で見ることはないが四、五年前萩のお寺の境内で久しぶりにみた。絶滅危惧種などにならなければ良いと思っている。

篠崎文彦（しのざき・ふみひこ）
一九四〇年（昭和十五年）、福岡県出身。九州歯科大学卒業、札幌医科大学卒業。札幌医科大学講師、九州歯科大学教授、山口大学教授。宇部興産中央病院院長、愛媛労災病院院長、山陽小野田市病院局顧問。山口大学名誉教授。

瀬戸大橋開通1988年（昭和63年）と連絡船廃止
切り絵：萩原幹生（元宇高連絡船船長）

私と昭和から平成

江里　健輔

一　第二次世界大戦終了直後

ギラギラと照りつける太陽の陽を受けた、延々とひろがる青田《あおた》の向こうの土手から、親戚のおばさんが大声で話しかけてきた。

「広島に光を放つ爆弾が落ちたそうよ。それで広島市民全員が大やけどして、死んでしまったそうです。何でも今までにない新型爆弾というものらしい」

母が同様に大きな声で返事をした。

「そんな光を放つ爆弾って、そんなに威力があるんかねえ?　それじゃ、日本もおしまいね」

「なんでも、広島にはこれから百年間ぐらい住むことができんそうだよ。お前さんのところは広島に親戚はなかったね?」

「へえ、そうなの!　広島にはもう住めないの?　不思議な爆弾だね。でも、広島の方には気の毒だが、うちの親戚がなくてよかったよ。しかし、広島市民の人達は可哀相じゃね」

「そうだね」

会話が途切れた。雲ひとつない澄みきった真っ青な空が、なんだか会話と不釣り合いのように感じられた。

原爆が広島へ投下されたということを知った最初の情報であった。勿論、尋常小学校一年生であった私には、母親の話がなんであるか知るよしもなかった。この会話を母の傍で聞いていて、なんのことかわからなかった。ただ、広島市民全員が亡くなった、広島には今から百年は住めないと聞いて、広島はどうなるだろうかという不安だけが残った。

第二次世界大戦が終わったのは昭和二十年八月、私は尋常小学校一年生であった。そのうち、学校の前にあった奉安殿があっという間に取り壊された。子供ながら、立派な建物で、何か偉い人の写真を祀っているので、奉安殿に足を踏み入れたら、足が腫れる、足が腐るとしつこく言われ、先生から凄まじい勢いで怒られたことがあった。しかし、八月十五日を過ぎると、奉安殿に足を踏みいれても、足が腐ることもなく、全く怒られなくなった。鮮やかな奇術を見せられたよう

な感じであった。不思議でたまらなかった。夏休みが終わって二学期が始まった。朝礼で校長先生が
「天皇陛下は人間になられた。もう、神様ではなくなった。日本は戦争で負けたのだ」
と大きな、情けない声で話された。
このように、無垢な子供心に日本も変わったんだなということを肌に感じた事を覚えている。父や母は戦争のことを話してくれたことはなかった。ただ、父が国債証書を見ながら風呂場の入り口で
「お金が紙になった、紙になった」
と涙ながらに一人ごとを言っていた姿を忘れることが出来ない。勿論、国債証書がなんであるかも判らず、父の涙がなんであるか知るよしもなかった。
尋常小学校は国民小学校に呼び名が変わった。小学校二年生になった頃、先生からアメリカ兵に見られても良いように戦争に関係あるポスターを次々に剥がし、教科書に載っていた写真、図を墨で真っ黒に塗るように指示された。
先生に
「アメリカ兵は大きくて、獰猛で、毛むくじゃらのごっつい顔をしていて恐ろしいから、もしアメリカ兵に会っても、決して目を見たり、言葉をかけたりしないようにしなさい。襲われないように注意しておかなくちゃいけないよ」
と教えられた。アメリカ兵なんて見たこともないし、会ったこともないが、単純に先生の言うことを鵜呑みに信じていた。しかし、私が住んでいた山陰の田舎にはアメリカ兵は一度も姿をあらわさなかった。一方、日本の経済は悪化し続け、極度の食料難で、運動場はことごとく芋畑に変わり、食べ物が育つ土地はすべて芋畑に変わっていった。
学校の先生が
「朝、どんな物をたべましたか？　お粥でしたか？　麦ご飯でしたか？　まさか白米を食べてはいないでしょうね？」
と毎朝、訊ねられた。
父からは
「学校の先生に訊ねられても、『お米がほとんどない芋粥です』、と答えなさい」
と言い含められていた。幸い、私の家は農家であったので、粥の中には芋の他にお米が豊富に入っていた。当時としては、上等の朝食であったようだ。ただ、芋

がゆばかり食べさせられたので、胸がむかむかし、みぞおちが時々じくじく痛んだことを覚えている。

父は部落長をしていたので、毎晩集会があった。集会の目的は、それぞれの農家が作ったお米を供出する量を決めることであった。当時、一反（九九二平方メートル）から、お米が四俵（一俵、六十キログラム）ぐらい出来ていたので、作付け面積から、お米の収穫量を計算し、自宅で食べる量を除いてすべて供出するようにというのが各農家に課せられた政府の命令であった。この命令通りにしたがうと、一家の食い代はどうにか細々ながら確保されるが、お米を売って収入を得ることは出来なかった。従って、各農家はいろいろな理由をつけて供出米を少なくしたいという思いから、喧々囂々の議論となり、集会は深夜まで行われることがしばしばあった。主婦の中には涙ながらに苦情を訴える人もおられ、苦渋な面持ちで集会はいつも終わっていた。奥の間で寝ていても、泣き声が大きいので、寝ることも出来ず、息を潜めて、じっと集会の様子を聞いていた。

「まあ、お上の方は『死なない程度に生かしておけばいいよ』という思いだから、農家の苦境なんか問題じゃない、気に留めていないよ。お前もこんな仕事をしていちゃ一生うだつが上がらんなあ」

と父は自嘲げに、しばしば私にこぼしていた。当時の農家は今と異なって、すべて手作業であったので、大変な重労働であった。朝は七時ごろ家を出て、夕方七時ごろ自宅に帰るという毎日であった。私の隣家は学校の先生であった。夕方六時頃には入浴を済ませ、たばこを吹かせている姿を見て、子供ながら、お百姓さんは非常にきつい仕事なのに生活が苦しく、楽になれないのはおかしい、百姓を一生の仕事にするのはマッピラ御免、その点、学校の先生はいい身分だなあと思ったものである。当時、戦争でご主人を亡くされた主婦達は禁制品や統制品を内密に売買する闇屋《やみや》、あるいは「かつぎや」をしていた。田舎からお米を買って、下関で売って、下関の食料品を買い込んで、田舎で売るという商売をして、生活費を稼いでいたのである。違法であるが、警察も見て見ない振りをしていた。私の家にもお米を買いに頻回に来ていた。お米を腹帯の中にいれていたので、お腹が出て、丁度、妊婦さんのように見えた。変な格好であったが、社会もそれを当然として受け入れていた。厳しい生活であったが、活力があった。みんなが生き生きとしていた。不思議な時代であったが、国民は、そのうち日本はきっと良くなるであろうという希望を胸に抱いていたため辛抱できたのであろう。

昭和二十五年（一九五〇）、朝鮮動乱が勃発した。これは一九四八年に成立したばかりの朝鮮民族の分断国家である大韓民国と朝鮮民主主義人民共和国の間で生じた朝鮮半島の主権を巡る国際紛争で、大韓民国には米国を主とする自由民主主義国が、朝鮮民主主義人民共和国には中国、ソビエト（現在のロシヤ）を中心とする共産主義国がその背後で支援していた。単なる朝鮮民族同士の紛争ではなかった。実力も伯仲し、長期戦となった。アメリカを中心とする国際軍の戦略基地であった日本に高額の軍備費が落とされたので「漁夫の利」を得た日本経済は右肩上がりに良くなってきた。小学生時代にはわら草履で学校に通っていたが（写真）、ゴム靴に変わり、やがて、靴らしい靴を履くことが出来るようになったし、数枚で作られた新聞紙のような教科書も冊子に変わり、教科書らしくなった。

このように、市民の生活は困窮に困窮を重ねながらであったが、戦争直後を除けば、不思議に悲壮感がなかった。辛いながらも笑顔が絶えない生活であった。

小学校の先生が

「毎日が楽しくて仕方ない。嬉しいよ」

と、話しておられたので、

「何故？」

と訊ねると、

「給料が毎月上がるんだ！　それもどれだけ上がるかは、給料を手にするまではわからないからな。こんな楽しいことはないよ」と。

やはり、日本がどんどん発展する姿に、胸一杯膨らむ大きな希望を持つことができたからであろう。子供ながらに、闇に包まれた前途に「希望」が一点の灯を見せたような気持であった。

二　通学

小学校は自宅から歩いて五分ほどの距離にあったので、朝はゆっくりしても授業に間に合って遅刻したことはなかった。幸い、健康に恵まれていたので、小学六年間、皆勤賞を頂いた。中学校は歩いて一時間かかるほどの遠距離にあったので、毎日の通学に苦労した。特に雨の日は大変であった。現在のような洒落たコートもなく、油紙で作られた雨傘は大雨、大風ですぐ破れた。「傘が破れた。新しいのが欲しい」と母親に注文すると、「そんな日は学校を休んだ方いいよ。新しい傘を買うようなお金はないよ」という素っ気ない返事であった。今、思うと傘一本を手に入れるのも難しい物《もの》不足の時代であった。破れ傘で雨を凌いでも、ほとんどの友達も破れ傘であったので、全く違和感はなかった。夏になると、道端の畑に作られている「スイカやトマトを、頂戴していた。農家のおじさんも「そんなに腹がへっているのかね」と逆に慰めて頂いていた。結構楽しかったこともあった。

高校は汽車通学で、約三十分かかった。好きな女学生を横目でチラ、チラ見ながら、教科書を広げていた。進学をめざしていたので、異性に興味をもつことは御法度と心に決めていたので、チラっ、ちらっと眺めるのが青春であった。汽車は登り下りの起伏が激しいトンネルを濛々と煙を吐き出しながら走っていた。しばしば、力（？）不足で峠を越えることが出来ないため、途中で麓までバックし、勢いをつけて峠を越えるというような事がしばしばあった。夏は窓を開けておくと、汽車が吐き出す灰黒色の煙がトンネルのため、室内に入り、顔や服が真っ黒になるので、窓を閉めて蒸し暑いのを我慢していた。車内の冷房や暖房のような贅沢な設備など頭の片隅にもなかった。卒業直前に蒸気機関車が電気機関車に代わり、煙に悩むことがなくなったと諸手をあげて喜んだものである。今では、山口線でＳＬが観光用として走っているが、あれほど嫌われたＳＬが重宝されるのが不思議でたまらないし、人間って勝手な動物だと思うと同時に、時代の流れは恐ろしいなあという思いがある。

三　インターン闘争

四当五落という言葉が世間を謳歌する受験戦争に打ち勝ち、昭和三十三年（一九五八）高校を卒業し、昭和三十九年に医学部を卒業した。毎日が、可も無く不可もない平々凡々な学生生活であった。別に偉い人になろうという野心もなく、どんな医師になろうかという気概もなく、医師になることが唯一の目的であった。ぼつぼつインターン研修をどこの病院でするかが友達間の会話の中心であった。それが卒業直前の頃から次第におかしくなってきた。全国の医学部の学生で構成された、全学連医学協や青医連が始めたインターン制度廃止を軸とした、研修医の待遇改善運動が台頭した。東京大学医学部はその中心的拠点であった。所謂、インターン闘争の勃発である。私が在学していた山口県立医科大学ではインターン闘争なんて、興味もないし、全くの無関心であった。

ある日突然、オルグで我々の大学に協力の激を飛ばしに来た。熱心に闘争活動をしていた関西の医学部学生が、当時の制度は文部省（現在の文部科学省）が指定した病院で一年間医学研修（インターン）をし、それが終了したものに医師国家試験を受ける資格が与えられることになっていた。研修期間は無償で、宿舎も与えられず、身分も保障されておらず、なんとも判らない制度であった。インターン生は医師免許を持っていないので、医師の業務を司ることは医師法違反であったが、現実は代用医師として依頼された診療所で単発的に医業をして、小遣いを稼いでいた。その期間の身分を政府は保障すべきであるというのが、闘争の目玉であった。

オルグの目的は、我々に医学連が示すインターン制度に則って研修して欲しいということであった。闘争の意味も十分理解していない我々は、特に自分に損得はないため、はっきりした意思表示はしなかった。そのうち、闘争本部より医学連が推薦するインターン研修病院のリストが送られてきた。うろ覚えであるが、厚生省（現・厚生労働省）管轄の全国の国立病院はリストから除外されていた。同級生の殆どはリストにある病院での研修を希望し、指定されていない病院で研修を受ける同級生はいなかった。

私は日本の一流の病院でインターン研修をしたいという思いが強かったので、アメリカ形式を取り入れて診療体系が専門領域に分かれていた虎の門病院に魅力を感じた。ところが、この病院で研修するには試験があった。全くの予想外であり、試験を受けてまで研修することは馬鹿らしいと思い、断念しようとした矢先に、私と親しかった先輩が虎の門病院でレジデントをされていることが判った。その先輩に虎の門病院の研修カリキュラムを訊ねてみたところ、インターン研修、レジデント制度は完全にアメリカ様式で、診療も臓器別に分かれているとのことで、「この病院での研修制度は多分日本でもピカイチだろう。是非、将来を見据えて、研修を受けてみたらどうだ」という強力な勧めがあった。当時、消化器外科、胸部外科、一般外科というように診療部門が臓器別になっている病院は日本では希有であった。そういうことで、虎の門病院で試験に不合格でもいいと思い、申請書を提出した。

研修受け入れ試験は二月の寒い時期であった。試験は難しく、散々な結果で、とても合格出来る解答は出来なかった。特に、耳鼻咽喉科の試験はゼロ点だったであろう。どうせ不合格ならと開きなおった。質問の中に「顔面にあるサイナスを記載せよ」という質問があった。上顎洞、蝶形骨洞は思い出せたが、その他は全く思い出せなかった。白紙で提出するのは悔しいから、「秋吉洞」を加えようかと思ったが、さすがにそれはやめた。

まあ、研修を虎の門病院でしなければならないという必然性が希薄であったので、別に悔しいとは思わず、単に恥ずかしいと思っただけであった。耳鼻咽喉科の教授は本庶正一先生（ノーベル賞を授与された本庶佑先生のご尊父）であった。本庶先生はゴルフが大好きで、ゴルフに熱中され、講義は講師、助教授あるいは非常勤講師に任せておられた。数回しかされなかった本庶先生の講義は、理路整然とした魅力ある講義であった。頭脳明晰な教授だなという印象が今でも残っている。このように、教授が講義をされなかったので、講義を本気で聴いたという記憶は全くなかった。言い訳をするつもりはないが、そのため、耳鼻咽喉科の知識は恥ずかしいくらいなかった。水が静かにゆったりと大河を流れているようにのんびりした良き時代であった。

このように、試験は散々であったが、他の領域でそれなりの成績を獲得していたのであろう、ともかく、虎の門病院で研修することになった。合格者は二十一人であった。なんとなく、難関を突破したのだという誇りみたいなものがちょっぴりあった。東京生活は生まれて初めてであったが、スケジュールは内科、外科は約三ヶ月、他の診療科は二週間の研修で充実しているようであったので、不安はなく、希望に満ちた出発であった。

患者さんの中には有名人も多かった。特に、アメリカ日本大使であったエドウィン・O・ライシャワーさんが丁度十九歳の愛国者と名乗る少年に一九六四年大腿を刺されて重傷を負い、輸血を受け、血清肝炎に罹患して入院されていた。これを契機に虎の門病院を日本で知らない人はいない病院となった。

この病院にはレジデント制が設けられていたので、判らないことは、身近なレジデント生に教えて貰うことが出来たし、二週間に一度の各診療部長の講義は面白く興味が持てた。因みに、当時の虎の門病院の院長は東京大学医学部教授を、定年で退官された沖中重雄先生であった。このような高名な院長の講義を数回受けることが出来たのは幸せであった。残念ながら、講義の内容は記憶にないが、

「諸君達はインターン何年生ですか?」

と質問されたのに、強烈な驚きがあったことだけを記憶している。多分、インターン制度を十分理解されていなかったのではないかと今でも不思議に思う。沖中先生は全国から往診を頼まれておられたようで、出張されることが多かった。自分も沖中先生のように全国の患者さんから往診を頼まれる医師になりたいと、おおそれたことをぼんやり思ったものである。外科手術などでは夜遅くまで、第四助手をさせられ、疲れ果てたこともあったが、これまで経験したことのないことで、興奮混じりで、楽しい時間であった。

インターン生には病院から俸給が出ることもないし、インターンと呼ぶのであれば、宿舎も病院内にあるべきなのに、それもなく、身分が全く保障されていないので、〝ガイターン〟と揶揄して呼んでいた。私も実家から毎月九千円送って貰っていた。このような身分保障もない制度が、戦後から施行されていることに医学連が猛反発し、東京大学を中心にインターン待遇改善運動が台頭したのである。私の一学級下である昭和四十年度卒業生は、国立病院での研修をボイコットし、更に、昭和四十一年度卒業生はインターン研修をボイコットし、医師国家試験を受ける資格が得られず、昭和四十二年度卒業生と一緒に国家試験を受けるという奇妙なゆがんだインターン制度になった。昭和四十三年にはインターン制度に代わる登録制度が発足し、これに対し、東京大学医学部学生が反対し、無期限ストに突入した。この年の三月には学生が卒業式実力阻止を図ったため、大学側は卒業式を中止。更に、闘争は益々エスカレートし、昭和四十四年には機動隊が本郷キャンパスに突入するような事態に陥った。こ

のような紆余曲折があって、インターン生の身分を保障するということで、報酬を支払う現在の研修医制度がようやく誕生した。戦後の画期的な制度改革であった。しかし、この改革が若手医師のモチベーションを高めたかどうかは甚だ疑問であった。私は新米医師として、手術、術後管理の習得に追われ、このような闘争に興味を持つこともなかった。

四　入局

母校で心臓手術が開始され、第一例が十八歳女性の心房中隔欠損症の手術で、成功裡に終わったという記事が新聞に掲載された。心臓血管外科こそが、二十世紀になり急速に発展進歩してきた高度先端医療であるという気を強くし、心臓外科を主診療としている母校の第一外科（主任教授：八牧力雄）に入局し、臨床医として研修することに決めた。

当時の心臓外科は創生期で、手術死亡率は三〇パーセント前後と、散々であった。この領域の先達であるシャーマンは「胸壁から心臓の距離は数センチに過ぎないが、ここに到着するには二千四百年の歳月を要した」と感慨深く語ったことは、今でも名言として心臓外科医に伝えられている。一八九六年、レーン(Rehn)が心臓外傷の縫合を世界で初めて行った。それまで言われていた「心臓へメスをいれることは神への冒涜である」という言葉に一矢報いた画期的な業績であった。世界で初めて行われた心臓への直達手術は、一九二三年のカトラーによる僧帽弁交連部切開術であった。本邦では榊原仟が一九三八年に心臓損傷の処置を行い、一九五五年、木本、榊原らが行った低体温、人工心肺による心臓手術の成功例が本邦第一例であった。これを契機に、いよいよ本邦でも、心臓手術に熱い眼差しが向くようになった。そのようなことで、夢を持ち、野心に燃える優秀な若い医学徒達が、我もわれもと心臓外科をライフ・ワークとして選択し始めた。

山口大学医学部附属病院では、八牧力雄先生が助教授の時、僧帽弁交連部切開術を細々とされていた。しかし、当時は主任教授ではなかったため、医局という教授を頂点とする閉鎖的な組織の先頭に立って、強力に推進することは不可能であった。八牧先生は毎日、忸怩たる思いであったに違いない。昭和三十七年（一九六二）、アメリカに心臓手術研修のため、二年間留学されて帰国されてまもなく、山口大学医学部第一外科の教授に昇任された。八牧先生は漸く時機到来という思いで、心臓外科を軌道に乗せるとの強い志向性で、時間を振り返ることもなく猪突猛進されていた。丁度そのような猛烈な時期に、私は扉を叩き、八牧先生の門下生に入れて貰った。

しかし、地方の大学にありがちな問題、即ち、マンパワーの不足、研究費の不足、少ない対象症例など悪条件が山積し、第一例の手術が順調であったにも関わらず、第二例目を行うチャンスはなかなか訪れなかった。循環器内科の積極的支援もなく、多種多様な合併症を持ち、手術適応が限界である患者さんばかりの紹介であった。これらの患者さん達に果敢に挑戦されたが、結果は散々であった。私は若輩として、手術に手を出すことは出来なかったが、術後管理を任され、毎日、患者さんのベッドの傍に寝て、それこそ枕頭管理であった。今のような監視装置があるわけではないので、患者さんの情報を得るためには、患者さんから一秒たりとも離れることは出来なかったのである。

妻は毎朝、下着と弁当を病棟まで持参してくれた。それこそ一家上げての術後管理であったと言っても過言ではなかった。今、思うに妻には相当迷惑をかけたが、当時は妻の苦労への思いに達することはなく、当然という思いであった。勿論、私の心情や私を取り巻く状況を教授や助教授が知るところではなく、研修身分の若輩医師が泊まり込んで患者を管理することは当然だというのが当時の常識であった。

手術成績が余りに不良なため、八牧教授はこのまま心臓手術を継続することは不幸な状態を招くと判断され、中断された。手術成績向上には、充実した設備、優れたスタッフもさることながら、術前状態が良好で、且つ合併症のない患者さんであることが必要だということで、学童検診を始めた。山口県内は勿論、島根県まで毎夏に出張した。驚いたことに、動脈管開存症、心房中隔欠損症、心室中隔欠損症、ファロー四徴症を持った学童が多かった。私に命じられた業務は、その学童の両親に病気の状態や手術の必要性を説明した文章を頻回に送付することであった。

この業務に多くの時間を費やした結果、元気であったが運動などが制限されていた先天性心疾患の子どもさん達に手術をして上げることが出来、術後は通常の子供さんのように運動出来るようになり、ご両親から大変喜ばれた。年間の手術件数も百例以上になり手術死亡もなく、手術成績は良好で、どうにか、全国的な水準に達する事が出来た。その内、人工心肺、術後管理、監視装置が充実し、心臓手術が従来のような特異的なものではなく、日常手術として受け入れられるようになった。術後五十年過ぎた今でも、私が書き、送付した手紙を大事にされ、私に見てくれと持って来られる患者さんがおられ、その手紙を見る度に、若い時の苦労が報われ、胸が熱くなるのを覚える今日この頃である。

五　血管外科をライフ・ワークに

八牧教授の推薦で、三十八歳で助教授に就任した。それに伴い、教授と同じ領域の診療をしていたのでは、何年経っても教授の補助役で終わりかねないので、教授とは異なった診療領域に活路を開くべきだということで、少しずつ血管領域に足場を変えていった。

当時の日本における血管外科の歴史は新しく、興味を持つ外科医は極めて少なかった。Hallowell（一七五九年）は外傷性上腕動脈損傷に対し、ピンで動脈両断端を合わせ、8字型結紮で止血している。これが血管結紮を行った最初であった。血管吻合を最初に行い成功したのはロシア人のEck（一八七七年）である。彼はイヌに絹糸による連続縫合で門脈下行大静脈吻合を行っている。世界で初めての臨床例はアメリカMurphy（一八九七年）によって行われたとされている。彼は損傷した大腿動脈を切除し、重複縫合を行っている。血管外科の歴史で卓越した業績を上げられた学者はCarrelである。彼は学生でありながら、暗殺されたフランス大統領Sadi Carnotの死は、門脈損傷を修復出来なかったことによると判断し、生命を助けるためには血管外科手技が必要であることを喚起している。一九一二年、彼は血管吻合、臓器移植の外科手技について多くの優れた論文を発表し、ノーベル賞を受賞している。彼の血管外科に関する多種多様な理論は現在でも通用するほど際だっていると言っても過言ではない。

一九五〇年代に入ると、血管外科を発展させる術式が相次いで発表された。それに反し本邦では、昭和五十（一九七五）年代に、血管外科をライフ・ワークとする外科医は少なかった。この理由は患者が少ないこともあったが、血管外科をライフ・ワークとしていては学術の世界で指導者になれるかどうか、大学のような研究機関に生き残れるかどうか極めて不安であったからであろう。しかし、心臓外科や消化器外科のように内科医の紹介に依存することなく、患者さんが直接私の診察を受け、検査や手術方針などが己の計画通りに出来ることになんとなく、心が安らいだ。外来に血管患者さんが受診される度に心が躍る思いであった。

血管外科診療を通じて、発明・発見は身近にあり逆行的発想で大きく展開することを肌でひしひしと感じたものである。例えば、初期の人工血管内表面に抗血栓性を持たすために、内表面は平滑でなければならないと考えられていた。しかし、逆に、内表面を凸凹にすることで、抗血栓性が獲得されることが判った。現在、使用されているほとんどの人工血管が蛇腹加工されているものであることはこの逆行性発想の賜である。

血管外科領域には今なお解決すべき問題が山積している。一方、高齢者は年々増え、それに比例する如く動脈硬化による血管疾患は確実に増えた。そう思う時、全長が地球七周半の巨大な臓器に一〇〇パーセント治癒する治療法が、人々の手元に届けられなければならないという信念が、当時私の心の中に面々とうずまき、血管外科をライフ・ワークとすることを決心した。

六　教授就任

昭和六十三年四月、山口大学教授医学部第一外科に就任した。就任の挨拶を同門会誌である羊翔会誌に次のような大それた事を書いている。

原文のままを玆に記す。

「毛利教授の東北大学転任に伴い、昭和六十三年四月一日付けで山口大学医学部外科学第一講座を担当することになった。時代は平成となり、まもなく一年が過ぎ去ろうとしている。『光陰矢の如し』と言われているが、私にとってまさにその通りの一年であった。第一外科は本学でも伝統ある教室で先輩方も多く、それだけ私に課せられた責務は大きいと痛切に感じている。

大学の使命は教育・研究・診療であり、さらに人格形成の場でもあることを忘れてはならない。特にメスを手にする外科医は『鬼手仏心』と言われる如く、温かい人間性と深い知識を有した者でなければならず、この原点に立って第一外科を教室員と共に盛り立てて行く所存である。

第一外科学教室では心臓外科、血管外科、消化器外科、肺外科、小児外科の五つの診療体系に加えて、外科腫瘍部を設けている。各々の診療専門領域に責任者を配置し、彼らの独創性にある程度運営を任せ、各診療領域が切磋琢磨し、お互いが向上するように教室を運営するつもりである。医学・医療が急速の進歩・発展しつつある現在、一人の人間が総ての領域をコントロールする時代は終焉し、私が為すべきことは各々の研究を統合し、路線から大きく逸脱しないように積極的に指導していくことである。研究は深い観察力と洞察力で進められ、研究はより高度でなければならない。しかし、医学はサイエンスであると共にアートであるが、外科医の基本は臨床医でもある。臨床に立脚した研究でなければその研究の意義は半減するといえる。現在を踏まえ、将来を託した研究でなければならず、その道を教室員と共に歩む覚悟である。

教室の運営は教室員と同門会（＝羊翔会）の両輪のバランスの上で為されるべきであると考え、羊翔会の先生方とは積極的に密なコミュニケーションを保ちたいと思っている。昨年の羊翔会総会は従来の総会と趣を変え、午後より学術講演会を行った。幸い、羊翔会会長の西田健一先生をはじめとして幹事の諸先生の同意が得られ、最優秀賞などを設けたところ、演題も二十題ばかり集まり盛会裡に総会を終了することが出来た。この会が将来にわたり若い教室員の学会発表の練習場となれば幸いである。教室の発展には羊翔会の諸先生の温かいご支援が必要で、それには、愛情あるご叱責をお願い致したいものである。

関連病院は教室にとって最重要課題の一つである。私は教授、助教授、講師が常在していれば診療運営は出来るという極論の持ち主である。しかし、関連病院の運営となると、このような極論は通じない。いずれ医師過剰時代に突入することは必至である。現教室員は七十名余りであるが、年々増えることは必定で、これに対処するには関連病院を確保しておくことが必要である。関連病院の充実は各診療領域の認定医になるためには是非とも図らなければならない喫緊の課題である。何故ならば、今後、患者さんは専門医への受診を希望するからである。となると、認定医あるいは指導医のライセンスを保持しなければ病院に赴任できないということになるからである。幸い、第一外科は先輩のご尽力により県内の主要病院に教室員を派遣している。私が入局した昭和四十年頃には関連病は数病院しかなく、現在のように多くの関連病院が確保出来るとは夢にも思っていなかった。これは先輩の方々が関連病院確保のために『私《し》』を顧みることなく、ご尽力いただいた賜であると感謝し、教室員も先輩の思いを大切にし、関連病院確保に再認識して貰いたいものである。手術の多い、質の高い病院には誰もが赴任を希望するが、手術の少ない発展途上の病院には赴任を希望しない。これは人情なので、悪いとは申し上げないが、関連病院充実のためと思い、希望しない病院への一時的出向に耐えてほしい。私は、関連病院確保はこの原点から始めなければならないと思う次第である。

教授就任に際し、教室員に①"Publish or Perish"、②協調性をスローガンとして掲げた。大学人は己で経験した臨床あるいは実験研究を世間に公表する義務があるからである。Publishすることは己の研究を第三者によって評価される場を提供することになり、絶えず、第三者の評価を受けなければならないという義務感を持つべきである。この評価を受けることを忌み嫌う者は大学人として資質がないと言える。教室員は己の立場をしっかり理解し、医師として、研究者として人格を形成して欲しい。従来から、Publishすべき人は教授あるいは助教授など研究の場で生きたい人が為すべきことだと考えられていたが、今やそのような考えは通用しなくなり、厳しい国民の目が大学に注がれている。教室員がPublishの意味を徹底的に認識するような組織作りをし、組織の発展は個人の発展に繋がり、個人の発展は組織の発展に繋がることを教室員の共同認識にする所存である。

外科学第一講座を担当するに際して、焦らず、じっくりと着実に歩むつもりである。これには同門会員の諸先生のご支援と教室員のたゆまない努力など総合力が高まることが必要である。今後ともご支援よろしくお願いする次第である」

四十年後の今、この文章を目にすると、相当の覚悟での教授就任出発であったと自笑し、赤面の至りである。しかし、教授は若手医師の将来を左右しかねない絶対的権力者であったので、このような厳しい内容になったのである。只、"Publish or Perish"は確実に効果があり、多数の論文を発表し、教室員の半数をアメリカ、ドイツ、オーストラリアに留学させることが出来た。その結果、論文の発表、留学が学術の世界で生きようとする思いのある人たちの業務ではなく、誰もが大学人として為さねばならない業務であることを医局員が認識したことは私の誇りとなって、いまも脈々と心の支えとなっている。

七　追憶

平成十三年（二〇〇一）三月、定年一年前に大学を辞した。去るにあたり、私の思いを業績集にしたためた。その一部を紹介する。

私は足かけ三十七年間、大学に籍をおき、大学の有り様が私の生きがいであった。最近、大学入試事件の間違いを「なかったことにしましょう」と処理した報道があり、愕然とした。大学人であることを誇りとしてきた私は大学とは教育・研究する場で、決して「嘘」が存在してはならない、存在するのは「真実」のみであると認識してきた。突然、「なかったことにしましょう」で、処理した同僚があったのかと思うと、大学人であったという誇りがゆらゆら揺れて、頭の中で渦巻いて今にも壊れそうである。

教室の若い諸君!!

一三〇〇年代、ボローニャ大学が設立されて以来、大学という伝統が大切に、厳しく守られ、人材育成、研究開発のメッカとして脈々と築きあげられた大学に籍をおくことが出来ることを幸せと肌で感じて欲しい。研究に対する闘争心、論文を書く闘争心がなくなったら、即刻大学を去るべきである。

最後に、私にこのような思いを持たせてくれた教室員の各位に「ありがとう」と感謝したい。私は諸君に囲まれて本当に幸せであった。これを後輩にも受け継いで貰いたい。それには「頑張って」とエールを送りたい。

八　終わりに

昭和十四年に生まれ、戦争を経験せずに生きられたことを無情の幸福だと思う。多くの先達者が幸せを満喫することなく戦争で大切な命を亡くされ、申しわけない気持で一杯である。幸せとは夢に向かって突き進むことが出来ることだと思う。勿論、それらが達成できればこの上ないことであるが、出来なくても、夢が持てることができたというだけでも幸せと言える。
今の世代は「平和呆け」と揶揄されているが、まさにそうである。この地球という星のどこかで戦争が行われているにも拘わらず、それに目を向けることなく、平和であることが当然であるように受け取られている。この平和が永続するという保証はない。一日一歩、確実に前に、前に向けて生きて行きたい今日のこの頃である。

江里健輔（えさと・けんすけ）
一九三九年（昭和十四年）山口県で出生。昭和三十九年山口県立医科大学（現山口大学医学部）卒。昭和四十七年アメリカコロラド大学膜型人工肺の研究員として留学。平成十三年二月日本心臓血管外科学会会長、同年山口大学・名誉教授、平成十九年中華人民共和国青島大学名誉教授、平成三十年山口県立大学名誉教授。昭和六十三年山口大学教授、医学部、平成九年山口大学医学部附属病院長、平成十三年山口県立中央病院長（現山口県立総合医療センター）、平成十八年公立大学法人山口県立大学理事長・学長、平成二十六年山口県立大学理事長、平成三十年阿知須同仁病院顧問、現在に至る。平成三十年日本医師会最高優功賞、令和元年瑞宝重光章受章。

瀬戸大橋周遊航海
切り絵：萩原幹生（元宇高連絡船船長）

民主主義と野球の世代の子供たち

中澤　淳

はじめに

私は昭和十一年十二月十三日の生まれで、太平洋戦争開戦の翌々年、昭和十八年四月に兵庫県芦屋市精道国民学校に入学した。米軍による本土空襲が激しくなり、昭和二十年六月中旬に香川県丸亀市へ縁故疎開し、城乾国民学校三年に転入した。八月十五日の敗戦はここで迎えた。昭和二十四年春には坂出市の香川大学学芸学部附属坂出中学校に進み、さらに昭和二十七年春には香川県立丸亀高等学校に入学、昭和三十年三月にここを卒業した。

「戦争を知らない子供たち」という歌がある。昭和四十五年に大阪万国博覧会のときに発表され、ベトナム戦争のさなか多くの若者によって歌われた。北山修が作詩、杉田二郎が作曲したものであるが、この二人のフォークシンガーは、いずれも昭和二十一年生まれである。

昭和十一年生まれの私は果たして「戦争を知っている子供たち」の一人と言えるかと自問してみると、これはいささか怪しいと言わざるをえない。同年代の子供の中には爆撃から逃れてかろうじて助かった者や外地からの引き揚げ者として恐ろしい体験をした者もいる。しかし、当時十歳に満たない私は無邪気に家の周りで友達と遊び回っていた。

最近、評論家の保阪正康氏が、戦争中の軍国主義教育から、戦後の民主主義教育までを体験したそれぞれの時代の子供たちの世代論を展開しておられる。これによると、大正十一年生まれを中心とする太平洋戦争の戦闘要員として育った世代、次いで昭和六年前後生まれで軍国主義教育から戦後の民主主義教育へ急転換した教育を受けた世代、さらに昭和十四年から二十年頃までの生まれで戦後純粋に民主主義教育を受けた世代に分けることができるとのことである。

私は保坂氏のいう第二世代と第三世代の中間に当たるわけであるが、「民主主義と野球の世代の子供たち」の一人ではないかと思っている。「あたらしい憲法のはなし」という教科書から民主主義というものを知った。一方では雑誌の実況記事を読んでプロ野球の選手を想像しながら草野球に興じていた。この時期の子供たちのことを書きとめておくことも、戦後の世代論を考える際に参考になるのではなかろうかと思いここに記すことにする。

芦屋の少年

私は大阪市西淀川区に生まれたが、その後甲子園を経て、昭和十五年に芦屋に移った。芦屋が兵庫県武庫郡精道村から一躍市政を敷いて芦屋市となった年である。

阪神電車の芦屋駅から、精道国民学校の前を通り南へ下ると新国道（現在の国道四十三号線）に出る。これを横切って進むと右手に大きな門構えの家があった。大阪の天満で料亭を営む太田家の屋敷であるが、この中の一戸建ての離れに私共家族が住むことになった。

この家は阪神芦屋駅から五百メートルほどの場所にあり、ここからさらに五百メートルほど南へ行くと芦屋の浜辺に出た。砂浜からは左方に泉州堺の工場の煙突が見え、前方から右方には淡路島の長い陰があった。今このあたりは全て埋め立てられて住宅地が拡がっている。すぐそばを流れる芦屋川の左岸は河口まで松林が連なっていて、その中には公園もあった。

私は昭和十七年四月から一年間精道幼稚園に通い、翌十八年四月には精道国民学校初等科一年生となった。一年から二年にかけての受持教員は龍神綾先生であった。この方は和歌山県日高郡龍神村のご出身で、戦後故郷へ帰り龍神温泉上御殿の二十八代当主を勤められた。平成十二年に当地を訪ねてお目にかかったとき、私をよく憶えていて下さって恐縮した。［写真1］

一年生の学芸会であったか、真珠湾攻撃の九軍神をテーマにした劇があり、私は軍神の一人を演じた。この時、恩賜のタバコを受け取りポケットに入れたところ、穴があいていたらしくポトリと足下に落としてしまったことが思い起こされる。

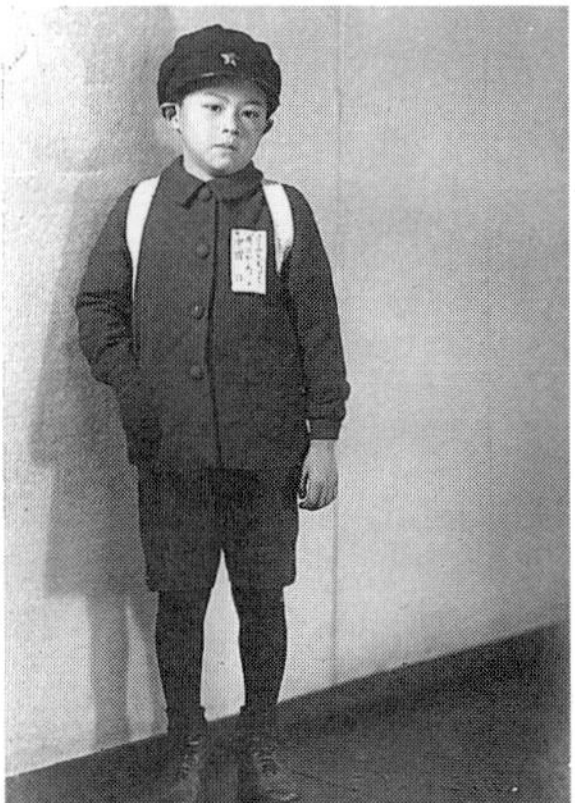

写真1　芦屋市精道国民学校初等科1年生
昭和18年12月13日、山沢栄子氏撮影

手元に自分で描いたクレパス画が

残っている。ここには、空中戦で敵飛行機が撃墜されている有様や、航空母艦や砲艦からの砲撃で打ち落とされている敵機の様子が描かれている。「打ちてしやまぬ」の空気の中で、当時の「少国民」として素直な気持ちを表現したものであったのかも知れない。

学校での勉強についてはあまり覚えていないが、給食のことは記憶に残っている。六大都市とその周辺の国民学校児童に対して給食を実施し始めたのは確か二年生の秋からであったと思う。コッペパンに味噌汁がついていたが、パンを味噌汁に浸して食べると本当においしいと思った。

近所の子供たちとは路上でいろいろな遊びをした。「三角ベース」の野球はその一つである。軟式庭球のボールをピッチャーがワンバウンドでバッターに投じると、バッターは素手でこれを打ち、一塁、二塁、本塁と進むというものであった。

当時子供たちの宝物の一つに飛行機の窓に使われる防弾ガラスの破片があった。これを近くの神社の石灯籠のところへもって行き、その側面にこすりつけて鼻を近づけると、甘い臭いがして喜んだものである。後に成長して化学実験をするようになり、これがプラスチックに含まれる酢酸エチルの臭いであることを知った。

浜芦屋に住んでいたことから、利用するのは阪神電車であった。省線電車（今のＪＲ）の芦屋駅は山手の方で遠く、阪急電車の芦屋川駅はさらにその向こうであった。大阪の勤務先から帰る母を芦屋駅まで迎えに行くことがあった。電車が着くと窓を開けて一斉に飛び出して帰宅を急ぐ人達を見て驚いた記憶がある。今から思うと、戦時中、人々は身も心もすさんでいたのであろう。他人のことを思う気持ちも希薄になっていたのではないだろうか。

神戸が近いことから、休日に連れて行ってもらったのは、主として神戸の三宮、元町界隈であった。大阪へ出ることもあったが、梅田の地下駅につながる「阪神マート」での買い物などを憶えている程度である。一方神戸へ出ると、元町では時に映画も見せてもらった。「マンガ映画大会」が多かったが、一つだけ劇映画で記憶に残っているのは「かくて神風は吹く」である。この中で日蓮聖人が辻説法をするシーンが何故かいつも思い出される。後にこの映画のＤＶＤをみたところ、大変な国策映画で国民に神州不滅を確信させるためのものであることを知った。

爆撃のすさまじさをある程度は知っている。大阪市東成区の国民学校訓導（教員）を勤めていた伯母が、ある日勤務先の学校へ私を連れて行ってくれた。焼け野が原に鉄筋コンクリートの校舎の残骸があり、かろうじて残っていた階段を上ると、二階は一面何もない平坦なフロアが拡がっていた。おそらく爆撃のときの残骸は片付けられていたのであろう。

戦災地を見た記憶がもう一つある。それは昭和二十年六月半ばに芦屋から神戸を経て、丸亀へ疎開するときのことである。三ノ宮駅のプラットフォームに立ったとき、そこから海の方面をみると中突堤までが一面の焼け野が原になっていて、所々に焼け残ったビルが立っているだけであった。

爆撃の記憶としてかなり鮮明に覚えているのは、昭和二十年五月に川西飛行機製作所（現新明和工業甲南工場）が爆撃を受けたときのことである。私は国民学校三年生に進級したところであったが、朝から空襲警報がでて、近所の人達と共に庭に作られていた防空壕に待避した。突然地面を揺るがすような音が響き、それが小一時間も続いた。私の住む家から西方一・五キロにある深江の工場では海軍の軍用機が作られていて、ここが爆撃の標的となったのであった。午後になって友達と爆撃跡へ行ってみると、一頭の馬が倒れていて、その近くには大きな四つ目の穴があいていた。そこに長さ三センチほどの鉄片が落ちていて、友人が爆弾の破片だというので拾って帰った。この破片は丸亀に疎開しても大切な宝物としてもっていたが、いつの時か親しい友人にプレゼントした。

昭和十九年の終わり頃から米軍の本土空襲が激しくなり、政府は都市部の国民学校に在籍する児童を地方へ避難させる学童疎開の方針を立てた。地方に縁故者がいる場合は縁故疎開を勧め、東京をはじめとする大都市の児童に対して学校単位での集団疎開が進められた。昭和二十年三月からは、大都市の初等科三年生以上の児童は全員疎開することとなり、やがては一、二年生の児童についても縁故疎開の者以外は集団疎開の対象となった。疎開先では寺院や旅館を宿舎とし、そこで授業が行われたが、食糧難と物資不足のため子供達は苦しい生活を余儀なくされた。疎開児童の総数は八十五万人とも推計されている。

私は昭和二十年の春、精道国民学校初等科三年に進級したが、香川県丸亀市に縁者がいたので、その年の六月中旬に縁故疎開をした。精道国民学校では、この年の七月に二百人を超える学童が岡山県へ集団疎開したと聞いている。母と伯母は大阪市の国民学校訓導であったので芦屋に残り、祖母と私の二人が丸亀へ疎開した。その後芦屋市は八月五日夜から六日未明にかけての米軍機による焼夷弾爆撃により壊滅し、結局は母と伯母も丸亀の親戚に住むことになった。

戦後の子供たちの世代論では、爆撃の被災者や外地からの引き揚げ者に加えて、集団疎開を体験した者としなかった者との違いも大きいと思われる。私は集団疎開の苦労は知らないで育ったのであった。

丸亀の小学生

三年生の六月下旬から丸亀での生活が始まった。私が世話になった家は古い商家で、建物は京極の殿様の浜屋敷の一部を改造した家だとのことで部屋数も十室以上あった。長らく石炭問屋を営んでいたが戦争末期には薪炭のみを取り扱い、当主田中豊太郎が一人で住んでおられた。亡き奥方が中澤家から嫁いできていたことから、中澤家の後継者としての私を実の孫のようにして温かく育てて下さった。

校区が丸亀市立城乾国民学校であるので、私は津田信子先生が担任の三年東組に編入されて、新生活をスタートさせることになった。

夏休みまでは僅か一ヶ月ほどであったが、この間の学校生活には、今思うと大変奇妙なことがあった。

一つは「ミミズとり」である。ある日学校へ行くと、「今日はミミズをとってくること」と言われた。いまだにその意義は分かりかねるのであるが、生徒達がとってきたミミズは校内の足洗い場に集められて、先生と思われる人が切り裂いていた。たしか兵隊さんの薬になるとのことであった。

もう一つは「馬糞集め」である。子供たちは朝から町へ出て馬の姿を追った。しかし、当時馬は軍馬として徴用されたため、荷車は殆どすべて牛車であった。駅の側には牛舎があり牛糞はふんだんにあったので、運良く拾ってきた友人の馬糞を分けてもらい、牛糞と混ぜて提出した。これもその意義については不明のままである。

昭和二十年の初夏は米軍機による都市爆撃が一層激しく行われた時期であった。六月二十九日未明の岡山空襲、七月四日未明の高松空襲のニュースは直ちに伝わってきた。高松市の被災者は戦災を免れた丸亀市に避難してきたので、学級の生徒数が増えていった。

八月十五日終戦の日は夏休み中であった。家庭内で大人達が敗戦のことをどのように話し合っていたのかはあまり記憶にないが、その後の登校日に帰り道で級友に「日本は負けたげなな」と言ったのは憶えている。

食糧難のため、この頃運動場はほとんどサツマイモ畑になっていた。校内には他にも、カボチャ、なすなども植えられていて、これらは給食の材料になった。今も思い出すのは、ヌカパンとカボチャの茎が入った味噌汁である。ヌカパンは小麦粉に米ヌカを混ぜて焼いたものと思うのだが、少しも美味しくなかった。

丸亀城内には歩兵第十二連隊の兵営が置かれていたが、その練兵場も一部は畑になっていた。終戦後の秋の一日、低学年の私共児童も丸亀城東側の旧東練兵場に農作業に出かけていた。その帰り道のことである。兵営の外側の堀端を通っていたところ、突然大きな爆発音とともに多数の火の玉が空から降ってきた。私は手に持っていた竹製のジョウレンを頭にかぶって家へ向かって走り去った。現場から約一キロ離れた我が家では、床の間の床が持ち上がっていた。市内一面に爆風が及んだのであった。後から聞いたところでは、旧連隊の物品を後始末している最中に誤って火薬が火の中へ投げ込まれたことによる事故で、死者も出たと云うことであった。

敗戦後は、授業内容が変わった。よく云われている古い教科書の墨ぬりについては確かな記憶がないが、その後現れた、折りたたみ教科書はよく憶えている。新聞紙大の紙に印刷されたものを頁数に注意しながら裁断し、表紙を付けて綴じ合わせると出来上がった。この中には、アンデルセンの「みにくいアヒルの子」が入った国語の教科書もあった。

四年生以上では自由研究を中心とする教育が行われた。この三十数年後の昭和五十五年から三十年あまりの間、小学校から高等学校にかけて「ゆとり教育」が行われた。それは、知識を暗記することを中心とする学習を見直して体験型学習を導入することにより、子供たちにゆとりをもって生きる力を身につけさせることを目標にしたものであった。この教育方針は、結果的には子供たちの学力低下につながるとの批判の声が高まり、平成二十三年からは撤回された。私が小学校高学年で受けたのは、まさに「ゆとり教育」ではなかったかと思われる。

社会科では、たとえば「丸亀の産業」というテーマが与えられ、生徒達は町へ出て会社や工場を訪問した。そして資料を集めてその結果を模造紙にまとめて記し、皆の前で発表した。私の家は商家であったことから、往来から入ると広い畳の間の「店（みせ）」があった。ここは仲間が集まって模造紙を広げ、筆に墨や絵の具を付けて字を書くのには都合がよかった。互いに相談しながら発表のパネルを作った。

課外活動としては、創作展覧会なるものが度々催された。履物や防寒具、農機具などをテーマにして作品を募集していた。私は缶詰の空き缶の中に切り取った缶の蓋をぶら下げて、雀よけの鳴子を作り出品して賞をもらったことを憶えている。

五、六年生の時の教科書についてはあまり記憶にないのであるが、これは当時授業であまり教科書が使われていなかったためなのかも知れない。ただ、昭和二十二年の新憲法施行にあわせて発行された中学校用教科書「あたらしい憲法のはなし」は憶えている。五年生の私達にも配布されたのかどうか必ずしも明らかではないが、「主権在民」、「戦争放棄」、「三権分立」などのキーワードとその挿し絵は今でも頭に残っている。

六年生の頃、香川師範学校が一時髙松から丸亀の旧歩兵十二連隊跡に移転してきて、私たちの学校が代用附属校になった。そこで「教生」の方々が学校にこられることになった。それぞれ個性的な人が多く、年長の兄のような存在で、先生方からとはまた違った視点からの知識を得る事が出来た。［写真2］

当時の子供たちの遊びには、昔ながらのチャンバラ、ラムネ（ビー玉）、パッチン（メンコ、芦屋ではベッタンと言っていた）などがあった。これらに加えて野球が始まった。町の通りで軟式庭球のボールを使った三角ベースの野球が行われた。芦屋ではワンバウンドの球を素手で打っていたが、丸亀では投手がトスのようなノーバウンドの球をバッターに送り、これを素手で打ち返すという方式であった。坂出の附属中学になってからは、校庭でバットを使って打ち返すという三角ベースの野球になった。その後、グローブとバットに軟式野球ボールを使って本物の野球も行われたが、このとき投球の上手な子は、その昔ラムネの巧

写真２　丸亀市立城乾小学校６年生
昭和23年12月、会下天満神社において撮影
ここに写っている教生の藤森徹先生には、後日赴任された坂出附属中学で数学を教わった。

かった子であった。

昭和二十四年に中学へ進学するとき、城乾小学校片山良平校長の推薦により、私は同級生二人と共に坂出の香川師範学校女子部附属中学へ進学する機会を得た。附属中学は附属小学校以外からの入学を認めていなかったので、私たち入学希望者は附属小学校で面接試験を受け、それに合格して附属小学校六年生となってから、附属中学へ進学するという手順を踏まなければならなかった。城乾小学校では附属中学へ進学する三人にも卒業証書を授与して下さったので、私の手元には附属小学校と城乾小学校の二つの卒業証書がある。

こうして昭和二十四年四月から、私たち城乾小学校からの三人ともう一人他校からの者を加えた四人の男子とさらに四人の女子生徒計八人が附属中学に新たな一年生として加わった。

坂出の中学生

新制中学としての香川師範学校女子部附属中学の発足は昭和二十二年からであったが、当初の二年間は附属小学校の校舎で授業が行われていた。私たちが入学した昭和二十四年四月に、旧女子師範学校の寄宿舎を改装して校舎として整備し、ここにおいて始めて一年生から三年生までの生徒がそろった附属中学が新たに出発をしたのであった。しかしどの教室も、寄宿舎の畳をはずして床を付けた約二〇平方メートルほどもので、天井は低く、出入り口は中庭から窓に付けられた階段を使ってのものであった。ここに五〇名近くの生徒が机を並べるのであるから、廊下も窓をはずして教室の一部とし、空間を確保するため押し入れのふすまは取り払われていた。先生方は建物のずっと端の方にある職員室に居られた。そこには沢山の本の戸棚があり、これが図書館であった。

この場所には以前附属幼稚園があったとのことで、その名残の滑り台が中庭にあった。さらに周辺には旧女子師範の教室や教官研究室があり、雨天体操場もあった。教官の理科実験室では、小麦を砕いてグルテンを抽出しグルタミン酸ナトリウム（味の素）を作る実験をすることが出来た。蒸発皿の底に黒くこびりついた固形物を人差し指でこすって口に含むと味の素の味がしたときは嬉しかった。同級生からは私の知らないことを教わることがあった。一年生の秋に湯川秀樹博士がノーベル賞を受賞された時、公文宏君は中間子の説明をしてくれた。また松永錬造君のように、ピタゴラスの定理を何通りかの方法で証明することが出来る者もいた。

小学校の時と違い、中学校では男女共学になった。各学年に東組と西組の二組があり、それぞれ五〇人足らずの人数で男女はほぼ同数であった。しかし遊ぶ時は男女別々であった。

丸亀から坂出までは約七キロあり、通学は、はじめは琴参（琴平参宮電鉄）の丸亀通町駅から坂出駅前駅まで、一両の通称「チンチン電車」を使い、またその後は国鉄予讃線で丸亀駅から坂出駅まで通った。二年生の中頃からは、矢野雄三君と共に丸亀から坂出まで自転車で旧国道十一号線・現県道三十三号線を通って約二十分かけて通学した。当時国道は砂利道で、道路の端の砂利の少ないところを進んで行くのであるが坂道にかかると途端に速度が落ちた。そのころアジアオリンピックのマラソン選手が同じ道でトレーニングをしていたが、われわれを容易に追い抜いて行った。

朝は七時半頃学校に着くと、坂出市内から多田羅一一君がその日のスポーツ新聞を買ってきていて、タイガースが勝っていると二人して紙面を見て喜んだ。やがて仲間が集まってくると野球が始まった。これは先にも述べた三角ベースの野球で、軟式庭球のボールをバットで打っていた。この野球は授業開始直前まで続き、昼食後にも繰り返され、さらに放課後日没まで続くこともあった。とにかくみんな野球が好きであった。

小学生の頃、「野球少年」という雑誌を購読していた。中にNHKの名物アナウンサー志村正順による誌上実況放送というページがあった。これを熟読することにより、後楽園球場での伝統の巨人―阪神戦を追体験するわけである。今日の子供たちには到底想像が出来ないことであろう。これがわれらの世代にとっては最高の楽しみであった。

小学生の頃は、プロ野球選手のブロマイド（子供たちはプロマイドと言っていた）が駄菓子屋で売られていて、籤に当たると大型の写真が手に入った。私は芦屋にいて阪神電車に乗っていたことや、一時甲子園球場の近くに住んでいて何度か球場での催しに連れて行ってもらった経験もあるので、タイガースが第一であった。ピッチャー若林、キャッチャー土井垣、二塁本堂、三塁藤村、レフト金田、センター呉などの選手の名前は今でも諳んじている。しかし、後にセントラルとパシフィックの両リーグ制となり、タイガースの有力メンバーが毎日オリオンズへ移籍していったこともあり、徐々にプロ野球への思いは冷めていった。

私が中学に入学した昭和二十四年四月には、全国的に新制中学の形が整い、教科書も国定教科書から検定教科書が使われるようになった。英語の教科書は、"The Gate to the World" という検定済みのもので、中には一部カラーの絵が含まれていて学習意欲がかき立てられた。

二年生の二学期になって、女子師範に隣接する坂出高校の運動場の南隣りに新しい校舎が完成した。私達はめいめいの木製の机と椅子を重ねて持ち、切り崩した土堀の間を通り抜け、蟻の行列のようにして運動場を横切って新校舎へ運んだ。木の香の薫る教室に級友とともに机を並べ終えたときの満たされた気持ちが思い出される。

世の中はこの頃大変な事態になっていた。昭和二十五年六月に朝鮮戦争が勃発したのである。このことは、学校からの帰りに丸亀駅の掲示板に張り出されていたニュースを見て知った。直ちに創設された警察予備隊が隊列を組んで行進するのを見たことがある。その初代長官が香川県知事を務めていた増原恵吉であることを祖父から聞いた。当時はまだGHQの支配下にあったが、翌昭和二十六年秋九月にはサンフランシスコ講和条約が締結され、その後わが国は大きく体制が変化していった。この間の経緯は社会科の授業でも取り上げられ、担当の今井正男先生は単独講和に疑問を呈しておられたことを記憶している。

国語の授業では、三木立身先生が教科書に沿った授業ばかりではなく、生徒に課題を与えて調査させることをしばしば取り入れておられた。漢字の起源という課題のとき、家にあった東洋史の教科書をもとにして中国古代の年表を作って発表してお褒めにあずかったことがあった。

附属中学の先生は、地域の先生方を集めて研究発表会をしばしば行っておられた。英語の筒井弘先生の授業では、英文法の要点をまとめるという課題があり、皆で知恵を絞ってパンフレットを作成した。先生は通訳の経験を持っておられ、三年生のときの九州旅行の際、列車に乗り合わせたアメリカ人と流ちょうな英語で会話をする有様を生徒達が取り囲んで感嘆して見守っていたときの光景を思い出す。

附属中学では、旧女子師範学校の先生が非常勤の形で教鞭をとっておられた。中でも国語の中島先生は博識なお方で、少年達にとって興味をそそられる幾つかの話を聞くことが出来た。たとえば、姓名に意外な文字の人がいる、「一二三四五六」〝ひふみ・よごろく〟さんとか、「一一」〝はじめ・とおる〟さんがその例である、という具合である。

課外のサークルでは、私は水泳部に属していた。旧女子師範学校にはプールがあった。プールは松林の中にあったので、初夏にプールに水を張るときは、先ず松葉の掃除から始めなければならなかった。[写真3]

私はまた野球部にも属していた。といってもプレイをするわけではなくスコアブックに試合の経過を記録する係を務めていた。三年生の春、市内の中学生野球大会で附属中学が優勝したことがあった。この時は先生方も喜ばれて、小使室で野球部一同にうどん玉に醤油をかけたものを振る舞ってくれた。

附属中学では、夏休みの始めに、仁尾の覚城院で二泊三日の臨海学習が行われた。まず、本堂で隠元さんの講話があり、次いで全員海岸から一キロ離れた蔦島へ船で渡り海水浴をした。島までの遠泳に挑戦することもあった。

生徒会の活動も活発であった。社会科で学んだとおり、立法府としての「協議委員会」と行政府としての

写真３　坂出附属中学水泳部　昭和26年秋撮影

「執行部」により生徒会は運営された。「協議委員会」はクラスから選ばれた委員で構成され、選挙で選ばれた生徒会長の下に「執行部」を設け、そこに「教養部」、「文化部」、「厚生部」、「図書部」などが所属して活動するという組織になっていた。

「文化部」の活動の中で大切なものは映画鑑賞であった。毎月一度は授業時間に市内の映画館へ全員で出かけていった。外国映画が多かったが、幾つかのシーンはいまでも記憶に残っている。ヴィットリオ・デ・シーカ監督の「自転車泥棒」を見ての帰り、ある級友が少年の父親に似ているなどと言い合っていたことを思い出す。

昭和二十七年三月に中学を卒業して、殆どの生徒は坂出高校や坂出商業高校に進学した。高校進学は学区制になっていた。丸亀市の高校学区に住む私を含む四人の生徒は、丸亀第一高校へ進学することになった。

私が附属中学へ通っていた昭和二十四年四月から昭和二十七年三月迄の間は、戦後の教育制度改定の過渡期にあった。国立新制大学六十九校の設置は昭和二十四年五月末であった。私が入学したときの校名は「香川師範学校女子部附属中学校」であったが、卒業時に

は「香川大学学芸学部附属坂出中学校」になっていた。

丸亀の高校生

私は昭和二十七年四月に香川県立丸亀第一高等学校に入学した。戦後の学制改革のときに、以前の丸亀中学校と丸亀高等女学校が統合されて誕生した高校である。昭和二十八年には丸亀高等学校と名称が変わり現在にいたっている。香川県では高校入学に際して学区制をとっていて、この当時同校への進学は丸亀市と多度津町、及びその周辺の地域に居住する者に限られていた。

高校入学の際には、進学適性検査（進適）が行われ、確かその日に学力検査もあったと記憶する。もともと進適は大学などの上級学校の教育を受けるのに必要な能力、適性があるかどうかを判定するためのもので、文部省が昭和二十九年まで全国一斉に行っていたものであるが、香川県では高校入学に際してこの検査を行っていた。

一年生は、普通科二六〇名の入学者が、音楽、書道、図画の芸能科目の選択希望を配慮し、さらに学力検査の成績を参考にして五クラスに分けられ、これに家庭科二クラス一一〇名が加わった。

丸亀高校は明治二十六年の創設で、香川県でももっとも古い高校の一つであるが、校舎も本当に古く、私が通学した一年一組の校舎は明治三十三年に建てられた木造建築であった。床が著しく高く、廊下には壁がなかった。また、三年生の時の三年四組の教室などは本館の左翼部にあって、ここは明治二十六年丸亀中学創設の時の建造物であった。現在この本館の部分は「記念館」として校内に保存されている。

学校内外における服装、身だしなみには厳格な決まりがあり、男女ともに制服、制帽の着用が義務づけられていた。履き物も、男子は黒の革靴、女子はローヒールなどと細かく定められていた。私は親戚から軍靴を譲り受けていたが、茶色の牛革製であったから、黒の靴墨を塗りつけてからこれを穿いて登校した。西平山町の家からは学校までは約一・五キロの道程であった。

私が入学した昭和二十七年は、朝鮮戦争がマッカーサー解任のあと休戦交渉に入っている時であった。当時の丸亀第一高校には、日本共産党の細胞があったそうで、生徒の中にも積極的に政治活動をするものがいた。毎朝登校時に、正門前でビラが配られたが、それは必ず「アメリカ帝国主義と売国奴吉田茂およびその手先校長小島は・・・」という文言で始まっていた。また、具体的な内容は理解できなかったが、校長を糾弾する集会が運動場の片隅で開かれていた。生徒の自治活動の組織である自治会（後に生徒会となる）の中には中央委員会（後に評議会となる）という革新政党並みの名称の決議機関があり、私も学級委員としてこれに出席したことがある。当時の日本共産党は武装闘争路線に沿って活動していたようであるが、その方針と学校内の政治活動との関連性については不明である。この時の活動家生徒二人はその後退学処分を受け、生徒の自治組織・生徒会の会則も改定されることになった。

一年生の時は、一年一組（五十二名）の男女がほぼ同数のクラスに組み入れられた。旧制丸亀中学からの先生もおられて、附属中学から進学してきた私にとっては新鮮な経験であった。

英語の菊池正先生は長らく野球部長を務めておられて、城乾小学校の生徒の時から私ども野球少年にとっては、〝ポンちゃん〟というニックネームでよく知られた方であった。生物の山下豊太郎先生も旧制中学からの先生であったが、片仮名交じりの板書をされるのにはとまどった。植物の名前は何でもご存知だったので、誰かがいたずらにハサミで葉っぱの部分を適当に切り込み、その名を問うたところ、「こななんはない。」といわれた。

校長の小島英一郎先生は東京高師出身の英語の先生であった。戦時中の昭和十五年から戦後の昭和二十三年まで、さらには新制になっても昭和三十一年まで丸亀高校の校長を務められた。ある日一年一組では担当の先生が留守であったため、全員が教室内にいて大声で騒いでいた。そこへ校内巡回中の校長が突然現れた。教壇に立ち「英語の勉強はすべからく over and over again である」と言った後、私の方を向いて「ほれ、言うてみい」と指差された。そこで私が「なんべんもなんべんも繰り返す」と答えると微笑みを浮かべながら帰って行かれたので、級友にとても感謝されたことがあった。

昭和二十八年四月に二年生になると大学進学希望者を主体とする五十二名のクラスが作られ、私はその一員になった。ここでは女子生徒の人数が少なくなり男子生徒との比率は凡そ四対一になっていた。

この年の十一月には「創立六〇周年記念」の行事が四日間にわたり開催された。記念式典が理科教室の前庭で行われ全校生徒が参列した。この時卒業生を代表して参議院議員津島寿一氏が祝辞を述べられた。津島氏は明治三十八（一九〇五）年のご卒業で、坂出の自宅から毎日二里（八キロ）の道を歩いて通ってこられたと聞き、中学の時同じ道程を自転車で通学した私はやや気恥ずかしい思いをした。この後音楽会、展覧会、演劇コンクール、体育大会などがあり、最後には記念行事のときに出た紙くずや木片を運動場の一角に集めてボンファイアが行われた。［写真４］

当時教員と生徒の間には特有な関係があった。どの先生にもあだ名があり、先生方もこれを暗に受け止めておられたように思われた。メバル、イワシ、スルメなどの海産物に加えてコンコ、アンパンと食べ物、パーシャ、エチオピアなどの地名、スイッチ、オメガ、ホーシン、カマキリなど、その由来は知らなくても先輩から受け継がれたものであった。

二年生の時の級友には、イタズラ好きが多かった。数人が理科実験室でブンゼンバーナーに水道のホース

写真４　丸亀高校創立60周年記念行事の後のボンファイア
昭和28年11月撮影
旧制高校の寮歌を知る者の音頭で全員が歌い上級学校学生の気分を味わった。

を繋いで噴水をして喜んでいたところ、突然校内を巡回中の小島校長が現れた。入り口を背にして学生帽を被って噴水を鑑賞していた私は、突然「教場《きょうじょう》で帽子を被るとは何ごとか。そういうことじゃから今の者はできがわるいんじゃ。」とお叱りの声が後ろから聞こえてきて驚いた。振り向いてみると校長は既に入り口から外へ出て行かれるところであったが、噴水遊びの連中は急に温和しくなっていた。しかしこの授業を担当していた大吉昭先生は大変であった。その後校長室までお詫びに出向かれたと聞いて、一同大変申し訳ないことをしたと思った。

教師はチョークを「白墨入れ」の箱に収めて職員室から持ち出し、授業が終わると使用したものは全て回収して持ち帰っていた。英語の岩瀬恭一先生はウイリアム・サマセット・モームの信奉者を自認していて、いつも熱心に授業を展開しておられた。私はある日、理科室の壊れた試験管立ての棒がチョークと同じサイズであることに気付き、棒に白い絵の具を塗り黒板の前に置いておくと、先生はそれを白墨入れに取り込んで帰って行かれた。そしてそれを別の教室で使ったところ「黒板にいくら書いてもすぐに消えてしまうのでよく見ると白い木でした」と後日われわれの教室で話されるのを聞き、真相を知る私には少なからず反省の気持ちが湧いてきた。

二年生の昭和二十八年に朝鮮戦争の休戦協定が成立したが、三年生の昭和二十九年にはアメリカのビキニ環礁における水爆実験が行われ核戦争の恐怖が現実のものとなり始めていた。この年七月には防衛庁、自衛隊が発足している。日本経済は、朝鮮戦争の特需景気の影響もあり、戦前の水準に向かって回復しつつあった。

三年生を迎えた私は、大学受験希望者五十八名を集めてつくられた男子生徒ばかりから成る三年四組の一員となった。全校生徒を対象にした模擬試験がほぼ毎月行われ、掲示板には試験の成績優秀者の氏名が発表された。大学受験準備の機運が徐々に高まっていったのであった。

私は受験雑誌「蛍雪時代」を購読した。この中の「大学入試模擬試験」に面白半分にお茶の水女子大学志望の女子生徒として応募した。すると、成績優秀者に私の変名が出て、遠方に住む勉強熱心な女子生徒からの手紙を受け取ることになり、以後はこのようなことはしないことにした。

勉強一筋と言うわけでもないが、私は高校三年間映画を見ないということを決めていた。映画が大好きな自分への禁欲の試練のようなものであった。一年生の時に「ローマの休日」が評判になり、オードリー・ヘップバーンの髪型が流行したとき、「十回見てきた」という級友の言葉にも動かされないように頑張った。この間に封切られた黒澤明監督の「七人の侍」も、実際に見たのは大学に入ってからであった。高校の卒業式の翌日、英国映画「ロミオとジュリエット」を見たが、そのテクニカラーの素晴らしい映像に、私にとっての空白の三年間における映画界の進歩が思い知らされた。

兼ねてから私は京都大学の受験を志望していたので、夏休みに上洛して大学を見学することを計画した。ところが、夏休みに入って中学の時の友人達と共に坂出沖の沙弥島へ海水浴に行ったときに大怪我をしてその望みは果たされなかった。風化した花崗岩の上で足を滑らせ、右大腿外側部に深い擦過傷を受けたのであった。現在では沙弥島は陸続きになっているが、当時は渡し船がなければ坂出まで帰れなかった。午後の便で坂出まで戻り市民病院で手当を受けたが、傷口の状態から縫合はせずに経過観察となった。その後に化膿したこともあって完治までは二ヶ月以上かかったのであった。

私の中学、高校時代は、戦後の教育体系が変わる節目に当たることが多かった。新制中学は、私達の年代の者が入学して始めて一年生から三年生までが揃い学校の形が成り立つようになったことは前に述べたとおりである。また、大学受験に際して、昭和三十年度からは進適が廃止された。そして私にもっとも関係が深いことには、この年から全国の大学医学部の制度が変わり、医学進学課程五十名の学生は無試験で専門課程へ進学することができるようになった。このため入学試験の際の合格倍率が高くなった。それから、この年から東京大学では第一次と第二次の学力検査が行われることになり、級友のかなり多くの者が志望して、東大の入試に挑んだ。結果的には第二次試験まで到達した者はそれほど多くなく、最終的には二名の者が二次試験に合格して東京大学に入学することが出来た。

入学試験受験のための上洛は、予讃線で高松まで行き、宇高連絡船、宇野線を経由して岡山まで出て、そこから山陽本線と東海道本線で京都を目指すという具合であった。午後に丸亀駅を出ると、岡山からの夜行列車は夜明け頃阪神間を通過した。私は子供の頃に見た風景を確かめたいと思い、デッキに出て外を見ていると、西宮を過ぎて尼崎の前で立花駅にさしかかるところで、昔叔父が新婚家庭を持った時の家が目に入り大変嬉しかった。

私は昭和三十年の春、京都大学医学部に入学した。当時医学進学課程が属する教養部は一年次を宇治の分校で、二年次は京都の吉田分校で勉強することになっていた。まだ食糧配給制度が残っていて、米穀通帳を宇治分校の生協食堂へ渡しておくことが要請された。また、市内には外食券食堂もあった。その後GNPが戦前の水準に達し、「もはや戦後ではない」と言われた昭和三十一年を境としてわが国の経済は高度成長期に入り、昭和三十二年には神武景気を迎えることになる。昭和二十年に芦屋を離れて丸亀へ移り、昭和三十年に京都・宇治へ出て行くまで、足かけ十年の讃岐での生活は、わが国が貧しさから脱却しようとしていた時期に重なっていた。

おわりに

私はその後、昭和三十六年に京都大学医学部を卒業して、昭和四十三年まで基礎医学の医化学教室で研究・教育に携わり、その後二年間米国に留学した。昭和四十六年から六年間千葉大学医学部に勤めた後、昭和五十二年からは山口県宇部市に移り、山口大学医学部、次いで東亜大学で、生化学・分子生物学、医学概論などの教育に携わった。年齢は既に干支を七回りしているが、丸亀での少年期の十年は私の人生にとり大切な土台になっている。実際に私の話し言葉には、語彙にもイントネーションにも西讃の方言が色濃く残っている。民主主義と野球で育ったわれらの世代の体験も、昭和史を編む際に一定の意義があるのではないかと思い、証言台に立った気持ちでこれを書いた次第である。

中澤　淳（なかざわ・あつし）
一九三六年（昭和十一年）大阪市生まれ。京都大学医学部を卒業後、同大学同学部、米国ジョンズ・ホプキンス大学生物学部、千葉大学医学部、山口大学医学部、東亜大学医療学部において、生化学、分子生物学の教育と研究に携わる。山口大学名誉教授。元山口大学医学部長、元東亜大学学長、元日本生化学会会長。

紫雲丸事故

萩原　幹生

閑谷《しずたに》学校（国宝旧閑谷学校と我母校閑谷高校）

その悲惨な事故は高校に入学したばかりの年に発生した。級友たちとその事故のことを話しながら、石ころだらけの山道を登校したのを今でもはっきりと覚えている。

紫雲丸事故だった。

夏を前にした山は萌黄色《もえぎいろ》から緑色に移ろい始め、きらきらと光り輝やいていた。若者の足でも徒歩で片道一時間近くもかかる曲がりくねった通学道だった。一日に数本のボンネットバスが喘ぐように走っていて、朝夕の便は通学バスにもなった。私は雨の日も凪の日もほとんど利用することはなく、ひたすら徒歩の登下校だった。

その頃の日本はまだ敗戦国の色が濃く残っていて、どの家庭も毎日の生活に倹約を強いられ、バス賃も倹約のその一つだったのである。遠くからの学生は自宅から自転車で通っていたが、ほとんどの学生は私同様歩いての通学だった。更に遠くから来ていた学生は学校の近くにある寄宿舎に入り、週末になるとそのバスで最寄りの山陽線吉永駅まで出るとＳＬの汽車に乗り継ぎ、自宅へと帰っていた。山陽線に電車が走り出したのはそれから数年後である。

そして、毎週月曜日になると、再びそのバスで帰寮するから、バスはいつも満員だった。ほのかな恋心を抱いていた女生徒がその中にいて、途中で追い越されるたびに彼女の姿をバスの中に追い求めた青春の淡い一コマが今でも懐かしく甦えってくる。

悠久の歴史を刻んだ国宝「旧閑谷学校」の隣に、白い木造建ての校舎が三棟建っていた。母校だった。春は桜、初夏は山百合、秋は燃えるようなモミジ、そして冬は石造りの閑谷トンネルを吹き抜けた寒風が肌を刺すなど、四季折々の自然の移ろいを心に深く刻んだ蛍雪の三年間を過した。

その学校の一卒業生だった山猿が、未知の北海道（青函連絡船）や憧れの花の東京（国鉄本社）、そしてモミジ映える宮島（広島鉄道管理局）など各地を渡り歩いて、最後にたどり着いたのが奇《く》しくも紫雲丸事故を引き起こした宇高航路（宇高船舶管理部）だった。
この紫雲丸事故について私が知りえた範囲内で記述して「昭和わたしの証言」とさせて頂きたい。その前に我が母校と「国宝・旧閑谷学校」について少し紹介させて下さい。

この由緒ある旧閑谷学校、今でこそ全国的に有名な観光地と変貌したが、私の在学当時は国宝とは名ばかりの山奥の一寒村にたたずむ古刹（寺）のような存在でしかなく、訪れる人もあまりなかった。静かな山間《やまあい》にあって時流の影響も受けなかったことから、勉学の場としては最適の場であろうことは一度訪れた人には納得して頂けるだろう。

在学当時、たまに映画のロケーションなどで賑やかになることもあったが、いつもの光景は運動場には雑草が生い茂り、空では鳶がのんびりと輪を描き、ときおり山から猿が降りて来るというような裏侘びしい環境にあった。それでも歴史ある学校だったことから、運動場には土塁で固めた昭和天皇のお立ち台が残されたりしている。終戦直後の昭和二十二年に巡行されたとき、急きょ造成された跡だった。

本堂（講堂）の前庭では国宝区域だというのに、放課後になると勝手に棒でラインを引いてテニスに興じる学生達もいた。本堂の西方には火事から国宝を守る「火除山《ひよけやま》」と呼ばれる小さな芝生の丘があったが、母校はその反対側に建っていた。「県立和気高等学校・閑谷校舎」で、大学進学を目指す学生達の分校だった。昼休みになると、よくこの火除山の丘で友と語らい、弁当を食べ、腕枕をして、青く澄み渡った空に浮かぶ雲を眺めたものだった。

旧閑谷学校–講堂（切り絵）

この校舎を含めた敷地全体に七百六十メートル以上もの「かまぼこ型」の大きな石垣が創建当時から張り巡らされていた。昔は一銭玉も入らないほどの精巧な造りだったと聞いたが、現存の物は長い年月による老化や地震などによって歪みが生じている。

また、山道を十分ばかり歩いて行ったところに「黄葉亭《こうようてい》」という質素なたたずまいの茶室が建っていた、その下を流れる小川のせせらぎの音が、行くたびに私の心の奥深くまでしみこんだ。かって頼山陽や菅茶山らの儒学者や文人を迎えて親交を深めた場だったらしいが、今は特別な行事がない限り雨戸はいつも締め切ったままになっている。秋は紅葉を愛で、冬は裸木《はだかぎ》を吹きぬけるモガリ笛を聞き、耐えきれない青春の悩みを胸に抱きながら一人散策したものだった。

さて、この「旧閑谷学校」、初代藩主池田光政公が初めて閑谷の地を訪れたときに「清閑な山間にあるこの地は読書講学に適している」と称賛し、家臣の津田永忠に命じて創建させたもので、日本のみならず世界中に「庶民のための初めての学校」として名を馳せている。地方の指導者を育成するために武士という階級にこだわらず、庶民の子弟にも教育させたという名君中の名君であった。

朱子学を取り入れた儒教を指針とし、孔子の論語が教育の骨格をなしている。

敷地内中央の一番高いところに孔子を祀《まつ》った聖廟と閑谷神社があり、昭和十三年（一九三八）に講堂、聖廟、神社が国宝に指定され、昭和二十五年に文化財保護法施行で、これらを含めた全ての構築物を重要文化財に指定された。

講堂の屋根は創建時は茅葺きだったらしいが、その後、全て備前焼の瓦に葺きかえられた。この地は備前焼で有名なところである。

昨年（二〇二〇年）が創立三百五十年期に当たっていて、予定では盛大に記念式典を行う計画だったところ、新型コロナウイルス感染拡大の影響から、残念ながら関係者だけの質素なものとなった。

母校の校名は様々な変遷を経てきているが、近年だけに絞ると、大正時代に「岡山県閑谷中学校」、そして私がいた頃は「岡山県立和気高等学校閑谷校舎」だった。私が卒業して六年後の昭和三十九年（一九六四年）に廃校になって、和気町にある本校の和気高等学校に統合され「岡山県立和気閑谷高等学校」となって現在に至っている。閑谷の廃校になった校舎の一部は「岡山県青少年教育センター」として今なお様々な教育施策の場として活用されていて、「庶民教育の殿堂」としての威容はその後も衰えていない。現在は「世界で最古の庶民のための公立学校・特別史跡旧閑谷学校」を表看板に様々な企画を催して観光誘致をはかっている。

かって草の生い茂っていた運動場は、四季折々の自然の変化を求めてやって来る観光客の駐車場と化し、全体の景色は完全に様変わりしてしまった。特に十一月の紅葉シーズンになると、聖廟前にある紅葉と黄葉の見事な櫂《かい》の木が彩どりを添え、夜のライトアップは幻想的で幽玄の世界へとやさしく誘ってくれる。「学問の木」とも呼ばれる中国伝来の銘木なので一見の価値は十分にあるだろう。

また同時期の晩秋の一日、儒学の祖「孔子」の徳をたたえた「釈菜《しゃくさい》」祭りの儀式が行われる。一六八六年に津田永忠が「最も慎ましやかで、最も厳粛」な祭典として執り行ったことから始まり、昨年（二〇二〇年）の十月二十四日がその日に当たっていたが、これも新型コロナ感染拡大中と言うことから関係者だけの質素な行事に終わった。孔子を祭った「大成殿」で高校の教員が祭官を務め、終わったあと生徒たちは講堂のピカピカに磨かれた冷たい板の間に正座させられて論語の講釈を受けるものだったが、嫌だったそんな講釈も今は懐かしい思い出の一つとなった。

宇高連絡船が無くなるとき、よく報道機関から座右の銘（ポリシー）は何ですか？と聞かれたものだったが、私は何気なく「温故知新です」と軽く応えていた。孔子の論語「温故而知新、可以為師矣」の一章に由来していることを知ったのはその後だったが、今でもやはり私の座右の銘は「温故知新」に変わりはない。「故きを温めて新しきを知れば、以て師たるべし」

過去を知って将来に備えることは船の世界でもそのまま通じるのである。

無意識のうちに講堂での論語の朗唱が私の脳に刻み込まれていたのかもしれない。

海への憧れ

学校から一番近い海といえば、バスでおよそ二十分ほどの距離にある備前の片上港だったが、そこから紫雲丸事故を起こした海域までは比較的近かった。海路をたどればすぐにでも行ける距離だったが、当然ながらそこが自分の将来の職場になろうとは夢にも思っていなかった。

更にその海が世界の七つの海にまで拡がっていることを意識すると、全ての海を制覇してやろうという気持が次第に大きく胸に膨らんでいった。

商船大学に入ったとき、世界は自分のものになったのだと錯覚するほど有頂天になった。七つの海とは、北太平洋、南太平洋、北大西洋、南大西洋、インド洋、北極海、南極海を指している。しかし、悲しいかな、入学してすぐに大病（腎臓炎）を患らい夢は儚く消え去った。やむなく外国航路はあきらめて国内航路に就職先を切り替えた。世界の海に憧れた私にとってはまさに苦渋の決断だったが、四年間の学生生活を終えた頃には体力もついて病気も全快し、将来に光が差し込んで来た。

若さは折に触れ素晴らしい奇跡を起こすものである。高齢なら不治の病だったものが治ったのである。新薬とドクダミの煎じ薬が病気を追いやってくれた。

半年にわたる帆船海王丸でのロス・ハワイ卒業航海も楽しく終えたとき、私の目の先には時代の先端を行く豪華自動化客船・青函連絡船が姿をあらわした。

国鉄入社

卒業の昭和四十年ごろの国鉄は、新幹線が東京・名古屋間が開通して試験運転を始めていた頃で、船舶部門は函館～青森間の青函航路、高松～宇野間の宇高航路、仁方～堀江間の仁堀航路、大島～大畠間の大島航路、宮島～宮島口間の宮島航路の五航路を保有していた。昔は稚泊《ちはく》連絡船や関釜《かんぷ》連絡船もあったが今はない。

国鉄で決められていた耐用年数十八年を迎えた船も出始め、これら航路の連絡船全てを順次取り代えて行く時期にも入っていた。

新しい国鉄連絡船がその後次々と姿を現してくるのである。

それにしても何故高価なこれら連絡船が建造されだしたのか。そこには大きな理由があった。

昭和二十九年の青函連絡船洞爺丸事故と、その翌年に追い打ちをかけるように引き起こした宇高連絡船紫雲丸事故の二大海難事故があったからである。

世界航路の夢破れた私にとっては当時のこの国鉄事情は、申し訳ないことながらまさに我が身に幸運をもたらせてくれたとしか言いようがない。それ以後、私の人生の大半は心身ともに国鉄連絡船関係へささげて行くことになった。

この二大船舶事故は戦後十年が経過したばかりの時に起こした事故で、敗戦国日本はまだアメリカ進駐軍の監視下に置かれていた。そんな中、ようやく新旧連絡船の取り換えに進駐軍からＯＫが出たのだった。

洞爺丸事故においては、台風による「不可抗力」要素があり「人為的事故」ではないという流れに沿ったが、紫雲丸事故の場合はそうはいかなかった。最初から「人為的事故」「国鉄のミス」として取り扱われ、国民からは大きな非難を浴びた。

この二つの大事故の責任を取って辞任した十河総裁（新居浜市出身、新幹線の父）に代わって、三井物産代表取締役社長だった石田禮助氏が新しく国鉄総裁に就いた。国会での啖呵《たんか》「国鉄は根本からやり直さなければだめだ！」というまさに古武士然とした一喝が大きく国政を動かし、時代を動かすことになったのである。

陸上部門より海上部門の改革の方を優先させた国鉄は、連絡船の全面取り換えへと大きく舵を切った。当時、世界の三大船舶海難事故と言われた中に日本の国鉄の事故が二つも含まれていたことが慙愧《ざんき》に堪えなかったのである。

その三大事故とは次のものを言う。

一　タイタニック号海難事故

イギリスの超豪華客船タイタニック号（総トン数四万六千トン）は、一九十二年（大正元年）四月十日、イギリスのサザンプトンからアメリカのニューヨークに向けて冬の大西洋を処女航海していた。ところが真夜中の航海中に大きな氷山と衝突すると、船体の右舷側を擦りながら大きく損傷を受けた。当時、船体に使われた外板の鉄は硫過マンガンなど不純物が多く含んだ粗悪なものだったため、氷山など大きな障害物と衝突すると海水の低温も影響して船体のあらゆる箇所に連鎖的に無数のひび割れを生じさせたのである。

このことは事故から七十年あまり経った一九八五年に、三千六百メートルの海底に眠っていたタイタニック号を発見したことから分かった。特に大きな破口は無く、多くのひび割れから流れ込んだ海水が時間と共に船内に大量に溜まり、衝突から二時間二十分後に船体は二つに折れて大西洋に沈んだことが判明した。出港前に、持ち主（船主）から「見栄えが良くないから救命ボートの半分を降ろせ」という指示に従ったことも更に多くの犠牲者を出す結果になった。乗客二二二八人のうち一四九〇人が犠牲になっている。

しかし、海底に横たわるタイタニック号も、金属を捕食する海中のバクテリアによって崩壊寸前の状態になっていたため引き上げることは不可能と結論づけられた。

何年かのちには海底のモクズとなって消え果てることだろう。

二　洞爺丸海難事故

昭和二十九年九月二十六日、洞爺丸（総トン数三千九百トン）は台風接近のため函館出港を見合わせていたが、定時より四十分遅れの十八時三十九分に青森港向け出港した。

出港を見合わせた他の連絡船の乗船客や、終着駅の函館駅に次々に到着してくる列車の旅客も上乗せしていた。

防波堤を出て間もなく、予想外の大波を受けた船長は、航行不能と判断して函館港へ引き返すことにしたが、時すでに遅く、次々と襲う大波を貨車甲板の船尾からすくい上げて、すぐ下の機関室にまで浸水させた。貨車の積み卸しのため船尾は大きく開口した構造になっていたから、船がピッチング（縦揺れ）するたびにスコップで水をすくい上げるかのような作用を起こしたのである。

エンジンルームに浸水した海水は、やがてエンジンも発電機も停止させた。真っ暗闇の中で騒ぎ回る旅客を乗せた洞爺丸は、荒れ狂う海上で浮草のように翻弄され、最後は海底の砂山（大波で出来る漂砂《ひょうさ》現象）に乗り上げて横転した。

船内に閉じ込められた人、波にさらわれた人、その犠牲者は船員を含めて一四三〇人にものぼった。洞爺丸は旅客船だったため特に目立ったが、その陰には貨車だけを運ぶ貨物連絡船の第十一青函丸、北見丸、十勝丸、日高丸等四隻も沈没していた。

七重浜に打ち上げられた犠牲者の阿鼻叫喚の様子は、水上勉の小説「飢餓海峡」を映画化したシーンで如実に再現されている。

船の世界では船長判断による離着岸中止はあっても、部外者から強制された離着岸はあり得ない。事故発生当時は台風による「不可抗力事故」「不運な事故」と言われたが、時間の経過と共にそのニュアンスは次第に変化していった。

出港中止の決断をした船長に対して外部から強い圧力がかかって、船長の意に反して出港を余儀なくされたという流言が飛び交い始めたのである。

青函連絡船・洞爺丸（切り絵）

青森の三沢基地に駐屯していた進駐軍の家族連れが札幌雪まつりの帰路、洞爺丸に乗り合わせてきて、国鉄幹部を通して船長に圧力をかけたとか、はたまた、北海道の各国鉄管理局長クラスが、翌日の東京本社会議に出席しなければならないからと出港を強制したとかなどだった。日本においては残念な事に、船長といえども社内組織上、現場の一幹部に過ぎないという弱さが昔からある。

　敗戦直後という事情もあっただろうが、大体において船舶所有会社の船長は部内組織上、上層部からの圧力に対して無力であることが多い。

　船（国際法）の法律では、いかなる人物であっても、一旦乗船した以上は船長の配下に入り、その指示には絶対に従わなければならないことになっているが、それを勘違いしている輩が今でも結構いるということは実に情けない。外国船においてはまずあり得ない。

　そんな船長も一旦陸に上がれば陸の規律に従わなければならないことは言う迄もない。

　私の船長時代、お国入りする大臣の乗船に遭遇したことがあった。貴賓室で上席にご案内したとき「いやいや、その席は貴方が座る席です」と逆に譲られたことがあった。日本国を背負うにふさわしい実に尊敬すべきお方で、当時はまだ大蔵大臣だったが、のちに総理大臣となった四国出身の大平正芳先生である。

三　紫雲丸海難事故

　事故の風化を防ぎ、次の世代に引き継がれて行くことを願いながら、ここからはより踏み込んだ説明へと進めていきたい。同じ航路、同じ宇高連絡船、同じ船長職を経験した私の自論である。

　国鉄本社に勤務していたとき、地下倉庫に洞爺丸事故と共に紫雲丸事故の詳細な記録が永久保存として眠っているのを知った。（永久保存、三年保存、一年保存の規定あり）

　紫雲丸事故に関しては結果的に国鉄（船長）の運用

ミスとなったからか、事故後、部内に緘口令《かんこうれい》らしき雰囲気があって事故記録を世間に広く公表することが無かった資料である。

昭和六十三年四月に宇高連絡船七十八年の歴史に幕を下ろすことが決定的になったとき、私が知り得た範囲内とはいえ事故経緯だけは後世に残すべきではないかと思い、退職後の平成十二年に「紫雲丸はなぜ沈んだか」と題した一冊の本を出版した。

保存されていた海難審判記録や司法裁判記録、宇高船舶管理部関係資料等に目を通したほか、現地赴任後に得た当時の各新聞記事の報道、事故を経験した船員や遺族の方々からの聞き取り調査などを総まとめにしたもので、最後に私見を述べている。

高松港は春先になると霧が多く発生し、平均で年間に二〇～三〇日にも及ぶ。温暖で多湿の暖気流が太平洋側から四国山脈を越えて瀬戸内海に流れ込むと、海水に冷やされて霧が湧きあがる。瀬戸内海のように島々に囲まれ変化に富んだ海域だと、霧が発生しやすい場所とそうでない場所に分けられる。霧が発生しにくい場所であっても、そのうち移流してきた霧に覆われてしまう。特に宇高航路付近の海域においては、朝から発生した霧は、太陽で空気が温められる昼前ごろまではなかなか晴れてくれないことが多い。ひどい時は発生から一〇時間以上も続いたこともあって、乗船した旅客に大変な迷惑をかけている。

その霧の中で紫雲丸と第三宇高丸が衝突した。

紫雲丸は昭和二十二年に建造され、鷲羽丸、眉山丸と同型姉妹船で、総トン数一五七四トン・全長七十二メートル・旅客定員一六八一名のタービン船だった。船内には初めてサロン室を設け、天井には蛍光灯を飾るなど時代の先端をいく豪華客船として華々しくデビュウした。紫雲丸に衝突して行った第三宇高丸は、昭和二十八年に建造、総トン数一二七三トン、全長七十三メートルのディーゼル機関の貨物船だった。

宇高連絡船・紫雲丸（切り絵）

昭和三十年五月十一日、その日も朝か

ら濃い霧が立ち込めていた。紫雲丸は車両十九両、乗客七八一名、乗組員六六名、その他一〇人（郵便局員等）の計八六〇名を搭載して第八便として六時四〇分に高松港を定時に出港した。沖に出ると機関を百八十三回転、速力十・八マイル（時速二〇キロ）に制定した。

乗客の中には四校の小中学校の修学旅行生三四九名も乗船していて、十五分後の衝突によって、その内の一〇〇名の生徒と八名の先生の計一〇八名の尊い命も瀬戸の海に散ることになる。一般旅客や船員も含めると総犠牲者は一六八名にのぼった。

学校ごとに分けると、広島県・木江南小が九七名中二二名、島根県松江市・川津小が五八名中二一名、愛媛県・庄内小が七七名中二九名、そして高知県南海中一一七名中二八名である。

何故この事故で子供達の犠牲が多かったのか。それには次のような要因があった。

その一、泳げない子供達が多く、特に女子生徒に多かったこと。

その二、家族へのお土産を取りに最下層の三等船室に引き返したため、浸水や船体傾斜によって外へ出られなくなったこと。（当時はまだどの家庭も経済的にゆとりが無く、旅費は親戚中から借りて工面したことを幼な子達は知っていた。お土産は家族への「宝物」だった）

その三、救命胴衣が完全に装着されず、ほどけた紐などが船体構造物に絡み付いて浮きあがれなくなったこと。

一般船室の出入口は浮き上がった畳でふさがれ、それを死に物狂いで取り除こうとしたのか畳表には爪で掻きむしったような跡が何本もの筋をなしていたという。何しろ、衝突して沈没するまでがわずか五分という実に常識では考えられない早さだったことが、数多くの犠牲者を出したといえる。

船舶同士が衝突した時に両船が離れてしまうと、大きく切り裂かれた破口（この時は縦四・五〇メートル、幅約三・二〇メートルの破口）から海水がドッと奔入する。横転を防ぐためにロープなどで船同士をつなぎとめることが基本になっていて、第三宇高丸の船長はそれを知っていたはずだが、残念な事に押し方が強すぎたため、固定する前に反対側に横転させてしまった。

　船が沈没する時は、その渦に巻き込まれないために早く船から離れなければならない。しかし、沈没した海域あたりの水深は約十五〜二十メートルほどに過ぎなく、紫雲丸の船幅十三メートルから考えるとその船影はうっすらと海面下に見えたことだろう。空中写真をみると手摺《てすり》らしきものがかすかに写っているのが見える。水深の深い大海原《おおうなばら》だと鳴門海峡で出来るような大きな渦が生じて人も物も吸い込まれてしまうが、例え水深が浅かったとしても、船が大きいだけに可能な限り早く船から離れた方が賢明である。

宇高連絡船・第三宇高丸（切り絵）

　第三宇高丸の船員たちも、紫雲丸の乗客を自船に乗り移らせたり、船から多くのロープを海面に垂らして浮遊者達を引き上げたりしている。

　ただ残念な事に、何人かのモラルの欠ける大人達もいて、子供や婦女子を踏み台にして第三宇高丸に移乗したということが、助かった子供達の泣きの証言で分かった。こういったことも子供達の犠牲を多くした要因となっている。

　一方、引率して来た先生たちの働きには目を見張るものがあった。生徒が家族へのお土産を取りに戻ろうとした時に、最下層の三等船室まで一緒に行ったばかりに犠牲になった先生、生徒達への救命胴衣装着に懸命になったばかりに逃げ遅れた先生もいた。職責を果たしながら亡くなった先生方には胸打たれるものがある。先生としての当然の義務だと片付けることは酷《こく》だろう。人道的精神の表れがそこに垣間みられる。モラル欠如の大人達とは逆に、船内で泣き叫ぶ子供達の手をとって一緒に避難した大人や、苦しそうに泳ぐ幼子たちに流木や漂流物を引き寄せて捕まらせた立派な大人達も大勢いたことにホッと気持ちが救われる。

　それにしても「瀬戸の女王」とまで言われた豪華客船の大きな紫雲丸が何故沈んだのか。

衝突して開《あ》いた穴からの浸水があったと言えばそれまでだが、衝突に至るまでの経緯が問題である。

　表に出ていない陰の部分があったに違いないと私は感じた。

ここから核心らしきことに触れて行きたい。

船に関係した法律は数多くあるが、その中の一つ「**海上衝突予防法**」に触れながら説明を進めよう。この法律は国際法で、世界中全ての国々にも適用されている。

車の運転は国によって異なるが、船の場合は国に関係なく右側通行である。船同士のすれ違い方が国によって異なれば事故が多発する恐れがある。船用語ではこの航法を「左舷対左舷の航法」と言っていて、他船とすれ違う時は相手船の左舷側を見ながら航過せよと言うことを意味している。つまり右側通行である。

宇高連絡船同士も当然その航法を遵守していたが、残念ながら女木島沖においては高松港の地形の関係から右舷対右舷（左側通行）になることもあったのである。宇野からの下りの連絡船が高松港に入港するとき、直角近く右に大きく変針したのち港口へと向首させることになるが、これには大きな危険を伴う。潮流が大きいとき船は横方向（東方向又は西方向）に流されて保針は困難を極める。船長としては可能な限り港口から離れた沖合から距離をとって入りたくなる。航走距離が長いほど船の流され具合がよく分かり、補正（保針）もしやすくなるからである。法律を順守して左舷対左舷で航過すれば、入港船は出港船より港口近くに位置するため、港口手前にして右に大きく舵を切らなければならない。一歩間違うと岸壁に激突する。そのことから、法律に反した航法ではあったが、入港船は女木島に近付き、出港船は逆にその南側を走って右舷対右舷にすることを船長たちは望んでいた。（右図でいえば二船の進行方向をそれぞれ逆にした状態）

出港船としては港口を出てすぐに左転しても、その

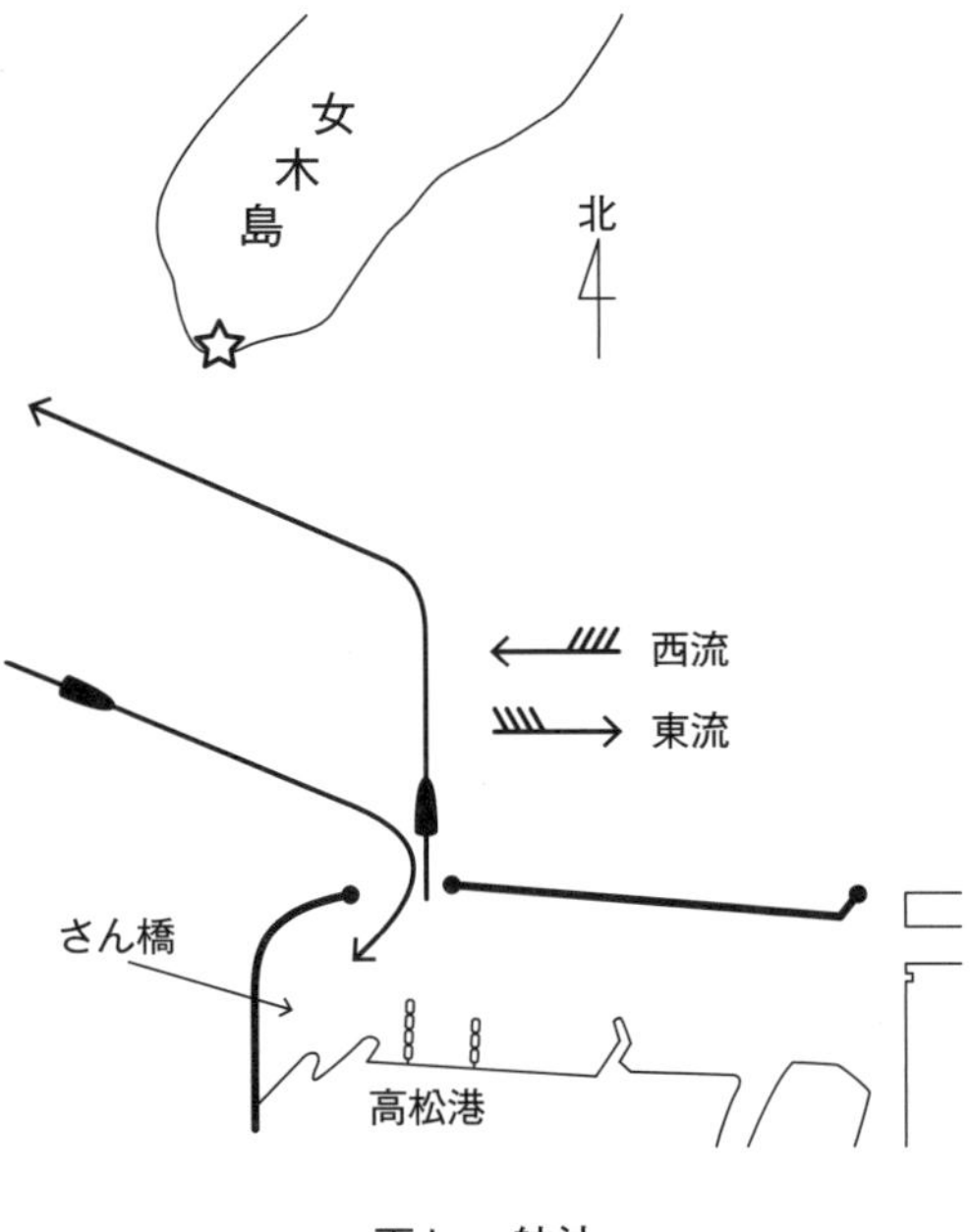

正しい航法

前方は海が拡がっているだけだから危険性は無い。そして入港船は距離をもって入港することが出来ることになる。正しい航法ではないから大っぴらに規定化するわけにも行かず、半ば慣習化された違法航法となっていた。

当時の「宇高連絡船船長会の申し合わせ事項」の第一項に「高松港と女木島間との航法について」が提示されていて、法に反する「右舷対右舷で航過する場合は、真向かいの状態から速やかに脱するようお互いに早めに操船すること」とある。真向かいとは、一直線上に二船が互いに向き合う状態をいう。

さきほど記述したように、この日は霧が深くて視界が悪いのだから、違反航法とはいえ互いに早めに大きく舵を左に切ってさえしておけば、相手船（第三宇高丸）もその動きがレーダーによって判別でき、事故は起こらなかったであろう。至近距離になってからの小さい変針では、相手船にはその動きの判別は出来ない。それよりも早めに無線電話を活用して互いの意思疎通《そつう》をはかっていても事故は防げたはずである。視界良好のときは無線電話に頼らなくても視認だけで相手船の態勢が判別出来るが、この時の視界は最悪の状態で相手船は肉眼では視えなかった。

船長を補佐する航海士が一度は第三宇高丸に向かって無線電話をしかけたが、ちょうど自船の鳴らす大きな霧中信号の吹鳴音と重なって明確な交信が出来ないまま終わっている。霧中信号が鳴り終わって、その合間を縫って再度無線電話をし直そうとしたとき、レーダーを注視していた（紫雲丸）船長が両船の関係状態に疑問を持ったのか「あれ！おかしい」と奇声を発し、間髪をおかず相手船が巨大な怪物のように目の前に姿を現した。

「霧中信号」についてだが、視界制限状態時のときは霧中信号の吹鳴が義務付けられていて、行脚《ゆきあし》（対水速力）があるときは二分を超えない間隔で長音（四～六秒の長さの汽笛）一回を、そして速力の無いときは同じく長音を二回吹鳴することになっている。付近に居るかもしれない他船に対して「私の船はここに居るから注意して航行して下さい」と知らせるのである。（船には種類やその時の状態によって様々な汽笛が定められている）

「視界制限状態における航法」での汽笛の吹鳴は遵守されていたが、不運な事にその汽笛が無線電話使用の邪魔をしたことになったのである。

互いの意思疎通がないまま、第三宇高丸の船長は視界が悪いときだからこそ法律を順守して右転すべきだとし、紫雲丸船長は何故か法律に反した左転をしたのである。

ここにこの事故の最大の原因があった。

のちに「謎の左転」と言われることになるが、死人に口無しで最後までその謎が明白になることはなかった。私が探求したかったのはこのところであった。

紫雲丸船長がその法律を知らなかったはずがない。その証拠に、法律に反するからという引け目からか、二～三度ずつの細かい左転動作を恐る恐る繰り返している。そのうち相手船の船長はこの左への変針をレーダーで察知してくれると思ったのであろうが、この繰り返しの小刻みな変針では察知は難しい。ここに事故への大きな落とし穴があったしか考えられないのである。

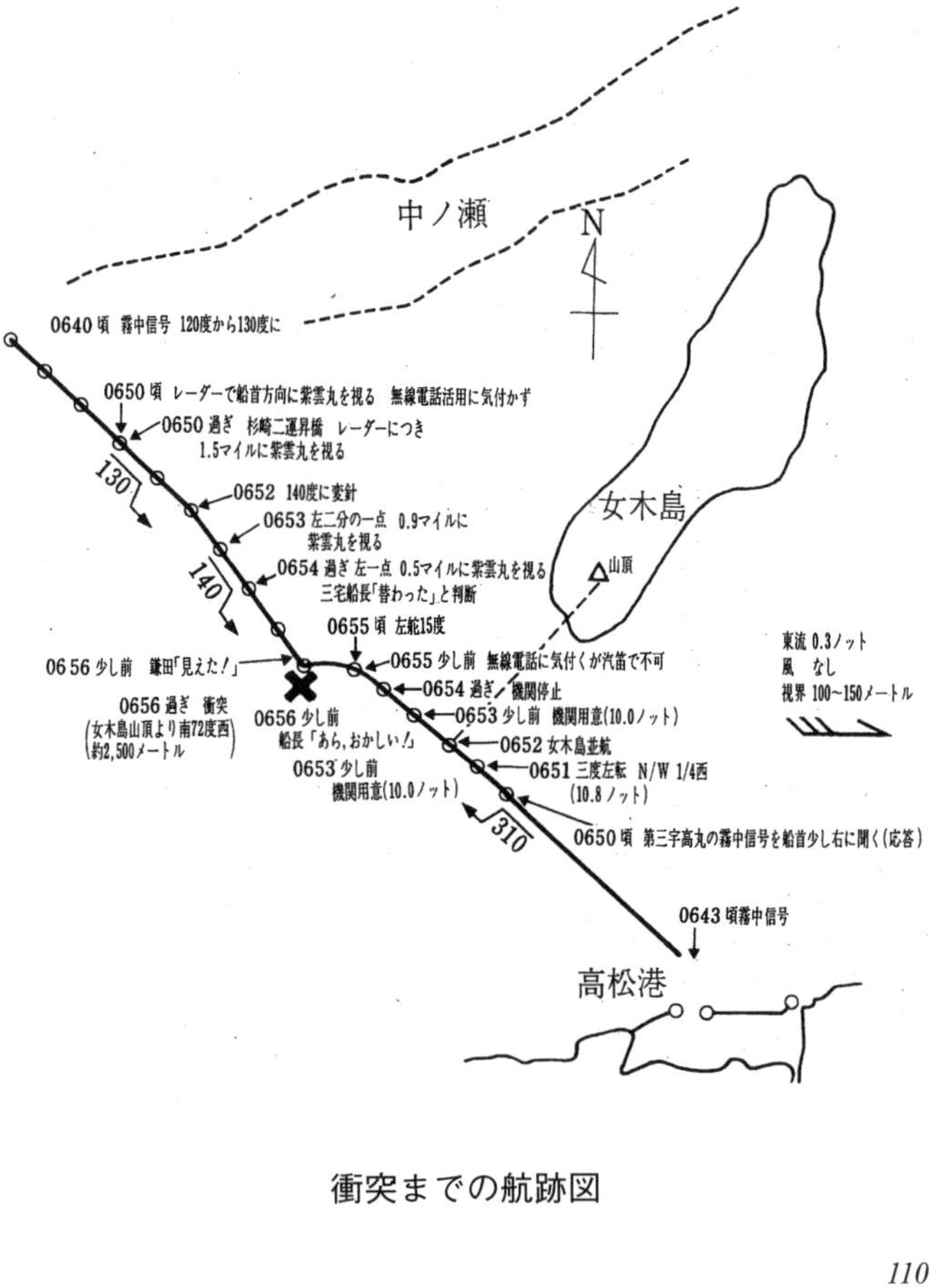

衝突までの航跡図

その時の船長の心情を推し測ってみるのに、一瞬、船長は無意識のうちに船長という公的立場から遊離して一己の生身《なまみ》の人間の思考に帰ってしまい、相手に道を譲るという性格の優しさが出てしまったのではないだろうか。低俗な判断に過ぎないと失笑されるかもしれないが、私は外国航路・国内航路を問わず全ての船舶に通用する最高ランクの船長免状も持っているし、経験の積み重ねもある。船の世界でも人間である限り、ふとしたことで心が弛緩する瞬間はあると確信している。

難しい法律や規則の世界から瞬間的に離れることは、心優しい温厚な船長ならば尚更であろう。

「船長たるもの常に沈着冷静にして大胆な操船をすべし」と昔、ある先輩船長から教示された事があったが、私はその教訓を意識的に常に頭に秘めて職務を果たしてきた。波を受けただけでも船と言うものは二～三度の変針はする。紫雲丸船長は法に反しているとはいえ左転する以上は、もっと「余裕ある時期」に相手船に分かるよう大きな変針をすべきだったのだ。

余裕ある時期についての距離的定めは特に無いが、視界良好ならば2マイル（三・七キロ）以上、視界が悪い時は少なくともその倍の四～五マイル以上と考えるべきだろう。しかし、特に、相手船が自船の正横より前方近くにいることが分かっているときは、絶対に左転してはならない。

紫雲丸船長は優しく相手に道を譲り、第三宇高丸船長は法律を順守すべしと、それぞれの思惑を持ったまま、どんどん危険な地獄への道を突き進んで行った。

余談ごとだが、昔「法律は破るためにあるものだ」と豪語した上司がいて耳を疑ったことがあったが、それでは世の中の秩序が保たれないだろう。紫雲丸船長の法律違反はそれとは意味合いが異なっていて情状酌量の余地はあると思う。そして互いに相手船を目の前に見たときはすでに遅く、両船とも臨機応変の処置すら取れないまま過大速力のまま衝突に至った。

霧中での「安全な速力」とは、相手船を確認した時点で衝突に至らず無事に停止出来る速力のことをいうが、衝突に至ったということは、どんなに低速であったとしてもそれは過大速力に他ならない。両船とも途中で一度、速力を時速一〇カイリ前後に落としているようだが、これは落としたうちに入らない。衝突直前にあわてて機関を減速、停止、行進（バック）にかけても、船は重量が大きいから慣性の力が働いて車のようにすぐに停止はしてくれない。

時速六十キロで走っている車がブレーキをかけた時は約四十メートルで止まるだろうが、長さが七十二メートルの紫雲丸の場合、全速力で走っているときに

（プロペラを逆転させて）後進一杯にかけても四百メートル以上は走ってしまう。積荷の重さに比例して最短停止距離も大きく変化するもので、例えば二百メートル以上の巨大タンカーが速力十六ノット（時速三〇キロ）で走っているときに後進一杯にかけても停止する迄に十五分もかかり、走行距離は四キロメートル以上にもなるのである。（出光タンカーKK資料）

では、素人でも無いプロの船長が何故そのような危険な過大速力で走ったのか。

それは国鉄連絡船が背負うべくして背負った船車接続という大きな使命に縛られていたということである。

つまり、駅を発着する列車と接読する連絡船ということで、言うなれば連絡船としての一つの大きな「宿命」とも言えるものであった。宇野・高松間の航海時間が定められれば、当然ながらどの船長も頭の中はその負担で一杯になる。

船の中には三本の線路が敷かれ、紫雲丸は旅客以外に十五両の貨車も積み込める構造になっていた。列車への接続が客船で五分以上、貨物船で十分以上の遅れを生じさせると、遅延理由を書いて報告書を管理局に提出しなければならなかった。これは勤務成績に影響されるもので無いとは言われたが、船長にとってはそうはいかない。心理的負担は否が応でも肩に大きくのしかかった。

一分でも取り戻そうとしてエンジンをフルに稼働したり、遅延の報告書を提出した覚えは私にもある。内部規定で「もっとも安全な方法で・・・」と（形式的）に定められても、それは机上の決まりごとすぎなく、船長にとっては精神的に大きな「圧力」となっていたのである。

海難審判の裁決では「両船とも減速してレーダープロッティングをすることも無く、無線電話も活用せず、相手船の動きを憶断して、過大速力のまま間違った方向に転針したことによる業務上の過失」と結論付けられた。

レーダープロッティングとは、レーダー画面（スコープ）上に写る相手船の位置（光の点）を二〜三分おきにしるし、それらを結んだ線で相手船の速力と進路を推し測る方法である。（現在はボタン一つで簡単に判る）

神戸海難審判庁（第一審）から控訴されて東京高等

海難審判庁（第二審）にまで及んだが、昭和三十五年にようやく結審された。紫雲丸船長は死亡していたため、第三宇高丸船長のみ二・五カ月の業務停止になっている。

このあと、延々と司法の刑事裁判、そして民事裁判へと続き、最後に国鉄部内処分が言い渡されて全てが終わったときには実に事故から八年以上も経過していた。

さて、次に移るが、青函連絡船船長も紫雲丸船長も船と共に命を落としている。何故なのか？

一九八二年の「羽田沖日航機墜落事故」の機長や二〇一四年の韓国「セウォル号沈没事故」の船長のように逃げようと思えば逃げることも出来たはずである（逃げるという表現しか出来ない）。そこには船では死ななければならなかった法律があって、それに縛られたのである。

「**船員法**」の第十二条に「船長は、自己の指揮する船舶に急迫した危険があるときは、人命の救助並びに船舶及び積荷の救助に必要な手段を尽くし、旅客、海員、その他船内にある者を去らせた後でなければ、自己の指揮する船舶を去ってはならない」と規定されていた。解りやすく言うと、船内に旅客や船員が一人でも残っていることが分かったときは、船長はその船から退船してはならないというものである。

紫雲丸の場合、沈没するまでがわずか五分という短い時間だったため、逃げ遅れた旅客がまだ船内に大勢残っていたことは確認する迄もなく船長には解っていた。従って船から離れるわけにはいかなかった、ということになる。たとえ退船したとしても、事故後延々と続く海難審判や司法裁判、民事裁判を考えると「あの時に死んでおく方が良かった」と、生き残ったことを悔いるときが必ず来ることも分かっていただろう。

「**海難審判法**」を立法化した目的は「海難の原因を明らかにし、以てその発生の防止に寄与すること」となっている。そのためには、その船の指揮者であり最高の責任者でもある船長の口から直接、事故に至った経緯など真実の証言を得るためにも生存していて欲しいと言うのが本音の筈《はず》だ。こういったことからこの事故後、この法律の改正の必要性に迫られ、国をはじめ海陸有識者達によって喧々諤々《けんけんがくがく》の議論がなされた。

その結果、事故から十五年も経た昭和四十五年七月にようやく改正に至った。紫雲丸事故における全ての海難審判・司法裁判・民事裁判・国鉄部内処理が終わるまでに八年もの歳月がかかったうえ、更にそれに上乗せして七年も経過したあとの改正だった。

改正文は「・・・必要な手段をつくさなければならない」で切って、後半の「旅客、海員、その他船内にある者を去らせたのちでなければ、自己の指揮する船舶を去ってはならない」が削除されただけだった。条文の半分だけを削除するのに何故十五年もの年月が必要だったのだろうか。疑問を抱かざるを得ない。事故処理関係が全て終わるまで改正に手をつけるわけにいかなかったのだろうか?

それはともかく、改正された条文によると船長は旅客、積荷の救助に全力を尽くし、それ以上船内に残っていては自分の命も危くなると思ったときは退船しても構わない、と解釈できる。

しかし通常、旅客の命、積荷の安全等すべての責任を任された船長が、そんな軽はずみな行動がとれるはずがない。

私には大きな事故の経験もなく明言出来ないが、船長職を拝命したその日に家族への遺言をしたためて日記帳の裏に張り付けてはいた。船が引き揚げられた時に見つけてくれるだろうと思ったからだった。それが表に出なかった事は本当に幸運だったとしか言いようがない。

さて、はからずもここまで筆を進めてきた本日（令和二年十一月十九日）、夕闇せまる坂出沖の与島付近で小型船の沈没事故が発生したというニュースが飛び込んできた。

修学旅行の小学生五二人を含め六二人が乗船していた海上タクシーが沈没したという。とっさに紫雲丸事故が頭をよぎった。

翌日の報道によると、三つの偶然が功を奏し、一人の犠牲者も出なかったとのことでひとまず安堵した。三つの偶然とは、漁船が近くに居たこと、季節外れの暖かさだったこと、十日前に学校で消防署による訓練を実施していたことなどである。

まさに第二の紫雲事故になる寸前だった。

船長は「生徒たちを喜ばせるために思いついて初めて進入した海域だった」と言っているようだが、事はそれでは済まされないだろう。自船の運動性能の習得、海上保安庁から出されている海図（チャート）や潮汐表などの事前調査、そして現地に赴いての航路計画作成など手落ちなくしていたのだろうか。瀬戸内海の潮高は干満の差が三メートル以上にもなるときがあり、干潮時に見えていた岩も満潮時になると水面下に隠れてしまう「暗礁や暗岸」がどの海域でも多数存在する。それらを海図で綿密に調査しておかなければならない。

私もJR四国の観光船讃岐丸で与島付近には何回も航《い》ったことがあるが、備讃瀬戸北航路や南航路、下津井航路のように指定された航路での橋下をくぐっても、それ以外の橋下をくぐることはしなかった。瀬戸大橋架橋工事で水面下にどんな岩が放置されているかも分からないし、チャートを見ても不安の要素で一杯だったからである。

総トン数三千トン以上もある讃岐丸は、その大きさの割に喫水（水面下）は三メートルほどしか無く、無理をすれば航行出来ないこともなかったが、これも論語に言う「君子危うきに近寄らず」でいつも遠回りをしたものだった。

またこの事故で、もうひとつ気になったのは、乗船定員だった。

新聞記事では「海上タクシー」（小型船の部類）とあったが、タクシーと名がつくからには乗船可能定員は少ないと思われるが、六二人もの人を乗船させることが本当に出来たのだろうか？六年生の子供達だったというから二個一《にこいち》（二人で大人一人分）換算をしても乗船者数は大人の三六人分となる。それでも多すぎるように思われる。

関係官庁に申請して「臨時航行許可証」はとっていたのだろうか？この許可証を取るには救命胴衣を揃えることは勿論、救命設備、電気設備、居住設備などすべてに亘って関係官庁の検査を受け、許可が出ないと発行されない。また、現在は救命胴衣の装着は乗船時点からと義務付けられているが、翌日の新聞写真を見るかぎりでは全員装着しているように見えたので問題は無さそうだった。

とにかく、一人の犠牲者もなく無事に終わったことは不幸中の幸いだったとしか言いようがないものの後味の悪い事故ではある（昭和の証言でないが、付記した）。

これから海難審判や司法裁判が始まるだろうが、船長に大きなミスが無かったことを心から祈りたい。

宇高航路が消え去る数カ月前、紫雲丸事故で多くの犠牲者を出した四校だけは、国鉄宇高連絡船の一関係者として慰霊させて頂こうと思い、各学校を献花して回った。

四校とも立派な慰霊碑が建立されていて、毎年五月十一日には慰霊碑の前に全校生徒を集めて、過去のこの悲しい事故に向き合わせているとの事だった。

高松市の西方寺で毎年合同慰霊祭が行なわれてきたが、五十回目を最後に一応の終止符が打たれた。しかしその後も西方寺では境内にある十一面観音菩薩像の前で住職さんによる読経は続けられ、いまだに一〇人を超える年老いた遺族の方々が参列されている。

そのつど私の頭をよぎるのは「あの子はあれだけの命を生きるためにこの世に生まれてきたのです。誰の責任でもありません」という島根県の犠牲女の子の母親の言葉だった。何年も嘆き悲しみ抜いたあげく、最後にたどり着いた悟りの境地だったのではないだろうか。

瀬戸大橋が出来て宇高連絡船が消えた年が、ちょうど三十三回忌に当たっていたことも何か底知れぬ因縁を感じる。

紫雲丸は事故後改造されて、宇高連絡船「瀬戸丸」としてしばらく活躍したが、最後は広島県の小さな島にあるドック会社で、上部のハウスが取り去られた憐れな姿の浮き桟橋（船台）となって老残の身をさらした。「死の運」（紫雲）をもって生まれた紫雲丸は平成五年にスクラップとなって、その悲運の生涯を閉じている。

そのドック会社から船で一時間もしない所に、多くの修学旅行生の犠牲者を出した木之江小学校があり、その海のかなた四国壬生川の地に庄内小学校がある。もしかすると、事故で亡くなった子供たちが紫雲丸を呼び寄せたのかも知れない・・・

（切り絵は著者作）

萩原幹生（はぎはら・みきお）
一九三八年（昭和十三年）大阪市東住吉区生まれ。岡山県備前市三石へ疎開。和気閑谷高校、神戸商船大学（現神戸大学）卒業。国鉄入社。青函連絡船、本社船舶局、宇高連絡船、ＪＲ四国本社。退職後、日本船舶職員養成協会、海技専門大学校教官等を歴任。海事補佐人、現切り絵作家。主な著書『宇高連絡船78年の歩み』（成山堂）、『紫雲丸はなぜ沈んだか』（成山堂）、『讃岐丸物語』（成山堂）、『四国八十八ヶ所霊場めぐり切り絵集』（成山堂）、『青函連絡船きり絵集』（ホテルシップヴィクトリア）、『宇高連絡船きり絵集』（ＪＲ四国）、『ケアハウス春秋―ひぐらしの記』（ワーク・アイ）。その他多数。

夢を追う

西岡　幹夫

指定病院で卒後実地修練

医学部を卒業すると、当時はインターン生として一年間実地修練し、その上で、医師国家試験を受けて医師となる。この実地修練はあちこちの大学病院や指定総合病院で行われる。私は実家から通勤可能な、また、山口県立医学専門学校（山口医専）の先輩達が医長クラスとして活躍していた徳山中央病院（徳中）を選んだ。山口医専の数少ない関連病院の一つであった。当時、関連病院にも学閥があり、山口大学など新設大学には極めて少なかった。

この病院がインターン生を採用したのは、昭和三十五年（一九六〇）の我々が最初で、私と同級の光市出身の守友雅彦君、広島大学卒の清水凡三君の三名であった。

インターン生活が始まってみると、通勤には往復三時間以上かかり、夜間にも、結構仕事があり、無理だとわかる。医師当直室の隣の部屋が空いており、ここに寄宿し、約一年間、お世話になる。当直の生々しい実態がわかる。医師たちが時々、マージャンをして、夜中まで私の部屋にも響くが、そのうちに慣れた。

病院での臨床実習は内科、外科、産婦人科が各二か月、他の科は二週間だったと思う。院長や各科の医長の回診にお供し、いろいろな病気を学ぶ。

特に興味を持ったのは、当時の花形であった心電図による診断、新しい診療科の整形外科、柳田先生に教わった虫垂炎手術の術式「たばこ縫合」などである。高校の先輩、佐藤慶寛先生は内科診察と病理関係の仕事をされ、囲碁が三段ぐらいで強い。昼間から先生の部屋にお邪魔し対戦した。また、ご自宅にもしばしば伺い、ご馳走になる。何かとお世話になり、今なお、ご家族との交流は続いている。

病院の行事にも、職員の一員として参加する。良く覚えているのは、近隣の三大病院が秋に開催する軟式テニス大会である。私が良い成績を残して、徳中が優勝し、やや堅物の坂本院長（前列中央でトロフィーを持つ、右端は私、写真1）にも喜ばれた。

インターン時代には、永末　和先輩（一期生）が全

写真１　徳山中央病院時代、テニスを終えて

体的な指導をされ、いろいろお世話になる。後に聞くところによると、我々は学生気分が抜けきらず、社会人としての自覚が十分でなく、いろいろ苦労されたらしい。そして、徳中におけるインターン生の研修受け入れは、この一年で最後となり、その後しばらく中止されたと聞く。

月日は早く経過し、昭和三十六年となり、医師国家試験の勉強も十分しないまま、博多に出かけて、その試験を受けた。

内科学専攻、母校の大学院へ

父が「学問は最高学府まで」と言うので、昭和三十六年四月、山口県立医科大学の大学院に進学する。その大学院は開設されたばかりで、私はその四期生であった。学生時代に興味を持った肝臓の研究を医化学（生化学）教室で行うことも十分考えたが、肝臓病の患者が多く、その研究も可能ということで、第一内科教室を選んだ。同級生の西村秀男君も同じ教室に進学した。

当時の教室は、教授の名前が付けられ、第一内科は水田内科と呼ばれた。後になって判るのだが、水田信夫教授は「我が国の肝臓学のはしり」といわれていた京都学派、松尾内科の助教授をされ、昭和二十二年、山口医専の教授となられ、研究は肝機能促進性物質の開発、肝腎相関などをされていた。

教室は教授、助教授、講師と数名の助手、若干の副手、大学院生は各学年におり、我々も合わせて八名、さらに他の病院に出向中のかなりの数の医員で構成されていた。副手は無給の助手である。

入局すると、早速、我々の歓迎会が宇部市一、二の料亭で開催された。上座の水田教授の両側にわれわれ新入局者が座る。三十数名前後の宴会だったと思う。教授の挨拶がすむと、六、七名の芸者さんがしずしずと宴会場に入り、皆にお酌する。宴たけなわになり、先輩もお酒を注いでくれるので、つい調子に乗り、教授の頭を触ったりしてはしゃぐ。翌日、医局長に呼び出され、「教授に失礼だった」と説教された。

外来診療では、我々は患者の病状を聞き取る（予診）のが仕事である。そして、カルテに記載して、それを教授に提出し、診察室に入り、教授の診察を見学する。教授は中央の大きな机の前にどっしりと腰掛け、前方に数名の助手が座り、古手の助手はシュライバーといい、教授の診察をカルテに記入するなど、補佐する。我々も学生も同じだが、始終立ったままで対応する。教授は予診の終わった患者について、我々に質問し、看護婦長の補助のもとに診察する。教授は直接患者に問診することは無く、必要に応じて、シュライバーが患者と対応し、さらに、診療所見を事細かくそのカルテに記載する。

病棟では、教授回診が毎週月曜日の午後にあり、婦長を伴い、助教授以下医局員を従え、時間をかけて患者を診て回る。患者は上半身を直ぐ脱げるよう用意をして、可能なら正座して、教授回診を待つ。我々は教授に受け持ちの患者の病状の変化や検査所見を伝える。今後の治療方針や予後等についても質問される。いろいろと教えを乞う。私は脾臓の触診方法について、手を取って教えていただく。当時は、肝臓病の診断は主として触診によりなされ、水田教授は「腹部の触診がうまく、指に目が付いている」と言われていた。

入院患者の受持ちは新入医局員も他の医局員と同じように、順番で次々廻ってくる。胃腸疾患や黄疸を訴える肝疾患が多かった。

最初に受持った患者さんは特に印象深く、今も顔も覚えている。胃潰瘍と診断され入院した男性、教員生活を退職したばかりという。毎日、病棟に行き、回診したものだ。その患者さんが退院され、その四、五か月後のことであるが、ばったり街で出会う。お互い再会を喜び、暫く立ち話をする。患者さんは「先生は日曜日も回診に来るので、外出が出来なかった」と言う。

急性白血病の十歳前の男の子のことも良く覚えている。抗がん剤の効果もなく、次第に衰弱し、しばしば回診するが、掛ける言葉もない。ある日、本人が苦しそうな息遣いの中、私に「先生、ありがとう」という。付き添いの母親が言わせたのであろう。その夜、彼は息を引きとった。

大学院生も教室の主な診断技術を暫く習う。消化器病を主とする第一内科では消化管検査のためにバリウムによる胃透視検査が行われる。修得にはかなり日時を要した。

その頃、我が国では胃カメラ（内視鏡）が開発され、急に注目され、中村克衛講師が癌センターから胃カメラ検査を導入していた。しかし、直径約一センチの管を飲む患者さんの苦痛は大きかった。その後、像が直接見えて、生検可能なファイバースコープの時代となり、この分野は急速に進歩した。

丁度、胃カメラ検査による集団検診が始められ、入局一年目の私も手伝う。近隣の市に二、三日、泊りがけで出かけることもある。あれやこれやで、半年間ぐらい、私は中村先生達の消化管グループの仕事を手伝う。

中村先生の自宅は、宇部市の隣の小野田市にあるが、皆で良くお邪魔したものだ。手入れの行き届いた松が印象に残っている。大きな庄屋屋敷で、あがり框も広く、廊下の先にある便所は一坪以上もある畳敷きで、その中央に男性用の便器があり、隣には同じく畳敷きのしゃがむ便器もあるらしい。広い庭で我々は相撲を取る。又、裏庭で豚を丸焼きにして、皆で食べたり、いろいろとご迷惑をかけた。先生には飲み屋は勿論、東京の学会にお供し、多々ご指導いただく。先生は今なおご健在である。

大学院生は毎週一回、他の病院に出かけて、アルバイトをする。その収入で何とか生活できた。私のアルバイト先は下関市にある精神病院で、内科的訴えのある院内の患者さんを男性の看護人と共に病棟を回診して、診察する。初めはかなり緊張したが、そのうち慣れてきた。病院への出張には、汽車を何度も乗り継ぐので片道二時間近くかかり、不便で、その内、中古の日産のブルーバードをなけなしの金で買う。当時、自家用車は未だ普及しておらず、水田内科の教室員で乗用車を持っているのは二名だけだった。

研究事始め

入局後半年が過ぎた頃から、水田実講師（教授の長男、京都大学卒）から肝機能促進物質に関する研究を、一緒に入局した西村君と手伝う。私は犬を、西村君はウサギを使う。犬の腹壁に胆のう婁を作成し、薬剤を静脈注射し、胆汁を採取し、それを調べる。犬は吠える、動き廻る。胆汁臭も独特である。研究は大変だと思いながら、試行錯誤して三か月ぐらい続けた。

得られた実験結果は全く自信が持てなかったが、水田先生に提出し、その後は実験を中止した。

水田先生は、その直後、アメリカに留学された。西村君の実験はどんどん進み、やや焦ったが、私は囲碁にうつつを抜かし、碁会所にしげしげ通い、その後、囲碁二段の免状を受理した。夜の街を飲み歩き、結構楽しい時代であった。

私の研究は大学院二年終了時においても進展しておらず、医局長の伊藤穆講師が心配され、水田教授とも相談の上、奥田邦雄助教授（後に千葉大学教授）の指導を受けることになる。先生は二回目のアメリカ留学から帰国されたばかりであった。学生時代にも、奥田先生の講義は受けたが、英語交じりにビタミンの講義をされ、冬には赤いマフラーを巻き、アメリカかぶれの先生と思っていた。

奥田先生からの実験テーマはやはり「胆汁逆流の機序」に関するもので、ウサギに放射性同位元素を標識した各種物質を用いて、胆汁中への排泄を調べる。当時、放射性同位元素を用いる実験はまだ珍しかった。

先生の指導が始まると、「実験ノートを毎日詳細に記録する、成果はグラフでまとめる、その日の天候もつける、」ことを要求される。時には、私の実験ノートを点検され、なかなか厳しかった。

また、先生はご自分のプロトコール通りに実験を進めないと、機嫌が悪い。ある時、先生は「ウサギの総胆管に標識液二十ミリリットルを一気に注射器で逆流さす」と指示される。私は自然に逆流する圧（胆汁分泌圧と名付けた）を測り、それより一～二センチ高い圧で標識液を注入する。その私の自慢の胆汁逆流装置を見て、先生はこの装置をウサギから外され、その必要はないと眉間にしわを入れて怒られる。しかし、それまでの実験結果にはある程度の成績が得られており、この方法で実験を終了した。なお、当時は「胆汁分泌圧」と言う言葉は無く、その後、この言葉が使われ初めた。

厳しい奥田先生のご自宅に先生の研究補助員と食事に招待されたこともある。六十年ぐらい前の話だが、チーズなど貴重品だったし、また、人参，胡瓜、大根まで立て切りにして、それぞれグラスに立ててあり、その先に塩をまぶして食べる。また、まだ珍しいバーボンやマティーニを振舞われ、優しい先生でもあった。珍しいディナーにアメリカの生活にも憧れる。

学位のための実験は三、四か月で終了し皆を驚かせた。そして、奥田先生に当てつけて、まず、英文で論文を書く。その頃、奥田先生は久留米に就任されていたので、そこまで出かけて、私は英語論文を添削していただく。先生の添削は、実に要点を衝き、簡明でわかり易く、恐れ入った。私は、いつの間にか、先生を尊敬するようになる。

学位論文は「胆汁逆流機序」について、日本語で書いた。実験結果をすべて論文に纏めようとして、予想以上に時間がかかる。論文は奥田教授の校閲を受けて、専門学術誌に掲載された。昭和四十年三月に学位を得て、山口大学の大学院を修了した。

写真２　恩師奥田先生を囲んで

奥田先生は平成二年、米国肝臓学会の最高功労賞を受けられ、祝賀会が宇部市で開かれた。その前夜、恩師奥田先生（写真2、左から二番目）を囲んで、先生に指導を受けた中村講師、林昭雄先生、私の四名で会食した。この上ない楽しい一夜であった。林先生には、駆け出しの頃から大変親身にしていただき、「成層圏を突破せよ」と叱咤激励され続けた。

症例から学ぶ

昭和三十五、六年のことだが、患者が入院すると、診断がより確実になるまで、一週間程度、時には薬剤もやめて経過を観察する。自然経過や薬剤等の作用を観察するためである。肝疾患の治療は食後しばらくの間、右側を下にして安静にし、高蛋白食による食事療法が主で、さらには教授の専門の強肝剤、デヒドロコール酸などが投与される。急性肝炎は直ぐ治癒するが、症例によっては退院できない患者もいる。私は「なぜ慢性化するのか」と漠然と考えていた。肝炎ウイルスの発見前の話である。「慢性肝炎」という病名はまだ無かったように思う。

その当時、教室では抄読会が毎週一回開かれ、教室員は順番で英語のジャーナルを約二、三十分間かけて紹介する。教室員が少ないので、三、四か月もすると順番が回る。従って自分の番が終わると、直ぐ図書館に出かけ、次の発表の用意をする。

その頃、図書館で新着のジャーナルを見ていると、新しい視点から「肝障害」について解説する論文に出会う。著者はIan R. Mackayで、「肝臓の持続的破壊」について、私が言う「慢性化の問題」が説かれていた。彼は、その後、これらの症例を活動性慢性肝炎と名付け、その原因としてウイルスの持続感染、細菌内毒素、血管障害などを考えるものの、主たるものとして自己免疫現象（自分の組織に対する免疫反応）を取り上げる。

さらに、私は本論文に引用されたF.M. Burnetの論文に興味を持つ。Burnetがノーベル賞を受賞した新しい免疫理論を紹介したもので、この中で、自己免疫病とは自己組織と反応するリンパ球クローンが突然変異で起こり、このクローンが急激に増殖し、自己組織と免疫反応を起こすという。私はこのクローンによる持続的な肝細胞障害、つまり慢性化を考え、心躍りした。

私は満を持して、次の抄読会で時間をかけてこの論文を紹介した。その評価は今ひとつであった。奥田先生は、免疫学には興味がないらしく、難しい論文を読む大学院生がいる、と思われたらしい。私はこれらの論文から、「自己免疫現象」に開眼し、「自己抗原や自己抗体」の研究、また、「自己免疫性肝疾患」の診療から足が抜けなくなる。

少し後のことだが、私は国際学会に積極的に参加し、ドイツで開催されるBasel Liver Week (Falk Symposium) にもしばしば出かけた。ここでは世界の肝臓研究者が百名以上集まり、三日ぐらい泊まり込みで勉強する。半日はバスで観光に出かけ、各国の人々と仲良くなり、有益でもある。Mackay先生とはそこで出会う。そして、先生の言う「ルポイド肝炎」とその馴れ初めの話を伺う。その時のスナップ（写真3、一九九二年）を示すが、中央がMackay、その隣は彼の弟子、Eric Gershwin（カリフォルニア大、ディヴィス）である。

写真3　Dr. MackayとDr. Gershwin

Mackay とはそれ以来長い交流が始まり、多々お世話になる。私たちがハワイで開催した「日米自己免疫肝疾患会議（一九九七－二〇〇〇）」に、前触れなく、オーストラリアから参加され驚いたものだ。議論に参加され、その会議が大変盛り上がったことは言うまでもない。さらに、二十年以上前の話だが、長崎旅行中の Mackay から電話がかかり、私の住む高松を訪ねるという。翌々日は香川医科大学を案内し、有名な塩江温泉で家内共々楽しんだ。

また、Eric は原発性胆汁性肝硬変症研究の世界的リーダーで、高松を含めて何度も来日する。また、われわれの教室の大学院卒業生を彼の研究室にも派遣した。一九九九年、広島で主催した日本消化器関連学会週間、第三回日本肝臓学会大会にも講師として Eric を招待した。さらに言えば、この学会の特別講演にLKM抗体の Michael P Manns（ハノーバー大）も招待する。彼も Falk Symposium で出会った友の一人である。

京都大学へ内地留学

昭和三十九年、水田教授の後任として、京都大学第一内科から藤田輝雄先生が第二代目教授として赴任される。その頃、山口県立医科大学は山口大学に移管した。

藤田教授はやはり肝臓病が専門で、私は機会を見て、「肝疾患の慢性化に対する免疫学的アプローチ」という私の夢を話す。念願がかない、大学院を修了後に、蛍光抗体法の権威、浜島義博助教授（後の京都大学名誉教授）のもとに、内地留学することとなる。都会は車の運転が荒いと聞き、新車のブルーバードを購入し、後輩の関谷一雄君が同行してくれて、京都に向かう。なお、先生はハーバード大に留学し、蛍光抗体法の創始者 Coons A.H. の指導を受けて、少し前に帰国されたと聞く

京大ではまず、藤田先生の母教室第一内科教室を訪ね、高月清先生（後に熊本大学内科教授）に連れられ、浜島先生の教室に行く。驚いたことに、病理学教室は豪華な一戸建ての建物で、先生の研究室は玄関から入って左側に二、三部屋あった。別室に、Carl Zeiss 社の蛍光顕微鏡があり、その部屋には黒いカーテンがかけられている。蛋白質などを扱うコールドルームは大きく、驚く。後でわかるのだが、京大では私の母校と異なり、基礎医学の各教室はそれぞれ別の建物にあ

るらしい。

京都では、藤田教授の紹介で、東寺の近くの九条病院に食事付きで住み込み、週に三回、夕方、二〜三時間の外来診察を受け持つ。病院の地下にある調理室で食事したのを、今も覚えている。土曜日も日曜日も京大に出かけたものだ。

浜島研究室には教室員や実験助手以外に出入りする研究者も多く、活気があり、京大からも私とほぼ同じ年齢の研究生が五、六名、その他、医師もいた。また、日本各地から本法を学ぶ人が来ると聞く。

その頃、研究生として陳世沢医師が台湾から来ていた。彼は私より少々若く、すでに約一年間ばかり学び、浜島先生の仕事も手伝っている。私は研究室では彼と一緒に過ごし、見様見真似で、組織の固定方法、切片の作り方、ミクロトームやクレオスタットの使い方、ヘマトキシリン染色法など病理学教室の基礎的技術を学び、その後の実験に役立ったことは言うまでもない。ミクロトームのメスは自分のものを使うということで、大枚の金を払って買う。

ある時、浜島先生は「水は〝研究室の血液〟である」と大声で言われる。緩衝液を始めとして、実験に使う水はすべて蒸留水やイオン交換樹脂を通したものである。これらは何時も五十リットルのボトルにあり、また、どこでも手に入るように、各部屋にそのビニールチューブが設置してあり、これには驚いた。

蛍光抗体法を学ぶ

教室で約一ヶ月を過ぎるころ、陳君とアルブミンの抗体を作ることになる。長崎大学皮膚科から高橋勇君が蛍光抗体法を学びに来ており、一緒に実験を始める。六月に入り、鳥取大病理学教室から森久博司、三浦晴典君がやはり、京大に内地留学する。皆で思い思いに技術を学び、研究室で過ごす。浜島研究室の昼間は、他大学からの研究者ばかりが実験をするという状態だった。京大の教室から時々出入りする人々は、最近は二、三か月前と随分雰囲気が変わったという。我々が勝手にふるまい、器械、器具、試薬などの置き場所も変わり、教室の女性実験助手でさえ、それを我々に訊ねないとわからない状態だった。大物の浜島先生は無頓着だったが。

三か月が過ぎた頃、藤田教授から母教室に帰るように連絡がある。浜島研究室には六ヶ月間の予定で出張

写真４　浜島研究室の友と

していたが、教授の命令となれば仕方がない。研究室の手技はいろいろ見学したので、後は自分次第だと考え、浜島先生の承諾を得て帰校することにした。

七月に入り、女性研究補助員が写真を撮るというので、玄関に出ると、浜島先生をはじめ、研究者の面々、並びに、技官、もちろん陳先生や高橋君ら見える。私は前列の中央に導かれ、右側の恩師浜島先生、左側の女性研究補助員に囲まれて、皆さんと一緒に写真おさまる（写真４）

そして、七月中旬には、山口大学に帰り、その後は宇部から浜島研究室に月に一、二回、夜行列車で通い、日曜日に残した実験を行う。先に免疫した家兎血清はその特異性と抗体価を確認し、その血清からγ－グロブリンを分離し、蛍光色素を加えて標識して蛍光色素標識抗体を作成した。

宇部逓信診療所へ、そして大学へ

七月中旬、山口大学医学部に副手として在籍し、日本電信電話公社の宇部逓信診療所の所長として勤務することになる。

その職場には医師は私一人で、他に看護師二名、薬剤師一名、レントゲン技師一名、保健婦一名、事務長一名、事務員一名の計八名がいた。外来待合室、外来診察室、レントゲン室、事務室などなど、今もよく覚えている。若干二十九歳、初めての職場であったが、一年六ヶ月間、無事に楽しく勤め上げる。

私の主な仕事は午前中、外来患者を診察する。主に、電電公社の職員で、軽症の患者さんが多い。「疲れた、飲み過ぎた」など言って、ビタミン剤と二〇％ブドウ糖の静脈注射に来る人が多くいた。なお、その診療所は山口大学医学部の近くで、午後は大学に帰り、研究できた。

春季と秋季には、山口県東部地域を胸部Ｘ線用のレントゲン車で回り、各地の電電公社職員の健康診断を行う。これは重要な仕事の一つであった。その行先では歓迎され、夜はご馳走になり、楽しい出張であった。

総勢八名で、社員旅行と称する一泊旅行も楽しかった。広島の宮島にも出かけたが、皆それぞれ職場とは違う雰囲気があり、より親しくなる。事務長は太っ腹な人物で、退職も近い年齢ながら、何事も親身に応援してくれ、有難かった。診療所勤務時代には皆と流行り始めたボーリングにも夢中になった。

大学には、可能な限り通う。その頃、黄疸が持続する中年女性が入院し、抗肝抗体陽性で、Mackay の言う自己免疫現象を持つ症例として注目した。本症例は原発性胆汁性肝硬変症として、藤田教授が専門誌に報告された。私は慢性肝障害と抗肝抗体との関連に注目し、ラットモデル実験を始める。肝毒素を筋肉注射すると、肝抗原が数時間後に血中に認められ、その後、その自己抗体が陽性となる。早速、英論文にまとめた。浜島研究室で学んだ手技を用いた初めての研究であるが、このラットには慢性肝障害は観察されず、さらなる検討が求められた。

逓信診療所での仕事も、また、大学での研究も順調にゆき、約一年半過ぎた頃、昭和四十一年年末に大学に帰ることになった。

大学院生と研究に没頭

復学すると、助手（助教）となり、外来、病棟の患者を受持ち、教授が使っていた研究室（第四研究室）が与えられ、大学院生の研究を指導する。

最初の院生は四級下の後輩、宮里薫君と井端孝義君で、宮里君は既に、京都大学に内地留学し、免疫グロブリンの測定法などについて学んでいた。肝疾患について、これら因子を解析し、その慢性化マーカーとして意義を明らかにする。井端君は私が注目している新しい自己抗体、リボゾーム抗体について研究し、まとめる。そして、両君とも学位を得た。さらに、両君は約二、三年間、私の研究を手伝ってくれて、私の研究は進む。

三年後、沖田極君が我々の仲間になり、胎児蛋白、α－フェトプロテイン（ＡＦＰ）の研究をする。当時、原発性肝細胞癌（肝癌）の早期診断は至難の業だった。しかし、一九六七年頃、ソビエトの研究者が肝癌の血清中にＡＦＰが存在すること、さらに、その早期診断としての意義がロシア、フランス、英米で相次いで報告された。これらの報告を藤田教授が見逃すわけがない。われわれの教室の免疫学的手技を用いると、この研究は十分可能であった。

その翌年にはＡＦＰ研究の興味を持つ岡本佳千君やＡu抗原（C型肝炎ウイルス）の研究をする児玉隆浩君も加わり、我々の研究室は六名と賑やかになり、抄読会なども開催する。その後、重田幸二郎君、早川幹夫君の二名も学位論文を取得した。

沖田君は研究成果を直ぐ論文にまとめる。そして、ＤＡＢ肝癌ラットについても研究し、これら成果を持って米国留学した。さらに、母校に帰って研究を重ねて、母教室の第四代目の第一内科学教授となった。

私もまた、肝癌におけるＡＦＰの局在、つまり産生場所を調べ、それをアメリカの癌の専門誌に投稿する。直ぐに返事が来た。肝癌に関しては、ロシアで一年前に発表している、しかし、ヒト胎児肝におけるＡＦＰの局在に関する報告は最初であると、評価された。この点を書き直し、Cancer Research（一九七二）に受理され嬉しかった。外国の専門誌に論文を掲載することは、やはり難しいが、関連の論文を五編書く。論文は評価され、外国からその請求が二日おきに約十通ずつ来て、手紙を受け取る学生課を驚かせた。これら論文請求の手紙はどんどん溜まり、外国への論文郵送費に事欠く。丁度、ＡＦＰ研究の助成金が入り、教授から郵送費等を支援して頂く。なお、世界の著名な肝臓学者からも論文請求の手紙が来て、これらは今も大切に保存している。そして、前がん病変のマーカーとしての胎児蛋白、腫瘍抗原、自己抗原、組織抗原などに興味を持つ。

ＡＦＰの研究は我が国においては、北大生化学教室が一番早く、次いで、九大、神戸大、われわれの山大，国立がんセンターなどがほぼ同じ時期にＡＦＰ抗体を作成するなどして、肝癌を中心に研究を始めていたように思う。

ワシントン大学に留学

その頃、研究は楽しいが、深めるために新しい技術が欲しかった。私は最近の外国論文の中から、注目されつつある腫瘍免疫を研究している教授を五、六名選び、「リンパ球と腫瘍抗原、自己抗原、胎児蛋白の研究」をしたいと手紙を書く。当時、学位を受理した若い研究者は研究をさらに進めるために米国などへの留学を希望した。留学先は教授からの指示もあるし、また、自分から手紙を書いて行先を探す。

意外に早くアメリカシアトルにあるワシントン大学、微生物学教室の Ingegerd Hellström 教授から返事がある。リンパ球機能を測定する手技を開発した研究者であった。

私は留学についてはまだ藤田教授の許可を得ておらず、先方に返事をためらっていた。しばらくすると、faculty（教官）として給料も支払う、と再度手紙がきた。藤田教授は退職の一年前で、私は先生の肝臓業績をまとめる立場にいた。しかし、思い切って、教授と相談し、許可を得て文部教官のままアメリカに留学することになる。

話は少し飛ぶが、「最近の若い研究者は欧米に留学することに、昔のわれわれの時代ほど、積極的でないらしい」と聞く。是非、研究者は若い時代に、外国に出かけて、他流試合をして学んでほしいと思う。

昭和四十八年七月、家内と二歳になったばかりの長男を連れて、宇部空港を教室関連の人に見送られて出発した。恩師の藤田教授、解剖学の粟屋教授まで来ていただき、恐縮したものだ。

シアトル空港には Hellström 教室の私の前任者、速水正憲さん（後に京都大学ウイルス研究所教授）が出迎えてくれる。彼は一週間後には帰国され、研究室のことのみならず住居のことなどいろいろお世話になった。また、彼が残した日常品などを頂き、さらに、彼の中古の大型車　ピュイックを一、二〇〇ドルで譲り受け、二年後には私がその半値で同僚に譲った。このような習慣は留学生間では日常に行われていた。

大学はワシントン州がまだ準州だった頃創立された（一八六一年）古い大学で、ワシントン湖に面した丘陵にあり、春には桜があちこちに咲き誇り、レンガ建てのいろんな学部が立ち並ぶ。大学の敷地の外に学生街が続いている。その頃は、シアトルマリナーズは創立されていなかった。

教授の夫、Karl Erik Hellström は同じ教室の病理学の教授、私より十歳ぐらい年上、長身、秀才タイプで、理智的で親分肌の夫人とはやや対照的であった。夫妻とも有名なカロリンスカ研究所で学んだスエーデン人で、アメリカに招聘された若手の研究者である。週刊誌 Time（March 19. 1993）に彼らの研究が注目され、顔写真入りで、ノーベル賞候補などとも評価されていた。なお、写真5は教授の自宅に、日本からの

写真５　ヘレストレーム教授夫妻の自宅にて

来訪者と共に招待されたときのスナップで、二人のお子さんも見える。

　教室は教授夫妻の他、faculty 二名と研究補助員七、八名、その他、医学部や他の病院からの研究生がいた。後に気が付くが、夫の方は自分の部屋で何時もタイプライターを打ち、秘書に聞くと、実験の企画をして、学術誌や科研費の原稿を書いている、という。夫人の方は実験を担当し、研究補助員を指導し、研究室を動き回る。夫婦は朝七時に一緒に出勤し、午後五時に帰宅する。やはり、秘書が言うには、帰宅後は自宅で楽しむらしい。

　私は速水さんがいた研究室を使い、ビル君（実験補助員、理学部の大学院に行く予定）も、暫くは同じ部屋で、速水さんの研究を続けるという。私は細胞培養の経験がなく、ビルに細胞培養の手技、リンパ球の細胞障害性試験などを教わる。彼は沖縄に駐留軍人として、滞在したことがあると言い、その後、家族ぐるみで付き合う。ビル夫婦の三歳の女の子は私の長男とも仲良くし、我が家にも時に遊びに来る。日本料理をご馳走すると喜ぶ。ビルは酒が強く、日本酒二、三合を一気に飲み、一升瓶が直ぐ空になる。日本人とは桁が違うなと思う。なお、Uwajimaya（宇和島屋）という日本食品を売る店がダウンタウンにあり、日本酒は購入できた。

　シアトルでは郊外の丘の上にある住宅地で、一戸建てに住む。隣やお向かいなど近所には一人暮らしの老齢の女性たちが多い。家内はお茶に誘われ、長男は可愛がられ、動物園にも時々、連れて行ってもらう。私は安心して、約二十分かけて、大学に通う。クリスマス、イースター、誕生日、感謝祭などいろいろな祭日には長男におもちゃなどたくさんのプレゼントを頂く。シアトルの人たちは面倒見が良く、皆親切だというのが私の感想である。

　研究室に慣れると、教授夫妻と研究の話し合いが始まる。英会話には自信がなく、心配していたが、彼らスヱーデン人の英語はわかり易く、安心した。彼らは今までの私の肝臓研究に興味を持ち、さらに、どんな研究がしたいか、と聞く。そして、「いろんな化学発癌剤に誘発された癌の細胞膜特異抗原と免疫応答」に関する研究と決まる。加えて、先ずは、「肝臓部分切除後のリンパ球の機能」について検討することになる。

早速、マウス肝切除の研究に取り掛かる。驚いたことに、研究室に連続して動物の部屋が並び、ここにはアニマルドクターがいて、実験を手伝ってくれる。マウスの肝切除の話をすると、一、二週後にはその切除マウスの提供が可能という。必要なら、そのマウスの採血のみならず、臓器も用意するという。日本ではこれらの仕事はすべた実験担当者が行うので、この点は能率的で、アメリカの優れた点だと考える。そして、この実験は四、五か月後には終了し、その後、「肝切除後リンパ球の癌細胞障害性」として、専門誌のNature に報告した。

シアトルではいろんなことに出くわしたが、アメリカでの最初のクリスマス　イヴの不思議な出来事ほど感動したことはない。その午後六時頃、私は薄暗い道を急いで帰宅中、車が故障する。外は小雨が降っており、助けを求めて手を挙げていると、やっと一台が止まる。そして、中年の男性が私の話を聞き、彼の車からロープを出して、私の故障車を自宅に運ぶという。私は住所を教えて、三キロ前後だったか、彼の指示に従う。自宅に着き、乾いたタオルを彼に渡すと、ぬれた背広を拭う。急ぐ会があるからと、直ぐに自分の車に乗る。黒い背広を着て、盛装していたように見えたので、教会に行くのでないかと思う。お礼がしたいと引き留めるが、ただ、「ジィーゼス　クライストに感謝を」と一言、言い残して、その場を去る。私はただ、深くお辞儀し、そして、大きく手を振って、車を見送るしかなかった。

初めての正月が過ぎて暫くした頃、家内が妊娠し、大学病院に連れてゆく。産婦人科で待っていると、隣に座っていた婦人が声をかけてくる。われわれが小さい子を連れており、出産などは大変だろうといい、ボランティアを紹介するという。自宅の電話番号を知らせておく。二、三日して、Ruth Bachtel という人から電話あり、その二日後に自宅に来るという。それ以来、その中年の親切で活発な女性（公認会計士）は夜七時過ぎ、週一回、ときには二回、我々に英会話を教えに来る。そればかりか、シアトルの彼方此方に連れて行ってくれる。二歳半の長男をかわいがり、誕生日にはプレゼントをもらうし、イースター、ハロウィーン、サンクスギヴィングデイなどにも招待され、ご馳走になった。クリスマスには見事な七面鳥の丸焼きを大きな電動ナイフで切り分けるのにも驚く。残った肉は一週間ばかりかけて食べるそうだ。

アメリカに五、六か月も滞在すると日常会話はどうにかなるが、毎週ある抄読会や、セミナーも不消化に終わる。当地に居る日本人から、大学の学生がボランティアで行う Experimental College があり、non-native speakers に英語を教えるクラスがあると聞き、早速、参加する。週二回、午後六時三十分から二時間、二十名ぐらいの若者と共に英語を習う。日本人のための English phonetics のクラスもあり、これにも通う。半年ぐらいは通うが、少しは進歩しただろうか。なお、このワシントン大学の Experimental College のクラスは教育、写真、芸術、ダンス、スポーツ、ヨガ、空手などに関する詳細なクラスが三百以上あるらしい。その参加費は三か月で二ドルから七ドル程度だったと思う。

研究室には日本からの訪問者も多い。中には短期間滞在し、私の実験を見学する人、また、教授の許可を得て、実験手技を二、三か月滞在して習う人もいた。その時は、お互いさまで、私も親切に対応したものだ。

また、ある時、ラフォイヤ研究所からＩｇＥの発見者が来ているといわれ、Hellström 教授らと共に、昼食をとった。石坂公成先生夫妻で、穏和な先生と共同研究者の奥様の明るい会話が思い出される。後に、文化勲章を受章された。

ワシントン大学には医学部や他の学部に日本からかなり来ており、教授、講師クラスとして長期滞在する人もいた。時々麻雀に誘われたりした。誘われて、カナダ、サンフランシスコ、ロサンゼルスにも、時には、大きなキャンピングカーをレンタルしてあちこち出かけた。一九七四年、シアトルに次ぐワシントン州第二の都市スポケーンにおいてＥｘｐｏ 一九七四が開催され、天野先生（広大、解剖学）ら四家族と出かけた。日本の製品が堂々と紹介されていて、頼もしく思ったものだ。

カナダのバンクーバーは近いので、サーモン釣りに出かける。船で沖に出て釣るのだが、慣れないと釣れない。時には直径二十センチぐらいの大きなウニが良く引っかかる。その一つを自宅で恐る恐る食べてみたが、結構食べられた。なお、バンクーバーの草木は大きい。蕗の茎は直径二、三センチ以上あり、丈は一メートルを遥かに超える。これらは食べる気がしない。

松茸狩りも面白かった。市内から一時間も運転すると、その山に着く。握りこぶしの様な傘に短い茎がついた白色の茸があちこちにある。持って帰り、焼いて食べてみると、松茸の味がし、結構うまい。この松茸を日本の家族に郵便で送る人がいると聞く。その後、日本に帰り、何時だったか、スーパーマーケットでその様な松茸がカナダ産として販売されており、懐かしく、眺めたものだ。

シアトルで一年を過ぎた頃、長女が生まれた。話には聞いていてはいたが、妊婦は陣痛が強くなるまで、入院出来ず、二度も追い返された。出産の三日目は退院である。いろいろ心配していたが、ルースさんや日本の友達の奥さんのお陰で、何とか産後も切り抜けた。長女の名前は尊敬している教授の名前、カール　エリックからエの字を貰い、絵美子とした。

「光陰矢の如し」、月日の経つのは早い。二年間以上アメリカに滞在することは山口大学の規則上無理らしい。研究は各種化学発癌剤で誘発されたラット腫瘍における腫瘍特異抗原とその免疫応答について解析し、一区切りついた。しかし、その免疫応答をその当時注目されたリンパ球のサブセットの面からも解析するため、これらは引き続き帰国して研究することにし、近交系のラット、各種培養癌細胞などを空輸して貰う。

昭和五十年（一九七五）八月、ルースさんには最後までお世話になり、帰国の際にも、彼女の車でシアトル空港まで送って頂く。その十六年後、カナダの学会に出張した際、長男、長女と三人でシアトルへ寄ってルースさんと再会した。子供の成長に、ケン、エミーと目を細められた。当時、一緒に訪れたタコマ富士と呼ばれるマウントレニーアに出かけ、昔のようにピクニック気分を昔と同じように、味わった。ルースさんとは前世からのよほど深い「縁」があったに違いない。

追記

大学での研究生活、アメリカでの留学時代のことについて、一気に書き上げた。研究に没頭し、夢を追っかけた年月だったといえよう。帰国後、大学に勤務し、その後、下関国立病院を経て、再び復学した。一九八二年には香川県高松市に移住し、新設香川医科大学の内科学教室（現消化器科・神経内科教室）の創設に関与する。二〇〇一年に退官し、肝臓病の診療に関わり、高松大学並びにＮＨＫ文化センターに非常勤講師を勤め、現在に至る。

主な文献

1　西岡幹夫：遠き記憶『昭和わたしの証言Ⅰ』平成二十一年　美巧社

2　西岡幹夫：戦後の復興期を中学、高校で学ぶ『昭和わたしの証言Ⅱ』平成二十二年　美巧社

3　西岡幹夫：新制大学の教養課程『昭和わたしの証言Ⅲ』平成二十四年　美巧社

4　西岡幹夫：医学部へ、屈託なく学び、そして遊ぶ『昭和わたしの証言Ⅳ』平成二十五年　美巧社

西岡幹夫（にしおか・みきお）

一九三六年（昭和十一年）、山口県出身。山口県立医科大学（現山口大学医学部）大学院修了、山口大学助教授、香川医科大学教授、愛媛労災病院院長、高松大学生涯学習教育センター講師などを経て、現在、岡村一心堂病院顧問、ＮＨＫ文化センター高松講師、香川医科大学（現、香川大学）名誉教授。

私の昭和

沖田　極

はじめに

西岡幹夫先生は、私が一年間のインターンを終え昭和四十三年四月にとび込んだ山口大学医学部内科学第一講座第四研究室の室長であり、以後、私の兄貴分として公私にわたってご指導を受けてきた。その先生から既刊の「昭和わたしの証言」一冊の献本と、新たに発刊する同名本に寄稿するようにとのご下命があった。今と違い徒弟制度はびこる医学の世界に身を置いたものとしては勿論〝御意〟以外の返事はない。与えられた紙幅は四百字詰原稿用紙三十枚以上とかなりなものであるが、冗長にならないように心がけながら私小説風に綴ってみたい。

誕生から高等学校卒業まで

私は太平洋戦争開戦直前の昭和十六年八月十四日生まれであり、昭和を六十四年の途中までとすれば、おおざっぱに言って四十七年間だけ昭和の時代を過ごしたことになる。私は父、沖田猛と母、キヨ子の間に生まれた三人兄弟（姉、兄、私）の次男として生を受けた。

父も母も広島県の山間部の出身であり、父は三菱財閥の創始者である岩崎弥太郎の支援を受けて武蔵工業専門学校（東工大の前身）に学び、卒業後は必然的に三菱傘下の企業である三菱鉱業に入社している。勤務地は長崎県佐世保市から船で一時間半ほどの島（崎戸）にある三菱崎戸炭鉱で、電気技師として働いた。ご存じのように佐世保は日本海軍鎮守府の置かれた軍港であり、大東亜戦争が激しくなればなるほど軍船用の石炭増産は比例することでもあり、お蔭で（？）父は召集されることなく終戦を迎えた。戦時中のことは殆ど覚えていないが、軍港佐世保はほぼ毎日〝敵機来襲〟を受け、島からも焼夷弾で明るくなった佐世保方面の夜空や終戦直後に佐世保に残った軍艦が米軍軍艦に捕獲曳航されるのを、島の高台から多くの島民で見送ったことなど断片的であるが記憶に残っている。

最近、長崎県五島沖で多くの爆破処理された沈められた旧日本海軍の軍艦が発見されたが、恐らくは私が見た軍艦の末路なのだろう。父は電気技師として三菱長崎造船所にも出かけていたそうであるが、長崎に原爆が投下された日にはたまたま帰島していたとかで被爆を免れたと聞かされたことがある。父は石炭増産で応召を免れたが、兵隊としてお国に尽くせなかったことがある種のトラウマになったのか、天皇陛下のお言葉がラジオで流される時は、父の命令一下家族全員がラジオの前に正座して拝聴するのが決まりだった。

母の里は広島県高田郡吉田町（現在は安芸高田市吉田町）でご存じ〝毛利元就〟の出生地である。旧姓は中山と言い、コメ農家であった。山口市に雪舟が作庭した室町期のお庭が遺されているが、そこに隣接する常栄寺に毛利元就の居城である郡山城時代の古い地図が現存しており、その中に母の里の〝中山城〟（城と言っても砦的なものか）という地名を見た時は興奮した。この地とは別の意味でも因縁があるが、それは後に述べよう。

私は島の昭和幼稚園から昭和二十四年四月、崎戸町立崎戸小学校に入学したが、一年生の二学期に、三菱鉱業が佐賀県小城郡北多久町に新たに炭鉱を開発するために転勤を命ぜられ一家で転居した。転校して一番驚いたことは、先生やクラスの仲間の言葉が全く通じないことで、授業中に先生が何を言っているのかサッパリ分からず、教室の中を聞き回るので通知表には〝お子様には授業中に散歩されるので困る〟と言うコメントがあった。母親も同じ日にあっており家中で妙に納得したように思う。巷間よく言われる〝佐賀んもんの歩いたあとにはぺんぺん草も生えん〟とは言いえて妙である。

幾つかの炭鉱が新たに開発されたお蔭で人口も増え、町から市へと昇格し、町立小学校から市立北多久小学校を経て同名の中学校を卒業し、校区内にある佐賀県立小城高等学校に入学した。高校は佐賀鍋島藩の支藩があった城内にあり、ほとんどの男子学生は破れ学帽に高下駄というバンカラスタイルで通学し、汽車通学も女子学生は先頭車両、男子学生は最後尾車両と徹底していた。クラスの構成は全くの成績順で、私も何とかトップのクラスに入ることが出来た。高等学校の三年間は英

語クラブに所属し学園祭では英語劇を披露したり、学生自治会の幹部として走り回ったり、カントとかヘーゲルとか哲学書を読んだり、と楽しくもほろ苦い青春の三年間だった。

医学部入学から

佐賀の田舎ののんびりした生活が一転したのは、大学受験が契機であった。つまり、田舎での成績評価が全くあてにならないことの認識だった。高等学校入学時には漠然と、得意な英語を生かして将来は外交官の道に進もうと考えていたのが、長崎大学医学部にいた長兄からこっぴどく叱られ、医学部志望に変えざるを得なくなった。現役時はすべての入試に失敗し、博多の英数学館と言う予備校に入学したが、ここで世の中には頭のいい奴が万といることを思い知らされた。

幸いなことに一年の浪人生活で、山口県宇部市にある山口県立医科大学医学科に入ることが出来た。医学部進学課程では米国留学から帰国直後の柴谷篤弘教授の核酸の暗号化と解読という革新的な生物学講義に感動し、医学部では医化学の中村正二郎教授に先生の開発した新しいタンパク分離・同定法を学び感動すると言った具合で有意義な学部生活だった。

因みに、柴谷篤弘先生は京都大学理学部を卒業され某製薬メーカーに勤務された後に、米国で遺伝子における核酸二重らせん構造の発見でノーベル賞を受賞されたワトソン、クリックと時期を同じくして核酸研究を行われた方であり、晩年は「今西錦司批判」（みすず書房）を出版し、学会体制批判の旗手として活躍された。中村正二郎先生も大変ユニークで種々の研究をノーベル賞に値するか、しないかで評価されその講義は独特だった。逆に法医学の教授（名前すら思い出せない）とは徹底的に争った。最初の講義で、教授は煮しめたようなノートを持参し講義をはじめたが全く面白くない。そこで最終講義迄欠席を通したが、最終講義の折に「沖田君は講義に出ていないので受験の資格はありません」とのご託宣だった。そこで、学生には教授の講義を評価する権利がある。従って、受験を拒否することは出来ない。受験させて法医学の知識がレベルに達していればよいのではと正論（?）を述べた。教授はしぶしぶ了承し、試験には合格し、留年することもなかった。

大学は宇部という宇部興産の城下町にあり、そこには学生には似合わない通称〝真面目川（正式には真締川）〟のほとりにあった。学生課から大学近くの賄付きの新築下宿を紹介され、根っからの物ぐさ故に十九歳から二十八歳で結婚するまで住み続けた。同じ下宿に「汗の研究」で有名な久野寧先生のご子息がおられ、先生もまた生理学の研究者であったが、ある時「沖田君、僕は今からアメリカに行きますから」と言われ下宿を出て行かれる後ろ姿に大学の奥の深さを感じた。因みに先生は二度と宇部には戻ってこられなかった。

大学は教授の殆どが京都大学出身者であり、陰では「京都大学の植民地」大学と揶揄されていた。独立心の強い私としては、自分の将来像を考え、今でいうキャリア・デザインを真剣に考えた。結論としては植民地大学を抜け出すことで、その為に卒業後は可能な限り速やかに米国に留学することだった。その意味で、医学部進学課程二年の折に同志を募って英会話クラブ（ＥＳＳ）をクラスで立ち上げた。

幸いなことに、スタンフォード大学出身の謎の米国人、〝ジョンソンさん〟、が宇部に住んでおられ、シカゴ大学留学から帰られたばかりの眼科学永谷忠先生にお願いして顧問となっていただいた。彼は自分のキャリアを喋ることが全くなかったが、東南アジアからインドにかけての生活が長かったことから推測するに恐らくはＣＩＡがらみの人だったのかも知れない。スタンフォード大学でもかなりの力を持っておられたようで十年間ほど、毎年夏に同大の学生四、五人を宇部に派遣し、その中の一人が一年間は滞在し、我々のクラブの指導にあたった。彼らの生活費はスタンフォード大から出ていたが、その理由は今もって分からない。このＥＳＳクラブのメンバーの多くが卒業後米国留学を果たしたり、中には派遣された学生と結婚し米国で医師をしている女子学生もいる。永谷先生自身が脱京都大学の旗手でもあったが、わがＥＳＳクラブメンバーも彼に大いに感化されたように思う。

さて、本来であれば真締川ほとりの大学に通う真面目な学生であるはずであるが、いやいやそんなことは決してなかった。出席確認の点呼では〝七色の声〟を使い分けてパチンコ屋に出かけるクラスメートの救済に、授業が終われば軟式テニス部の練習（因みに西岡幹夫先生は部の先輩）、練習が終わればコート近くの銭湯で汗を流し、同級生の磯部孟生君と有楽街という赤提灯ばかりの安飲み屋街にくりだすというこの年代の学生らしい（？）日々を送った。そのような学生生活が一変したのは学部五年の時だった。

インターン闘争、医師国家試験ボイコット、大学院ボイコット

学部の五年生ともなると流石に甘美な学生生活以上に、医療を巡る社会と言うものを意識するようになる。現在と異なり我々の時代は医学部を卒業し、一年間の完全に無給のインターン生活を終えれば医師国家試験を受験し、合格すれば晴れて医師と言う資格が与えられた。医師になれば大学であれば希望する診療科に入局することになるが、多くの場合は診療と好むと好まざるに関わりなく科長（教授）の指示した所謂研究を行うことになる。昭和四十年頃から実態のないインターン制度に反対する機運が学生に盛り上がり、インターン闘争に発展して、昭和四十二年度に卒業を迎える我々の学年時に頂点に達した。六年時にはプラカードをおったてて市内を行進したりしたが、当時の厚生省を動かすことは出来ず、実力行使として厚生省指導のインターンではなく、学生による自主カリキュラムによるインターンを行うことにした。

さらに、医師国家試験もボイコットし厚生省に対し日本の教育や医療制度の再考を促した。昭和四十四年からインターン制度は廃棄され、医学部卒業と同時に医師国家試験を受験し、合格すれば有給の医師となる現行の制度となった。勿論、大学に残れば医員と言う日給日雇い医師の職名が与えられたが、とても生活ができる給与ではなく、私の場合は新婚時西岡幹夫先生のお世話で島根県境に近い美和町の国保診療所に当直のバイトを頂き、糊口をしのぐことが出来た。西岡先生には改めて感謝申し上げたい。お蔭で形ばかりではあるがインターン制度は廃止され、医師国家試験に合格すれば二年間は研修医として生

活に支障はなくなっているが、大学院制度は旧態依然であり改革出来なかったことが心残りである。

第一内科・内科学第一講座入局

昭和四十三年四月、医師国家試験を受験しないままに第一内科に入局した。入局の理由は、癌の免疫療法に興味を持っており、当時の大学には京都大学から帰学された西岡幹夫先生以外に、免疫学に造詣が深い研究者は皆無であった。入局後間もなくして生涯恩師として慕うことになった藤田輝雄教授に教授室に呼ばれた。教授は叱るでもなく「沖田君、日本では医師でなければ患者は診れないんだよ」と静かに諭され、受験することにした。試験に合格しても自分の信念と矛盾する行動に悩み、医籍登録は更に数ヶ月遅れることになった。このような私の性格故に、医局でも医局改革に乗り出し公平公正な医局制度を求め医局の〝憲法〟を作成したりと、恐らくは鼻持ちならない医局員だったと思う。

確か、昭和四十四、五年頃だったと思うが、藤田教授から肝がんの血清診断に関するロシア語の文献を渡され追試するように命じられた。西岡室長の指導を頂きながら研究を行い、日本で最初の〝α－フェトプロテイン（ＡＦＰ）〟による肝がん診断の論文をまとめることが出来た。当時は肝がんの患者は少なく（急増するのは昭和五十年以降）研究の発展にはモデル研究が必要と思い、ラットの化学発癌で高名なEmmanuel Farber教授に「私を雇えば、あなたの肝発がん仮説の証明のお役に立つ」と言った内容の生意気な手紙を書き一ドル三百二十円当時一万五千ドルのサラリーを頂く癌研究所の研究員としてフィラデルフィアに向かった。勿論、その時はFarber教授の名前は論文で知っただけで、彼がアメリカ癌学会の会長であると知ったのは米国に着いてからだった。

フィラデルフィアの生活

一寸横道にそれるが、私の母親の里が毛利元就の居城、郡山城の所在地である広島県高田郡吉田町であることは既に紹介した通りである。昭和三十六年四月に入学し大学近くに下宿したが、そこの奥さんは大変面倒みの良い方だった。昭和四十四年の秋頃だったと思うが、「沖田さん、いい人がいるんだけど会ってみてよ」と言われ、料理学校で知り合った方を紹介された。下宿の母屋で会い、卒業後まだ二年でとても所帯を持つ程の経済的余裕もないのでお断りするつもりでいた。一時間ほど喋って彼女を自宅まで送って行った。ここからが因縁めいた話への大転換である。自宅には父親がおられ、彼女の母親は交通事故で他界されたこと、彼女の母親は私の母親と同郷であることを知らされた。早速、母親に電話したところ、彼女の母親の里は地域の氏神様を祭る神社であり、神主の父親は教員で尋常小学校で習ったとのこと。先ずは母親が結婚話に前向きとなり、私自身もこの運命的な出会いには逆らえないと決断したしだいだった。

昭和四十七年六月、家内と一歳の長男を連れて嘗てのアメリカ合衆国の首都であるフィラデルフィアに向かった。研究所はモナコ王妃となったグレース・ケリーの生まれたお金持ちの住むジャーマン・タウンに近い危険な区域の一角にあり、守衛からは夜は遅くまで仕事をしないこと、もしも遅くなるようだったら守衛室から見える範囲に車を駐車すること、など指示され治安の悪いアメリカに来たことを実感した。研究に関しては計画書だせば研究費に関してはフリーパスという有難さで、肝発がんに関する自分の仮説を研究するに十分だった。一年目は、兎に角成果を出さねばと土、日なく実験し、また、親しくなった守衛に黙認を頼み自宅にラットを持ち帰って地下で実験したりと本当に充実した一年間であった。お蔭で一年目に三本の論文を発表出来、年末に一ヶ月のバケーション取るように命じられた。

そこで、車で東海岸沿いにニューヨーク、ボストンを経由してカナダに入りノバスコ島を一周することにした。ボストンではロブスターをノバスコ島では有名なキング・サーモンを味わうことも目的だった。島一周を終え国境の街バーモントに戻ってきてもまだ三週間も休暇が残っていることに気づき、教授に戻る許可を願い出たところ「だめ!」と言われバーモント州、ボストン周辺をウロチョロし、気が付けばフィラデルフィア近くまで帰っており、再び教授に帰学の許可を求めたところ「まだ一週間ほどあるが、仕方がない」との返事をもらい、やっとフィラデルフィアに戻ることが出来た。一年目の仕事が認められたにためか二年目はサラリーが倍増し、研究室の室長を任せられポスト・ドク三人の配分を受けた。室長になると研究の進捗に責任を伴うことになり、悩ましい二年目となった。昭和四十九年の一月頃だと記憶しているが、恩師から定年退官が近いこと、学位が欲しければ教授在任中に帰学せよ、とのお手紙を頂戴した。二年目以降は自分で実験するよりは自分のアイデアでポスト・ドクが実験し成果をだすことの責任に疲れており、Farber教授からは、現在のポストに不満がなければ研究を続けるように慰留されたが帰国することを決心し、五編の論文を土産に、また、フィラデルフィアで生まれ、Farber教授がgod-farther（名付親）であるEmma（絵麻）と四歳になった長男を連れて米国を離れた。

帰学

昭和四十九年九月一日に帰学した。早速、医学博士の学位を申請し授与された。昭和五十年三月に恩師は退官されたが、その際に私の将来を危惧されて、次の教授として誰が来るのか分からないが兎に角これで研究を続けるようにと言って預金通帳を渡された。私が研究を続けられたのも恩師のお蔭であり感謝してもしつくせない。恩師は退官後京都の自宅に戻られたが、持病の糖尿病が悪化し亡くなられた。亡くなる数ヶ月前から週末には入院先にお見舞いに行き、その際に研究の進捗状況や先生の研究に対する哲学などいろいろとお話しができた。恩師の退官後は一年以上のブランクを経て、竹本忠良先生が東京女子医大から主任教授として着任された。先生のご専門は消化器内視鏡で、これまでの肝臓疾患をメインとしていた教室の看板を下ろさざるを得なかった。肝臓病グループは仲間が一人、二人と去り、西岡先生は新設の香川医大に転出され寂しくなった。

そんな中で、教授室を尋ね教授に「自分は肝臓病研究を続けたいが、出来ないのであれば退局したい」旨申し上げたところ、「続ければいいじゃないか」と言われ、私の教室での立ち位置が決まった。しかしながら、私の肝臓グループは嘗ての野球チームが出来る人数から数人程度のグループとなり、内視鏡と画像を見れば診断可能な学問を主体とする教授からは「肝臓屋は理屈っぽい」と随分と嫌味を言われたものである。肝臓グループが何とか生き残ったのは松田彰史君（下関市で開業）、安永満君（柳井市にある周東総合病院顧問）の頑張りと、海外から招待される英語が得意ではない教授のサポートに、私が必要だったからと思っている。

その私も昭和五十三年六月に教授から国立下関病院のたった二人の消化器内科の医長として出向を命じられた。そこでは、肝障害の患者全員に選択的肝動脈撮影を施行した。その理由は、当時切除可能な早期の肝がんを診断するには同法が一番感度がよく、治療にも応用可能だったからである。お蔭で多くの早期の肝がんを診断することが出来、国立がんセンターの幕内雅敏部長（東大外科教授で退任）や島根医大の永末直文教授（日本最初の生体肝移植施行）の手を煩わした。昭和五十四年の日本肝臓学会でその成果を発表したところ、司会の金沢大学服部信教授から「君は観血的な手技をありとあらゆる肝障害の患者に応用するのですか？」と質問を受け、生意気にも「そうです、その結果として根治可能な早期肝がんが見つかったのです」と応じた。服部教授は東大では竹本教授と同級生で、且つ東大第三内科の同門であることからこのエピソードが竹本教授に伝わったのか帰学はありえないと思っていたのがなんと十一ヶ月で「講師で戻るように」とのご下命をいただいた。しかしながら、教室の看板が内視鏡を駆使する消化管学に変わったことから研究費の獲得には苦労したが、私のメンターと自負していただいていた新潟大学の市田文弘教授（恩師である藤田輝雄教授と京都大学で同門）の強いサポートもあり、研究成果もあげることが出来た。中でも劇症肝炎に対するグルカゴン－インスリン療法の開発は国際的にも注目を浴び、そのお蔭で海外に多くの友人を作ることが出来た。昭和六十四年（平成元年）、竹本教授の退官後の教授選で私の教授昇任が認められ、ここで私の昭和の証言は終わりと言うことになる。

むすび

現在七十九歳であるが、私の昭和は四十六歳までであり以後三十三年が経過したことになる。思い起こせば、自分の考えにブレずに生きてきたと言いたいが、ひょっとしたら自分のエゴを通して生きてきたと評価されるかも知れない。そんな私が肝臓病学の分野で生き延び、また、平成になって日本肝臓学会理事長と言う大役まで頂戴できたのは藤田輝雄教授、Emmanuel Farber教授、市田文弘教授、服部信教授を始めとして、多くの先達諸氏からの公私に亘るご指導のお蔭である。歳を重ねるごとにその感が大きくなる。与えられた紙幅の中で自分の「昭和史」を書き綴り、自分の生きざまを多少まとめることが出来たように思う。このような機会を頂いた研究室の兄貴分であった西岡幹夫名誉教授には感謝、感謝である。何れ平成、令和の自分史も書き加え自分の生きてきた証として書き残すつもりでいる。

沖田　極（おきた・きわむ）
一九四一年（昭和十六年）、長崎県西彼杵郡崎戸町生まれ。山口県立医科大学（現山口大学医学部）卒業、米国ペンシルバニア州フィラデルフィア市フェルス癌研究所研究員（一九七一年六月～一九七四年八月）。山口大学医学部第一内科帰局、助手、講師を経て一九八九年、山口大学医学部内科学第一講座教授。山口大学医学部付属病院長（一九九〇年十一月～一九九三年三月）を経て社会保険下関厚生病院長（現地域医療機能推進機構下関医療センター：一九九三年四月～二〇〇三年八月）。同院退任後、社会医療法人同仁会周南記念病院名誉院長、阿知須共立病院顧問、宇部興産中央病院非常勤、国立研究開発法人日本医療研究開発機構課題評価委員、山口大学名誉教授。

鍋島灯台からみた讃岐丸
切り絵：萩原幹生（元宇高連絡船船長）

昭和わたしの証言

伊丹　淳一

誕生

昭和十六年九月に生まれたわたしは、戦時中の生活苦についてはうろ覚えの幼児時代に戦後を迎えた。幸い生家は数百年続く現豊中市の旧家で、小作をお願いして米を作り田畑で芋などの栽培をするなど、十分ではなかったにしても比較的恵まれた環境で育った。わたしには姉が三人いて、五人姉弟の長男で弟が一人いる。父は七人姉弟の次男であったが、長男が幼いころに亡くなったため伊丹家を継ぎ、大阪市内で歯科医を開業していた叔父が戦火により、新築家屋と診療所を失って生家である我が家の離れ家に疎開していたこともあって、祖母、両親と我々五人姉弟に加えて、単身だった叔母が身を寄せていたので賑やかな大家族であった。

明治三十八年生まれの父は満百六歳で他界し、明治四十五年生まれの母はその前年に九十九歳で旅立った。祖母も一〇二歳、父の次弟の叔父も一〇〇歳、その他の親族も殆どが米寿以降に亡くなっているので相当長寿の家系である。四人目の長男として生まれたわたしは、戦時中「Ｂ29だ！」という叫び声と共に姉に手を引かれて裏庭の防空壕に逃げ込んだ記憶が何度かある。当時三歳にして木枠で組んだ防空壕より、家の中の方が安全ではないのかと疑問を持った程その防空壕はちゃちな作りであった。母には二人弟がいて上の弟は戦地から帰らぬ人となったが、海軍所属だった下の弟は何度も危ない目に遭ったものの幸いにして生還し、九十二歳で人生を全うして旅立った。一方、父方の兄弟は父も含めてそれぞれの理由で戦地に出向いておらず終戦を迎えている。

小学校から大学卒業まで

昭和二十三年に地元の豊南小学校に入学した当時は、ランドセルに教科書を入れて登校する生徒が殆どおらず、風呂敷に包んで提げてくる者、紙袋に入れて抱えてくる者が多かった。運動靴も然りで下駄や草履の生徒は珍しくなく、穴が空いた運動靴を履いていた生徒もいる時代だった。教室には机が無く畳の部屋で正座して、ランドセルの上に教科書を置いての授業だったが、ランドセルのない生徒が殆どであったためミカン箱のようなものが使われていたものの、全員に行き渡る数が無いため直に畳の上に教科書を置いての授業だった。

授業らしい授業は少なく、イナゴ取りや校外活動が多かった印象がある。また、校庭に並ばされて頭から殺虫剤のＤＤＴをかけられた思い出は、この時代を過ごした人はみんな経験していることであり、授業中の態度が悪いなど、先生の気に入らないことがあるとゴツンと頭を叩かれるのは日常茶飯事で、宿題をしてこなかったら水の入ったバケツを両手に持たされ廊下に立たされるなど、当時は毎日の様に見かける光景であった。

戦後の混乱期にあって、地元から市議会議員を出さないと市の予算が回ってこないとの事由もあり、大阪府庁に勤務していた父は、地元の有志に担ぎ出されて市議会議員となり議長も含め四期十六年務めたが、その間地元の小学校に当時としては破格の講堂が新築され教室には机が並んだ。

給食が出始めたのは小学校五年生のころで最初はバターピーナツ十粒程度。六年生になってコッペパンとマーガリンにあの有名な「脱脂粉乳」が提供された。日常生活では、夏に人工甘味料で味付けしたミカン水が一本五円でラムネが十円、紙芝居を見るために買わされる飴が五円、普通の餡パンは一〇円だったが、粒餡で美味しかった神戸屋の餡パンは一五円と高かったけれどあの味は忘れられない。また今では考えられない化粧品の量り売りや、下駄や傘の修繕、物干し竿売りも懐かしい。

父は魚釣りやビリヤードなどの趣味のほか、テニスやスキーなどスポーツも大好きで、大阪府庁に勤務していた頃には大阪市内にある扇町女学校のテニス部のコーチを務め、全国大会で二度も優勝している。優勝旗を戦火で焼失したことを残念に思いながら、色あせた写真をじっと眺めていた姿を思い出す。また、大阪市内の自営業のオーナーを集めて「近畿スキー同好会」を設立し、後の大阪府スキー連盟が設立される前からあった伝統あるスキー同好会だった。

私が最初にスキーに連れて貰ったのは昭和二十五年。元旦の夜、関西線の夜行機関車に乗って、トンネルを通過するたびに煙が入ってこないように窓を閉めた思い出も懐かしい。直江津駅で乗り換えて長野の菅平スキー場や志賀高原、新潟の赤倉などにも毎年出かけ五日の夜に帰阪するのだが、正月に重いスキーやリュックを背負って、わざわざ寒いところへ何故行くのかという目で近所の人から見られていた時代。

当時、あの広い志賀高原でも丸池のゲレンデに進駐軍が遊ぶためのシングルリフトが一本あるだけで、最寄りの駅からトボトボ一時間ほど歩かされて民宿にたどり着く。民宿と言っても今の旅館の様な民宿ではなく、雪に閉ざされて何もできない農家が貸布団を用意して客を泊める本当の民宿であり、味噌や醤油も自家製である。トタンで囲った隙間だらけの寒い五右衛門風呂に入った思い出も懐かしい。戦後間もない頃であり子供用の国産スキーは販売されておらず、エッジの付いていない輸入品を買って貰って父に同行した。当時でも父親に連れられて参加していた子供は二〜三人いた。

中学校は豊中市立第四中学校で、自宅から三㎞程度であったため毎日自転車通学をしていた。先にも述べた通り我が家は旧家であったため貸地や貸家が多くあり、地代や家賃は原則として主の家に持参してくる慣わしであったが、貧困な時代であったため滞納者が多く、約束の日時に母を自転車に乗せて集金に出かけても、扉をノックすると明かりが消えて居留守となる。それなら事前に連絡をくれれば、舗装もされていない寒い夜道を集金に出かけないで済んだ、その様なくたびれもうけが度々あった。一方、持参してくる借地人や借家人は、母が必ずお菓子や晩御飯のおかずなどを包んで持って帰らせるので、人抵夕飯支度の時間に賃料を子供に持ってこさせるところが多かった。

高等学校は池田市にある現大阪府立渋谷高等学校で、阪急三国駅から池田駅に移動し、駅から山手に向かって徒歩で二十分程かかった。この学校の宇尾野元一校長は全国高等学校長協会の常務理事をされていたと記憶しているが、国語の先生でとても厳格な躾を信条とされており、男子生徒は丸坊主、夏は半袖のみで長袖をめくる姿はない。当時流行っていたマンボズボンという裾の細いズボンは禁止。登校路の途中に体育の先生が立っていて、裾の細いズボンを見つけると物差しで測り、所定の長さが無いと体操服の白いズボンで帰宅させられるといった具合。また、父兄同伴でなければ映画館や喫茶店への出入りは禁止されており、高等学校は義務教育ではないので、約束事が守れなければ退学して貰うという誓約のもとで入学を認められていたため、他校から転校してきた同級生が数ヶ月後にポケットから煙草の吸殻が出てきたのが先生に見つかって即退学になった不逞の輩もいた。

昭和三十五年、甲南大学経営学部に入学し、同時に体育会の漕艇部に入部したが、当時は未だ根性論がまかり通っており、入部早々に基礎体力をつけるため10kgのバーベルを後頭部に持って腹筋運動を五百回せよという。その厳しさに十数人いた新入部員の殆どがトンズラ（夜逃げ）し、四年間漕ぎ通した同期生は漕手で三人になっていた。その間、今では禁止されている「うさぎ跳び」百回や、両足に5kgずつのバーベルを付けて懸垂を三十回させるなど、非科学的な練習で鍛えられたものだった。また、真夏の炎天下で運動中に水を飲んではいけないとか、体温が38℃になっても平熱と称し、風邪をひくのは自己責任と言って休ませないなど本当に無茶をしたものである。しかし、10kgのバーベルを後頭部に持って五百回の腹筋が出来るようになると、バスト、ウエスト、ヒップが同じようなサイズになり筋肉の塊のように逞しい体になって、発育盛りの時代にこの様にして鍛えた体は後年健康維持に役立っていると思う。しかし、土曜・日曜もなく毎日まいにち厳しく辛くて楽しさが分からないまま時間が過ぎて行き、今日は辞めてやろう、明日は辞めようと心の片隅に違和感を持ちながらの毎日であり四年間であった。

この間、東京オリンピックが行われた埼玉県の戸田コースで毎年行われる「全日本選手権」に四年間出場し、学習院との定期戦や琵琶湖での「全関西選手権」、「朝日レガッタ」など各競技にもフル出場したものだった。卒業年の昭和三十九年に東京オリンピックが予定されていたため、会場となっていた戸田コースは四コースから六コースに拡幅工事をしており、前年の昭和三十八年に限って相模湖で全日本選手権が開催されている。この時の合宿所に小学校・中学校の同窓で親友だった阪吉三君が訪ねてきたのには驚いた。彼は防衛大学の代表で出漕するとのこと。結果として戦績は共に振るわなかったが、習志野市に在住の彼とは最近もメールによる文通を通じて近況を確かめ合っている。

就職

昭和三十九年、当時ダイセルの子会社であった「大日本プラスチックス㈱」（現タキロンシーアイシビル㈱）に入社して人事部に配属され、その年の秋に千葉県の松戸工場に労務担当として赴任した。近年の松戸市は東京近郊とあって都内と変わらない繁華な街になっているが、当時の市道は舗装していない道路が多く、雨の日には車が跳ね上げる泥を避けるのに苦労した覚えがある。当時松戸市小金で「松本薬舗」を開いていた松本清さんが、この市道の全てを舗装道路にすると公約し市長選挙に当選して、人口の増加と共に公約通り数年で市道は全て舗装道路になった。この松本薬舗が大きくなって今や全国に一七二六店舗を展開している東証一部の「マツモトキヨシ」である。

松戸工場では四百人を超える従業員の給料計算があり、勿論今日のような電卓はなく、タイムカードをもとにタイガー計算機やそろばん片手に計算し、カーボン紙を挟んで入出金伝票を書いていたあの頃は、必ず一晩は徹夜して翌日も終わるのが夜の十時～十一時頃で、そうしなければ二十五日の給料日に間に合わず、しかも現金給付で封筒に入れて手渡していた大変な時代だった。

当時会社では学歴によって大学卒の「職員」と、中高卒の「社員」という区分をしており、ホワイトカラー、ブルーカラーという言われ方をした時代でもあった。松戸工場には一人一部屋の借り上げ職員寮が四つと、鉄筋三階建て四人一部屋の社有社員寮、妻帯者向けの社有社宅が一棟あった。本来であればわたしは一人一部屋の職員寮に入るところを自ら志望し、社員寮に入れて貰って現場の人達と一緒に生活をしたが、翌年寮長が結婚したので後任の寮長に任命されてしまった。寮長になったのは入社した翌年の昭和四十年で世の中は大不況。同業の殆どの会社も希望退職を募って人員整理をした年でもあり、百二十人収容できる社員寮に百十五人入っていた寮生が半減した時は辛い思いをしたものだった。入社二年が過ぎた春、労働組合の中央執行委員に推され選挙に当選。その翌年には中央執行委員長にまでなって、一方では労務管理と寮長をするという今では考えられないことがまかり通っていた。

プラスチックス製品の成型加工は、成型機の温度管理が重要で二十四時間稼働の現場が大半を占めていた。三交代勤務に従事していた社員が入っている独身寮では、日勤・中勤・夜勤とも弁当を作って貰ってそれぞれの時間に食堂で食べるが、寒い冬にはアルミ弁当をストーブの上に置いて、少し温めてからでないと冷たくなった御飯が喉を通らない。しかしストーブで温めると御飯が乾燥してパラパラになり食欲がなくなる。日勤者は業者が食堂でうどんやカレーなどを売っていたので間に合ったが、中勤・特に夜十一時から勤務の夜勤者にとっては、最も眠い時間帯に暖かい食べ物が得られないため、食欲を無くし体調管理を難しくしていた。そのことは寮長を仰せつかって間が無い頃、翌日が休みの週末に夜勤者に付き合って現場に入って分かった。これはダメだと痛感し週明けの朝礼後、工場長、工場次長、製造部長、事務部長の四人に工場長室へ集まって貰い、中・夜勤者に暖かいみそ汁とご飯を自由に食べられるように改善すべきと提案し、聞き入れてもらえなければ叩きつけてやろうと懐に忍ばせた辞表を提出することなく快く聞き入れて貰えたことで、やはり言うべきことは勇気をもって進言しなければいけないと強く感じた瞬間だった。

製造現場では、夜勤の時間帯に製造した製品の不良率が高かった。それは眠い時間帯での不注意によるものと思っていたが、その後の週末同じように夜勤者に付き合って現場に入ってみると、班長が原料置き場の片隅で出勤早々から寝ている。聞いてみるとこの班長は殆ど毎日この有様だという。これはその班長が単にズル休みをしているだけでなく、交代勤務者の体調管理について指導が出来ていないと感じ翌日同じように進言したところ、工場長から製造部長に明日から夜勤に入って実態を調べるようにとの指示が出された。その報告を一緒に聞いて苦笑したのは、製造部長が夜勤の現場に入って来たのをその班長が見て驚き、いつものようにズル休みが出来ない。翌日も次の日も製造部長が現場に現れるので、遂に次の日は休暇を取って休んだと聞いた時だった。そして設備が円滑に稼働している時は交代で時間を決めて仮眠し、トラブルが発生した時は全員で対処する体制にしたことによって不良率が大きく改善した。やはり現場主義でなければいけないと痛感した。

工場のある松戸市稔台は都内近郊の大きな工業団地で、JR松戸駅から三・四㎞の比較的利便性の良い場所ではあったが、近隣には飲食店が一～二軒しかなかった。社員は給料を貰うと付けで飲んでいた当月の支払いを済ませて、来月の給料から支払うという前提でまた付けで飲むという連中がいたのはそう珍しいことではなかったが、その中に酒を飲むと人が変わる強者が数人いて、酒を飲むと必ず喧嘩をするか器物を壊すという不逞の輩がいたのには手を焼いた。ある晩交番の前に停めてあったパトカーを蹴飛ばし、出てきた巡査を一人が羽交い締め、もう一人が殴ってしまうという事件を起こしてしまった。公務執行妨害で逃げた二人を松戸警察が捜査していることが分かり、工場長はじめ関係者が夜半に集まり逮捕される前に捕まえて自首させようと夜を徹して探したが見つからない。翌日、友人のアパートにいることが分かって自首させ、就業規則違反で解雇を余儀なくされた事件もあった。しかし、この二人を上司の友人に頼んで再就職させ、その後は真面目に定年まで勤めたとの報告を受けて安堵したものだった。

「会社の独身寮を建設する」という名目で農地を六百坪購入し、農業委員会に申請して農地を宅地に変更。この土地を道路も含めて一人五十坪で十二名の希望者を募り、結婚後のマイホームを持たせる計画に取り組んだ。会社が一旦購入しておいて、手の届く範囲の頭金とする一方、親御さんからの一時借り受けなども含め、毎月の給料と年二回のボーナスで返済していく。これはその後の発展によって数十倍に地価が上がり、結婚してからでは手に入れにくい財産になったことで喜ばれたが、この連中は借入金の返済があるため無駄遣いは出来ず賭け事は殆どしないし、勢いばかりの酒は控えるなど一石二鳥であった。

当時工場では将棋が流行っており、十時の僅か十分の休憩時間にも将棋に興じ、続きは昼食後ではなく食べながらして、勝負がつかなければ終業後に続きをするといった具合。現在のようにスマホやゲームが無かった時代であり、ソフトボールや卓球、バドミントンなど体を動かすことも流行っていた。独身寮では予算を取って図書室に図書を定期的に購入して、酒やパチンコから遠ざける策を講じたり、中庭に全員で池を作って魚を放ち釣りを楽しんだりもした。花火大会のほか空き地でドラム缶を聖火台に見立てて薪を燃やし、オリンピックと称して体育大会を催し、大いに若さを発散させた。このように自分で採用し、自分と一緒に寮で生活し仕事をしてきた仲間とは、定年後の現在もOB会やゴルフを催すたびにお呼びがかかり、毎年上京して楽しませて貰っている。

二年と言われた工場勤務が五年六ヶ月に及び、毎月本社で開催される労使経営協議会や労務会議などに出席のため出張で帰省していたが、二十六歳を過ぎたころから見合いの話が舞い込むようになり、出張で帰省していても見合いの為に帰省してきたように振舞い、つまり旅費は会社から出るのに実家からも旅費を受取るという美味しい状態が続いて、余裕のある独身生活を暫く続けさせて貰った。そして十三人目の見合い相手である今の家内、旧姓西田好子と万博のあった昭和四十五年（一九七〇年）、両親と偶然同じ五月二日に二十九歳の同い年で結婚した。家内の実家は神戸市中央区下山手通り、阪急神戸線の「花隈」駅から一～二分のところで「西田歯科医院」を開業している歯科医の娘で五人兄姉弟の四番目。神戸女学院中等部から大学では英文科を専攻し、趣味は絵画で油絵ほかパステル画なども描く。小磯良平画伯の一番弟子の西村元三郎画伯にお世話になり、小磯先生にも見て貰う機会があったそうで、長年家族付き合いの間柄でわたしもよく存じ上げていた。


結婚早々本社の人事部に転勤になり、翌年の昭和四十六年にこれまでダイセル一〇〇％の子会社だった大日本プラスチックス㈱（現タキロンシーアイシビル㈱）にトクヤマ曹達㈱（現トクヤマ㈱）の資本参加があり、その翌年にはダイセルから転籍していた役員・部長級の退職勧告が実施され、バタバタと退職金の計算や退職手続き等々、また嫌な思いをさせられた記憶が鮮明に残っている。

その後、営業部に転属になり三年後に輸出を担当、塩ビの波板を欧米に毎月四百トン前後輸出していた頃がピークだった。昭和四十八年（一九七三年）オイルショックがあって、トイレットペーパーが店舗の棚から消えてなくなった記憶が甦る。その年、運の悪いことに原料の塩ビを集中購買していた出光石油化学のプラントが爆発事故を起こし、原料の塩ビが入ってこない。その時は既に四〇〇トン以上の輸出を成約していたが、国内の需給がひっ迫しており、止む無くヨーロッパ各国の主要顧客を訪問し、一ヶ月かけてお詫びと大幅な値上げを余儀なくされて、初めての海外出張は辛い思いばかりであった。

昭和五十二年、三十六歳の時に名古屋営業所長に任命され、家族帯同で覚王山駅近くに住まいを移し、名古屋駅前の事務所で三年六ヶ月勤務した。本社に戻ってからは「営業企画部長」、「営業部長」、「事業部長」、「資材部長」、「人事部長」と約三年毎に担当が変わり、昭和から平成になって三年（一九九〇年）に取締役人事部長、九年に管理部門担当常務取締役、そして十三年に代表取締役社長になった時は五十九歳で以来八年間社長を務めて相談役に退いた時は六十七歳になっていた。

むすび

この様に戦時中の昭和に生まれた時代を振り返ってみると、敗戦国でありながら世界の中にあって、それなりに恵まれた環境の下で歳を重ねることが出来たと思う。勿論、日本人は戦争による混乱の中で苦渋の人生を余儀なくされ、肉親との死別や発育盛りの頃の食糧難、就職難による貧困等々、波乱万丈の人生を過ごしてきたとはいえ、世界を見渡せば今なお生きていくための水ですら思うように手に入らず、栄養失調で命を落としている人が数億人いることを考えると、日本人で良かったとつくづく思う。日本人は命の水で車を洗い、植木に撒き、トイレで流して生活していることを忘れてはいけないと思っている。そして医療、医薬、医療機器の進歩により、時代が時代であれば助からなかった病気も克服できるようになり、平均寿命が年々伸びていることは有難いことであり、それらを支えるために日夜苦労と努力を重ねて貰えていることに感謝しなければならないと思っている。

「先進国の人口は世界人口の約二割、その二割の人達が世界の資源の八割を使って豊かな生活をしている。残る八割の人達は二割の資源で生活をしている。その中にあって日本は羨ましく思われる先進国でありながら、それでもなお『もっと豊かに』と言うか」と、かつて京セラの稲盛和夫さんが言われた言葉が印象深い。

結婚した翌年の昭和四十六年に長男が誕生し、翌四十七年に長女、四十九年には次男が生まれて、高校三年生を筆頭に男ばかり五人の孫に囲まれながら、家内共々心配しなければならない持病もなく元気に過ごせていることに感謝しつつ筆をおきます。

伊丹淳一（いたみ・じゅんいち）
一九四一年（昭和十六年）、大阪府豊中市生まれ。一九六四年（昭和三十九年）甲南大学経営学部卒業。同年大日本プラスチックス㈱（現タキロンシーアイシビル㈱）入社、二〇〇一年代表取締役社長。現一般社団法人・国土政策研究会理事、㈱伊丹ビル代表取締役。

旧高松駅
切り絵：萩原幹生（元宇高連絡船船長）

県民ホールからの高松港
切り絵：萩原幹生（元宇高連絡船船長）

昭和から令和への時の流れ

長尾　省吾

私は約四十年間脳神経外科医として、教育、研究、診療、人材育成に従事し、そして教授・大学附属病院長・香川大学長として組織運営・経営・人材育成に携わってきた。昭和十七年に生まれ、現在七十八歳、インドの人生の区切り（青年期・家住期・林住期・隠遁期）では隠遁の世界に限りなく近くなった。

しかし、幸いに最近まで若者と共有する時間が多かったので、気持ちとしてはまだ六十代前半だと思っている。私の子供の頃の思い出、昭和は遠くなり、次第にフェードアウトしつつあるので、この機会に懐かしい思い出を書き留めたい。

一方、立場上、平成・令和時代の元気が良い多くの若者にも接したので、この七十年間にどの様に変わってきたのか感想を記したい。

1　自然環境

西讃の四国遍路七十一番札所弥谷寺の麓にある旧大見村に生まれ、祖父母、父母、兄妹四人計八人の大所帯だった。私は四人兄弟の三番目の次男で、自他とも認めるやんちゃ坊主であった。

終戦直前の三歳の頃と思うが、鮮明に覚えているのは、日中、小高い畑すれすれに東から飛んできたグラマン戦闘機が、詫間町香田にあった飛行艇基地（終戦間際には、沖縄への特攻基地として四十数機がここから飛び立ったと後から知った）へ攻撃をした時のことだ。芋畑に祖母に抱かれて伏せられ、隙間から見上げると、操縦士が防空眼鏡をかけ、見下ろしており、視線があったような気がした。茶色の飛行帽子や戦闘服を着ていたのを覚えているので、余程怖い体験だったのだろう。七十数年前の一瞬の出来事を鮮明に覚えているとは、人の記憶力は本当に不思議だ。後日、予讃線を走る汽車が銃撃を受け被害が出たことも聞いた。夜は皆で防空頭巾を着て、畳を上げた部屋で家族そろって寝ていた。夜間サイレンの音と共に防空壕へ避難したことも微かに記憶の底にある。その他の敗戦前後の記憶は残っていない。

三野町全体図

戦後の農地解放で、当時の私の家には桑畑を開墾した芋畑、何升か獲れる水田と家の前の野菜畑しか無かった。両親の給与で、生活費、主菜以外の食料や日用品等を購入、子供たちの養育・学費を賄う質素な生活であった。祖母は「倹約・勿体ない」が口癖だった。

従って、育ち盛りの子供の頃は、毎日が空腹で食べられるものは何でも口に入れていた。小学校入学前後の自然は現在より格段に豊かで、畦道や山に生えていた草木の中で、食べ得るものはほとんど口に入れた。時には不適切な物を口に入れ腹痛や下痢に悩まされたものだ。こんな子供時代を過ごすと、どの時期にどこの山に行けば何が手に入るかをしっかり覚えていて、空腹を満たしたものだ。中でも美味しかったのは、桑の実、枇杷、山桃、柿、栗、そして秘密の山では「まつたけ」が採れた。その場所は友人数人の秘密だった。雨が降ると、早朝マツタケ狩へと真っ先に目印の大きい赤松の下を目指し、険しい山を登ったものだった。今では高級食材になってしまったが、近くの山で美味しいキノコ（当時まいろ、あぶら茸などと呼んでいた）が山ほど採れ、食卓を豊かなものにしてくれた。

貴峰山

火上山

今の子供たちは普段山にも遊びに行かないし、危険な場所にある茸類にも手を出さないだろう。ましてやその辺の草花が食材になる事を知らないだろうから、その意味では飢饉になった時には、私の時代の人達は、生きるすべを知っているのだ。

　傑作なのは約四十数年前、米国留学中の蕨採りの話である。ある山に蕨が生えているとの情報で、日本人三家族で山に入り夢中で採っていた。暫くすると何台もの車が私たちの車の後ろに並び、多くの米国人が山に入ってきた。採っていた蕨をどうするのかと聞くので、日本では春の恵みとして、料理して食卓にあげる事を説明すると、料理方法や味付けから健康への影響など細かく聞かれた。その内に州シェリフまでやって来て、これは困ったと思っていると、彼も夢中で採っていた。とにかく早く帰れとは言っていたが、その後彼らが旨く料理したかは定かでない。

　現在は山に人が入らないので、下草が生い茂り、木々の成長が悪く、手入れ不足のため山からの栄養分が海に流れ込まなくなっていると聞く。「山は海の恋人」は聞きなれた言葉になっているが、この様にして海も栄養不足になり、プランクトンから魚まで減ってしまい、昔に比して動植物の多様性と絶対量が乏しい痩せた自然になってしまった。

　日本国土の三分の二は山で、国土に対する森林の比率では世界第三位である。木材を活用した建築資材、木工品、炭、職人による工芸品等諸々の山の恵み、そしておいしい水など知恵次第で無数の生活資源を手に入れることが出来ると言われている。防風林や山の保水機能も自然災害に対する山の役割として注目されている。報道によると、広範囲な山が外国に買い取られ

ている と聞く。美しい山の景観、自然の恵み、山が育んだ美味しい水など国の財産を無策のため、みすみす失っていくことは、誠に残念な事だ。是非甘い何とも言えない風味と味がする山水を今の子供たちに飲ませてあげたいものである。

宇宙から見ると「地球は青かった」そうだ。世界中を飛行機で飛んだ経験から、他国は「荒涼と続く砂漠や山岳」が多く、逆に日本は草木の緑色におおわれた「緑の豊かな国土」であることが良く分かる。それは戦後の引き揚げ船で、母国の土を踏んだ人々が、日本がなんて緑豊かな国土であったか、再認識したという述懐にもよく表れている。

子供の頃、空腹につられて多くの時間を過ごした近くの子供の神様、「津嶋神社」周辺の海、山、池、川、それらは、私の縄張りだった。歩いて三十分位の海に行くと、すぐバケツ一杯のアサリが獲れ、時には足でクルマエビを踏んづけて捕獲したり、ナマコまで獲れていたのだ。これらの獲物は一家の食卓に上り、子供心にも何か役に立っている感じで満足感に満たされた。現在では近海では、アサリも少なく足の裏を刺されながら獲ったクルマエビなど夢物語になってしまった。

川もすっかり様変わりした。昭和の川は多くの小魚が住んでおり、遊びと食用のため大いに水に親しんだものだ。釣りでは、鯉、鮒、もろこなどが釣れ、家の横を流れる川ではシジミ貝が獲れた。川岸には草木が日陰を作り、水草・藻らも育ち、魚たちの格好の住み家となり、竹で編んだじょうれんで川に入り魚たちを獲っていた。どじょうは竹籠に炒った米ぬかやタニシを潰したものを入れ、前夜何か所も川に沈めておくと、翌日には、どじょう、ウナギが入っており、獲れた時の心躍る瞬間は、忘れがたい記憶となっている。夏バテ予防のどじょう汁は、ゴボウ、ネギ、うどんなどと炊き込むと、少々油濃い汁だったが、格別に美味であった。

また、川沿いには結構太い木が育っており、木の枝や竹を利用して仲間たちと樹上の巣を作り、遊びの場として秘密基地の様に利用していた。小学校から帰ると皆が自然に集まってきて、日替わりの新しい遊びを考え出して夢中になり、時間の経つのを忘れたものだった。従って、子供心に一種の家族のような関係が生まれ、大きい諍いは皆無だった。まるでＴＶで見るゴリラかチンパンジーの群れのような感じであった。
現在では川底はコンクリートが敷き詰められ、川岸も誠にきれいに整備され、味も素っ気もないし、魚たちの住み家は無くなってきた。私たちがふんだんに獲っていたドジョウやメダカが絶滅危惧種に指定されるような時代になって、今の子供たちには、楽しい経験が出来ない可哀そうな環境になってしまった。

ため池には豊富な水がいつも蓄えられており、魚釣りのほかに水泳を覚えたのも池だった。急な深みに入って、時には溺れかかった事もあったが、年長者が先生で、とにかく、水に浮かぶ術を教え込まれたのだった。自然の中で生きる知恵を様々な方法で年上の餓鬼大将たちに習った。

夏、水面には菱の実がなり、泳いで収穫後、実をこんがりと焙って美味しいおやつにした。夏の早朝には、暗いうちに池の水際に子供の手のひらサイズのカラス貝が上がってきており、面白いほど多く獲れた。この貝の身の味は、子供心にももう一つであったが、夏の楽しい遊びだった。もうその様な風物詩はないだろう。

治水のためとは言え、大切な自然を壊してしまい、私たちの子供の頃のように、自然の中で育てられた記憶のない現在の子供たちが何か可哀そうでならない。豊かな自然の消滅と共に生活の一部であった小動物たちも少なくなってしまった。うるさい位のカエルの鳴き声、キシキシと聞こえるバッタの飛び跳ねる音、ミズスマシ、ゲンゴロウ、カブト虫、カミキリムシ、カマキリ、そしてモンシロチョウもすっかり少なくなってきた。学校の帰り道では、イナゴが稲畠で無尽蔵に飛び跳ね、それを捕って針金にさして火に炙り美味しく食したものだった。

幼少期時代に、あらゆる生き物と付き合い、生命あるものの不思議、命を愛おしく思う心、そしてそれらの死に出会う経験は、自然の中で生かされている人としての感性を育てる大きな機会であったと思う。

生き物を獲り、生命をいただくという子供には単純な遊びでも、多くの教えが詰まっていたことに気づかされた。今の子供たちは、その様な経験や環境を肌に感じて生活する時間に乏しく、その為、他者の痛みや生命に対して配慮できない人に育ってしまったのではないかと思うのである。

私は長じて医学の道へ進んだが、自然の中で育てていただいた命の大切さへの感性が、天職へ導いてくださったと今でも感謝している。

最近、郷里を車で走った際、家々の庭に咲く花々の種類の変化にも気づく。

昔は家々には、朝顔、カンナ、ダリア、アマリリス、ケイトウ、キンギョソウ、桔梗等々季節の花々が見事な花を咲かせ、そのお家の方々が毎日手入れをしていた姿を思い出す。植物に対してもそれを愛でる心のゆとりがあり、ゆったりとした時間が流れていたものだ。現在では、外国種の名も知らない（私の無知なのだが……）花が植えられ、丈だけ高くとても一輪頂いて机に飾ってみたいと思うような花にお目にかかれない。一日中、花畑で草取りや花の手入れをしていたお年寄りの姿にも滅多にお目にかかれない時代になってしまった。祖父は水萩が好きで、家の横の川で育てていた。薄ピンクの小さな花は初夏から秋にかけ、家の前に毎年季節の便りを運んでくれた。萩の花を見るたびに、祖父の後ろ姿が思い出される。

最近スーパーで売られている野菜に自然の匂いが無いのは何故だろう。世界各国や国産の多くの種類の野菜が並べられているが、どれをとっても土・太陽・風らの匂いが無くなった。子供の頃に食べた採れたてのきゅうりやトマト、エンドウにも独特の青臭い匂いがあり、自然・太陽が育んだ作物を五感で味わいながらおいしく食べたものだ。一年中食べられるという利点はあるが、季節感、旬の物をいただくという感動は無くなってしまった。昔から「初物を食べると七十五日命が延びる」と言われているが、いつが初物か分からなくなる。一年中同じ味わいの野菜を頂くと、初物の感動や食欲も今一つである。

また、鳥たち特にやかましい程いた雀はどこへ行ったのだろうか。時に街中で見かける時もあるが、その様な時には旧い友達にあったような懐かしさを感じる。理科の宿題はモンシロチョウの幼虫から羽化までの世話と観察が定番であった。現在も一部の学校では実践されていると聞いているが、めっきり数が減ったように感じる。私の小さい時の口癖は、「動物園の園長さんになる」と言っていたと祖母によく聞かされた。山野で見つけたあらゆる鳥の雛を持ち帰り、練り餌を工夫して育てていた。その他、メジロ、鳩も多く飼いその食費の捻出に家の手助けをして苦労した。全てがうまく育つわけではなく成鳥になる以前に多くの鳥たちは死んだが、子供心に生と死について、思索を巡らせた時でもあった。大人になって人の生と死に対峙する時、子供の頃に感じた生命の尊厳に対する想いは、医療者としての生き方に大きく影響を受けた。

現在（二〇二〇年十月）、新型コロナウイルス感染症の蔓延により、社会活動は低下の一途をたどっている。失職者も増加している現在、この様な人が山に入り、豊かな里山を再生し、延いては豊かな海を再現できれば日本の将来は一次産業から再起する可能性もあろう。しかし、サービス業に邁進し、現金収入に生きがいを見出してきた生活パターンから脱することが出来るだろうかと、自戒を込めて次世代の価値観の創造を期待する。

この様な日常生活の中で、自然の摂理、脅威、恵みを教えられ、育まれ生かされてきた自分の時間を想うとき、母なる大地・自然の営みに感謝し頭を垂れるのだ。

自然の話の中で、ぜひ触れたいのは、気候変動の事だ。子供の頃も大雨や日照りはあった。生家のすぐ上に丸山池があって、ある台風の時、大雨のため決壊する危険水準になった。家族総出で窓の補強、玄関裏門の板戸の周りに土嚢を積んだ。一方強風のため窓ガラスが極限までたわみ、兄弟で必死に押さえていた。それは平和な子供の頃の日常の中で、ただ一回の自然の脅威を身をもって感じた大きな出来事であった。

地球の誕生以来、日本列島で繰り返されてきた火山活動や地震、時には津波による被害等の歴史はご存知の通りだ。せめて我々は二次災害の減災に向けて努力するしか無いのである。

一方、地球温暖化が進行する令和時代を迎えた現在、日本全国で四季を問わず大災害が発生している。台風は大型化、勢力は強くなり、ゲリラ豪雨も頻発するようになった。長年、人々の生活の利便性を重視した際限ない生産活動の競争が、温暖化の原因と考えられているが（私自身が正にそれを享受する時代に育ったので、後ろめたさは大いに感じている）、後世の惨状を思うと、全世界で繰り広げられているキャンペーンのごとく、世界全体で我々の生活様態を見直すときになっていると切に思う。原因は分かっているが、人間の業だろうか、遅々として明るい見通しは無い。

多くの人的、物的、精神的喪失を伴う新型コロナ感染症が蔓延する中、正に「方丈記」のような終末の世界が待っているような予感さえする。

２　社会の風情

子供の頃の楽しい思い出は沢山あり、特に神社・お寺さんのお祭り、植木市や高瀬大坊市などの催しもの、校庭での映画の上映、夏の盆踊り、小学生の学芸会、遠足、修学旅行（記憶にあるのは、栗林公園、屋島、高知の桂浜くらい）など多くのことが思い出される。

特に子供の神様とされている津嶋神社夏のお祭りには、家族そろって一緒にお参りをした記憶がある。夜、峠の坂道を上がると瀬戸内海が広がり、既に夜空に花火が打ち上げられ、親子とも心浮き立つ瞬間であった。年に一度、神殿まで海上に板橋が掛けられ、足下に波音を聞きながら四百メートルくらいの沖合に祭られている神社にお参りし、帰りに綿菓子や金魚を買ってもらう、何時までも忘れえぬ思い出だ。TVもなくこれといった娯楽もない時代であったから、これらの行事は当時としては子供のみならず大人にとっても楽しい宴であった。秋祭り近くなると、習い太鼓の音が夜の静寂の中に聞こえてきて、子供も大人も何かお祭りが近づいてきたと心弾ませたものである。

名月や習い太鼓の音ばかり　（省吾）

日常の労働以外に特に娯楽のない時代だったので、皆が心待ちにしたのだった。地域ごとのお神輿が準備され、太鼓、囃子舞、子供の太鼓打ち手、鐘や笛など大勢で各家を巡り、踊り囃子で家内安全豊作を祈願していた。神社・お寺には、市が立ち、綿菓子、焼き栗、駄菓子、味付きスルメを売る店、衣類や農機具を売る店、美味しい匂いに釣られたおでん屋など沢山のお店が並び、普段静かな山村は、着飾った人々で境内一杯になった。我が家では、瀬戸内のバラ寿司、レンコン、芋の天ぷらなどを用意し、お腹いっぱいになるまでお祭りを楽しんでいた。この様な行事には、部落総出でそれぞれ持ち場や役割

津島神社

が定められ、それを務めあげて地域の住民としての関わりの形を作っていったと思う。

お祭りといえば、面白い見方をした論文を思い出す（神田昌典著、「二〇二二—これから十年、活躍できる人の条件（PHPビジネス新書）」より）。フランス革命、ロシア革命、第二次世界大戦等では、何百万人という人が犠牲になっている。それに比し、明治維新は数万人で、静かな大改革が成功した。著者によれば、数か月続いた「ええじゃないか」狂乱（祭り）が時代の大混乱を収束に導いたという。私の知る限りでは、老若男女がコスプレし、〇〇〇〇してもええじゃないかと乱舞し世相を風靡席捲した民衆運動であったようだ。金銭的・人的犠牲も少なく、深刻な事態に至らず世相を変革させてしまった、全くの無血革命を成し遂げたというのである。人心の異様な高揚が世相を変えてしまったという側面は、真偽を別として一考に値すると思う。世界各国にある地域を代表するお祭り・フェスティバルは世相を反映したり、時代を動かす力もあるのだろう。

昔はお祭りを通して、普段はあまり顔を合わせないがこんな人が住んでいる、地域住民の関係や親戚等、人間関係や構成が目に見えるように頭に入ってくるのだった。即ち地域住民の絆が強く、いざ何かがあれば皆で助け合う、知恵と力を出し合う関係が出来ていたように思う。近隣の人々の関係も濃厚で、お祝い事があれば一緒にお祝いをする、貰い物があればおすそ分けなどが当たり前として根づいていた。冠婚葬祭は地域のあるいは自分家のものとして、仕事を休んでも助け合って生きていた。従って、地域の子供は自他の区別なく、あるソサエティで面倒を見るのが当たり前だったのだ。大人は誰の子と名前まで憶えていて、登下校や遊びに夢中の時にも、知らない大人に名前を呼ばれ、注意やお説教をいただいた。当時学校の宿題は少なく、放課後は結構遠方まで友人と遊びに行ったが、夕方遅くなると、家で心配しているから早く帰るように注意されたものだった。

遊び方にしても、個人ではなく皆仲間を巻き込んで、団体で遊ぶのが普通だった。Sけん、缶蹴りごっこ、後になるとドッジボール、野球のような三角ベースなど複数の子供たちが参加する遊びが大半だったことを思い出す。その様な中で、身体的ハンディで参加できない者には、それに応じた遊びの中のポジションを考え、皆でワイワイやっていた。グループの中にボス的な人がいて、子供社会をまとめ、間違っても手傷を負わせるような出来事は覚えがない。この様な社会が成り立ったのは、今思うに大人の社会が先に述べたお祭りや冠婚葬祭の折の家同士の付き合いで、身内意識やお互いに助け合うという習慣が根づいており、長年の歴史の中でさらに培われていったからであろう。子供たちの繋がりもそれに倣って、ある意味では身内感覚であった。

小学校の校庭で繰り広げられる盆祭りでも、村民総出で櫓の準備からマイクの調整に携わり、踊りのリーダーやお盆歌のお爺さんなどは、憧れの人だった。普段は何をしているのかわからない人が、その様な時に全く想像もしない大活躍をする機会がいくらでもあり、後々までも尊敬の眼差しで、この様な人もいるんだと思いを新たにしたものだった。

翻って、現在の世相は、人々は何か冷めた目で考え行動して、その様なある種の共同作業を苦手とし敬遠しているように見える。昭和時代の「向こう三軒両隣」は、はるか昔に去ってしまい、自分（達）が良くて満足ならそれでよいという個人的満足が平均的な考えになってしまった。バブル崩壊、リーマンショック後の右肩下がりの経済の中で、成功物語は夢のまた夢となった。人々の心の余裕も無くなり、社会、ソサエティ、家同士の付き合いの分断が進んでいった。また最近の新型コロナウイルス感染症の蔓延の中で、屋外での活動も自制し、経済も低迷し廃業する中小企業が多発している社会環境では、将来を見通せない焦りと失望に大きな希望を見いだせないというのが現状と思う。

地域の自治体活動、住民の連携や関わりも希薄になってしまった。一つには家族構成の変化、人口減少、年代別人口の偏在、面倒な会合や一言を持つ人への敬遠など色々背景にあると思うが、個人レベルではもっと親しい仲間や隣人、何でも話せる友人が欲しいと思っている方々も多いはずである。

元々、日本人は先に述べたように家族単位、部落単位、昔は藩単位、今は県単位あるいは地域単位で集まって生活をしてきた歴史がある。〝人恋しい〟は日本人の持つ感情の中でも、特に注目に値する心象と思っている。古文の名作は殆どその流れで成り立っているのだから……「秋深し　隣はなにを　する人ぞ」

と詠まれている様に、一人になると、お隣が気にかかるのだ。

日本人の中に脈々と流れる隣人愛、その感情が最も顕著に出たのは、二〇一一年三月十一日の東日本大震災の折に示された。被災者あるいはボランティアの皆さんが協力して炊き出しに汗をかき、空腹の人々が長い順番を黙々と待ち、避難所で様々な助け合いがあったと報道された。私の外国生活の経験では、人々は先を争って物を奪う行為に出ることは容易に想像できる。日常生活では、あまり人に構わない傾向でも、いざとなったら日本人は独特の規範を守るのだ。

一方、高齢社会（香川県も六十五歳以上の高齢者が三〇％を超える時代になった）の中で、生きがいを見つけ、社会貢献をしようにも情報と個人の能力がマッチせずどうしたらよいか分からない方々も多いと聞く。高齢化のための心身の衰えはどうしようもない生理現象だが、自分の若いころの特技を駆使して社会の一員として、参画している方々も増えてきているという事をお聞きした。人生百歳時代と喧伝するのだったら、ベッド上で寝て過ごす人を減じて、所謂健康寿命の伸長に行政をはじめ社会全体で知恵を出すべきと思っている。

この七十年間で世相の違いを最も感じるのは、ICT社会になった事だ。昔のコミュニケーションの方法は、直接顔を合わせて話をする、葉書・手紙を書くが主流であった。公共の情報伝達は、ラジオ放送が主で、やがてテレビジョン（TV）放送に移り、現在のインターネットを結ぶICTが主になった。お互い顔の見える時代には、表情、雰囲気、声の調子や高低などで、ほぼ正確にお互いの心の内を披歴していた。顔を見ての言葉のやり取りから、お互いの心情を正しく理解し、現状のような初歩的意思疎通の誤解は無かったように記憶している。

夜になると、ラジオを中心に家族が集まり、限られた情報から各自思い思いに発想を飛ばしていた。子供心にも大人の世界を垣間見る時間であった。学校では深夜放送を聴いた者同士で、話題が盛り上がり、受験勉強はラジオ講座が頼りであった。情報を得る機会と量は現代より格段に少なかったのだが、それについて、皆で意見交換や議論する時間のゆとりがあった。その意味において、人々は一定レベルの情報を公平に持てたのだった。

それに比し、現在はＩＣＴを利用した携帯電話、メール、ＳＮＳ、ライン、各種宣伝広告等、そしてＴＶ、新聞、刊行物等、情報の多様さと飛躍的な量の多さに人々は振り回されているのではないかと危惧を抱く。確かにこれらのツールは、多様で、早くて手軽、とても便利が良く一度手にすると手放せない生活の一部になっている。

然し、私の様な旧い人間には数々の利点と欠点が目につき、時には悪ではないかと思う事もある。まず、ＴＶで考えてみよう。まず、居ながらにして世界の動きをニュース・画像として手に入れることが出来る。それはとても素晴らしい進展と思う。最近感じるのは、ＴＶキーステーションの多さ、これほど必要だろうか。どのチャンネルに合わせても、ほぼ同じことが報道されその内容も、よく似ている。四十年以上前の経験であるが、アメリカのＴＶでは、世界のニュース、音楽、映画、スポーツ、教養などジャンルに分けてキーステーションで放送していたと記憶している。従って、スポーツが観たい、世界の政治が知りたい、映画が観たいなどに分け、チャンネルを回せばよかった。専門チャンネルでは、中身の濃い放送と解説が期待できたのだった。一方、日本のＴＶでは、メインキャスターを置いてのワイドショーは、その時間になるとどのチャンネルでも同じことを報じており、所謂コメンテーターと言われる方々が口々に言いたいことを言っている。そのテーマの専門知識を持っていると思えない人々が、意見を披露しているがその軽薄さ、一貫性のなさ、深みのある意見に接する事は稀である。いずこも同じ秋の夕暮れ……という趣で、視聴後の後味の悪さは時に後悔さえ覚える。民放はキーステーションを絞り、視聴率さえ高ければよいという考えを捨て、もっと含蓄のある報道内容・コメントを聞きたいものだ。

クイズ問題にしても、所謂記憶を基に正解を当てるシンプル・リコールの問題ばかりである。大学の入試問題や医師国家試験問題の作成にかかわった経験や様々な人生の難問に対峙した時には、この種の脳の使い方は複雑な社会に出て役に立たないのである。難問の裏に潜んでいる解を求める苦しみが生きていくという事なのだ。

もっと考えて欲しいのは、バラエティ番組において、番組出演者が喜んでいるだけであって、一般視聴者も一緒に喜んでいるのだろうか？　ということだ。派手なコスチューム、ジェスチャー、お決まりのパフォーマンス等に、若者たちが熱狂している姿を見て、将来の日本を託す人材が果たしてこれでよいのか不安に思うときがある。

その様な思いに駆られるのは、時間と社会の流れとゼネレーション・ギャップそして八十年近く働いてきた脳機能の限界かも知れないと諦めている。

粗末な着衣で毎日食いつなぐことを考え、汗水流して働く事を美徳として、精を出していた日本人がここまで変容するとは……後世、私たちの生きてきたここ数十年が日本人の精神をドラスチックに変容したと解説されるかも知れない。

一時一億総〇〇〇という言葉がはやったが、軽薄な刹那の快楽番組が持てはやされている現状を見るにつけ、情報時代の陰の部分を見る思いをするのは私だけだろうか。情報過多の中で、意図的に世論をある方向へ誘導したり、所謂フェイクニュースで意図的に人を傷つけたり、中傷・誹謗のツールとなって、人の一生を変えてしまう危険性も指摘されている。

ここまで私は意図的に最近のTVやICTの進展による影の部分に焦点を当てた。この様な中で、最近の若者はどのように生き抜いているだろうか？

3　子供（生徒・学生）と親子関係

最初に、子供の頃の遊びを思い出したい。勿論、パソコンを使ったゲームやICTなども皆無で、自分で新しい遊びを考え出し、工夫をして技を競った事を思い出す。例えば、駒車の遊びでは、地上に円を描きその中で駒を回し、相手の駒に当て円の外にはじき出すというのがあった。自分の作った駒の威力を大きくするため、軸を太めにし、重心が少しでも下方になるように、駒の外側に鉄の輪を作ってもらい威力を増強した。

子供たちの輪

村の鍛冶屋さんは、鞴《ふいご》を押しながら私の申し出でを「ふんふん」と聞いて、分からない所は質問され、また「こうしたら」と教えてくださった。忙しい中、良く子供に付き合ってくれた。真っ赤に焼けた鉄塊を見るのが好きで、何時間も横に座って見入っていた記憶がある。普段付き合いのなかった大人たちにも話し相手になってもらい、やがて何でも話せる関係が出来上がっていった。その様な人と人との関係を持つ余裕が世の中に普通にあった。

そうして出来上がった駒で相手の駒を陣地の外へ弾き飛ばした時には、子供心に達成感と満足感で興奮したものだ。競争相手はもっと頑丈な駒を作り苦杯を味合う事も多くあった。ビー玉当て、釘を土に刺して相手の釘を倒す遊びなどその辺にあるものを利用して、遊んだものだった。親は子供の時間に対して放任であったが、温かい周囲の目が注がれていたのである。

一言で言えば、子供は家・社会の宝で、皆で育て教育・しつけていくのが、大人の責務であったように思う。社会全体にゆとりがあって、少しの事は大目に見て、周囲の大人が温かく見守ってくれていた。そうして子供たちは、おおらかに育ち、自分たちが守るべき規範は餓鬼大将の先輩から教わり、そのシステムが継続して受け継がれていく社会であった。むしろ親たちは放任主義というか、子供たちを親の思惑の枠に入れず、横で見守るという姿勢であったと思う。従って、私は個人的に子供の虐待など殆ど知らないし、あってもごく例外的な家庭の中での事象であった。

現在と社会構造、価値観や教育システムの違いがあるが、むしろ自己責任で将来の進路を決めさせていたように思う。朝鮮戦争特需や高度成長期にあって、人材不足で本人の努力次第で目指す社会の一員として参加できた良い時代であった。努力次第で目指す職業を選択でき、能力を伸ばし、認められた人はそれ相応の地位に就けたし、組織のトップクラスになる事は是で、社会的にも尊敬される存在となった。一組織に入ると、組織が鍛え上げ、終身雇用が保証され、まじめに務めあげるとそれ相応の経済的保証もされたのが昭和であった。

一方、現在の子供たちは、大声で叫んだり泣いたりする機会が少なくなったように思う。ＩＣＴの進展で、子供のネットゲーム依存症が社会で取り上げられるようになった。私は先に書いたように、遊び道具は自分たちで工夫して、多くの友人が集まって顔の見える関係で育ったので、ＩＣＴで構成された画面を見て、黙々とゲームに夢中になる姿には違和感がある。この現象は、大学生になっても持続して、相手が目の前にいるにもかかわらずスマホで連絡しあう姿に警鐘を鳴らしたことがあった。スマホ自体は、人々の繋がりを容易に拡げ、情報取得に便利である一方、悪質な中傷やフェイクニュースにも操られ、時にはなりすましとなり、本人の知らない間に多額の請求書が送られてくるという犯罪まで発生していて、利便性以外に負の側面が大きいのはご承知の通りだ。時には犯罪の手段として社会生活を混乱に貶める影の部分がある事を理解する事が重要だ。

一枚の手書きの葉書、一通の手紙が受け手の心をどれほど安らかにすることか……是非、時には自筆で親しい人に近況報告をして欲しい。

ネットゲームで得られる知識やスキルは現在では必要なものかもしれないが、香川県条例でも規制されている様に、過剰な時間のプレイ（ネットゲーム依存症）は、人としての付き合い方や情緒、人を思いやる人特有の能力の醸成を阻害して、温かい人情に欠けた人材を輩出するのではないかと危惧している。

若者にはゲーム以外の時間は、本を読みなさいと言いたい。大人になって本を読んでいる人かどうかは、話をしていて五分あれば分かる。ある人は心の琴線に触れる一冊の本に出合うために、九十九冊の本を読むのだと言っている。若いころに感銘を受けた一冊は一生の宝物であり、道標となる事もある。

夢をもたらし人生を拡げ、そしてこれからの困難な時代を生きてゆく若者には、ゲームの時間を割いても、読書により日本・世界の歴史を知り、多くの偉大な先人の足跡や考えを自分の知識の引き出しの中にしまい込むことが、将来最も価値ある財産になるのは間違いないことを伝えたい。

現在では、少子高齢化・人口の絶対的減少の時代になり、コミュニティの関係の希薄さが進み、他家の子供には関心なく、わが子一辺倒であるか、子供を育てる責任と自覚のない若い親が増えてきているようである。

最近、放任、ネグレクト、虐待、体罰等がよく報道され、この様な親を誰が育てたのか、社会全体で考えなければならない。時期的にゆとり教育を受けた親の世代で、経済が委縮して行く時代、努力しても報われない、サクセスストーリーと無関係な時代とダブってくる。先に書いたＩＣＴ発展の時代に入り、情報過多で社会活動が容易に変動し、会社や組織が縮小や極端な例では退場する社会で、社会全体の不安定さや将来への不確実性などが精神的ゆとりを奪ってしまったのかもしれない。マスコミの情報過多や社会の陰の部分の報道の仕方など是正する面は多々あろう。その結果、せせこましい社会となり、仔細な事で逆上し、短気で暴力をふるう情緒不安定者が増え、自分自身を振り返る時間も失くしてしまっているのだ。

子供たちが次世代を背負って行けるように社会全体の責務として教育現場、それを受け入れる社会の在り方が問われており、今の日本に絶対必要なのは〝人材養成〟であることを社会のコンセンサスにする事に異論はなかろう。

私は香川大学長時代に学生との話し合いの会を多く持った。その目的は最近の若者がどの様な考え方で生き抜こうとしているかを直に知りたいと思ったからである。「最近の若者は……」という言葉は、紀元前五千年前にエジプトの洞窟に工夫が書き残したものと言われている。どの時代にも若者と高齢者の精神的ギャップがある事を示している。戦後七十五年経ち、第二次世界大戦後の混乱や高度経済成長期を知らない若者、バブル崩壊やリーマンショックなど右肩下がりの時代を生きてきた若者が、どの様に考えて生きているかは興味深い。

私の会った多くの若者は、意外としっかりとした人生の目標を持っており、その点では安堵したものである。ある大会社の就職担当にお聞きした話がある。従来は職場の安定感・知名度（大会社）・給与・福利厚生の整った会社を志向していた。しかし最近は、仕事内容・やりがい・職場の雰囲気などで決めるという。一般的に言うと、昔は会社の方針に沿う人生設計をし、現在では自分の住み心地の良い、すなわち自分にフィットした職場を選択するという。自分の能力を冷静に判断して、堅実に普通の暮らしが出来れば良いと考えているというのだ。一方、社会の価値観の多様性があり、若者にとって将来への選択肢が多すぎて、就職して三年以内に、離職する者が三〇％以上になるという統計も出ている。こらえ性のない若者が増えたと言えばそれまでだが、所謂、ニートで結構生活できるよく言えば自由度の高い社会になってしまった。

今の若者の名誉のためにも記しておくが、私が話しをした学生たちは、しっかりとした人生目標を持ち、その為には大学で何を学べばよいか真摯に議論をし、自分自身で考え抜いていた。

バブル崩壊やリーマンショック、そしていま世界に蔓延している新型コロナウイルス感染症で個人の自由も経済活動も極端に制約されている中でも、新しい日本観・価値観が生まれ、この閉塞感に満ちた社会を破る覚悟を持つ若者が増えてきており、彼らがドラスティックに日本の在り方を変えていくであろうと耳にする。

即ち、新しい日本人が従来の殻を破り、新しい日本を創造していくというのだ。

自分の才能、例えばスポーツ能力、芸術能力（ピアノ、バイオリン、声楽等）、アニメや漫画の才能等を駆使して物おじせず、堂々と世界に出て行って、その才能をいかんなく発揮する若者がどんどん輩出している現実を見ると、我々の若い時の様な日本人共通の萎縮した姿は彼らには無縁のように感じる。私だけだろうか？

ＩＣＴの発展により、独特の振り付けや言い回しで瞬く間に世界で話題になったきゃりーぱみゅぱみゅ、ピコ太郎など、スポーツの世界ではフィギュアスケートの羽生結弦選手、スキージャンプの高梨沙羅選手、硬式テニスの錦織圭選手、大坂なおみ選手そしてスケボーの十代の若い選手たち、最近では全英女子オープンゴルフで優勝した渋野日向子選手等、世界で物おじせず堂々と外国選手と渡り合って、好成績を残している現実は、正に新しい覚悟と強い意思を持った若者が育っていることを示している。

また、アニメーションや漫画が世界で広く若者に受け入れられ、新たな日本生まれの文化を発信しているのである。この様な社会現象を見ても、古い殻を破った新日本人が世界で活躍する時代になったとつくづく思う。全世界へ一瞬に発信されるＩＣＴの発展とあらゆる社会活動、とりわけ生産活動からもたらされたグローバル化は、特に若者には容易に受け入れられる社会現象なのだ。

新型コロナウイルス感染症の世界的蔓延によるステイホーム、在宅ワークが次第に身近になり、それに慣れて社会活動も変容しようとしている。一説には、将来会社組織は衰退し、極論すれば無くなり、個人が自室でアイデアとＩＣＴを駆使して事業を進める形態がむしろ一般的になるという。

与えられた論題は「昭和の私の証言」であり趣旨と離れて申し訳ないが、最初にお断りしたように最近まで今の若者に接する機会があったので、1自然環境、2社会風情、3子供（生徒・学生）の気風と親子関係について、昭和時代と平成・令和時代を対比しながら、私の感じたまま、率直な思いを記させていただいた。

謝辞：掲載された写真は、三豊市の許可の下、「三野町誌」三野町誌編集員会、昭和五十五年四月三十日発行より抜粋したもので、ここに厚く感謝いたします。

長尾省吾（ながお・せいご）
一九四二年（昭和十七年）四月、香川県三豊郡三野町生まれ、一九六七年岡山大医学部卒業、六八年同脳神経外科入局、七六年米国シカゴ市クックカウンティ病院留学、八二年講師、八六年香川医科大学助教授、九一年同教授、二〇〇三年同附属病院長、〇八年JA香川厚生連理事長、香川県医療政策アドザイザー、一一年香川大学長、一七年同退任、香川県厚生連顧問。

高松の思い出

多田　克昭

高校を卒業して米穀通帳と共に高松を出て約六十年、お墓は峯山墓地にあるものの近くの親戚も今はなく、係累も殆どありませんが、小・中・高校と共に学び遊んだ友の大半は高松に在り、あの世に行っても高松は忘れないでしょう。そこでかっての高松をどうにか思い起こしてみました。散文的ではありますが御笑覧ください。何様六十年以上も前のコトで間違っていたら御免なさい。

小学生まで

実は、小生が生まれた所は亀阜小学校の敷地内でした（空襲で焼け出された後、即家を建てたが、その後の市街化計画で住んでた我が家は小学校の敷地内になり、小学校が建設された）。小さな畑もあり、バラックでしたが風呂もあり、小学校の小使いさんとか当直の先生も入浴に来た、必ず給食で余った脱脂粉乳を麦稈で持ってきてくれそれで育った。毎日風呂も沸せず小学校敷地の直ぐ外側のお隣りさんちの風呂にも交代で入った、確か屋根はついてなく正しく露天風呂でした。遊ぶ所はアチコチにあった防空壕とか空き地とか学校の校舎。幼稚園は亀阜幼稚園、その幼稚園の片隅には盛り土型の防空壕で中のトンネルは格好の遊び場でした。卒業写真を見ると小生の後ろには大きな顔の国東照太市長でした。

八ヶ月の早産で戦後の困窮の中の出生、まさに餓鬼状態（中学まで栄養失調症）、特に甘いものが欲しく（七十歳からの糖尿の遠因）、家中にあったサッカリンを舐め、ラッキョウ（甘い）の壺を黙って持ち出し小学校の教室の床中に埋めた。周囲は殆ど焼け跡で釘か鉛とかラジオとか昔の銅銭を見つけた。銅銭は銭型平次の真似事をして遊び、ラジオのトランスは慎重に銅線を巻き取り、残りのE型をした薄い鉄板も飛ばして遊んだ。銅線とか鉛管、鉄釘等は八本松の東にある「くず鉄屋」へ売りに行き、何円何銭（当時十銭単位）かを貰って帰りに香川大学の南にあった芋飴屋で飴玉を買って食べた。くず鉄屋へ行く途中の八本松（戦前は市電の駅があった）の派出所の裏に天神さんがあ

亀阜幼稚園卒園記念写真　国東高松市長と

り、入り口の石の太鼓橋とか参拝道の左右の木立は夏の一休みに最適で、その太鼓橋の川底には神社の社殿から参拝路、左右の家並み等が細かく配置された今でいうジオラマがあった、戦前はそこを金魚等が泳いでいたそうだ。

　小学校入学前に替地が中央病院の前に決まった。多分、戦前一緒だった本家・分家（小生）・分家と並び、（次男の新家は香川大学西）家が建つ、それまで小学校の大講堂の中に蚊帳を張って（余りに広く天井高く落ち着かないので）、其の中で寝起きした。

亀阜小学校敷地内の我が家の前-妹と　昭和24年春

小学校時代

　新しい家が建って直ぐに亀阜でなく小学校（附属中小学校）一つを越えた四番丁小学校入学でしたが、実は越境入学。

　一学年約二五〇名。五十名一クラスで五ケ組でした、低学年時は母親が交代で学校調理場で給食を作り、児童は前掛けをしてコッペパンと脱脂粉乳が主体の給食を配り飢餓状態の小生は完食した。

　放課後は当番として教室の床・机を掃除し、月に一度は窓ガラスも拭き、冬休み前には全員で大掃除した。後年、年末に執務室の机・ロッカー・窓ガラス等大掃除してると部下がキョトンとしてる。聞くと年末の大掃除なぞしたことないと、今は奈良の大仏でも姫路城でもすす払いをしてるが小中学校とも大掃除はしないらしい。

女の子は何ヶ月に一度は頭髪をＤＤＴでマッシロにされ、正規の虫下しは入手困難で麦のワラを煎じた茶色くて苦いのを飲まされました、通学はゲタ（雪が降ると歯の間に雪が溜まって転ぶ）、雨は余り降らないが降ったら番傘、めったに差さないが蛇の目傘を差したら得意満面。

遠足は、香東川の河川敷へ行って頭位の丸い石二ケをリュックに入れ校庭の砂場の敷石に使った。当然のことながら紫雲丸の修学旅行に行った。修学旅行では旅館の食事の為一人一人が米を持って行った。修学旅行の費用は二棟あった教室の中庭の小さな小屋の子供銀行に毎月預けていた金を納付した。

第一次ベビーブームの先駆けたる我々ですが、教室新設（三階建）・体育館建設等で殆どが二部授業（午前か午後どちらかで交代で授業を受ける、つまり授業は半分）でした。昨今、小・中学校のクラスは三十五名が良いと云われてますが、そんな五十名クラスの二部授業でも女子大では奈良女と双璧の学校を出て、未だに向学心旺盛な人が育つのですからクラスが何名編成かは関係ないのであります。

小学校で毎日のように私めを苛めた餓鬼大将は国際基督教大学を卒業し京都あたりの高名な牧師さんで、苛められていた方は陸上自衛隊の戦闘の中核たる戦車部隊の戦車部隊長になりました。

この二部授業は体育館・新校舎が建った後も続き、体育館の中を間仕切りまでしての二部授業でした。二部授業が終わった後だったかもしれませんが、当時の西鉄ライオンズの名選手だった中西太選手が四番町小出身という事で来校、宝塚歌劇団も公演した。

四番町小学校への通学は、朝、附属中小学校の西側を通り、同じく附属と県庁の間から県庁の車庫前を抜けて、県庁・日赤の前から高松高校の瓦屋根の土塀沿いに歩き、市役所・気象台（現在は高松サンポート内、観測所等ゼロ、天気予報が当たらない筈です）と病院間を歩いて、小学校の裏門へ入ります。余談になりますが、当時の市役所屋上、香東川橋、高松高校屋上の一部には大きな黒丸がランダムに描かれておりました。いづれも戦争中の爆弾攻撃の回避のカモフラージュの名残です。

前述で県庁の車庫が出ましたが、我が家の正面にも国警（当時は国家警察と呼ばれてた）の車庫が在り、色んな車を見せて貰ったし、暇な時はジープに乗せて貰ったりもした、車庫にあった車は全部外車で、好きなものだからフオード、キャデラック、リンカーン、ビュック等今でも記憶にある。我が家の隣は祖父の弟の奥さんがタバコ屋をしており、その車庫の運転手が良く遊びに来て名前を覚えるほどだったが突然その人が来ない、聞いてみると車内で暖を採っていて一酸化炭素中毒で亡くなられた。当時の外車でもヒータは装備されておらず年に数名亡くなられていた。

帰路は、裏門を出て時々市役所の中を通り抜け、高々の東側歩道を歩き、ＰＬ教団（いつも信徒さんが道の清掃をしていて時折教会の中の薄緑色の聖壇が見えていた）～木造の県立図書館を経て八本松の交差点から家に向かった。家まで五十メートル《メートル》の所に本屋があった、主体は貸本、母親が常連だったので店のオバサンとも顔見知りで小学時代は週刊誌は未だなく、「少年」、「冒険王」等が出版されたら立ち読み、中学生になれば「明星」、「平凡」もあったが霧隠歳三、猿飛佐助等の講談本を借りて読み、主役以外の「赤井衿巻」とか「山坂危内」とかの人物が実在したと思ってた。

高学年になるにつれ勉強の嫌いな少年は色々な遊びに夢中になった、玉藻城には進駐軍が居て鉄砲を持って見張ってる、けど、石垣の上には小判がアチコチに落ちている、を信じて、琴電築港駅の裏の石垣を登って何度か上までたどり着いたが、進駐軍が怖くて中まで行かなかった。

その頃三階建ての校舎が完成し窓から見る景色は遠くまで楽しめ、西側には背の高いお釈迦様のような仏像が聳えており額には丸い光った玉があり「あれはダイヤモンド」だと噂になり、いつかハシゴを持っていって登りその光る玉を取ろうと考えた。

北の方は、男木島・女木島、三越が観え、学校から北に向かって酒屋、ラムネ屋、醤油屋等の看板が目立った。かって高松の真ん中を香東川が流れていたが、江戸時代その川を現在の川に流れを変えたが、その水脈は昭和の現在でも顕在で、栗林公園の東に沿って製紙工場とか醤油屋が続いていた。

高松駅に至る何本もの線路の北の海岸では、水泳教室があってクラス全員が大的場海水浴場へ、海水浴場と言ってもそんなに深くない場所に飛び込み台があるだけ、三角形の黒いフンドシを穿いてほぼ真ん中にある二間バトの間で遊んだ。

高松西側の香東川と東側の春日川の洲はとっても広く祖母に連れられ潮干狩りに良く行ったし、香東川の防潮堤付近はドンコというハゼの一種が良く釣れた。

香東川の橋の上流へは、年に何度か隣り近所が集まってリヤカーに積んだ蚊帳とか大きい物を洗濯して河川敷に広げて乾かし、弁当を食べた。

香西の西に神在という所の山の中腹に畑があり、芋掘りとかの手伝いに行ったが、畑の隣に大きな岩があって弁当を食べたが眼下の海には機帆船が走っていて、その航跡が綺麗であった。

その神在のもう一つ奥が下笠井で祖母の姉が住んでいた。バスの終点で客を降ろすと早速バスの後尾の木炭の交換をしていた。（木炭バス）

家の南側の遊び場所は、紫雲山～峰山の山並と高徳線の土手の間の姥ガ池で殆ど湿地帯と田圃と池ばかりでトンボを追いメダカ・フナを掬い泥んこになって遊び、栗林公園が有料になったので紫雲山東側の中腹に小枝・木・枯れ草で所謂秘密基地を作って出入りし、山を下って公園の針金柵をくぐり、池のタニシを採り、蓮の実を採り、トンボ・セミを取り、帰りは堂々と北口から出た。この公園では数年前には進駐軍が手榴弾で鯉を獲っていた。

公園の東側から八幡通りの手前には大きな池があったが水は醤油色で生き物は皆無、昔は綺麗な水が流れて底が見え鯉・フナが沢山居たと爺ちゃんが話していた。

台風がきて大雨が降ると、シャツと半ズボンのまま傘も差さず、栗林公園から八幡様の小川に走った。公園の池から溢れた鯉とかフナを獲るのであるが、図体が大きくナカナカ掴めなかった。

季節毎のイベントは小学生を虜にした、正月三日間の八幡様の祭り、五月の春市、九月の秋祭り等、特に秋祭りはご神体が篭に乗せられ前後を大名行列並みの陣容で、露払い・侍・短毛槍・三間以上ある長毛槍・馬上の稚児（大きな鞍に括り付けられてた）・篭に乗った稚児・ご神体の神輿・銭箱等が続く。二列になって毛槍・銭箱をクルクル回して、横或いは前後に投げ受ける。長い毛槍を回しながら高く放り上げ、受け側の奴（ヤッコ）が見事に受け止め、重い銭箱を上手く受けると周囲が拍手する。其の前後に各町からはせ参じた二十数基の「チョウサ」が大勢の担ぎ手に担がれ練り歩く、各チョウサには四人の稚児が角の四本の柱に落ちないように縛られ、「チョウサやどんでんどん」の掛け声に併せて太鼓を叩く、遭わせてクルクルと回し、傾け、或るいは隣のチョウサとぶっつけあう。

神輿の行列は、八幡通りを約五〇〇㍍東進した道路の北側広場のお旅所に着いて休憩となるが「チョウサ」群は更に東進して中新町まで練り歩いた。

それだけだとココに紹介する意味がない、祭りの時は八幡通り左右にビッシリとテント店が立っていた。おもちゃ屋・縁起物・岩納豆・子供相手の籤引き、綿菓子・タニシとかの食べもの屋等、八幡様門前には覗きカラクリ、お旅所とかちょっとした広場には「女相撲」「鎌いたち」「牛女」等の見世物小屋が並び、レンズを覗くと骨が見える、薄い杉板をスパスパと切ってみせる包丁、忍者の巻物等の香具師とか、五円玉、十円玉をにぎりしめ一日中歩き回っていた。

八幡様のお祭りも「ちょうさ」も今も続けていれば愛媛県西条市の喧嘩神輿・香川県豊浜の「ちょうさ」と同じく無形文化遺産として残る筈でした。そこで、高松の隣町の香西町の「獅子舞」について、

香西町は、祖母の実家で同い年の又従兄弟がいて良く行き来した。香西町は、小学校で農繁期・農閑期に休みになるのが羨ましく、祭りがあり遊びに行くと、二階の物干し台から見ると二十数本のハシゴが立ち、その上で獅子が舞っていた、成人後ほぼ全国を廻ったがはしごの上での獅子舞は香西以外見たコトはない。

祭りの話しがあってお盆の事が出ないのではバランスが悪いので「お盆」について、

お盆には家の四方にイワシの頭を刺して魔よけとし、祖母に連れられて西方寺へ墓参りに行った、墓参りの帰りの墓地内でのキリギリス捕りが楽しみでもあった。墓地の入り口では同い年位の子供がバケツ一杯五円で水を売っていて五月蝿く買えと付きまとう、灯篭を吊り、花を指し、お供えの菓子を置き、線香を上げるが、灯篭は其の侭でお供えと花は墓から離れると待ち構えたように子供が持って帰り、花は墓地の入り口で売られる。祖母に言うと年に一度の近所の子供の楽しみだという。灯篭は映画「牡丹灯篭」に出てくるような大きな物、結婚して妻の実家丸亀の灯篭は三十㎝角で裾がない物、高松で最低の灯篭が一五〇〇円、丸亀は四〇〇円程度、最近の墓参りでは四基の灯

篭、瀬戸大橋料金も含めてバカにならない。

　お盆最後の日には、祖父が藁で一m位の舟を作り「西方丸」と書かれた帆を立て、中に灯篭・お供えを載せて西浜の堤防から海に流す。すると、五分もせずにボートが近づきお供えを盗っていく、子供が泳いでくる。コレも西浜の子供達の役得だそうだ。

　一昨年だったろうか同窓会で昼間、仏生山のお参りが企画され参加した。子供の頃、高松藩の菩提寺ということで祖父母に連れられお参りしたが、当時、入り口の門の左右におる仁王がどちらも形相凄まじく入るのが怖かったし、涅槃では何歩歩いても頭が見えてこない「大きな仏（ほとけ）だなー」と感じたが、一昨年伽藍を観て廻って仁王も涅槃も往時との差異が大で納得できないままである。ただ、伽藍の中にあったウドン屋のウドンはメチャ美味かった。

　ウドンの話しが出たついでに、小学校の高学年まで昼食時うどんを買いに行かされた。ウドン食堂は余りなく製麺屋が近くに三軒あり、夫々茹でる時間が違っており、買いに行く時間と茹でる時間を計って店を決めていた。ウドンは矢張り茹で立ちが良く、夏場は買って帰って直ぐ二軒隣の食堂へ行きカキ氷で残った薄い氷を譲って貰い、冷しうどんとして食べた。高松を離れて六十年近くなるが未だにうどん大好き人間が抜けないのは子供の頃の食生活です。

　かき氷のついでに、家庭用冷蔵庫が普及したのは高校時代でそれも製氷室は小さいものでした、従って冷蔵まして冷凍保存は家庭では限られ、毎日の夕食のおかず用の肉・鶏肉（昔はかしわ肉）等常温保存が不可能な食材は毎日近くの店屋へ買物に行かなければならない。現在は一週間分まとめてスーパーへ買物に行き大型冷凍冷蔵庫で保管する。プラス、大型店舗法とかで八本松に沢山あった肉・八百屋から下駄屋まであった小売り店舗の殆どがなく、商店街はシャッター通りになってしまった。それで、地方経済がなりたたず、勤め先がなくなり、人もいなくなり過疎化が進み……地方創生と云うが、どうしょうもなく四番町小学校も廃校になった。

　街から店がなくなったのはともかく、当時の子供にとって嬉しいのは、夏、チリンチリンとベルを鳴らして売りに来るアイスキャンデー、もっと嬉しいのが紙芝居、五円（十円？）払って水飴を貰う、その飴をクルクルこね回すと白くなる、紙芝居が終わるまでこね回す、お金を持ってない子供は最初は追い払われるが、芝居が始まるとオジサンも心得たもので段々と近づいてくる子供達を見ぬふりをする。紙芝居の内容は黄金バット、鞍馬天狗、猿飛佐助、怪人二十面相等……拍子木が鳴るのが楽しみでした。

他の楽しみといっても車があるわけでなし、汽車に乗ると小一時間で顔は真っ黒になる。遠出をするより日曜日の市内への買物、一丁羅を着て三越デパートに行き綺麗な女の人の案内するエレベータに乗り、五階の食堂でお子様ランチを食べホットケーキに蜂蜜を一杯塗り食べることでした。

六年生の夏、屋島西側の確か牟礼というところで高松市内小学校から数名ずつ参加する臨海学校があって参加した。毎日泳いだり近くの神社へ行ったりして楽しい臨海学校だった。近くにエタニットパイプ工場があり見学した。鉄管、陶器管に替わる最先端科学の工場で将来この工場で高松も発展する、と説明があり「凄い」と思ったが、それから二十年後公害のトップになって今も気にかかる。

もう一つだけ、読者も聴いたコトがあるかもしれませんが、私メの住む家から約一キロ南に栗林動物園があり、夜な夜な虎かライオンが咆哮する、最初は気味が悪かったが、聞こえない夜は逆に、アレッ死んじゃったかな？　と思う風物詩でなく風聞詩でした。

修学旅行中の紫雲丸事故に関連して

清水寺から降りてる頃だったと思うが「号外」が下の方から聞こえてきた（と記憶）が、その清水の舞台から観た街は碧い屋根瓦が連なっていて綺麗だと思った。それが清水焼だと知った。

後日、滋賀県に勤務し、二人の息子も京都の大学を出て、長男は大阪・京都県境に居を構え、息子の学生時代とか長男宅に寄ったついでに京都を観て歩いたが、ついぞ碧い瓦の欠片もみることが出来てない。

同じ話しでも、高松駅から西浜までの広い操車場は、蒸気機関車の黒煙で屋根瓦も塀も真っ黒になっていて公害どころじゃない。

今もアチコチの線路で蒸気機関車が走ってるが公害の塊だったのを知ってるのだろうか？

中学生時代

紫雲丸事件の後、中学生になった。白線が二本入った懐かしい（小学校ではほぼ皆無）四番町小学校の帽子が紫線が二本に替わった紫雲中学校に入った、その時城内中学校が新しく出来大半の友達は新中学校へ行った。紫雲中学校の入り口から一〇〇《メートル》も離れていない所に家を借りて入学してみると、ナント！　学年は約八〇〇名、十六クラスあり、多分香川県でも一番のマンモス中学校だろう、全学級を収容しきれないため、香川大学学芸学部の教室を借用していた。

借家から教室に行くには、学芸学部と経済学部の間の道路を歩いて、南側の裏門から入らなければならず、道路の角の低い土手と金網の壊れた処を抜けると時間的には約三分の一になって小生専用の通学路になった。勿論、学校給食は多人数では無理で弁当だが、昼食の時間になると運動場を横切って家に帰って食べた。

入学して二ヶ月位経ってバドミントン部に入部、放課後は本校入り口の校舎横のコートで練習したが、元々室内競技なので風があったり雨が降ると練習できないので南にある八幡様の裏道とか峰山の道路を走った。

夏の前頃から夕方の時間が長くなると、週一～二度は市の体育館へ練習に行った。中央球場東側の体育館へは、学芸・経済の間の道路から六番町七番町の道路を通ったが、かっての武家が住んでいた為か平屋の立派な玄関と家が並んでいた、玄関横には鳥井を模した板がぶら下がり英文がはいってる、進駐軍の宿舎だった。

因みに、中学校周辺の家並みは、学校の西沿いから現在の高松市図書館までを南北に貫く幅広い道路がありその道沿いには小さな木造家屋が連なっていた。何れも当時空襲で焼け出された人達が住んでいる、所謂バラック（現仮設住宅）。学校北側の道路には洋館風の二階建てで広い庭を持つ同じような建物が十軒ほどあったが香川大学の教授連の宿舎。その他学芸学部の西側には一〇〇《メートル》以上四方コンクリート塀に囲まれた建物があって、それは日本銀行の社宅だった。

二年になって本校舎に移った。移ってみると大変な生徒数の中学校でクラス対抗の競技会とか実行が大変だったようですし、七月に入って大的場への水泳教室（野球・バレー・バドミントン・テニス等の部員は肩が冷えるので不参加）は先頭が海に到着しても後尾は未だ校内だったし、修学旅行では、国鉄の列車では乗り切れず、関西汽船の客船一隻を借り切って宮島の港に停泊して宿泊した。人数が多いので各種校外運動競技大会にはいづれも優勝してた。

話しは横道にそれるが、借家と大学の塀との間の細い道は西浜・二番町の中学生の登下校で一杯になる、その生徒に逆行して歩くには相当の覚悟がいる。その登下校が終わると八幡通り方向への「頂きさん」が途中魚のアラをドブ川に捨てたりする。登下校の前後に海岸付近から明らかにハンセン病（当時はライ病）と思われる人達が八幡様境内に歩いて行く。この人達については「高校」の項で述べます。

バドミントンの練習は小生を虜にした。非力な小生には丁度よく自分の性格・体力に合っているとおもったが、昭和三十一～三十二年頃、未だ戦争回復の途上であり、トレーニングのシャツ・短パンも靴も靴下も満足になく、決して安い給料とは言えない父親の月給は約一五〇〇〇円程度であり、打つ羽球（シャトル）一ケで約五十円、一年の終わり頃ラケットが壊れたが新しいのは一万円もする。監督だった先生が壊れたラケットを修理して譲ってくれたが、それでも三〇〇〇円だった。夏場、汗ビッショリになって練習して風呂も満足に入れないと、直ぐインキンになり、サルチルサン瓶と脱脂綿を持って校舎の二階の端でパンツを脱いで、部員に塗って貰って痛いので思い切り廊下を端まで走った。

三年の夏、県大会に出場して優勝した。といっても参加校は紫雲・城内・高瀬・観音寺・善通寺の五校であった。

中学生になっても遊び心は大きくなるばかりで、練習の合間をみて色々見て廻った。紫雲と峰山の一番低い尾根の向こう側の中腹には警察の射撃場があり、「鉄砲の弾が落ちてる」という噂を信じて山の向こう側へ見つからない様に隠れて降りていくと射撃のパンパンという音がして「これは撃たれる」と慌てて逃げ帰った事が数回あった。

夏場は大的場の西側にはボート屋が十軒近くスダレと木組みの小屋が在って、仲良くなった店のオバサンに頼まれ沖に繋がれたボートを岸まで運でボートを漕いだり泳いだりして遊んだ。

父親が会社（四国電力）の五〇〇〇円で払い下げになったオレンジ色の自転車を黒く塗って呉れた。これで行動範囲が飛躍的に広がり、友と金比羅へサイクリングに行ったり、同級生の笠井君の父親が別の中学校で先生をやっていて同じ学年の数名に英語を教えてくれた（当時の先生は生徒と同じく春・夏・冬は休みで殆どの先生は片手間に塾で教えたり、高校の先生には教科書を書いていて小生も挿入画を書かされたりした）その塾が終わった後、皆で自転車に乗り屋台を追って中華ソバを食べた、「泥舟」という屋台で美味かった。

放課後、市営体育館へバドミントンの練習で日赤と高々の間を通り高々の塀沿いに自転車を走らせる、塀は北から南に低くなっており、角の塀が一番低く中が良く見える。丁度校庭で男女がフオークダンスの練習をしていた。中学生にはダンスなんて判らず、「ウワッ！　男と女が抱き合って昼間から助平なコトしてる。凄い学校だ、こんな学校には入れない」と思った。

教えてくれた先生とは、三年の夏休みにその塾に通う友人四名と男木島へキャンプに行った、路傍の一mもない木の横を通ると何百という本ゼミ（クマゼミ）が飛び出しビックリしたし、一番北の端の灯台へ行った時、その付近の景色はムカシ映画教室で観た「喜びも悲しみも幾年月」の映像とマッタク変わっていなかった。

それらと相前後して何故か海上保安庁の巡視艇に乗って香川西方の粟島海員学校を見学した。この学校は主として外国航路の船員を養成する国立の学校でした。後日、父の兄弟中長姉の子供がこの学校を卒業して外国航路に乗っていた。

前述したが祖母の実家が香西で廻船問屋であったり、祖母の姉の義理の兄が長年外国航路に乗っていたとかで、中学の終わりごろには愛媛県の弓削島にある五年制の商船高等学校へ進学するコトに決め十二月には早々と試験があった、一人で弓削島に行くのも心もとないので友人と二人で受験、友達共々十二倍の競争率を突破した。

高校時代

中学三年時に中央病院前の実家の裏側に新しい家が建ち、ジイサンバアサンと起居を共にすることになった。

商船高等学校の合格発表があり、前から試験が終わったら遊ぼうと自転車に旧軍の天幕等を乗せ、二人で東讃を三日間かけてキャンプ・サイクリングを実施した。父親の実家、兄弟等が三本松を中心に点在しており、其処で食事をして夜は田圃のアチコチに積んである米藁を一杯被って寝たので寒くはなかった。

十分に楽しんで帰宅すると公立高校の試験も受験してみたら、願書は提出済みだと母に云われた。どうせ暇だからと軽い気持ちで受験するとプレッシャーがなかったのか高松高校に合格した。俄然、母は自分の母校でもある高々への入学を泣くようにして頼んできた。学費等を出して貰うので無碍にも出来ず、商船大学進学を条件に高々へ進学した。

入学してみると、余りに現実が違いすぎた。校舎は焼け残った県女のもので、裁縫教室・料理教室はあっても化学・物理教室はなく男性用便所は本校舎にはなく、中庭の大きな楠木の傍の一箇所だけで三階から用を足すのに困った。女性徒は胸に小さな三角形の徽章と県女の徽章の「雪持ち笹」と学年章を誇らしげに着けていた。徽章は我慢できても、出来なかったのは靴で、女生徒は黒革のパンプスが許可されていたが男子生徒は運動靴だけであった。なぜか？　男の革靴は喧しいし、廊下が傷むというのである。モット悪いコトに十クラス中三組しかない男子組に編入された。試験を真面目に受験しなかったから仕方がない。

高々に入学して、商船大学を目指しての高校生活が始まった。小学校から分かれていた四番町小学校の友人の大部分は又一緒になった、高松郊外から汽車に乗って来るとか、通学困難な生徒は公益法人の旧高松藩主が設立した城内中学校の裏の「松平寮」に寄宿していた。（当時、東京三田にも松平寮があり、三十七会の同級生も数名寄宿していた、高松の殿様の後裔は偉い！）

昭和二十八年開催された国民体育大会に使用された木造のヨットを修理を重ねて大切にし、それを借りて練習していたヨット同好会に加入して毎日ヨットハーバーに通った。

ヨット練習（大的場）　昭和35年

学校は、未だ三年生の一部には弊衣破帽・高下駄を履いて校内を闊歩していた、当時は学習塾はなく、前年受験に失敗した人達は図書室の階上の補習科に通っていて、「四年生」

と呼ばれていた。

さて、中学校の項で述べた我が家の前を毎日八幡様へトボトボと歩いて行く人達は、八幡様の境内の塀の内側の庇《ひさし》が広く伸びたところで雨露を凌ぎながら僅かばかりの施しを貰って帰っていく。

大島青松園で父君が働いていた大島出身の同期生が昭和町の民家に下宿していて、仲良くなり大島へは船の運賃が無料なのでよく行った。

岡山にもハンセン病の隔離施設「長島愛生園」が瀬戸内市にあり、丁度三年上の従兄弟が警察官をしており、殺人・傷害事件があると島へ調査に行くのだが、愛生園からは船も出してくれず伝馬船を借りて渡り、食事もなく、園の職員・隔離患者両方とも事件調査協力も得られないまま帰ったそうです。

最近、ハンセン病で隔離された人々が人権侵害・差別だと裁判沙汰になってますが、当時は精神病患者・法廷伝染病・結核病患者が窓に鉄格子がついた精神病院、中央病院とか峰山墓地前の隔離病棟に入院させられていた。有史以来、歴史に残るライ病患者を優遇した人物は、市街から離れた洞窟で市街から施しを受ける患者を勇気づけハグまでしたイエスキリストと。日本の戦国時代ライを患っていた戦国大名大谷吉継を両手でシッカリと握り参戦してくれた礼をいった豊臣秀吉くらいでしょう。

入学した途端に中央球場に連れていかれ高松商業との決勝戦があったが、負けてしまい、応援が下手だからと応援部から昼の休憩時練習を強要された。後年、二十世紀枠とかで高々が甲子園に行き、応援が素晴しいと表彰されたらしい。

ちなみに翌年の甲子園選抜の試合で優勝・準優勝した高松商業の松下—三宅バッテリーは紫雲中学の同級生であった。

さて、高校での毎日の生活は、通学は家を出て八本松交差点経由県庁前を通過して学校に至るものですが、朝、県庁前ころから高校正門までの間は、多分、高松駅から大挙通学してくる明善女子高の女生徒さんで歩道一杯に押し寄せてくる様は強烈で逃げ出さざるをえなくなる、夕方の下校時も同じであった。多分に当時は対岸岡山から宇高連絡船に乗って通学する生徒が多かったのかも知れない。それで、おのずから通学路は県庁の裏道から学校通用門となった。学校では遠距離の生徒は自転車通学が許可され、近くで自転車通学する者は駐輪場用務員に五円を払っていた。

校内には木々等庭木の管理とか小修理に携わる用務員（小使い）が数名いて学校玄関と通用門の間に小さな入り口があって、その校舎の入り口に用務員室と宿直室があった。土日、学校へ行って懇意にしている先生が居た時はお邪魔してお茶なぞ頂いた。

先生の話になったので、次いでに……

一般的に、先生の主流は何故か広島大学出身者が多かった（高校で入部していた生物部の先輩、後輩で三人が広島大を出て生物学教諭になっていた）。古文・国語の高齢の先生は小生の母を覚えていた。

当時の教頭、数学、英語等の高齢な先生は黒いガウンを羽織って教壇に立っていた。

若い先生は、特にクラブで校外活動時にはクラブの顧問でもないのに付き合って行動を共にしてくれ学生の相談にも乗ってくれた。又、校外活動にはクラブの部員以外でも気楽に参加させてくれた。

学校で最も注意しなければならない先生は化学の先生で土日、放課後、夜間等市街を補導していた、当時、生徒が利用できる喫茶店は三店に限られていて、パチンコ店等の遊技場も禁止であった。指定以外の喫茶店なんかに入ってるのをその先生に見つかると、大学受験時内申書に書かれると大変なので、その先生を見ると逃げた。当時は私服の持ち合わせなく、大学生でも上服は学生服で下は灰色とか茶系統のズボンで、夏場は白いトレパンでの外出であった。

それとは関係なく中央通りの「あずまや」のうどん、兵庫町通りの「吉野家」のたぬきソバは美味かった。

学生生活で、クラブ活動とかがない日は、放課後は図書室で過ごした。受験勉強も加味しなければならない頃になると学校の東側にある県立図書館で過ごした、県立は木造で薄暗く閉館時刻も早かったので、その後は市営球場の東側の市立図書館に通った。市立の閲覧場所は吹き抜けで斜めのスロープが着いていて開放的であった。

当時は週刊誌もＴＶも満足になく（あっても三チャンネル、小生宅では皇太子の結婚式前に備えた）情報収集意欲は相当で勉強よりも色々な本に眼がいった。特に写真主体の「岩波写真文庫」は参考になった。帆船日本丸を見ては船乗りに憧れた。

クラブ活動が学生生活のメインになり、ヨット部活動も入学して暫くして入部した生物部も、文化祭をメ

旧日本丸（岩波写真文庫）

インに活動した。イベントは各クラスが演じる演劇、クラブが発表する発表展示、朝から夕方まで踊るフオークダンスとスクエアダンス、そして最後の夜のファイアストーム、二年生になっても男子組では踊る相手もままならず、ただ、ファイアストームは学校の隣りの県庁ビルにも炎が映り、天を焦がし、全員で唄う校歌が木霊した。

中学生の項を思い出して頂きたい。学校の塀から中の様子を伺った時の情景である。まさか入学するとは思いもよらなかったが、成長してダンスには興味があったものの、ついに三年間男子組で仕方なく硬派で過ごした。

二年の夏休み、何時ものように大的場沖でヨットに乗り走っていると、古い高松駅から大きな煙と炎があがった。急いでポンドに帰り線路を飛び越え柵を乗り越え駅への細い道を走りながら飛び火している火を消して歩いた。道路は布団とか家具の様な物を担いでいる人々が右往左往していた。火の手は益々酷くなり風に乗って戸板のようなものが燃えながら飛んで行く。まるで阿鼻叫喚ピッタリであった。その内、聳え立つような駅舎が炎に包まれて崩れ落ち、数年前に見た映画「風と共に去りぬ」のハイライトシーンとダブって見えた。

火災の後暫くは駅舎の事で新聞等で話題になったが、暫くして、新しい駅舎ビルの二階以上の内部の整備は未完だったが、時の四国支局長は「駅ビルの完成は延期し四国管区内無煙化を促進する」と云った。その四国局長の官舎は学校の西側のとてつもない大きな建物で三階の部室の前の窓から見てると高々と同じ制服の女生徒が勝手口から入っていった。調べると同級生の矢山さんと判った。

校内・学校生活については上っ面だけですが、述べてみましたが、当時の社会変動は光速的に早かったようです。

中学高校と映画教室なるものがあり、直接映画館へいくのが嬉しく、上映映画も素晴しいものでした。幼

屋久島安房橋（総て屋久杉製）
昭和38年

稚園・小学校時は校庭に布幕を立て、夜蓆持参で行きました、鞍馬天狗が馬に乗って助けに行く、ターザンが綱を渡り泳いで助ける時皆手を叩いて応援してた。（実は、高校時代ヨット部のクルージングで女木島に泊まった夜小学校校庭で美空ひばりの映画をやっていた。昭和三十八年　高校生物部ＯＢ五人で未だ五万分の一の地図未整備の鹿児島屋久島へ遠征し、小学校講堂に宿泊した時、夜巡回映画があり美空ひばりものが上映された。）

市内の映画館は多分六軒ほど、洋画封切り館二、邦画封切り館二等で白黒からカラー・七十ミリ画面と進歩していった、隣のタバコ屋で映画ポスターも展示して映画入場券をくれていたし、父の会社の試写券もあり高校時は足繁く通った。洋画ではシナリオも販売されており英語の勉強も兼ねて、観る前に辞書で調べほぼ暗記して弁当を持って朝から三～四回観た。「渚にて」と言う映画で、四年後の核戦争で北半球が汚染し最後に残ったオーストラリアを舞台にしたもので、ラストシーンの「兄弟！、未だ時間はある」という字幕が強烈に印象に残った。

「5球スーパーヘテロダイン」思い出して頂いたでしょうか？　トランジスタ前の真空管ラジオです、父が電力会社勤務の関係からか戦後からラジオがあり「二重の扉」、「三つの唄」とか「浪曲物まね大会」とか隣近所の人が聴きにきてました。高校時代には音響録音技術が進歩し、ステレオ化で音楽番組が放送されました、所謂「L盤アワー」、「S盤アワー」とかでスピーカーが二つ付いたラジオでも十分に楽しみ、「藤間紫」のナレーションは色気がありました。レコードもダイヤモンド針の効果で家庭用蓄音機が売られ、プレスリーとかコニーフランシス等、日本では弘田美枝子等の唄が流行りました。ペレスプラド、リカルドサントス等の楽団演奏も素晴しいものでした。中にはジェット戦闘機の爆音・射撃音がＬＰで売られてました。

高校での音楽教室では教壇に大きなステレオ装置が置かれ、クラシック音響演奏を聴かされました。大半の生徒は静かに熟睡です、小生は真面目に聴いていると、先生が頭を押えて寝ろといいます。

「縁は異なもの」と申しますが、「小学校」の項で、小学校の隣りのお寺の銅像の額のダイアモンドをいつか頂こうと思っていましたが、生物部入部時に優しく承諾してくれ、色々と教えてくれた横田部長がいましたが、二年時に入部してきた女生徒が入学前にも良く顔を出していたし、小学校の時の小生を良くしってるという、先輩の部長と同姓だったのでまさかと思って聞いたら部長とは兄弟で、家は小学校の隣の法泉寺だという、境内のお釈迦様の額の光る石のコトを聞いたらダイヤではなく水晶だという、ビックリした。卒業した冬、生物部の先輩達とそのお寺へ行き、部長には了解を得て鐘撞堂を清掃して撞木を直し、大晦日に集まり百八つの除夜の鐘を撞いた後、夫々バイク・自転車に乗って塩江に行き、大滝山に登り頂上で初日の出を拝み下山した。この行事はＯＢの行事として数年続いた。

市内の商店街の中の小学校だったので、靴屋、かばん屋、化粧品屋、洋装店から質屋、旅館、映画館等の友達が沢山いた、その基となる四番丁小学校は何年か前に廃校になった。城内中学校もなくなった。政治が大店舗法とかを奨励して雇用機会均等とかで今までの小売店は減少し、コンビニとかチェーン店の料理店・飲み屋・食料品から衣類、電気製品等はホームセンター・スーパー・量販店がすべての利益を中央に集め、商店街はなくなりドーナツ現象に発破をかけた。若し高松高校が廃止になればどうなるのでしょう。小生、高校三年時近視が進み商船大学は諦めた（ムカシは海員として視力が悪くなると乗船資格がなくなる）が、今、神戸も東京商船大学もない（神戸大・東京海洋大に併合）。島国で海洋とは切っても切れない日本国はどうなるのか？

休日でなくても、琴電瓦町駅から沢山の人が押し寄せ、常盤街は人で溢れかえり、常盤街の出口の斜め向いの乾物屋では店頭で花カツオ削り機から花カツオが溢れておりました。何時の日か高松もこのような活気ある街に成るよう祈っております。
　以上、思いつくまま、偏見・偏向を省みず書いてみましたら、思いがけず長くなってしまいましたが、何様、五十年以上も前のことで間違いがありましたらご容赦ねがいます。

多田克昭（ただ・かつあき）
一九四四年（昭和十九年）高松市生まれ。四番町小学校、紫雲中学校、高松高校を経て防衛大学校（機械工学）卒業後陸上自衛隊に入隊。機甲科幹部として各地で勤務後、二〇〇〇年定年退官。岡山県赤磐市在住。

高松桟橋駅風景（昭和29年）
正面の建物が高松桟橋駅本屋で右隣りが関西汽船待合所
（『高松百年史』より引用。高松市歴史資料館保管）

高校同窓会で京都旅行（2012年４月17日）

広島の川

小笠原ユキ子

孫たちの「七五三」の記念写真が届いた。和服姿だと、男の子ながらも華やいで可愛いい。平成生まれで令和育ちの孫たちは、七歳と五歳である。

私が五歳の時は昭和二十四年で、晴れ着など程遠く年中同じ服で、それもツギ当て服だった。バラックのような家並みが続き、松葉杖の傷痍軍人が街角に立っていた。

私の人生の前半は昭和であるが、その昭和を孫達は全く知らない。昭和は、男女平等社会とはまだまだ言えなかったことや広島でボランティア活動した「胎内被爆者」のこと等を中心に、当時の暮らしぶりを孫世代に伝え残したいと思う。

姉、二人

終戦ほどなく父が旧満州から帰還した。列車を乗り継ぎ、朝鮮から船で命からがら帰り着いた父の姿や父を迎えた母の喜びようを、姉達はハッキリ今も覚えていると言う。シラミだらけの軍服をバケツで煮洗いしていた母の姿も。

だが、幸せな日々は束の間で、昭和二十一年二月に母は亡くなった。享年三十三歳であった。「お母ちゃん、真っ黄色になって死んだんで。」と姉達は言う。肝臓を患っていたのだろうか。現代医学なら、きっと助かる命だったに違いない。当時、私は一歳半。歩けるはずの年齢であったが「歩けんかったんよ。」と姉の言。食糧事情が最悪の頃であり、祖母はジャガ芋をつぶし味噌汁に混ぜ私に食べさせていたと聞く。姉達の記憶を頼りに今、私は記録を綴っているのだけれど、身近な人々からの聞き書きが、歴史として誰かに届けられるのだなと改めて実感している。

上の姉と共に幼稚園の頃

昭和二十年七月の高松空襲の時、私は母に背負われ焼夷弾を逃れ川岸にひそんだ。下の姉は六歳だったが、空襲の翌朝、昇りゆく太陽がレンガ色だったと強く記憶に残っているという。川は皆の命を守ったのである。

昭和三十年、上の姉は高校三年となり、四年制大学を目指した。当時、高校生の約十％しか四年制大学に進学しておらず、エリートコースと言えた。しかし、世間の風潮は女子に対して高学歴を望まず、短大にでもいけば十分だと。呉服屋を継いでいた父は、「商売人の娘が四年制大学やと。」という世間の風当りを恐れ進学に反対だった。

しかし、意外にも祖母がエールを送ったのである。昭和五十八年からＮＨＫで始まった連続テレビ小説「おしん」は空前のヒットになったが、思うに日本中に「おしん」と同じような境遇の女性がいっぱいいたからこその共感だったと思う。祖母もその一人で「辛い想いは、うちらの世代で十分。女性もシッカリ教育を受け発言力を持っていたなら、息子を死地に追いやる愚策を許さなかったはず。」と痛感したからこそ、グイと父の背中を押したのではなかろうか。

また、担任も度々家庭訪問し父を説得してくれたので、姉は中・四国地方の国立大学で唯一の徳島大学薬学部に進学できた。姉が突破口を開いてくれたことが妹達にとってどんなに励みになったことか、思えば感謝しかない。

昭和三十八年、私は高校三年生。県下有数の進学校にいたが、就職組という女子のみで構成される一クラスがあった。男子は当たり前のように四年制大学を目指し、かつ世間から期待されていたのに、女子は「短大くらいは出てないと」とか「花嫁道具の一つ」だという認識しかなかったと思う。

このような男女不平等の世相に私でさえ違和感を覚えていたのだから、市川房枝・上野千鶴子らの女性運動家と共に多くの女性達が異を唱え、やっと平成十一年に「男女参画社会基本法」が施行された。と同時期の「男女雇用機会均等法」により、働く女性達の前進が加速したと思う。私の教え子達も悪戦苦闘しながら医療・マスコミ・芸術・教育等々の各分野で個性・能力を発揮し物言う女性として活躍している。

令和二年十月、ＪＡＬの機内放送はジェンダー中立表現に変わり、「Ladies and gentkemen」から「All passengers」になった。それに、十一月の米国大統領選挙では、カマラ・ハリスが副大統領になった。バイデン側の勝利宣言の際、「私は米国史上最初の女性副大統領になるが、最後ではない。全ての少女達が、この国が可能性の国であると理解するからだ。」と演説した。なんたる清々しさ!

胎内被爆者との出会い

母の死後、父に後添いがきて子沢山の家庭になった。その上、時代は欧米化の一途で、呉服屋は斜陽、家計は苦しくなっていった。進路に悩んでいた私に、姉は「教師を一定期間勤務すれば奨学金返納免除になるよ。」とのアドバイス。私は広島大学教育学部に進学した。

入学の春、川沿いの道を下宿へ父と向った。「もはや戦後ではない。」と、テレビ・冷蔵庫・洗濯機が「三種の神器」と、もてはやされていたが私には無縁だった。ともあれ、心だけはウキウキとし、道すがらの広々とした川面のキラメキを今も思い出す。

「広島の川は水がいっぱいでエエのー。」と話しかけた私に、「広島には、ほんまは来てほしゅうなかったんや。」と父が小声でポツリと。十八年前には「水をくれ、水をくれ。」と叫びながら川に飛び込んだ多くの被爆者たち。その光景が脳裡をかすめたのだろうか。旧満州での戦いの体験を持つ父であったから。

大学の正門辺りは、むやみにだだっ広くフェニックスの大樹が堂々としていた。フェニックスをグルリと囲むように学生運動の立看が並べられ、毎朝のようにマイク片手の学生達が叫んでいた。安保闘争後の世代ではあったが、まだまだ熱気あふれていたように思う。

また、総合大学ゆえに東南アジアからの留学生も多く、医学部・工学部など理系に在籍していた。私は、留学生との交流をメインとした「ホーム・アジア」というサークルに入った。タイからの留学生に漢字を教えたり、台湾からの留学生に中国語を学んだりした。渡辺はま子の「何日君再来（ホーリーチェンツアイライ）」を中国語で歌えるようになったのも、「ホーム・アジア」のおかげかな?

昭和四十年前後は全国的に音楽喫茶全盛時代で、趣ある名曲喫茶に籠る学生がいたり、歌声喫茶では学生達の歌声が響いていた。コーヒーは学生にとって贅沢品であると同時に文化でもあった。素うどんが二十円くらいで食べられる学生食堂の定食でお腹を満たし、時には自炊も。とはいえ、インスタントラーメン程度だったかな？　そんな貧しい食生活に彩りを添えてくれたのが「山下会」のお母さん達だった。時には、ご自宅で鍋料理などご馳走になったりと。

「山下会」は主婦達の学習サークルで、会員の山下さんが被爆による肝臓障害がもとで亡くなり彼女を偲んで「山下会」と名付けられていた。「親達がシッカリしていれば息子達を戦地へやらずにすんだのではないか」との思いは共通で「胎内被爆者の生活記録」を書き進めていた。記録へのアドバイスをしていたのが山口勇子だった。生涯に四十冊余の作品を世に出した山口勇子は、当時広島ガスの社長夫人で凛とした美しい人だった。「書き残すことなしでは忘却の底へ埋まってしまうから」と「山下会」を励まし、平和運動を推進している姿は、女子学生の憧れでもあった。

「みんなの会」は、学生と「山下会」との合同学習サークルで、私も「みんなの会」に参加するようになり、初めて胎内被爆者の現状を知った。

胎内被爆者とは、爆心地から一・二キロメートル以内にいた母親の胎内で放射能の影響を受けた子供達のことで、生まれながらに脳をおかされ細胞をおかされ薄弱者・身体虚弱者になっていた。もし、原爆投下が無かったなら健康な子として未来へ向かって歩んでいたであろうに。戦後二十年間、国家による保証も支援も一切無く、ただただ親だけの責任とされ育てられていた。昭和四十年代には、広島に四十五人、長崎に四人、宇部に一人確認されていた。親自身被爆しているから病弱な人が多く、世間体を気遣って家庭内のみで世話しつづけた苦しみ悲しみは測り知れないものがあったと思う。大学のゼミで武田泰淳らの戦後文学も学んだけれど、「みんなの会」での学習に、胸をグサリと刺される思いがしたものだった。

とはいえ、高等師範の伝統を持つ大学なので、教育実習はハンパなく、小学校・中学校・高等学校と満遍なく実践させられ、準備に幾晩徹夜したことか。集中講義は万葉学者の犬養孝先生で、魅力的な講義後には友人達と独特の犬養節で朗読しあって盛り上がったものである。後日、飛鳥・奈良への同級生達との「万葉旅行」の折に、犬養先生にご案内いただいたことも懐かしい思い出である。

大学四年の初春に「みんなの会」から胎内被爆者達とピクニックへ行くことになった。広々としたチヤ

万葉旅行にて。最前列中央のベレー帽姿が犬養孝先生

ス牧場は春の長閑な気配に満ち、日頃は巣ごもり状態の胎内被爆者達は喜々として「気持ちいい。気持ちいい」と楽しそうであった。彼らのことを知識としてだけ知っていた私にとって、初めての対面は衝撃的で今も忘れることができない。

年齢的には私とほぼ同じはずなのに、小学低学年くらいの背丈しかなかったり、頭だけが異様に大きく目玉がギョロリとした男の子もいた。表情が虚ろで腕をブラブラさせ緩慢に歩く女の子。こんな子供達を国は何の責任も負わず二十年間放置していたのかと憤りがフツフツと湧いてきた。

ピクニックを通して、支援活動が即必要だと「みんなの会」では討議を重ねた。学生達は、実情を知らせる広報活動を中心に、お母さんたちはバザーやカンパ等で得た収益を生活支援にあてるよう力点をおいた。私も、医療保障を陳情するにあたっての署名活動・アンケート調査等を続けた。名も無い人々の力を結集した地道な活動が結実したのは、平成六年の「被爆者援護法」の施行だった。戦後五十年目に、胎内被爆者の生活と医療の保障や施設の充実がやっと進んでいったのである。

「みんなの会」５月例会ではフォークダンスを

チチヤス牧場で親しくなった圭子さんは一見小柄な娘さんだったが、被爆のせいで足の痛みをかかえていた。でも、美容師に憧れていたゆえ住み込みで働いていた。同期の美容師に技術面等で先を越されることも多く、被爆したせいかと不器用さ、覚えの悪さを嘆いていた。原爆は一瞬で人々を殺傷したけれども、決してその一瞬だけのことでは終了しないのだ。被爆二世・三世と何世代に渡って悪影響を及ぼし続ける怖い核兵器なのだ。

世界中の人々が核兵器の恐さを認識できるようになったのは、粘り強く続けてきた平和運動のおかげであり、核なき世界実現にむけて、令和二年十月に「核兵器禁止条約」が批准された。戦後七十五年目のことである。しかし、日本は条約に参加していない。諸事情あるにせよ何とも残念である。同条約には令和三年一月二十二日から発効している。

文通を続けていた圭子さんからハガキが届いた。「今朝は朝もやがかかり、窓からの川景色がとてもステキです。」と書かれてあった。日々の苦しみを一瞬でも慰めてくれた川景色は、彼女にとって「ヒロシマの川」でなく「広島の川」となっている。「山下会」誌の中の短歌にも

控えめに　ヒロシマに生きる　母と娘の
痛み捉えて　流れゆく川

と詠まれている。

平成二十八年八月六日、広島の川沿いに大合唱が響き渡った。「はだしのゲン」の作者・中沢啓治が作詞した「広島　愛の川」を加藤登紀子はじめ少年少女や多勢の人達が大声で歌ったのだ。それ以降、毎年八月六日には「広島　愛の川」の大合唱が川面に響き渡っている。令和三年八月六日もまた……

―了―

小笠原ユキ子（おがさはら・ゆきこ）
一九四四年（昭和十九年）、高松市生まれ。広島大学教育学部卒業。高松高校、高松商業高校、香川中央高校等で国語教諭。元香川県高等学校文化連盟放送部会部長。高松市在住。

昭和の記憶

柏木　隆雄

一　男女共学

三代の大家、という言葉がある。明治・大正・昭和と三代を生きた文豪や名優を言い、たとえば永井荷風、谷崎潤一郎、志賀直哉、と名が上れば、たいてい「三代の大家」と枕詞が付いた。ところが今、この文章を書き始めて、自身が昭和、平成、令和の三代を生きている、と愕然となる。もちろん大家でもなんでもなく、「三代」も安っぽくなったものだ。それだけかつての「三代」と較べて、人の寿命が延びた、ということだろう。そして自分ではまったくその自覚はないけれど、じつは確実に老人そのもの、ということだ。

ついこの間も、ゴミ出しに行くと、いつものように集団登校する小学生たちが集まって、中の二人が喧嘩腰でやりあっている。どうした？喧嘩か？と聞くと、傍にいた小学二年生くらいの男の子が「おじいちゃん・・・」と言って、私の方に両手を出すと私の手を握ってきた。諍いは一時の悪ふざけですぐ止んだが、私にはその男の子の「おじいちゃん」という呼びかけが、嬉しいような、驚くような・・・とにかくショックだった。私たち夫婦には子供がなく、したがって孫もない。長い間の教員生活で若い世代の人たちから、「先生」と呼ばれることはあるが（「先生と呼ばれるほどの馬鹿でなし」という古川柳は措くとしても）、「おじいちゃん」と呼びかけられたことは一度もなかった。戻って妻に話すと、「当たり前やないの。」とすげなく断定。なるほど今年喜寿を迎える人間が、おじいちゃんでないわけがない。

近頃見かける小学生たちは、本当に可愛らしい。別にヘンなおじいさんではないが、つい優しい言葉もかけたくなる。おはようと声をかければ「おはようございます！」と元気な声が、時には恥ずかしがりの声音で返ってきて清々しい。翻って顧みれば、私が小学生の頃は、こんなに身なりも整って、顔も活き活きと汚れのない坊ちゃん、嬢ちゃんだったろうか？

昭和十九年生まれの私は、昭和二十六年小学校入学。まだ大事に持っている古いアルバムを繰ると、ピカピカの一年生時の写真は男二十四名、女二十五名。

図１　昭和26年　小学校入学。筆者は３列目、右から四人目。

合わせて四十九名が、胸に大きな名札をつけて記念撮影している。その並び方は男女交互で、いかにも戦後民主主義、男女同権をことさらに示すような図柄だ。当時の先生たちは、いわゆる旧の師範学校出身の方がほとんどで、その教養の度合いは、卒業アルバムに寄せられた筆跡の見事さからも推し測られる。いずれも教員としての知識と技術に誇りを持ったプロフェッショナルたちだった。

初等教育の男女共学は、日本では小学校二、三年までは明治の頃から許容はされてはいたが、正式な制度となったのは昭和二十二年の教育基本法施行の後で、私たちの時は、ある意味始まったばかり。戦前の厳格な皇国教育を受け、それを忠実に教えて来られた先生方は、戸惑いつつも、張り切って理想を実現しようとしておられたような気がする。

じっさい十八世紀の終わりに大革命を起こして民主主義の先頭を走っているかに見えるフランスで、男女共学の制が敷かれるのは、日本より二十年近くも遅い一九六五年以降という。敗戦によって戦勝国アメリカの純粋民主主義の実験的施策としての、いわゆる進駐軍による強制的民主化には違いないが、やはりあまりに神がかり的な教育と非科学的な精神で戦ってきたことへの反省が、大人たちの心の中に強くあり、圧倒的な物質文明の怒涛にさらされることで、アメリカ一辺倒に傾く流れが作られたに違いない。

今でこそ押し付けられた憲法という議論があるが、当時の多くの文章や映画などを見る限り、大多数の日本人が、新憲法を歓迎し、アメリカ流の民主主義に憧れを抱いて見ていたことは確かだろう。終戦すぐの歌謡曲で岡晴夫が歌った「向こう通るはジープじゃないか、見ても軽そなハンドル捌き」(「ニュー・トウキョー・ソング」昭和二十一年キングレコード)、は今でも覚えているが、カタカナ表記の歌のタイトルにも、歌詞にも、そうした気分がよく表れている。

いま思い出しても、校長先生自ら校庭での町内盆踊りに、禿げた頭に絞りの手ぬぐい締めて、器用に「炭坑節」の手振りと足捌き、見事な踊りを披露して、婦人会の面々からやんやの喝采を浴びていたし、ある時は女性の先生の指導で、私たち生徒が放送室の様々な機器を使用しながら、夜の校庭に集まった生徒、父兄が聞き耳を立てる中、一生懸命一編の放送劇を上演したこともある。木下恵介監督『カルメン故郷に帰る』(昭和二六年)で、笠智衆演じる浅間山麓の小学校の校長先生が、「何せこれから日本は文化じゃから」と、何かにつけて口にすることからも分かるように、当時は民主主義、文化の言葉が多くの人の口に上って、民主国家、文化日本を皆でまじめに演じていたような気がする。学芸会や運動会は、それこそ町の一大イベントで、先生や生徒が、父兄、一般の観客の前で一体になって楽しんだものだ。確か五年生の時、ちょっと憧れていた女生徒二人を相手に、私も狂言の太郎冠者を演じたことを覚えているし、踊りを習っていたその女生徒の一人から借りた裁《た》っ着け袴で、丁々発止のやり取りをしている写真が卒業アルバムに残っている。

二　娯楽のいろいろ

校外での楽しみも沢山あった。私の生まれた松阪市は、北に阪内川、南は愛宕川に挟まれた区域が旧市街で(私など今でもこの小さい区域が本当の松阪市だと思っている)。その阪内川の夏の楽しみは、水泳や魚取りばかりではない。夜になって辺りに闇が立ちこめると、川の対岸に白い布が垂れ下がって、こちらの川岸から臨時のスクリーンめがけて映画が映し出される。いわゆる納涼映画会。どう知ったかはわからないが、上映される晩は、大勢の市民が川岸に詰めかけ、ほとんど立ち見で、涼風にゆらゆらとはためく画面に見入った。嵐寛寿郎の「むっつり右門」シリーズや片岡千恵蔵の「多羅尾伴内」シリーズもこうして見て、胸躍る場面では拍手喝采した。菅原謙二（のちに謙次と改名）の「講道館もの」もあったと思う。今でもチャンバラや二級映画に多少詳しいのは、この時の、風に揺れるスクリーンを食い入るように眺めた経験がものを言っている。川岸だけでなく、小学校の校庭に、オリエンタルカレーやサンスターの宣伝車が来て、いろいろなフィルムを上映してくれた思い出も懐かしい。

テレビの無い昭和二十年代は紙芝居が全盛だった。荷台に紙芝居の道具を乗せた自転車を、適当な人だかりのところで止め、荷台に木製の額縁みたいな舞台を立てかけて、十枚足らずの絵を繰りながら、スリル満点のストーリーを、芝居がかりの台詞で展開していく。映画に行くお金も時間も無い多くの子供たちを惹きつけて、そのためその害毒を言う教員や親たちもたくさんいた。

紙芝居は、まず舞台の木枠を支える台にしつらえた引き出しから、酢昆布や飴、煎餅といった駄菓子を取り出して子供たちに売り、それを買った子供たちに見せるのを建前とする。何も買わないのは「ただ見」で、そんな子供たちを追い払ってから、始まり、始まり。駄菓子はせいぜい五円か十円程度だっただろう。始める前にクイズを出して、正解すると小さな景品をくれる紙芝居が多かった。中でも太鼓を叩いて幼い客を集める「太鼓のおっさん」は、ずば抜けて面白く、語りも上手で、上品なところがあり、二歳年上の兄と私は彼が大の贔屓《ひいき》だった。どこかしら風貌が、その数年前に四十七歳で死んだ父に似ていたせいかも知れない。

私の家は市の公園となっていた旧松阪城址の石垣の真下にある。お城の大手門跡から市役所に向かってまっすぐに延びる大通りに面して醤油や酒を売る店が一軒あり、お使いで私が一升瓶を下げて醤油を買いに行くと、主人が大きな醤油樽の口を開けて、桝にどくどくと注いで、それを瓶に入れてくれる。その時、店の片隅に腰掛けて「太鼓のおっさん」が、梅酢入りの赤い焼酎をコップで旨そうに飲んでいるのを見かけることがよくあった。そこには何かただ者でない、優れた芸術家の持つ何か、紙芝居屋ではあるけれども、それが世を忍ぶ名士のような雰囲気さえ感じて、いつもその焼酎をあおる姿を印象深く眺めたものだった。

紙芝居は今でいうゲームソフトみたいなもので、しばしば先生や親たちの槍玉に上がった。小学校六年生の時だったか、「紙芝居は良いか、悪いか」をテーマに、児童会で紙芝居のおじさんの代表を招いて議論したことがある。やってきたのは、なんと「太鼓のおっさん」だ。彼のただ者ならぬことを、その時に改めて思ったのだったが、彼は話し半ばに、児童会の委員として主催者席にいる私を指さして、「この子もよく見に来て、クイズをしょっちゅう当ててくれていたわ。」と笑いながら暴露した。きまりの悪い思いをする中に、贔屓の太鼓のおっさんが自分を覚えていてくれたことが何より嬉しかった。紙芝居は有害か、否かの児童会の結論がどうなったかは、記憶からさっぱり消えてしまっているのに、「太鼓のおっさん」の姿は、いまだに鮮明に残っている。

図2　こども会議

縁日の賑わいの話も付け加えておこう。松阪は二月末か三月の始め、初午の日に大祭があり、手元に竹のバネを付けた紅白の細い棹の先に、作り物の猿の人形をつけた名物の「猿はじき」の縁起物を買い、それをかざして人々がお寺に参拝する。境内に所狭しとひしめいている屋台や露天商は、私たち子供にとってのパラダイスだった。

ベビーカステラは、卵とバターの焦げるいかにもおいしそうな匂いを漂わせてコロコロと焼きあがり、生姜の砂糖漬けが、細かく小さい星のように、キラキラと砂糖がからまって光っている。綿菓子も機械の中からふわふわと、魔法みたいに白い雲、赤い雲となって現れ出た。それを口にいれると、あれほど大きかった白い、甘い綿が、雪でも舐めるようにすっと口の中で消えてしまう。

どこからふらりと現れたかわからぬ寅さんたちが、ずらりと立ち並んで開いている露店の中で、何よりも兄と私の目を引くものは「拡大器」という代物。売り手の男が座る台の背後に、阪妻《バンツマ》や黒覆面の嵐寛《アラカン》、ジェームス・ディーン、オードリー・ヘップバーンといった鉛筆書きの似顔絵をずらりと吊り下げたその男が、黄色い二本の物差し状の木を組み合わせたのを、台上の白い紙の上に置く。一方の端に俳優のブロマイド、その上に固定した器械の一方の端にある小さい菱形の先に付いている尖った針をブロマイドに当て、一方の大きい方の端にある丸い穴に鉛筆を差し込んで、ブロマイド上の尖った針が俳優の肖像をなぞるように動かすと、あーら不思議、大きな方の端の鉛筆が、みごとに画像を拡大して、原画そっくりに仕上がる、という寸法だ。

絵の得意な兄と、嵐寛《アラカン》の似顔がほしい私の二人とも、この拡大器が欲しくて欲しくてたまらない。毎年の初午さんで拡大器がこうした形で売られている。大、中、小とあり、何年か越しにやっと貯めたお小遣いで念願の一番安い「小」の器械を買って、急いで家に帰ると、さっそく試みた。が、さすがの器用な兄でもうまく描けない。私はなおさら歯が立たず、不細工な線しか描けぬ器械を恨めしく眺めるばかり。

今にして思えば、あれはおそらく器械を操った男は、きっと似顔絵の専門家か、それに近い修行をした人間だったのだろう。仕掛けがちゃんとあるに違いない。それにつけて思い出すのは、今から二十年以上も前、私が一年パリにいた時、高校の友人たち五人が、私を訪ねてはるばる三重県からやってきてくれて、十日ほどイタリアとフランスの名所を、急ぎ足で見て巡ったことがある。イタリアのヴェニスだったか、フィレンツェだったたか。観光名所近くの道ばたで、ボール紙の人形が音楽に合わせてみごとに踊っている。それは何回見ても飽きなかった。紙でできた人形が、ただ小さな糸だけで人間みたいに自在に跳ねるのだ。値段を聞くと五百円くらい。ためらった挙句、友人の一人が娘さんのお土産にと、人形と糸の装置を買い、ホテルに戻って踊らせてみた。が、死人のようにぐったりと動かない。あれもまた一つの職人技であったのだろう。

三　ラジオ放送劇

ＮＨＫラジオで北村寿夫原作の『新釈諸国物語』が放送されたのは、昭和二十七年の『白鳥の騎士』からで、その翌年一月に『笛吹き童子』が始まっている。尺八の名手福田蘭童作曲の「ひゃらーり、ひゃらりーこ」の繰り返しで始まる主題歌は、いまでもそれを歌う児童合唱団の声が耳に残っている。福田蘭童はクレージーキャッツのメンバーの一人石橋エータローの父親だが、もうクレージーキャッツと言っても知らない人の方が多かろう。ついでに言えば『海の幸』で有名な明治期の天才洋画家青木繁が蘭童の父。まさしく「三代の家系」だ。月曜から金曜の午後六時三十分から四十五分まで、兄と膝を揃えてラジオの前で一生懸命に聞いた。ちょうど下校して夕飯までの十五分間の設定は、まことに良く考えられたもので、同じ昭和二十七年に始まった『君の名は』が、毎週木曜日の午後八時半から九時までの三十分間。食事を終えて、後片付けをしながら聞くのに最適としたのと同じ戦略だ。この時間に女湯が空になる、というのも週一回のことであればこそ伝説となる。冒頭の朗読「忘却とは忘れ去ることなり、忘れ得ずして忘却を誓う言葉の悲しさよ」は、うっかり忘れ物をして叱られた時の枕詞に使われた。読み上げられる配役、後宮《あとみや》春樹が北澤彪《ひょう》、氏家《うじいえ》真知子の阿里道子の名前は今も耳に残っている。その北澤彪は昭和三十六年の第一回NHK朝ドラ『娘と私』の主人公として登場しているから、よほどNHKと相性がいいのだろう。そのほか富田常雄原作『浮雲日記』という放送劇は、年頃の姉たちがラジオにかじりついて聞いていた。

それらの人気放送劇は、たちまち映画化されて、主役の中村錦之助や東千代之介は人気沸騰した。錦之助を始め歌舞伎の若い役者が映画界に入ったのもこの時期で、大谷友右衛門や北上彌太郎、坂東鶴之助など。大川橋蔵は名優六代目菊五郎の養子である。結局歌舞伎界に戻った友右衛門は、後に中村雀右衛門となって、歌右衛門亡き後の歌舞伎女形の頂点に達し、鶴之助は中村富十郎となって踊りの名手として知られることになる。まさか「佐々木小次郎」で人気を博した友右衛門が、そんな大名題《おおなだい》になるとは思いもしなかった。

子供の頃に聞いたラジオ劇は、娯楽が少なく、テレビもなかった時代に、野球や大相撲の中継放送と共に、小学校時代の、それも貧乏な家庭の少年の心を躍らせるものだった。双《もろ》差しの名手信夫山や鶴ヶ嶺など、脇役ながら名力士の名や巨人樋笠の「代打、逆転、満塁、さよならホームラン！」のアナウンサーの絶叫も忘れられない。昭和三十一年三月。シーズン始まってすぐのことだった。そういえば先日高校の同級生上村莞爾君が、同じころに聴いたラジオドラマ『巌窟王』の主題歌を、今になっても覚えていると、その一節をきちんと手紙に書いてきてくれたことがある。

四　給食とカイニンソウ

父は末の私が七歳の時亡くなり、寡婦となった母は男三人、女三人の子供を育てるのに、和裁の頼まれもので窮地をしのいだ。戦時中、日本中で食べたと思われる「団子汁（あるいはすいとん）」は、その頃のわが家の定番で、煮干しのだし汁の中に小麦粉を水に溶いて練り、団子状にしたものを放り込んで、醤油味で食べると、熱々でとても旨い。そんな時、学校での給食もとても有難く楽しみだった。大きな寸胴鍋に入って運ばれてくる脱脂粉乳とコッペパンは、今思い出すのも嫌だという友人も多い中、私自身はあの温かい、独特の味のするミルクが好きで、鍋に残っていたりすると何度もお代りした。あの固いコッペパンもおいしく、これも人の残したものを貰ったことが何度もある。

給食で忘れられない思い出。毎月教室で担任の先生が生徒から給食費を集める際、お金が無くてその場ですぐ払うことができず、何度も滞った。家にお金がないとみんなの前で素直に言えなくて、先生から催促される度に、私は「忘れました」と答えていたが、ある日のこと、あまり度重なるので、先生も苛立たれたのだろう、「柏木君はよく忘れるねぇ、今日は家に帰って取ってきなさい」と言われた。家に帰っても無いのはわかっている。「はい、わかりました」と言って、教室からそのまま家に帰り、ちょうど家に居合わせた長姉に「給食費、忘れたのなら家に帰って取って来い、と先生に言われた」と報告して、「家には無いもんね」と二人で言い合った。その日は学校へ戻らずに、そのまま家に引っ込んでいた。

毎日の食事も、今から思えば貧しさの極みだったが、それほど貧乏で辛いと思わなかった。大勢でワイワイ喋りながら食べると、何でも美味しかったし、不平を言うほど舌も奢《おご》っていなかった。早く学校から帰って誰もいない台所で、鯛焼き器や料理の小道具を見つけ、お腹が空いた時など、鯛焼き器に小麦粉と醤油と砂糖を混ぜて水で練り、器械に流し込んで焼くと、香ばしい醤油の焦げる匂いがしてポンと焼き上がる。鯛の腹の中に餡子《あんこ》こそないが、オツな味の食べ物となって、私は一人で留守番の時によく焼いて食べた。

給食といえばカイニンソウの思い出は強烈だ。正式にはマクリという名で、暖流に住む紅藻の一種らしい。虫下しの特効薬として戦後大活躍した。昭和二十年代始めから昭和三十年くらいまで小学校に通った者には、カイニンソウの独特の匂いと味、頭に振りかけられたＤＤＴの白い粉は忘れられまい。私が小学生の頃は、さすがに頭髪に巣くうシラミを退治するＤＤＴを噴霧された覚えはないが、カイニンソウの記憶は生々しく残っている。

毎年何回か、給食室で割烹着を着たおばさんたちが、大釜でカイニンソウを煮て、その匂いがあたりいっぱい、校庭にまで広がる。そして生徒が順番に並んで、苦い、何とも言えない味の黄色い液体を、アルミのコップで飲まされた。じっさいそれは効果抜群。家に帰ってしばらくすると、長いのやら、短いのやら、白い虫が便に混じって出てくる。いわゆる蛔虫の駆除だが、それというのも、田畑ではまだ化学肥料が使われず、野菜や米を育てるのに下肥を使っていたから、どうしても虫が野菜にくっつき、その野菜を食べるとお腹に寄生虫が湧く。そして・・・という自然の循環が、カイニンソウの出番を作った。

ウォシュレットはおろか、水洗便所もない時代。汲み取り式のトイレで、トイレットペーパーのような洒落たものなどなく、わが家では四角に小さく切った新聞紙。私は用便中、その記事を読むのを楽しみとした。その癖がいまだに抜けず、トイレに読みたい本を持ち込んで、活字がないと用を足せなくなってしまっている。谷崎潤一郎は「厠《かわや》のいろいろ」という随筆で、吉野川の河原の上方の高みにしつらえられたうどん屋の厠とか、佐藤春夫邸のものなど、理想的な厠を探索し、厠をいかに清潔に、また雅味豊かにするかについて蘊蓄を傾けており、出世作に恵まれぬ時代の太宰治も、つれづれの間に、「便所の改良法について」といった本を読みふけったという。それほどに汲み取り式のトイレは、長い間日本人を悩ませながらも、その文化と切り離せないものだった。

当時は下肥が農家の人々に取って重要な肥料であ

り、私の家にも毎月近隣の農家の人がリヤカーに桶を何個も積んで汲み取りに回ってくれていた。天秤棒の両端に桶を二つ下げて、こぼれたら危ないところを、器用にバランスを取ってリヤカーにまで運び、有り難うございますと丁寧にお礼を言って、また次の家へ廻る。春、秋の実りの時期になると、下肥を取らせてもらうお礼に、採り立ての野菜などを持ってこられた。

ある時、その農家の人に誘われるままに、リヤカーの後ろを付いていって、その田畑のある家まで行ったことがある。阪内川にかかる大橋を渡って、田畑が連なる田舎道をひたすら進み、さらにどんどん歩いた先に、その人の家があった。おはぎやらヨモギ餅やらをご馳走になって、日が落ちそうな頃合い、慌てて帰ってきた。

その帰り道の心細さは、芥川龍之介の『トロッコ』の主人公良平が味わったのと同じだ。幼い良平は、熱海、三島間のトンネル工事をしている工夫たちの誘うままに、あこがれのトロッコに乗って三島まで行き、「さぁ帰りな」と言われて、泣きながら彼は長い線路道をひたすら走って帰る。その不安な気持ちそのままに、その日誰と一緒にリヤカーについていったのか、どこの何村か、旅程すらも覚えていないが、道々の菜の花の黄色と、その心細い気持ちだけは、今も鮮やかに記憶に甦ってくる。

五　中学、高校の先生がた

不思議なことだが、小学校の先生に対しては、「～先生」と、きっちりとその姓を付けて呼ぶ。近頃の先生がジャージー姿で生徒たちに友達さながら接するのと違って、体操の先生を除いて、皆背広やツーピースで、キリッと優しい中にも自ずから威厳があったような気がする。やはり素直な小学生にとって、「尊敬に値する」先生の姿は、後々にまで影響すると考えるのは、これも私の小学校時代の教育のせいかもしれない。

ところが、生意気盛りの中学生とか高校生になると、表向きは「～先生」と呼びながら、仲間同士では仇名で言うことになる。顔の長い先生は「馬さん」、屈強の体格で野性的な風貌の地理の先生は「ターザン」と仇名された。満州からシベリアに抑留された過酷な体験を持つ皇学館出身の先生は、凍り付いた乏しい食料をジャリジャリと噛んだという十八番《おはこ》の話から

「ジャリさん」。つまり仇名を付けるほど親しい、懐かしい先生ということだろう。しかし本当に自分が尊敬する先生は、仇名はあったかもしれないが、それは聞こえて来ないで、自然に「先生」とお呼びする。中学校で国語を二年間習った原田誠先生、高校では数学を教わって、三年間クラス担任だった河合明先生。お二人の先生ともに、これまでも私の書いたものの中で何度も触れたので詳説を控えるが（『心の中の松阪』夕刊三重新聞社刊、二〇一七年）、よくよく考えると、私はまことに先生運が良かったと思う。

六　当時の工業高校

　松阪城址の裏手に位置する殿町中学校を卒業して、県立松阪工業高校に入学したのは昭和三十五年。安保闘争で世の中が騒がしく、岸内閣が倒れて池田「所得倍増計画」内閣が発足。いよいよ戦後経済の高度成長へ舵を切る中、工業高校は現場の中堅技術者養成の場として人気が高く、松阪工業高校、通称松工は県内の優秀な生徒が集まった。といっても中学生の身は、そんな世の趨勢など無頓着に、長兄、次兄も通っており、長兄が実験助手として勤めていたので、通った中学から数百メートルしか離れていない工業高校に入学した。日本育英会の特別奨学金を高校入学前に申請して認められ、これが月三千円。それが毎月下りる度に母がとても有り難そうに受け取っていた。今も赤い表紙の証明書は大切に保存している。

図３　三重県立松阪工業高校正門

　松工は明治三十五年（一九〇二）の創立だから、やがて百二十年になる。化学の授業が実習を含めて週に十二、三時間あり、英語の時間もけっこう多かったのは一つの見識だろう。当時のこととて、男女共学とは言いながら、女子生徒は同学年で九十人中四人のみ。紡織科（現在の繊維デザイン科）に二人。その数年前から女生徒も入学していたが、いずれの年も総勢四、五人程度。父親や親戚が松工の卒業生とかファンとかで、本当は普通科に進学したいところを、無理矢理に来させられたという例も多かったに違いない。

松工の三年間の担任は一貫して河合明先生だった。先生は松工機械科初期の卒業生で、そのあと浜松高専に学ばれ、担当教科として数学を専門とされた。しかし先生に教わったのは数学だけではない。じつは私の文学志向は一つに先生の影響もあるかも知れない。先生はきわめてロマンティストであり、ヒューマニストで、俳句や短歌などについても造詣が深かった。

「ホームルーム」の時間に先生が、何のはずみか、萩原朔太郎の「わが故郷に帰れる日　汽車は烈風の中を突き行きけり。」で始まる『氷島』の中の詩「帰郷」を朗読されたことがある。「嗚呼また都を逃れ来て何所《いづこ》の家郷に行かむとするぞ。過去は寂寥の谷に連なり　未来は絶望の岸に向へり。砂礫《されき》のごとき人生かな！」と読みすすまれる口調は、何とも痛切な響きをもって聞こえ、私は詩語の哀切とともに胸震える思いがした。この詩を読み上げられた時、先生の胸奥には、この詩に通じる何か鬱屈した気分を吐き出したいものがあったのではないか。少年の私にはそれが何であるかを知り得なかったが、今にしてなんとなく先生の心の内を忖度《そんたく》できるような気がする。

もちろん先生は私だけでなく、どの生徒に対しても真摯に対応されて、皆から敬愛されていた。卒業式のあと、先生は「お前だけは大学に行かせたかった。」とおっしゃったが、高校での三年間どこか就職することになるだろうと漠然と思ってはいたものの、大学進学など思いもしなかった。ただ、そうおっしゃられる先生の言葉をとても嬉しく思ったことを忘れない。在学中の三年間だけでなく、卒業後も先生を敬愛する私や友人数名は、機会があれば松阪に集まって、河合先生を呼び出したり、先生のお宅までお盆、正月と押しかけたりして、いろいろ話を伺う機会が多くなり、それは先生が昭和六十三年、六十一歳でお亡くなりになるまで続いた。

七　住友金属工業

昭和三十七年六月末に大阪の本社で採用試験を受け、昭和三十八年三月二十四日、住友金属工業株式会社に入社した。廣田壽一氏から日向方斎氏に社長交代したばかりで、入社の日には新卒の大学出の人たちと、本社ビルの屋上で重役たちを真ん中に記念写真を撮り、三日間の本社の研修の後、夜行列車で小倉製鉄所に向かった。翌朝早く小倉駅に着くと大雨で、大卒の一人が「オー、ミゼラブル！」と大仰に言ったのが耳に残っている。当時の社員はL職、C職と身分が分かれており、Lはlabor、Cはclerkの略称だろうか、本社採用の学卒と高卒の社員がC、工場採用の現場の人々がLといった区別があったようだ。当時はLとCとで食堂も給料日も異なっていた。私たちは本社採用の高卒のC職ということで、三カ月の研修を大卒と一緒に行った。小倉工場で研修する高卒十三名、大卒は二十名くらいが、一般的な技術講習や「ブレーン・ストーミング」といった当時新しい企画力養成のセミナーを受けたばかりでなく、じっさいに製銑や鋳鉄、条鋼の現場で実習も受けた。

図４　小倉製鉄所　高卒新入社員（小倉港を背景に）

溶鉱炉はコークスと鉄鉱石を千何百度の高温で燃やして、銑鉄と残滓とを分ける。高炉の火を絶やすことは厳禁で、二十四時間炉は焚かれ続ける。当然高炉の中に大量のスラグが鍾乳石のように炉内に積みあがる。その堆積スラグがどれくらい成長しているかを測定するのが研修プランにあった。それも三交替の体験ということで、夜中十時過ぎから明け方の午前六時までの作業だ。溶鉱炉に熱風を吹き込む十二の羽口から、長い鋼鉄の棒をグイッと突っ込んで、止まったところで棒の入った長さを測る。その作業を私たち新卒の実習生がやらされた。

通常は締めてある熱風口をあッと開けて、瞬速、エィっと長さ三、四メートルある棒を仲間たちと一気に突っ込む。下手をすると羽口から千何度の熱風が吹き返してくるから、その熱風に押し返されないように必死に、エイ、エイと皆で押し込んで、押し込めた長さを測るや、すぐ引っこ抜く。棒の先は真っ赤に溶けかけている。突っ込む羽口を変えるたびに先頭役が交替して、さぁ不器用な私の番。エイヤッと押し込んだのはいいが、さぁ引っこ抜くときに手間取ってしまった。皆で焦る中、やっとのことで引き抜いた瞬間、鉄の棒が中の高熱で溶けて、線香花火を何百本か燃やしたような、赤い、小さな火玉がブワーッと羽口から吹き出てきて、皆一斉に逃げ出したこともある。

線条鋼を作る工場では、赤く灼かれた直径一センチくらいの鋼の棒が、もの凄いスピードでいっそう細い穴をくぐって飛び出す。それを大きくて長い鉄のハサミでヒョイと引っ張って、その横のもっと細い穴に通す。さらにまた次の穴へ。この作業で穴の出口で挟む鉄線は、細くもなるが、無茶苦茶長くもなって、長い取っ手のハサミに挟まれた高温で真っ赤になった線が、まるで曲芸の紐のように空中に旋回する。工員さんの見事な職人芸に魂消《たまげ》て、果たしてこんな工場に配属されたらどうなるだろうと蒼ざめた。「先手《さきて》ハンマー打ち実習」というのもあった。

三交替実習は、研修の新卒は、一番しんどい午前六時から午後二時までの勤務は免れて、二番、三番の出勤となる。三番の出勤は午後十時で、製鉄所に行くまでの小倉紫川の両サイドに怪しげな女性たちが屯《たむろ》していて、右岸が洋装、左岸が和服とそれぞれ好みに合わせているのがおかしかった。ひたすら艶めかしい声がかかるのを、十八歳の私たちは、目を落とし、聞かぬ素振りの急ぎ足で会社のゲートにやっとたどり着く。

研修も終わりに近づいたある宵、小倉製鉄所の所長招待ということで、新入の研修生全員が小倉の料亭に招待されて豪華な宴席を共にした。さて大卒の人も高卒も、七月からの正式な配属先が決まり、私は寮で同室だった小倉工業高出身の同期生ほか三人と尼崎の中央研究所の所属となって小倉を離れた。他の高卒の仲間たちは小倉に残ることになり、私たち四人が夜行で大阪に赴く夜更けに駅まで送別に来てくれた。私が住金小倉のバレーチームで九州大会にも出させてもらっていたこともあって、そのチームの監督さんや主将もわざわざ見送りに来てくださった。昭和三十年代では、転勤は皆が駅頭で万歳を叫んでくれる大きな事件だったのだ。

八　住金中央技術研究所

戦前軍需産業として急発長した住金伸銅は、戦後製鋼の優れた技術、とりわけ鉄道の車輪製造は他社の追随を許さなかったが、その元となる銑鉄を作ることができなかった。昭和二十八年、小倉製鋼と合併することによって、初めて高炉を手に入れ、念願の銑鉄一貫体制を確立し、私が入社する二年前に和歌山製鉄所に一号高炉を完成させていた。

尼崎にある中央技術研究所は、鹿島製鉄所建設に向けて、いよいよ本格的に製鉄業のトップメーカーを目指す、その意気込みが注入されたもので、建物はいかにも創設間もない感があったが、スタッフは皆草創の気運に満ちて、学者風の人が多かった。

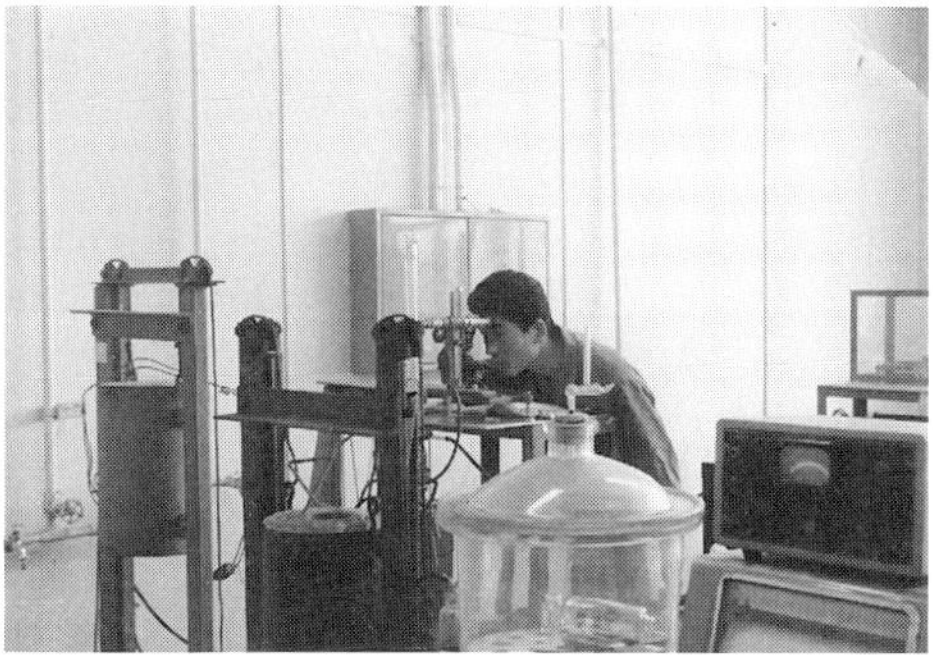

図5　研究室で熱天秤を操作する

私が配属された製銑研究室はとりわけ大学の研究室のような雰囲気で、中谷主任研究員は阪大の助教授から転身された人で、それに東大や京大出の若手研究員が白衣を着て仕事をしていた。私は京大を出られた方の下でウクライナ産コークスの品質の研究（というのは烏滸《おこ》がましい、むしろ実験の助手と言った方が正しい）をすることになった。松阪工業高校で実習をさぼっていた罰がたちまち当たって、水素ボンベの開閉にも冷や汗をかいた。ガスクロマトグラフィーという当時最先端の分析機器や、石英で作られた細密なバネに、わずかの量の石炭を入れた石英製の小さなバスケットを吊り下げて高熱で処理し、石炭の消失量を測ることもしたが、この小さな透明の籠を取り出す際に、高価な石英のバネを何度か壊して京大出の研究員に叱られたりした。とは言いながら、製銑研究室は和気藹藹で、定例のハイキング、社内旅行、忘年会と、じつに楽しい職場だった。

溶鉱炉の耐熱煉瓦の研究という触れ込みの東大修士出の研究員は、私が高校の実習の際にやっていたように、ガス・ストーブでスルメを焼いたり、執務中にフルートを吹いていて、折しも住友元夫研究所長が巡回に来られた時も、やぁ、所長、ちょっと聞いていきませんか？と悪びれることなく言ってのけたりする。とにかく破天荒な人で、漱石の『吾輩は猫である』に出てくる美学者迷亭そのまま、文学談義を混ぜたおふざけをしょっちゅうして皆を笑わせていたし、その下で働く、いわゆるL職の桐野助手を可愛がって、彼をぺんぺん草の「ペンちゃん」と呼んで、皆でワイワイと遊ぶ仲間の中心となっていた。

九　大学受験

その人（羽田野さんといった）から、大学へ行ったらどうだい？と勧められた。もとより軽い調子で、まともに取るのも可笑しかったが、就職したその年の暮れ、母が癌を患って五十歳で亡くなり、一種の空虚感があったのかも知れない。それだけでなく、さて将来化学で仕事を続けていけるかどうかも不安だったし、会社での学卒、高卒と区別はどうしてもあるから、今は皆親切で、楽しくやっているが、あと数年すれば自分と同年の学卒が入社してくる。その時、同じ年齢でも差が付けば、平静に現実を受け入れられるだろうかと思ったりすることもあった。もちろん、そのことについては覚悟しているつもりでも、じっさいにそういうことが起これば、悔しい思いをするのではないか。そんな後悔が無いように、とにかく大学を受けてみて、ダメだったなら、それこそ高卒と学卒の違いをはっきりと思い知らされた上で、あとは自分なりに努力すればいい。とにかく受験してみようと思って、それを羽田野さんと直接の上司である角南さんに自分の気持ちを話してみた。それじゃ試しにこの数学の問題を何題か解いてごらん、と角南さんが出した何題かをやってみたら、たちまち「君はできないねぇ！」と呆れられ、それじゃ、手の空いているときに受験数学の手ほどきをしてあげよう、ということになった。そして寮に帰ったら、夜十時にラジオで旺文社の「大学受験講座」をやっているから聞くようにとのこと。

阪神甲子園駅のすぐ傍にあった住金の独身寮は三人部屋で、大阪本社、尼崎の製鋼所、そして中央技術研究所と、それぞれ出勤時間が違うから、就寝時刻も異なる。同室の二人が寝静まっての夜十時、部屋の隅に置いた机の蛍光灯に風呂敷のシェードをかけて、なるべく寝ている同室の人たちの方に光が届かないようにして、番組冒頭のブラームス「大学祝祭歌」のメロディが流れるのを息をひそめて待った。

受験は大阪大学文学部にきめた。数学が今一つできないことが、実験の合間研究員に教わっているうちによくわかったし、物理も得意でない。何よりも、研究所に勤めて一年ほどの間、休日に阪神電車で大阪に出るたびに、駅近くの旭屋書店でその頃筑摩書房から出ていた新書版の『太宰治全集』を、一冊一冊買い込み、すっかり太宰にイカレて、「ブンガク、ブンガク」と救世軍の太鼓のように浮かされてしまった。『ロマネスク』の最後の一節「われらにあっては、金銭は木の葉のように軽い！」という言葉は、私にとっての黄金の文字となった。そして専門はフランス文学。芥川龍之介や太宰治が大きな影響を受けたプロスペル・メリメという十九世紀の短編作家が、にわかに大きな意味を持つようになった。英語は何とか一人でも読めるが、フランス語は大学に行かないと勉強できない。

羽田野さんとの会話の応酬も、ますます熱を帯びてくる。もちろん会社の人たちには内緒での勉強で、私はバレーボール部でも活動していたから、傍目《はため》にはそんな受験勉強などしているとは思われていなかったろう。じっさい、製銑研究室での密かな授業も、ひたすら数学の解き方ばかりを教わっていて、英語とか歴史とか国語とかは、何となくわざわざ参考書を買って勉強しないでも、という感じで過ごした。隣の製鋼研究室の平岡さんという、やはり京大を出た工学士の研究員が、私の受験を知って、一人住まいのマンションに呼んでくれて物理などを教えてくださったりした。もっとも勉強よりお酒を飲んでのおしゃべりに傾きはしたけれど。

受験は昭和四十年三月初旬の寒い日だった。その前日は、受験場に近い蛍池の羽田野さんの下宿に泊めてもらった。泊めてもらって、試験当日の朝、出かける前に、「数学は四題ある。全部解こうと思うな。そのうち出来そうな二題だけをとにかく一生懸命解け！」との注意だけを貫って、いざ試験に臨んだが、数学はその二題さえも満足に解答することができず、すっかり意気消沈して、まぁ無理な受験だった、これから研究室の仕事をもっと真面目にやらないと、と帰途についた。発表の日までどう過ごしたかはすっかり忘れたけれど、当日は中之島の本社に行くついでがあって、すぐ近くの発表掲示を覗きに行くと、受かっている！きっとぎりぎり最低点だったろう。すぐ走って近くの公衆電話から研究所の羽田野さんに電話すると、打てば響くように「ランボーせしめたなぁ！」と笑った。運よく受かったら、彼が秘蔵している人文書院版『ランボー全集』三冊をやる！と約束してくれていたのだ。

受かりはしたけれど、さて本当に会社を辞めるかどうか、じつははっきり決めていなかった。とにかく大学合格の事実があれば、それで満足すべきだ、そのために理系学部でなく、いわば自分の好みの文学部を受けたのではなかったか。しかし阪大の入学手続きの日も迫り、決断しなければならない。会社を辞めれば、すぐその日から住むところに困る。いろいろ迷いながらともかく石橋の阪大まで手続きに行くと、その時応対にあたった学生課の係長が親切な人で、事情を聞いて大学の寮に入ればいい、アルバイトもある、会社を辞めて大学に来なさい、と言ってくれた。すでに私の受験合格は研究室の人たちの知るところとなって、元阪大工学部助教授の中谷主任研究員は、会社を辞めないように、と慰留につとめ、三重の長兄の所まで弟を説得するようにと会いに来てさえくださった。その時の彼の言葉が忘れらない。

「私が君を慰留するのは、君が住金に無くてはならぬ人間だから、というわけではない。君のような人は住金には大勢いる。君がいなくなっても住金はちっとも困らない。辞めることによって損をするのは君だから、君のためを思って言うのだよ。」

おそらく主任研究員は、若い人間が慰留されることで、自分の値打ちを過大評価して、自分の能力を実際以上に過信することを戒められたのだろうし、社会が「その人がいなければ成り立たない」ことなど、決してありえないことを教えてくださったのだ。

しかしことがこう公けになり、今さら会社に残っても居づらい。結局会社を辞めることにした。これまで高校の選択も就職も、自分の意志というよりは、学校の成績や周囲の勧めでなんとなく来たけれど、今度は自分の意志だけで自分の進路を決めよう。退職金でなんとかバイトが見つかるまで食いつなげる。しかしこれは考えが甘かった。せいぜい二年の在職で退職金はわずか六千円少々。事情を考えれば、よく退職金まで出してもらえたものだ。

実は阪大受験の前に、鉄鋼各社が拠金して設立した鉄鋼短期大学が尼崎にあって、それぞれの会社から選抜された社員が入学しており、住金も、小倉製鉄所、和歌山製鉄所、尼崎製鋼所など各所で有資格者の選抜を行い、さらに本社で最終試験をして、数名の入学者を決定するという手間をかけており、私は中央研究所から選抜されて、本来なら鉄鋼短期大学にその春入学の予定だった。つい最近、小倉製鉄所で新入社員の研修を一緒に受け、さらに小倉から鉄鋼短大に入学した同期の一人が、小倉で一緒に新人研修した仲間との定例の飲み会で、「これまで鉄鋼短大に入学が決まっていて辞退した人間はお前だけだ。後で担当の上司はこっぴどく叱られたのだぞ！」と明かしてくれた。本人一人のほほん顔だったわけで、周囲にかけた迷惑を思うと穴があったら入りたい。

図6　製鉄研究室の私の送別会

退社の日に住友本家出身の住友元夫中央技術研究所長から、今後は一切住友と関係ないと思ってください、と引導をわたされたのは当然のことだろう。羽田野さんたちも「若い者をそそのかして」と大目玉をくったそうだ（のちに羽田野さんは技術者として社のトップに立ったという）。

昭和四十年三月三十一日の夜は会社の寮で過ごし、翌四月一日、阪急石橋駅からとぼとぼと阪大坂を登って、大学の敷地内にある刀根山寮に入った。あの親切な学生課の係長がきっと気を利かせて入寮者にしてくれたのではないか。

旧制浪速高校に隣接した丘に、進駐軍の将校用に建てられた十三棟の木造洋館が払い下げられて、そのまま男子寮となった刀根山寮は、四月一日のこととて、学生の姿がない。丘の上方の十二号館、二人相部屋の一室が宛がわれて、誰もいない部屋の鉄パイプのベッドに仰向けに寝ころがった。天井にマジックペンで、「そんなにもあなたはレモンを待っていた」という高村光太郎の詩が、黒々と大書されていて面食らった。同時に何か物わびしい気分になる。果たしてこれからちゃんとやっていけるのだろうか。大学に来たのは、やっぱり間違いだったのではないか。

暗然と考えていると、突然スピーカーで「柏木さん、電話でーす！」と呼ぶ声がする。事務室は麓の一号館にある。私は誰が電話してきたのだろうと、相手もわからぬままに、慌てて急な坂を駆け下り、事務室の電話に飛びついた。故郷まで来て慰留してくれた中谷主任研究員の声で、家庭教師のアルバイトを見つけたから、そこへ今晩でも行くように、という有難い電話だった。何度もお礼を言い、また坂を登って部屋に帰ると、また事務室から電話だと叫ぶ。急いでまた駆け下りて出ると、あの親切な学生課の係長さんからで、やはり家庭教師のアルバイトを探してあるから、事務室に来るようにとのこと。こうして入寮したその日に、たちまち二軒バイト先が見つかり、ほっとして、石橋駅まで降りて文房具屋に書架を買いに出かけた。

十　振り返ってみれば

私は小学校の時から先生運に恵まれた。それは大学にはいってからもいっそうその感が深い。一年の担任が『万葉の旅』を完成されたばかりの犬養孝先生で、先生は育英会の奨学金に与らない私に、個人の奨学金を紹介してくださったばかりでなく、提出したレポート「万葉集と芥川龍之介の旋頭歌」を読まれてお手紙も下さった。二年生の時に英詩の講読を受けた藤井治彦先生は、前年の秋UCLAから帰ってこられたばかりの新進の英文学者で、パルグレィヴの英詩選『ゴールデン・トレジャリー』を使っての授業は、メリハリある声と明晰な分析で、文学部に入ったものの、もうひとつ物足りない思いをしていた心を深くとらえて、夏休みのレポートはこれも気負って書いたトマス・グレィ『墓畔の哀歌』について。かつて古本屋で買った改造社の円本全集の明治詩集にあった矢田部《やたべ》尚今《しょうこん》の訳を引きつつ、当時凝っていた日夏耿之介の影響もろの文章を綴った。

帰されたレポートには、ところどころgood!とかI don't think so.とかいったコメントが赤でついて、最後に「君の文章は古典的である。それ自体悪いこととは言わないが、古典的な文章を書くなら語法や漢字の誤りがあってはならない。私自身は平明簡潔な文を好むが、いまどき君のような文章を書く学生がいるのに興味を覚えた」とあった。たしかにいくつも誤字が訂正されてある。私は自分なりに典拠のはっきりしていると思う幾つかの語に朱が引かれているのを見て、これは間違いではない、と訂正を求めに行った。いや訂正が目的ではなかったのだろう。本当は先生と話したかったに違いない。幸い先生は面白い奴と思われたのか、一度遊びにおいでと言われた。

以来、そのお宅に何度お邪魔したことだろう。いつも先生は真摯に話をしてくださり、真剣に耳を傾けて下さった。ニュー・クリティシズムや構造主義批評を教えてくださったのもその書斎であり、原稿の批評とともに、こうしたらもっとよくなると示唆しても下さった。先生は当時三十一歳。留学から帰ったばかりで研究に脂がのり、文学部とちがって教養部所属で専門の学生をもたないことが、あるいはこの小生意気でおしゃべりな学生に時間を費やすことを惜しまれぬ原因だったのだろうか。いま自分の学生を見わたしても、あれほどしばしば教師を訪ねる学生もないし、また来られても先生ほど十分につきあえるか、心もとない。当時は当たり前のように思っていたけれど、土曜日の午後とか日曜日の夜とかが、どれほど学者にとって貴重であるか、若い身空で想像したこともなかった。自分のことを話すことで精一杯になっていたのだ。師恩はまことに広大無辺である。

先生は酒も嗜まず、たばこも吸わず、といって謹厳居士でもなかったが、「理非曲直」を明らかにすることだけは厳しく言われた。たばここそ吸わないが、酒を飲み、飲むどころか、ある晩などは家庭教師先で飲み過ぎ、帰途、深夜の箕面街道で、転倒した自転車はそのままに、転んでは起き、転んでは起きして、最後にエエイ！どうにでもなれ、と大道に大の字のまま冬空をにらんでひっくり返っていたような学生を、どう見込まれたものか、平成十年十二月末六十三歳でお亡くなりになるまで三十数年間親しく導いて下さった。

同じ教養部二回生の頃、赤木昭三先生からバルザックの短編をテキストにフランス語を教わった。穏やかながら、いかにもフランス的な物腰、書物好きの雰囲気がただよい、試験の際には背広の胸のポケットから小さなペーパーナイフを取り出して瀟洒な小型本の頁を切って行かれる姿は、じつに恰好よかった。フランスでパスカルの物理学論文について学位を取って帰られた先生は、すでに大成した趣きがあり、フランス文学を専攻するつもりの私は、かえって距離をおき、もっぱら藤井先生とおしゃべりすることが多かった。それでも三年になってフランス文学専攻に進学し、五冊フランス語の原書を読む夏休みの課題レポートを読んでいただいて、考察するに必要な参考書がびっしりあげられてある葉書を頂いたりした。

十数年後、赤木先生が阪大文学部仏文科の主任教授となられ、神戸女学院大学に就職していた私を助教授に呼んでくださり、藤井先生も隣の英文学講座の主任教授となっておられ、学生時代に帰って、私はまた親しくお二人から教えを受けられることになった。昭和五十八年のことである。

こうして先生方の宏大な学恩に浴しながら、またその間、延べ二十四人に及ぶ家庭教師の教え子たちとそのご家族のお陰で、なんとか大学や大学院を了えることができ、大学院生の時、留学中の助手の代理をしている時に知り合った同じフランス文学研究を志す女性と結婚して、幸いその両親にも気に入られて、我が息子のように可愛がってもらった。

妻の言い草では、私が六人兄弟の末で、人に甘えるのが上手だからだそうだが、不思議に運の巡り合わせが良く、何か困難なことが起きても、何やらするりと、鰻のように身を躱《かわ》す形で、物事が済んでいく。あるいは早くに亡くなった両親の加護があるせいか、と思ったりするが、いや、それはこのあたしが寛大だからよ、とすぐ傍から横槍が入ってきそうだ。大学院の博士課程を修了して神戸女学院大学に就職してからの話は、また機会があれば、として、昭和を懐古する長話も、ここで措くことにしよう。

柏木隆雄（かしわぎ・たかお）
昭和十九年三重県松阪市生まれ。三重県立松阪工業高校工業化学科卒業後、住友金属工業（株）勤務ののち大阪大学文学部入学。同大学院博士課程単位取得、パリ第七大学文学博士。神戸女学院大学文学部助教授を経て大阪大学文学部教授定年退職後、放送大学大阪学習センター所長、大手前大学学長を歴任。現在大手前大学客員教授。大阪大学、大手前大学名誉教授。日本フランス語フランス文学会前会長。著書に『こう読めば面白い　フランス流日本文学』（大阪大学出版会、二〇一七年）、『バルザック詳説』（水声社、二〇二〇年）など。

学寮

（写真は、東京大学文書館デジタルアーカイブ「東大三鷹寮写真アルバム１９５９」より）

宮野　恵基

序

昭和三十八年（一九六三）、私は二浪の末に、やっとのことで東京大学の教養学部の理科一類に入学した。その後の学生生活は決して誇れるものではなく、今も反省頻りである。

ただ入学直後居所として選んだ、一、二学年を中心とする学寮での二年間、とりわけその間の寮委員としての半年は、学窓生活を謳歌した唯一無二と言っても過言でない、まさに良き思い出である。

今改めて当時を振り返る時、懐古の念を覚えると共に、あの日々をもう一度過ごすことが出来たらとの思いが沸き上がってくる。

寮舎

その年の四月、教養学部の在った駒場キャンパスから京王帝都井の頭線で吉祥寺へ、そこからバスを乗り継いで一時間弱の、武蔵野の面影残る三鷹寮に入寮した。旧制の東京高校の校舎に若干の手を加えた二階建ての居住棟は、中央の廊下を挟んで北側に、寮生一人当たり畳一畳に周囲を三十センチほどの板敷きの縁が巡る二段ベッドが三台六人分と、人数分のロッカーのある個室が並び、南側には、個室二部屋に一室宛の談話室が連なっていた。談話室は表向き自習室であったのだが、寮生のほとんどは居室のベッドスペースに座卓を持ち込んで、勉学や読書をしたり、ラジオを聴いたりと、思い思いの時間を過ごし、談話室は、菓子を持ち寄ったり、飲茶、飲酒をしたりして、まさに談笑の場であった。そこで語られたのは、政治、経済、あるいは哲学や文学、果ては恋愛まで多岐にわたった。

東寮の南側

東寮居住室内部

三鷹寮全景（北側正面入口より）

渡り廊下で繋がる別棟には、大学側の事務管理室と、全寮集会が可能な板敷きの広間があり、卓球等も可能であったと記憶する。少し離れた場所には食堂が独立していて、朝晩に食事が提供されていた。

旧制高校の敷地をそっくりそのまま受け継いだが故に、テニスコート、野球のグランドがある八千坪の広さで、一画には大学の馬術部の馬場も併設されていた。現在では到底考えられない贅沢な環境である。なお、寮内には軟式野球の同好会があり、キャンパスで催される親善野球大会に参加し、今では確かめる術がないのをいいことに、そこそこの戦績を残したと記しておく。

生活（昼）

学寮での生活は、当たり前のことであるが寝覚めから始まる。そして大部分の優秀なる寮生は、一定の時刻に起床し、一汁一菜の寮の朝食を済ませ、無料の学寮バスで吉祥寺駅まで行き、電車で二十分余のキャンパスで講義を受け、昼は学内にある寮や学生会館の食堂、あるいは大学周辺の食堂で昼食（ラーメンが四十円、ランチも百円未満）をとり、午後は授業、部やサークルの活動、学内外での交友や遊興、あるいはアルバイトをこなし、思い思いに帰寮するのである。中には、駅からの公共のバスの最終に遅れる寮生もおり、大方が貧乏学生であったが故に、タクシー代を奢るよりは若さに任せて四十分程を歩いて帰ったものである。

配膳をまちかねて慌ただしく朝食

しかし寮生の中には、ごく少数ではあるが、その年の授業数の少ない者、学生運動に傾注して、その主たる活動が夕刻以降であったが故にその時にあわせて登校する者、何らかの理由で夜な夜な盛り場を楽しむ者など、昼夜が逆転し、起床が昼頃、就寝は未明に至る者もいた。それでも学外に在った学寮の平日の日中は、静寂に包まれていた。

生活（夜）

夕刻から深夜にかけてそれぞれ勝手に帰寮した寮生は、基本的には食堂の夕食を挟んで思い思いの時間を過ごす。先にも述べたが、個室の自分の城に閉じこもる者、談話室で談笑する者、三日に一度の寮の風呂以外に近所の銭湯に行く者、確か居住棟の両端に在った娯楽室で雀卓を囲む者、何や彼やと理由をつけて酒盛りをする者と、日中とは打って変わって賑やかに夜が更ける。

学寮バスから降りる定時帰寮者

当時は現在ほど社会的にも嫌煙意識がなく、過半の寮生は煙草を嗜んだ。運悪く、特に深夜に手持ちの煙草が切れると、融通し合うことから始まり、回し喫み、果ては一度灰皿で消した吸殻の一端に、指を火傷しないように楊枝を指して吸うなど、今では考えられないスモーカーであった。

夕食（PM５：00～）の配膳を待つ！

また食欲盛んな若者であるから、深夜になれば空腹を覚えるのは当然で、パンや、当時流行り出したインスタントラーメンで腹を満たすことも多かったが、何より楽しみであったのは、近所の焼鳥屋、中華料理屋、焼肉屋に、少ない有り金を互いに遣り繰りしながら連れ立って出かけることであった。寮生間の麻雀には、この夜食が掛けられることもあった（時効であろう）。

学生運動

当時は六十年安保の名残がありつつ、また横須賀、佐世保への米原潜寄港阻止や、少し時は下るがベトナム反戦など、学生運動の反体制の旗印が比較的明確であったものの、東京オリンピック目前の好景気によって、学生の意識も戦後を脱却しつつあった。安保闘争を先鋭的に闘った三派連合（社青同、社学同、マル学同）が学生自治会の主流ではあったが、一時学生運動から放逐されていた日本共産党系のグループが、再びその影響力を持ち始めていた。一方、左翼活動に距離を置いたり、あるいはノンポリと称された無関心層が、声を出したり徒党を組んだりはしないものの、相当数を占めていたと記憶する。学内は、前二者のそれぞれが主張を展開する立て看板が並び、アジ演説が流れることもある雰囲気であった。

昭和三十八年の夏には、共産党系の平和と民主主義を守る学生連盟（平民学連）が第一回の全国大会を東京で開催、以後その勢力を拡大して行った。その後、昭和四十年代前半に医学部生によるインターン制度廃止の要求に端を発した大学紛争に、時代は流れて行くのである。

このような騒々しい状況にあっても、キャンパスから離れた立地の学寮は、もちろん寮生の思想地図はキャンパスのそれを反映してはいたが、アクティヴメンバーはキャンパスに付属する駒場寮の方に多く、私達の寮内では、互いの主張をぶつけ合うことはあってもあくまでも紳士的で、平穏であったと言える。

歌声喫茶

先に述べた、反体制の主張を展開する学生は、その主張を世に訴えるべく街頭デモを繰り広げることもあった。シュプレヒコールと労働歌を唱和して練り歩くシーンは、まさに時代を投影するものであった。

一方で、政治や社会に批判的に立ち向かうのみではなく、同時に日頃の生活の潤いも重視する潮流が生まれ、その象徴が各地に誕生した歌声喫茶であった。その一つが、寮生が乗降する吉祥寺駅近くにもあって、どちらかと言えば思潮は抜きにして大いにストレスを発散したものである。当時その店のメインヴォーカルの一人が、後に歌手・俳優として活躍する上條恒彦氏であった。氏の声量豊かな歌唱に聞き惚れたものである。閉店後に路地裏の中華屋で老酒を傾けたり、その店の野球同好会と寮のグランドで試合をしたりと、思い出深い。

確か昭和四十五年（一九七〇）のことと記憶するが、上條恒彦氏が香川大学の学園祭でのステージの為に来県され、学内にお邪魔して控室で暫し旧交を温め、以後、今に賀状を交換している。

寮委員会

学寮には、寮生による自治を目指して、寮生の代表による討論機関としての総代会、実務機関としての寮委員会が設けられていた。寮委員会の任期は六～十一月、十二～五月の二期に別れ、委員長が寮生の投票によって選ばれ、残余の委員は委員長が指名して構成する。委員は委員会に割り当てられた一、二号室に転居し、以後の半年間、起居を共にしつつ活動する故、他の寮友よりはるかに濃密な友情が、任期を終えて以降も続くのである。

私が入寮した直後に行われた選挙で二年生のＭ氏（山口出身）が委員長に就任したのだが、彼が指名した委員が、何と全て新入寮生で、Na氏（大阪）、Ｈ氏（広島）、Ｏ氏（愛媛）、Ｕ氏（千葉）、Ｔ氏（群馬）、Ｓ氏（同）、No氏（兵庫）、Ｋ氏（東京）と私であり、他の諸氏は庶務、食事、売店、会計、文化等々の職掌を任されたが、私には副委員長が下命された。今にして思えば、他の諸兄は具体的な実務を熟していたが、私は委員長の補佐と言う抽象的な職掌のみで何もせず、名前だけで厚かましく大きな顔をしていた。半世紀以上も過ぎた今ではあるが、改めて彼等に深謝したい。

委員会と言っても、殊更の出来事が無い限り諸先輩方が築いてきた流れを踏襲する故、然程の忙しさを感じたことは無い。ただ、大学の長い夏季休暇中は、寮生の中にも帰省せずに居続ける者もおり、そのため委員が交代で当番として寮に居残ることになっていた。

もちろん学寮に空調があるわけではなく、真夏の暑い最中、話し相手とてほとんどいない寮舎で、一週間余りを過ごすのである。他の委員諸兄はこの時とばかり勉学に専念し、新学期早々に実施される前期試験に備えていたが、私などは生来の怠惰心に任せて、無為に過ごした記憶しかない。

秋には、前期委員会の最大イベントの寮祭が行われる。談話室毎に、社会問題をアピールする展示を行ったり、喫茶コーナーを設けたり、また寮内サークルは日頃の活動を披露するなど工夫を凝らす。当日は寮生の家族、友人、近隣の方々などが参観に来られ、寮内は、日頃のむさくるしさとは打って変わって余所行きの雰囲気に包まれるのである。

　十一月で前期委員会は役目を終え、後期委員会に代わる。私達は折角半年間起居を共にした思い出に、他人様がやらないような変わったことをと、山手線を徒歩で一周するという馬鹿馬鹿しい計画を立てた。山手線一周の軌道の距離は約三十四キロメートル、その外側を回るとなれば四十キロメートルはあるであろう。終電から始発までは線路上を歩き（今では絶対にあり得ない）、あとは外側の道を歩くのである。渋谷を午前零時に出発、恵比寿方面に向かった。品川付近の鉄道用地をショートカットするため、恵比寿から田町まで線路上を歩いたと記憶する。しかし田端の操車場は大きく迂回せざるを得なかった。池袋に着いたのが早朝の六時ごろ、道沿いの牛乳店で飲んだ牛乳と食したパンの美味さは忘れられない。この頃からリタイア組（私も）が出て、結局渋谷に帰着したのは、記憶が正しければH氏と№氏、時は八時十五分であった。若さゆえの快挙であったのか、それともやはり軽挙であったのかは別として、元手要らずの記念になったことは言うまでもない。

その後

　私達が入寮した昭和三十八年（一九六三）に、敷地内のグランドを切り裂く如くに中央高速道路の建設予定が明らかになり、抵抗の是非が議論され、建設を容認する代替として、老朽著しい寮舎の建て替えを要求することとなった。加えてその新寮を、当時港区白金に在って、女子学生の増加で手狭になった女子寮を併設、合同寮とする旨の要求も付帯し、新寮建設委員会を設け、私はその副委員長も兼ねて大学側との折衝に入った。相対した大学側の教授方はもちろん、「男女七歳にして席を同じうせず」の戦前教育を受けた方々で、新寮は三年後には完成を見たものの、大学側の古い価値観と事なかれ主義（失礼！）によって、当然のことながら、男女合同寮についてはけんもほろろであった。

　そのことが実現するのは、二十五年後の平成五年（一九九三）から足掛け三年をかけて再度建て替えられ、今に続く全六百五十室、十三㎡にシャワー・トイレユニット、ミニキッチン（ＩＨ式）、机・椅子、クローゼット、ベッド、エアコンが備えられた洋式個室から成る三鷹国際学生宿舎に変容してからとなる。テニスコートは残るがグランドは消え、食堂も無く、寮生は自炊か外食とのこと、個が尊重される時代と言ってしまえばそれまでだが、寂しさを感じるのは私だけだろうか。

結

思い返せば、当時はようやく敗戦の痛手から脱却し、東京オリンピックが開催され、それに合わせて新幹線が開通し、首都高速道路が張り巡らされ、地下鉄が蜘蛛の巣状に新設・延長され始めた頃で、以後日本は経済成長著しく、昭和四十三年（一九六八）には、国民総生産（ＧＭＰ）が世界第二位になるほどの発展を遂げた。

それに連れて、もちろん国民全体もそうであったが、学生の生活も気質も大きく変容し、今にして思えば、私が学寮で過ごした二年間は、旧き良き時代の最後の大学生活であったかと、手前勝手に懐かしむところである。

あれから六十年が過ぎようとし、残念ながらＳ氏、Ｍ氏、Ｏ氏は既に旅立たれたが、残る七人は、年に一度は機会を作って旧交をあたためている。本稿を起こしたのが、新型コロナウィルスの第三波による緊急事態宣言の最中で、残念ながらここ一年は上京ままならず、彼等と会う機会が途絶えているが、コロナ禍の一日も早い終息と再会を願うばかりである。

自己紹介

昭和十七年（一九四二）、千葉県成田市にて、市川家の長男として生を受ける（後年妻方の姓を名乗るが）。同三十六年（一九六一）に県立千葉第一高等学校を卒業、浪人生活に入る。この間に喫煙と遊興を覚え、結局二浪して東京大学理科一類に滑り込む。

入学後、理系科目のレベルの高さと自らの能力との差を痛感、取得した単位がほとんど文系科目の体であり、専門学部への進学ままならず、居心地良き大学生活を無為に過ごした。

六年後の昭和四十四年（一九六九）の安田講堂事件を切っ掛けに中退を決意、当時縁のあった現在の妻の帰郷に合わせて香川県に移住、薬業界に身を投じた。

医薬品卸業に十年余り勤務し、折からの医薬分業の黎明期にあって、妻が調剤薬局の管理薬剤師にハンティングされ、彼女名義の薬局を引き継いで医薬品小売業の経営を業とすることとなった。三十年後に店舗は廃業するが、この間に命ぜられた業界のお世話役は未だに続いている。

一方で妻の実家の農業を、義父の死後継ぐこととなり、以来米作を主とする兼業農家の道を歩んで来た。

平成十七年（二〇〇五）には、思いがけず高松市農業委員に推され、十二年間その任に当たった。同十九年には、政府の農政改革に呼応して、近隣農家と農業法人を立ち上げ、規模の拡大による効率化を実現、後継者問題が忍び寄るものの、当初の期待以上の成果を上げている。

ところで齢六十になって、遅きに失した感があるが人文科学に目覚め、改めて東洋大学文学部（通信制）に入学、勤労の傍らとあって十年余で卒業、同時に短歌の作詠を、故東洋大学名誉教授伊藤宏見先生に師事、現在は歌枕探訪家と自称して、歌作と歌枕踏査にも力を入れ、以前からの団体役員（無給）、農業（薄給）と合わせて三業を遣り繰りする日々である。なお浅学を顧みず売れもしない七冊（以下に列記、自費出版）を上梓、何れも県立図書館に納めてあるので、ご一顧頂けたら幸いである。

出版書籍
『短歌でめぐる四国八十八ヶ所霊場』二〇〇五年十月
『歌人が巡る四国の歌枕』二〇一一年十一月
『歌人が巡る中国の歌枕　山陽の部』二〇一四年五月
『歌人が巡る中国の歌枕　山陰の部』二〇一五年五月
『歌人が巡る九州の歌枕　福岡・大分の部』二〇一八年五月
『歌人が巡る九州の歌枕　宮崎・鹿児島・熊本・佐賀・長崎の部』二〇一九年八月
『全国歌枕総覧』二〇二〇年十一月
『歌人が巡る中部の歌枕　北陸の部』出版予定

以上、文化書房博文社（株）

宮野恵基（みやの・けいき）
一九四二年（昭和十七年）千葉県成田市生まれ。県立千葉第一高校を経て東京大学理科一類に入学。昭和四十四年退学、香川県に移住。医薬品小売業、農業に従事。高松市農業委員など歴任。六十歳のとき東洋大学文学部入学、十余年後に卒業。歌枕探訪家。

三谷に生きて

太田　和代

昭和の証言者として、路傍の石のようなありふれた私に依頼がきた。なぜと思ったものの、路傍の石は石なりのドラマがあり、粉塵になる前に、石ころとして生きてきた記憶を記録として残しておくのも、粉塵として消えゆく者の務めかもしれないと思い、記憶をたどり始めた。読んだ方が、そういえばそんなこともあったなあ、懐かしいなあ、と共感してお読みいただける所があれば幸いです。ご縁あって、この三谷の地に「生」を受けた昭和二十年から、昭和の時代を思うままに綴っていきたいと思います。

❀雨あがり姿くっきり輝きて日山日妻はこれぞ故郷　（和代）

美しき三谷（三渓）

美しい山河を持つ我が故郷三谷、気候は温暖で災害もほとんどなく、季節ごとの変化の中で、貧しいながらもそれを貧しいとも思わず、野原や田んぼを駆け巡り、ポコポコ並んだ山々の中でも、両脇に小日山《こびやま》を控えた日山に上り、山頂から瀬戸の海や島々を見渡し、屋島がなぜてっぺんがなく平らなのかを論議し、「我が学び舎」三渓小学校、中学校を我が家のごとくかけめぐり、楽しく、朗らかに過ごした日々。確かに三谷村は、高松市三谷町にはなったが、心に残る三谷は、やはり「三谷村」夏になれば仲間と飛び込んで泳げる穴場の川があり、先生が綱を引いてくれた三郎池は、「天下にどこにもないここだけの天然のプールやで」と、うそぶいていた懐かしい子供のころの思い出。それらが走馬灯のように浮かんでくる。

私には母の妹が三人いた。この三人には、おばさんとは言わず、みんな名前の後に「ねえちゃ

※三谷三郎池東より西を見る

ん」をつけて呼んでいた。みんなそれぞれ姉の子の私をかわいがってくれた。特に一番下の叔母、増美姉ちゃんは、私と六歳しか違わなかったので、いつも姉妹のようにして、母が出かけるときは、一緒に連れて行ってくれた。そして時は流れ、私と十歳離れている叔母、孝江さんだけが残った。

叔母（松原孝江）について

この叔母は、私の母と二十歳、離れているが、書道に、ヨガにと活気にあふれ、二人の子供を立派に育てが、大恋愛をした最愛の夫に先立たれた。そして私にとってかけがえのない存在である。この叔母は私の母に恩義を感じていて私を大事にしてくれた。その恩義というのは、一つは、「大学に行きたい」という願いである。やりくり大変な時、父親は勿論反対。この時頼りになる姉さんの私の母が「これからの子は、勉強しとかないかん」と父親を説得したそうだ。また、叔母は学生時代大恋愛をしたが、まだまだ頭の固い父親はこの恋愛をなかなか認めようとしなかったのを母が「お父さん何時まで古い事を言いよんな。好きな者同士が一緒になるんは当たり前やで、いい加減に許してあげまい」と父親を説得し、叔母は晴れて結婚出来とても幸せな人生を送ってきたというのだ。事あるごとに「あんたのお母さんには、ほんまによう世話になったから、恩返ししよんで」と何度も言って私に良くしてくれた。証言の中で多くはこの叔母が様々と語ってくれた事が多い。また、戦争中の事もよく覚えていて、私が遺族の方々の想いを聞き取りしていた時も、またこれをまとめて「遺族の想い」を発刊するときも、大いに力になってくれた。

その叔母も、令和二年十一月十二日に突然に帰らぬ人となってしまった。

❀ただひとり我の味方の叔母の死は辛く悲しくはかないものなり　（和代）

父について

父については、今は亡き母から聞いたり、遺品を整理したり、父が残してくれた詩や短歌など綴った冊子「紫雲」を読んだりしながら、理解しようとした。その中には、母や私に対する思いが、いっぱい込められていて、「おとうさんありがとう」と涙しながら読んだ。だがこの時母が私に十分伝えられていなかった事を叔母は、私の記憶の空白を埋めるように、思い出すままに多くの事を話してくれていた。

父は、日本が立憲君主制のもと、富国強兵策を取り台湾や朝鮮を植民地化し、まっしぐらに軍国主義の道を歩む大正五年九月二十日に生まれた。

本来は、農家の長男は徴兵されないのだが、先妻の子であった父は後妻を迎えた父親との折り合いが悪く、昭和十一年二十歳の時、自ら軍隊に志願し、家を出たのである。その後満州の国境守備に就いていた。銃剣術の腕と人一倍の努力化の父はその功績が認められ、昭和十四年十二月「陸軍豫科士官学校へ出向」という命令で関東軍の助教諭として内地に帰還した『和ちゃん、これってすごいことなんよ。下士官として最高の名誉なんだからネ』と。叔母は私に行った。

出征するときの父

父は三歳で母親を亡くし「真の母の愛」を知らずに過ごしたと自伝に書いている。父が何歳の時、後妻として私の母の叔母が太田家に入ったかは良くわからないが、父と母は親戚関係であり、二人共「県立香川農業学校」を卒業しており良く知っていたらしい。叔母は言う。「あんたのお母さん、ほんまにきれいだったんで。子供心にいつも思うとったんや。日傘さして、サーベルさした軍服姿のお父さんと一緒に歩きよった姿は、格別やったわ。小さいながらもうっとりしてみとったんで」と。お互いに魅かれ合っていた二人は、東京で出会ったのである。

（すごい大恋愛をしたのかな）その二年後、すなわち昭和十六年九月、父は母と結婚した。がその幸せもつかの間、その二ヶ月後に恐ろしい「結核性のリュウマチ」にかかり病院暮らしをよぎなくさせられた。

父は「紫雲」に書いている。

愛

世の中で　一番幸せにと思った
あなたを私は
一番不幸な女にしてしまった
意識すると意識せざるとに関わらず

私はあなたを　不幸の道ずれにした
だのにあなたは私を恨まない
私の心は張り裂けそうだ

当時、結核に有効な薬もなく，死の病と言われていた。その悔しさはいかばかりか。結核性リュウマチを患って病床に臥し、軍人として、軍隊の第一線から欠落し、死を目前に控えた父は、せめてこの世に生きた証として一粒たりとも、自分の子孫を残したいと願っていた。そして私が生まれたのだ。

昭和二十年一月五日夜半、母の実家、石井家の奥座敷「北の間」で私は産声を上げたのだ。父の、その喜び様がいかなるものか。叔母に聞いてみた。父はどうしていたかと。『そりゃ和ちゃん、あんたのお父さん、あんたが生まれてくるのを、今か今かと、お母ちゃんのそばで、付きっ切りで待ってたんよ。生れた時、私にも見せてくれたけど、ほんまにお父さんそっくりの、かわいい子やったわ。だってあんたのお父さん美男子だったもん。お父さん、ほんまにうれしそうにして、痛い手で、あんたを抱きよったよ。』『ええ〜、ほんまに』私は父に抱かれたことがないと、ずっと思っていたが、叔母の『抱きよったよ』と、この一言を七十五歳の老婆になって初めて聞き、その言葉が私をどんなに喜ばせたか、どんなに勇気づけたか、どんなに父の熱い愛を感じたか。体中が熱くなるのを感じた。そして私に「和代」となづけてくれた。

和代

御いくさの　きびしさ中を　汝は生まれし
すめらぎの御宝と　汝は生まれし
醜仇を討ちて　すめらぎの大御代の
平らけく和やけき　御代祈りつつ
我は名付けり　その名は和代
汝の名を和代と
御戦のきびしさ中を
すめらぎの御宝と　吾子生まれし

私達親子三人は、この後、この「北の間」で住むことになったそうだ。しかしながら、結核が我が子に感染してはいけないという理由で、父は再び善通寺の陸軍病院に入院することになったのである。再び引き裂かれた父と母は、どんなに辛かったであろうか。記憶の中に、よく母が私を善通寺へ連れて行ってくれ、お堀のカメさんをじっと見ていたり，えさをやっていたりしたことがある。その時の母の顔がとても悲しそうに見えたのを思い出す。父は母が妊娠する前は、岡山県の早島に入院しており、母と祖母が交代のようにして、食べ物や着替えを背負ったり、持ったりして、宇高連絡船に乗り、宇野で降り、早島まで電車で、そのあと一時間か一時間半ぐらい歩いて療養所まで通っていたという事だ。『和ちゃん、一度早島の療養所に行ってみない』と叔母から提案された。この提案はとうとう叶えられずに叔母は突然逝ってしまった。

祖母石井タケと石井家について

祖母は叔母の母であるから、母の身になって、宇野から療養所までの道のりがどんなに大変だったか感じてみたいとの事だった。祖母は、生まれてきた男の子を続けて二人も亡くし、その悲しみから信仰の道に入った人である。家の「中の間」というところには二間ほどの間口の大きな神棚があり、よく近辺からお参りの方が来て身のうちの辛い話を祖母にして、心を安らかにして帰って行っていたようである。すなわち祖母は、地域のカウンセラー的役であったのではないかと思われる。ですから祖母はとても優しくて、働き者で、みんなの世話をし、地域の人達からも慕われていた。このような祖母がいたからこそ、自分の実家にさえおれない病気の父は、母の実家で、母と共に安心して暮らせたのだろう。叔母が母親石井タケについて、次のようなことを記していた

石井家は、遍路道が近いのでお茶の接待をしていました。大きな母屋と蔵、納屋が広かったので、お遍路さんの目についたのだと思います。周囲の草花が冬眠から覚め始めると、お遍路さんが集団でにぎやかに、チリン、チリン、チリンとお題目を唱えながら屋島寺に向かって通り過ぎていきます。だんだん戦争が激しくなってくるとお参りする人はいなくなりました。ところが戦後になって、一人歩きのお遍路さんや、お遍路の姿はしているが物乞い遍路が多くなってきて、恐ろしい思いをしたこともありました。

子供だけで留守番しているのが分かると、家の中にすたすたと入り込み、出て行きません。大人が帰ってきて何かを与えると、やっと出て行きました。そんなある日の夕方、ひょっこり上品なおばあさんが玄関前で鈴を鳴らしているではありませんか。そして「こち

らの家の軒でよろしいですから一晩とめていただけませんか」と上品な言葉でいうなり、へたへたとしゃがみ込んでしまいました。当時は食糧難の時代でしたから、どの家でも食べるものも少なく、泥棒や空き巣が横行していた時代です。でも母（祖母）はお遍路さんを抱きかかえて土間に入れ、足のわらじを取り外し、汚れをきれいにして仏間に通して『ゆっくりして、大変だったでしょ』と言って台所で夕飯の支度をして食べさせてあげました。どこの誰かもわからないのに、と、私達は半信半疑でブツブツ言っていましたが、母が「静かに、静かに」というのでその場は収まりました。翌朝「助けていただき、仏様に出合へて本当にありがとうございました。」と丁寧にお礼を言って、屋島寺へと旅立ちました。母が言うには「人を助けるということは、誰にでもできることではないよ。でも人を信じ、自分も強くならなくては」と。心晴れ晴れと、何事もなかったように仏様におまいりしていました。あの時のお遍路さん無事屋島寺へ、そして大窪寺までたどり着けたのだろうかと思う今頃です。と叔母は綴っていた。

　叔母の実家、そして私の生まれた石井家は、元地主兼自作農家で祖父は、元三谷村の収入役をしており、また祖母は婦人会副会長するなど、地元の有志として比較的裕福で大きな家構えの農家でした。ただ長男の實さんを徴兵でとられ、日中戦争で亡くしており、この家の苦しみは多大なものでした。私も小さい時から『實が生きておったらのお』と祖父母が言うのを何百回と聞かされたことか。

　この實さんについても、叔母の孝江さんが、「遺族の想い」の中に綴ってくれているので一部紹介する。

　實さんは、召集令状が来るまでに自分自身がお国の役に立てるように心身を鍛えておきたいと、勤め先から一ヵ月間の休暇を取り「八十八か所お四国参り（お遍路）」の旅にでたのです。出発前夜、父と酒を酌み交わし、翌日出発の時、父が「元気でお参りして来い、お大師様が見守ってくれているからな」といって父母共々兄を送り出しているのを子供ながらに見送りました。自分自身の弱い心を打ち払うため「南無阿弥陀仏……」を唱えながらのお遍路をし、それから一カ月余りして善通寺まで帰ってきて父と再会し、出発前とは別人のようにたくましく、力強くなって帰ってきたという事です。そして残された大窪寺までへと再び父に見送られ出発したそうです。強くたくましくなった我が子「實」が昭和十八年九月にとうとう出征しました。しかし終戦になって、次々復員してくる兵士の中に兄「實」はおらず、ずいぶん経って戦死の通知が来ました。その箱の中にはお骨もなく白い紙きれと石ころが入っていました。白い紙きれには、「昭和二十年九月二十日中支河南省で病死」とあり、それを見た父親は、あんなにたくましかった我が子が病気になるはずがない。その上お骨もないのに信じることはできない、と、長い間その死を受け入れなかったとの事です。

また体験した戦争の恐ろしさも語ってくれた。

どんどん日本軍の敗退が強くなり、アメリカをはじめとする連合軍の攻撃が激しくなり、日本への掃討作戦が決行し始める時である。昭和二十年八月八日の事『畑に真っ赤なトマトがなっとった時や、突然日山の方から、艦載機が低空飛行してきてな、北に飛んで行った時があったんやけど、恐ろしいて、みさえ姉さんと納屋に逃げ込んだんやけど、その艦載機の撃った弾が下の畑本の叔母さんに当たったんや』と。『その時パイロットが笑とったんが見えたんや。ほんまに戦争はおそろしいわ。笑いながら、弾を撃つんやから』と。また『裏の道を沢山の兵隊さん達が整列して林飛行場までしょっちゅう歩いて行っとったんで、飛行場作りに行っきょたんで』

また昭和二十年八月十五日の終戦を迎えた時、終戦の玉音放送がある時、ラジオのある石井家には、兵隊さんや周りの人達がたくさん集まって来て、整列をして、気おつけの姿勢をして雑音の混じった放送を聞いたとの事。様々語ってくれた。

母について

母は、石井家の長女として大正七年二月二十日に生まれた。母が生まれた当時の石井家は先に述べたように、地主兼自作農でまあまあ裕福な生活をしていた。当時としては、香川農業学校専攻科まで進学し、お茶、お花、お琴などの習い事をし、師範の免許まで取っていたからだ。私が驚いたのは、昭和九年三月に卒業した母の「香川農業学校専攻科の卒業証書」に「香川縣平民」と書かれていたことだ。この時代には、しっかり身分制度が生きていたことがありありと分かった。また母は長女として頭もよく、機転も聞き、よく働く子であったので、「シズヱが男だったらのお」とよく父親が言っていたそうだ。しかし農作業の手伝いばかりしていたんではと（大きくなった時私に話した）二十歳で知人のいた東京へ飛び出して行ったんだそうだ。東京の病院に住み込みで働く傍ら一生懸命助産婦の勉強をして、試験に一発で合格したそうだ。勉強した時の分厚い本を見せてくれた記憶がある。「これ全部暗記したんや」と母が言ったとき、びっくりした。私にはとてもそんな真似できんわと思った。月日がたち終戦を迎えた。そして様々な民主的改革がなされるのであるが、その一つが農地改革である。昭和二十一年十月から二十二年にかけて、吉田内閣の下で「農地改革」がなされた。

この改革により、石井家は、倉はあったものの、今まで運ばれてきていた小作米が来なくなり、祖父も「公職追放」で収入役を辞し、嫁入り前の叔母達が三人おり、厳しい生活を強いられるようになった。残された五反ばかりの土地を耕し、次男（私の叔父）が教師をして家計をささえていた。

母は父が亡くなった時、二十八歳という若さであった。私は一才四カ月であった。父が亡くなった後も私を連れ、石井家に住んで、助産婦をしていた。当時はまだ自宅出産だった。だから産気づくとその家の者が呼びに来るのだが、どんな真夜中であろうが、果敢にも道具を持ってとびだして行った。時々朝、目が覚めると居るはずの母が居ないので、よく泣いて起きていた。だから夢で一人置いて行かれる夢をよく見ていた。私は「産婆さんの子」として育った。大きくなった時「うちの子全部あんたのお母さんに、取り上げてもらったんで」とよく言われた。私はなんとなくうれしかった。

その上母は、長女である特権を生かして、実家を支えるべく様々なことに挑戦していた。

百羽程の鶏のひなを、稲井孵化場から仕入れ、養鶏箱を、玄関を入った広い土間に作り温度管理やなんやら難しいことをして成鶏にし、卵を産ませ、現金収入を得ていた。今思えば、この鶏の飼育で感動する事、たくましく感じられる事がある。一つは、敷き藁は、細かく切った稲わらですること。二つ目はそこへ鳥たちが糞をする。鶏舎を清潔に保つために、新しい稲わらと交換する。するとそれらは畑の作物を育てる肥料になる事。稲わらが循環していた。三つめは、成鶏が卵を産まなくなると、『そろそろいかんな』という母と祖父とのやり取りを聞いた夜は、必ず鶏肉のすき焼きが出ることだ。鶏のエサ入れでよく子猫たちが昼寝をしていた。鶏と子猫が仲良しだった。

母の書棚には、助産婦の本と共に、農作業に関する「家の光」や養鶏に関する月刊誌がたくさん並んでいた。私には、「子供家の光」を買って並べてくれていた。母は勤勉家である。それゆえ、親や兄弟姉妹から頼られ、それに応えるべく世話をよくする活動的な人だった。そんな中で育った私も、脆いところはあったものの、周りからは、しっかりした勉強のできる良い子として育ってきた。「男勝りのがんばりや」というところかな。母はこのことを少々自慢に思っていたようだ。私より六歳上の叔母増美さんとは、姉妹のようにして育った。昭和二十六年頃かな、石井家の跡取りの叔父が結婚したのは。その式の時、文金島田のお嫁さんを玄関で出迎え、仏様の前まで「お手引き」をする役に選ばれた。とてもきれいなお嫁さんだった。「和ちゃん、和ちゃん」ととても優しくしてくれた。

スクーターに乗る母

そして一年後、私と母は、石井家の近くに、新しい家が売りに出たのを機に、引っ越しをし、母と二人の生活が始まった。いつまでも「子連れの小姑」がいてはいけないという母の心遣いだった。猫の「みっちょ」を家族の一員として飼い始めた。母は、祖父母が多くの方々のお世話をしたように、夫を戦争などで亡くした団体「未亡人会」の中心となって働き、種物売りや、手袋縫いや様々な内職の世話や小学校の講堂を借りて映画会等をして会員の現金収入を得る為にがんばっていた。進取の気性に富んでいる母は、自転車ではいかんと、いち早くスクーターを買い、意気揚々と乗っていた。昭和三十年代中頃、私が中学になる頃から、自宅分娩は無くなり、ほとんどが病院で出産するようになり地域の助産婦としての仕事は無くなった。そこで母は証券会社の職に就き必死で私を育ててくれた。その時スクーターが大活躍したのだ。

私が県外の大学に進んだため、残された母は、お金はいるし、寂しいしと一大決心をして、助産婦という武器を持って、再び東京へ出発したのだ。四十六歳での再出発である。若き日にお世話になっていた病院がまだ開業しており、連絡すると、「すぐおいで」という事でそこの先生に再びお世話になることになった。昭和三十五年の事である。こうして母は戦後の荒波に飲まれることなく、遺族の妻として、一人で私を育て私たちが安心して住める鉄筋コンクリートの大きな家を、母子二人で出発した三谷の地に建て、平成二十三年九十二歳で活気ある生涯を閉じた。

子供時代のお手伝い

三谷は、農家がほとんどで農繁期には「農繁休み」というものがあり、家のお手伝いをする為、二〜三日お休みがあった。私も小さいながら、苗取り、苗運び、田植えなど手伝った。この田植えで一番怖かったのは、水を入れた田んぼの中には、「ヒル」という二cm位のヌルヌルした吸血の虫がいて、足に吸い付くとなかなか離れないで血を吸う事だ。一番のお手伝いは、畦豆入れである。大人が作った畦の「ちょぼ」に良い豆を三粒ずつ入れていく仕事である。これはどこの農家も子供の仕事であった。これをしながら、早く大きくなって、てんがで畦を作り、「ちょぼ」を作りたいと思ったものだ。

しかしながら夏は楽しい反面、結構蛇がぐじゃぐじゃ出てきて、特に石垣のある所を通る時は、絶対に気を付けて用心して通るか、または超スピードで走り抜けるようにする事だ。鶏の卵を取りに行った時、蛇に出合って「うわー」と悲鳴をあげて飛び出したのを思い出す。今もってその怖い目を忘れられない。

稲が成長し刈り取りの時期を迎えると、子供には刈り取った稲の束の上に、稲藁を三本ずつ置いていく重要な仕事があった。大人が後から、置いている稲わらで刈り取った稲の束を作っていくのだ。子供がいないところは、大人が一束の稲わらを腰につけて、そこから稲藁を取って束にしていった。それらの束にした稲束は、風通しの良いところに下げられていく。そのあとの田んぼでは、タニシ狩りが行われ，それらを焼いて食べたような気がする。

高学年以上の子供のお手伝いで重要なことは、風呂に水を入れ、沸かすことであった。今でこそ子供など知らぬ間に、電気で沸かされているが、当時は、藁や木を上手に燃やして、いかに早く沸かすかが重要だった。下手をすると火事を出しかねないからだ。ご飯を炊き、味噌汁や、煮物を作るときも、火の扱いがとても大事であった。冬などは、その残り火が、こたつや、火鉢のもと火に使われた。母と二人の生活に入ってからは、（昭和二十八年頃から）炊事や片付け等するようになり、火の扱いはうまくなった。男の子は農家の働き手として、勉強どころではない。想像できないほど大変だ。特に戦争で兄や父を失った家では小学一年生で牛を使っての田おこしや、代掻きなどしたという話もあった。「牛までが、わしがこんまいのを知っとってほうけんにしよるんや」と牛の扱いがいかに大変だったかを遺族の聞き取り調査をしている時、お父さんが言っていたと、娘さんが今では懐かしそうに話してくれた。

自然の様子

昭和三十年頃までは、川は普段はあんまり危ないものではなく、遊び場であり、はだしで入っても良かったが、時折割れたビンがあるので、いつも親から、「はだしで入ったらいかん」としかられていた。だからだいたいゴム草履をはいて入っていた。夏はシジミを取り、ドジョウを取り、それが味噌汁の具になった。川の水もきれいで、石をめくると透き通るような川エビやはぜ、川ガニやザリガニもいた。彦作池には毎年シイが池いっぱい繁茂し実を付けていた。一度シイの実を食べてみたかったなあ。今は埋め立てられ運動公園になってしまっている。

「めだかの学校」という歌があるがその通りだ。田んぼに水を入れるため、せき止められた川には、めだかがたくさん並んで泳いでいた。その横を、「めだかの学校」の歌を歌いながら一緒に走ったものだ。

絵：石井トシ子

川の岸に生えている木や草の中にも結構食べられるものがあり、よく食べたなあ。野イチゴやスイスイ、桑の実、あと何だったかなあ、いっぱいあったように思うのだが。今どきの子でこんなことする子はまずいないだろう。

　夏といっても三十度を超える日は、八月の二～三日間で、この日はとても暑かった。でも今のように四〇度近くなるなんて思いもしなかった。人間って生きられるものだ。三郎池のユルヌキがあると、ふなや鯉、台湾どじょうが流れてきて、それを捕まえてみんなで歓声を上げた。その後どうやって食べたかは思い出せない。三郎池にはカラス貝が沢山いたようだ。男子が良く取りに行っていたと言っていた。でも、今はもういないとのこと。なんとも残念なことだ。

　また道路も格好の遊び場だった。危ないものといったら、自転車かオート三輪がたまに通るぐらいで、幹線道路でない限り大丈夫だった。特に私の横の道は、軍が、南北の滑走路を造るために作った道路であったので、市道にも関わらず、幅が広く当時、流行っていた「缶蹴り」遊びが十分できた。

　両脇には隠れるのに格好の納屋もあった。

　農家ではサトウキビが各家庭で作られていた。黒砂糖を取るためだ。近くにサトウキビを絞める工場があり、そこで黒砂糖を作ってもらっていた。また、サトウキビは子供のおやつにもなりシカシカと噛んで食べていた。犬や猫がいるのは当たり前、ネズミもあちこち走り回っていた。だから当時は、ちゃんと猫がネズミを捕っていた。鶏に加えて、農耕用の牛や、中には、牛乳を出すホルスタインの牛、ヤギも飼っている家があった。友達が牛乳で作った豆腐を良く持ってきてくれた。大きくなったのはこの子のお蔭かな。

　石井家では、農耕用の牛を飼っていた。牛の餌を確保するため、いつも道の草はきれいに刈られていた。この場合も田畑の多い人はそれだけあぜ道が多く、草を豊富に牛に与えられた。残飯も、牛が食べられるものと、食べられないものとが区別されていた。一度牛の食べる方に煮干しカスを入れ、とても叱られたのを覚えている。それで捨てる時とても気を使ったものだ。それに比べて、鶏は気楽に残飯を放り込んでおけばよかったので気楽だった。

　いろんなゴミは風呂の焚きつけになり、その灰は、畑の作物の肥料になり、今のように、生ごみなんて出なかった。不要なものがなく、全てがうまく循環していたように思う。何時からだろうか、プラスチック製品が氾濫し、風呂焚きや炊事が、ガスや電気になり、家庭で燃やせなくなったものがゴミとなったのは……それまでは家庭がごみ焼却所の役目をはたしてきたのだった。田畑の野焼きも、本来は、田畑のごみ焼却と同時に土の消毒をして栄養を与える役目だったのに、その役目を取り上げられ、高価な化学肥料と化学薬品に替えられてしまった。なんと愚かな事だろう。

農村での春がどんなに素晴らしいものか、都会育ちの人達には分からないだろう。「百花繚乱」とはよくいったものだ。すべてのものが芽吹き、ただの枯れ木に見えたものから、黄緑色をした芽が出て葉が出てきて、そして花が咲く。その下では、ただの土色の土地と思えたところから次々と芽を出し、やがて緑や黄緑色の葉を伸ばし、神の手で色付けされたとしか思えないような様々な色合いの草花や木々が花開く。つくしやタンポポ、レンゲソウ、カラスノエンドウ、ああ！　数えきれない程のたくさんの草花たちが自分の存在を認めてほしいように伸びてくる。

農家の人達は、苗代を作る場所に必ず、レンゲ畑を作りそれらを刈り取った後、耕し苗代づくりにいそしむ。そんな事とは知らない子供たちは、唯々きれいなレンゲのじゅうたんの中で転げまわる。（後で必ず叱られる。倒れていたら刈り取るとき面倒だからだ）その周りでは、モンシロチョウや、アゲハその他名前の知らないたくさんの蝶が飛び交い、蜜蜂も羽音をたてしっかり密を吸っていた。あら？　そういえば近年れんげ畑も、蝶の群れ飛ぶ姿も見ないなあ。田畑でも着々と夏の田植えに向けて準備が進められている。まずは土起こしから。冬ゆっくり休んでいた牛たちは、ここから働き始める。そのうち牛はどこの納屋からも姿を消し、耕運機に取って代わられてしまった。

耕された田には、水が張られ、着々と田植えの準備が進んでいく。祖母や母を先頭に、叔母たちが勢ぞろいして定木を並べ、苗を手に持ち、スタートだ。この時の緊張感がとても好きだった。一つの定木など持たせてもらえない子供は、大人の間に入り、三株ぐらい受け持って、みんなの中に混じって働けた。田植えの終わった夜は、カエルの合唱で本当にうるさかった。あの歌の通りだ。ゲロゲロゲロゲログァッグァッグァッグァッ。何日か経つと、鶏の卵の白身のような中に黒いツブツブの卵ができ、そのうち、小さなオタマジャクシがいっぱいチョロチョロ稲の間をおよぎまわっていた。カブトエビというものも泳いでいたかな。

そうこうしているうちに緑の稲は背丈位に成長し稲穂をつけ、最後の大仕事、収穫に向かっていく。このころ、運動会や、お祭りなど子供にとっても大人にとっても興奮する大イベントが待ち受けている。運動会では部落対抗の様々な演目があり、最高潮は最後のリレーである。小中学校とおして毎回代表で出たなあ懐かしい。

お祭が近づくと、各部落のお獅子の練習が始まり、三谷中が毎晩チンドンチンドンと賑やかになる。獅子舞で「きょうくち」に選ばれた男の子達は堂々と学校の早引けができとても羨ましかった。「ああ！　男の子に生まれたかったなあ」と真剣に思った事だ。今は子供の人数が少なくなり女の子もしているのでびっくりした。この「きょうくち」だが、漢字では「曲打」と書き、なまって言うようになったようだ。

夕方の風景は絶品だ。西の彼方に沈んでいくギラギラ光る夕日。その夕焼けの中を真っ暗なカラスがガアーガアーガアーと群れを成して法然寺のねぐらに帰っていく様子。そのお寺から、ゴオーンゴオーンと鳴り響く鐘の音。「ああ！今日も一日終わった」という至福の時だ。

冬は、静寂が全てを覆う。しかしながら、農家の冬は忙しい。保存されていた麦わらが「麦稈真田」としてよみがえる。すなわち農閑期の農家の内職である真田編みである。それが一定程度作られるとそれを買いに来る業者がいて、農家の現金収入になった。その真田は夏の「麦わら帽子」になり店頭に並ぶのである。男用、婦人用、子供用まであった。そう言えば稲わらで「藁草履」をひいおばあちゃんが作ってくれたのを思い出す。可愛くするため、赤やピンクの残り布を編み込んでくれた。麦わらも、稲わらも、当時の大人たちは、しっかり余すところなく生活に役立たせていたのだ。

また寒いはずの冬も子供にとっては楽しい事が多い。まず冬休みがあり、すぐクリスマスがある。忘れもしない、一年生ぐらいの時かな。早朝目を覚ますと枕元に白い袋が置かれていた。なんだろうと思って中を見ると欲しかった長靴が入れられていたのを。うれしくて袋担いで「サンタさんが来た！　サンタさんが来た！」って、家じゅうピョンピョン走り回ったなあ。孫までいるのに、ついこの間のことのようだ。

またお正月に向けての一家揃っての餅つきがある。あんこを丸めて、お婆ちゃんのちぎったホカホカの餅の中にあんこを入れていくのは子供の役目、役目にしてくれたのかな。そして丸めて「ほれ」って口に入れてくれる。この美味しさは、食べた事のある人にしか分からない。温かくて，やわらかくて、甘くて。またこうした時、部屋中が暖かい湯気に包まれ、寒さなんか吹っ飛んでいた。もちろん部屋には、練炭を入れた火鉢があり、その上にはやかんが置かれ、口からは蒸気機関車のように湯気が「シュンシュン」と出ていた。たくさん雪の降る地方の方には申しわけないが、この三谷では、雪など降ろうものなら、「犬は喜び、庭駆け回る」って歌詞があるように、「子供は喜び、庭駆け回る」になり、もっともっと「雪よ、フレフレ」とはしゃぎまわる。でも「しもぶくれ」や「あかぎれ」していた子ども達が結構たくさんいたなあ。

絵：石井トシ子

お正月のしたくって結構忙しいが、子供にもその仕事の一部を手分けして手伝わせてくれたので、大人と一緒に忙しく結構楽しかった。今思えば、感謝感激！だっておしゃまな私って、少々邪魔になったでしょうに、でもちゃんと仲間に入れてくれていたから。下着は年末の三十一日に全部新しい真っ白なものに交換してくれた。これが新しい年を迎える為のけじめのようで心がシャキッとした。お正月には、御馳走を食べさせてくれて、お小遣いをくれて、きれいな服や着物を着せてくれて、おめかしをしてお宮参りや親せきに連れて行ってくれて、なんとも華やいだ気持ちになった。

小学校時代―昭和二十六年四月～昭和三十二年三月

入学式から始まり、遠足や運動会、学芸会、卒業生を送る会卒業式等行事が沢山あったような気がする。敷地には、保育所、小学校、中学校、後から幼稚園も来て、さながら教育の森であった。そうそう給食室、すなわち給食を作ってくれるところがあり、おばさんたちが頑張ってくれていた。人丈もある大きなしゃもじゃ、子供が五～六人入りそうな大きなお釜が並んでたな。

下級生の時の事はあまり覚えていないが、木造校舎で、お掃除は毎日自分たちでしていた。毎日雑巾がけしていたように思う。勉強が終わると、みんなで椅子を机の上に置き後ろに運び、空いたところを雑巾で拭く。みんな並んで一斉に拭くとすぐ終わり、又もとのように前に運び後ろを拭き、もとに返す。廊下を拭く時は長いので「ヨーイドン」で始め往復した。そう言えば、糠袋を作り、廊下を、ピカピカにみんなで磨いていたような気がする。そして誰かが滑るのを楽しみにしていたような（ちょっと悪い子かな）。

給食は細長いコッペパンか、蒸しパンと一カップの牛乳。でも結構この牛乳が嫌いという子が多かったので私はかわりに飲んであげたりしていた。途中で牛乳瓶になっていた。おかずはいろいろあったと思うが、クジラ肉にキャベツの茹でたのが少しついて出ていたのがおいしくて好きだったので覚えている。

先生の授業風景ではっきり覚えているのは、窓からお日さんが眩しいほど差しいて、川辺先生が、真っ白なハンカチで汗を拭き拭き一生懸命教えてくれていた事だ。これを見て先生のお話をしっかり聞かなくては！　と思った。

高学年になるとだんだん男子が威張ってくるようになり、いたずらが度を増してきて、とうとう先生も堪忍袋の緒が切れたのか、十人位並べて、バシッバシッバシッーと、平手打ちをしたのを、少々怖いと思いつつ、悪いことするから仕方ないな、という思いで女子たちは見ていた。

今になって思うのだが、軍国主義を徹底的にたたき込められて教員になった先生達が、戦後の民主教育をどのように心から受け入れ実践していったのか。興味深い。子供たちに伝えていく仕事であるだけに、きっとその思想と実践の間で多大なる苦労があったように思うが。

中学時代—昭和三十二年四月～昭和三十五年三月

昭和三十二年の四月中学に入学するのであるが、今思えば、この中学の三年間は私の人生にとって、もっとも活動的で一番充実した楽しい時期であったように思う。中学二年生の十一月の修学旅行は、京都、奈良、大阪である。京都に行くというので、熱狂的な東映の時代劇ファーンであった私は、東映の撮影場をルートに入れてもらうように、先生に何度も何度も頼み込んだ。さすが先生、バッチシ入れてくれていた。行ったとき先生までが興奮して、「俳優さんおったか」なんて私に聞いてきた。私が「侍が一人歩きよったで」というと、「ほんまか」と結構乗って来ていた。先生も本当は行きたかったんだなと思った。金閣、銀閣、シカさんも良かったが、奈良の猿沢池の周りを歩いていたら、空から号外が降ってきたので一番興奮した。みんなで拾ってみたら、内容は、「正田美智子さん、皇太子妃に決定」という内容のものだった。あぁ！　あの号外残しといたらよかったなあ。それからである。「ミッチーブーム」が到来したのは。

女性なら誰しも、あの「カチュウーシャ」を付けたものだ。私もお出かけの時は、必ず、ビロードでできた素敵なカチューシャをつけた。

三渓中学は、熱心な先生に恵まれとても楽しかった。バレーボール部では夏の苦しい練習にも耐えて、市大会から県大会にも出場した。その後すぐ、秋の屋島の陸上競技場で陸上競技に出場するため毎日練習に励んだ。五種目に出場し、投げたり、跳んだり、走ったり。なんとすごい事、今思えば自分なりに感心するばかりだ。その合間に書道の練習もあったから、いつ勉強したのかな。でも学習にも集中できその成果を、私なりに積んでこられた事である。

残されていた賞状を見て改めてびっくりした。忙しい運動の合間に高松市段階の賞ではあるが、各学年での生徒委員は当たり前の事、最も苦手な美術部門での優秀賞、習字、英語弁論大会の賞（県と市）、健康優良児の賞（県と市）等々。

こうして頑張ったからかもしれないが、腎臓病という病に倒れた。三年生の十一月十二月の大変大事な二カ月間、病床に伏せってしまった。あれほど元気でがんばり屋さんだったのに……

三学期から復活し、弱くなっていた心も、どうにか先生の後押しで立ち直り、第一志望の高松高校に入学することができた。

高校時代—昭和三十五年四月〜昭和三十八年三月まで

高校入学は、私にとっては初めてのカルチャーショックである。田舎から出て行き、その上思春期を迎えた私にとって、びっくりしたのは、一つは、私より背の高い男の子があっちにもこっちにもたくさんいるという事でかなり興奮した。田舎では私より大きいと思った子は五人もいなかったからだ。二つ目は通うのがあまりにも遠くて、時間がかかる事、疲れること。三つ目は、どんなに頑張って勉強しても、なかなか成果が出ない事、覚えたかどうかなかなかわからない教科より、答えのはっきり出る数学ばかり勉強していた。四つ目は、運動の先生に目を付けていただいたが、通うのに精いっぱいで、ご期待に応えられなかったことだ。今のように、車での送迎などありえない時代だ。まして三谷での交通機関は、駅や停留所に出るまでが大変で「陸の孤島」と思われるような所だった。高松市であるのに。ですから高校時代は、朝早く自転車で出て、帰宅しても家で勉強、春夏秋冬の変化の中で何が起こったのかが思い出されない位だった。

途中から、林支所前まで自転車で行き、母の知り合いに自転車を預かっていただき、バスで五番町まで行って学校に行った。そして大学受験である。唯々苦しい毎日であった。十八歳から選挙権がと言われているが、今の高校生はどうなのだろう。政治を考えるゆとりなど有るのだろうか。政治のことなど良くわからずに、どのようにして、候補者を選ぶのだろうか。私が目覚めてきたのは、大学に入ってから、学生運動など見て、やっと身の回りを見られるゆとりが出て来てからだ。

大学時代—昭和三十八年四月〜昭和四十三年三月

大学に入って初めて「日米安保条約」の事や「基地問題」「授業料値上げ反対」などの学生運動があるのを知り、とても新鮮に感じた。女子大だから、女子だけで、とても熱心に、弁論も達者で教授の授業より上手だと思った。大学では社会福祉と体育を専攻した。政治に全く疎かった私にとって、政治活動をする先輩たちがとても魅力的に思われ、弁も起たないのについついその人たちのする部活動の方へと進んでいった。不得手であるにもかかわらず。しかしここでの部活動「セツルメント部」で活動をする中で、多くの政治問題を考えるきっかけになり、貧富の差をはじめとする、様々な差別問題を正面から考えるようになった。

大学三年が終わりもうすぐ四年生になる春休み、調子が悪くなり、風邪かなと思って病院に行くと、検査の結果、結核性の腎臓病と判定され、休学を余儀なくされた。意気消沈し、今後の生き方が大きく変わっていく事となる。

多分一番心配したのは、母だろう。恐れていたことが現実になったのだから。

二年後復学し、教員免許も取れ、無事昭和四十三年三月、ついに卒業できた。


その後定期検査を続け、働くことも、子どもを三人も生み、育てることができた。夫は大阪外大で中国語を専攻した後、商社マンで働いていた。秋田出身の彼は、高松の冬は少々物足りないようだった。「しばれる」という感じが全然ないそうだ。

香川県にも「公文式数学研究会」の普及が進行していて、「数学」という字に再び心が熱くなり応募した。即決定となり、数学を共に指導できる喜びに溢れて「公文式高松三谷教室」が昭和五十二年の九月に誕生したのである。数学力を高めるうえでいかに計算力が大切かを強く感じていた私は、嬉々として開設に取り組んだ。三人の娘たちは、近所の子ども達と一緒に勉強し、学力は心配もせず、すくすく成長した。数学の計算力、読み聞かせに重点を置いた。

私は、戦没者遺族として母の後を継いで、遺族会の仕事に関わるようになった。この平穏な三谷村にもかつて軍国主義の波は押し寄せ、多くの人達が戦争の犠牲になっていった。私は、遺族の方々や実際戦争時代を生きてきた方々のお話を聞いてきた。その証言集の一つが「戦後七十年遺族の想い」であり「戦後七十五年遺族の想い—三谷の戦争」である。これらに基づいて、紙芝居「戦争はいかん人殺しやけん」を作り、地元の小学校を始め多くの方々にみていただいています。

太田和代（おおた・かずよ）
一九四五年（昭和二十年）高松市三谷町生まれ。三渓小・中学校卒業、高松高校卒業、府立大阪女子大福祉学科卒業。東京在住中に板橋区立児童館勤務、まはやな保育園勤務。昭和五十二年高松に帰省し、公文式三谷教室を開設現在に至る。地域活動：民生主任児童委員、三谷地区遺族厚生会会長。民話収集：三谷の民話「三谷のじゃの話」「通れん谷の山姥の話」を紙芝居・絵本にする。著書に証言集『戦後七十年遺族の想い』、『戦後七十五年遺族の想い』、紙芝居『戦争はいかん人殺しやけん』

「戦争はいかん
　人殺しやけん」

この言葉は、二六歳の時戦艦「霧島」で真珠湾攻撃に加わった谷本正雄さんにお会いしました時、「戦争はどうでしたか」という質問に、ちょっとはにかみながらも、こんなにも明快なことばをくれました。そこでこの言葉を紙芝居のタイトルとしました。小中学校や各種団体で上演しています

上記の紙芝居は、坂出に住んでいる辻正雄さんが、実家である高松が空襲にあったのを聞き、翌日坂出から築港に着いた所です。辺りは焼け野原で、まだくすぶっており、築港から栗林公園が見えたということです。この光景は生涯忘れられないといです。

午前三時ごろ空から火の玉が並んで落ちるように見えた。子供なりに体が震えて止まらなかった。一方で三谷から見た光景は、花火が上がっているように見えた。

村人総出の見送りの様子

西三谷の十河千恵子さんより写真を提供していただきました。昭和十二年四月ごろ、お父様の出征時に、村境まで村長さんをはじめ　村人総出で、日の丸の小旗を振っての見送りの様子です。

林飛行場の建設

昭和十九年一月二十三日、林村に陸軍省から林村を中心に周辺の多肥、三谷、川島の四か村にまたがる　二七〇ヘクタールに建設するとの連絡が入る。作業はすべて手作業で行われ、一般人はもとより、学生、生徒、服役者や連行された朝鮮人など連日数百人が動員され夜を徹しての作業となり、東西線が八月に完成しました。

紙芝居の様子と一部紹介

不易なるものを求めて

真屋　正明

新型コロナ

令和二年の春から中国武漢発の新型コロナで世界は大混乱に陥った。観光、旅行、飲食、ホテル旅館、海外からのインバウンドなどと需要は極端に落ち込み、世界では都市の封鎖も試みられたが感染は広がるばかりである。私は婆ヶ池にある墓地を訪れた。父からおばさんの貞栄さんが嫁いだ先でスペイン風邪により若くして亡くなったと聞いていた。墓石に刻まれた年月を確認したかったのだ。大正七年（一九一八）十一月没で十九歳とあった。有名な島村抱月が亡くなった月である。翌年一月、松井須磨子が後追い自殺をしている。今は令和二年十二月だが第三波が世界に押し寄せている。百年以上の前の現実が昭和を挟んで繰り返されようとしているのだ。

児童百科事典

少年の頃、新聞紙を座敷の上に広げてながめていたことを覚えている。この新聞の隅から隅まで読めたらいいだろうなあ。何が書かれているのだろうか、誰かに呼びかける伝言もあるにちがいない。そんなことを知りたかった。そして自宅には児童百科事典が揃えてあった。私や妹のために両親が買っていた。いつの間にか読めるようになり、事典をめくると大塩平八郎や山縣蟠桃や安藤昌益らの名前があった。そんな百科事典を時々手にしていた。絵や図がありカラフルであった。今でも覚えている。

私は昭和二十二年一月に高松市大工町で生まれている。後にいう団塊の世代である。昭和二十年七月の高松空襲の折、新婚であった母は松島の実家にいたが、屋根を貫いた焼夷弾が目の前で炸裂して火達磨になった。だが、近くにあった防火水槽に身を沈めて大やけどはしたがなんとか命拾いをしている。一か月後、広島に原爆が落とされた。医者の叔父は呉の勤務先に電車で向かう途中、広島駅を通過数分後に閃光を見ている。誰もが命がけの昭和二十年夏だった。

テレビ時代

大工町で隣に住む社長（叔父）の家にテレビが持ち込まれた。町内に電機会社につとめている知り合いがいて勧められたようだ。チラチラする画面で、雑音もするがミッキーマウスやポパイのアニメや大相撲を隣の家でみた。そのうちに自宅の食卓にもテレビが置かれるようになった。それまではラジオで「少年探偵団」や「笛吹き童子」などを聞いていたのだが、テレビに変わった。「夢で逢いましょう」はいつも見ていた。「上を向いて歩こう」や「遠くへ行きたい」はここで生まれた歌である。プロレスもよく見た。力道山の時代である。私はしかし、「日本の素顔」「現代の映像」とか「ノンフィクション劇場」などのノンフィクションに興味があった。父親は食事中でもテレビでニュースを見るばかりなので、「もっと皆で話をしようよ」と言ったこともあった。年末の大晦日は決まって「紅白歌合戦」であった。母親はいつも中華そばをつくってくれたものだ。その頃は歌謡曲ばかりで、突っ立ったまま歌う男の歌手もいてあれでお金が稼げるのか不思議に思ったことだった。私たちにとって時代はまだ夜明け前だったのだ。

葬儀

祖父が亡くなったのは皇太子のご成婚の一年前の昭和三十三年の四月であった。山本町の生まれだが、家庭事情により高松の呉服屋に奉公に出され、人づてに晒粉製造に関り真屋商店の創業者となっていた。八十七歳であった。私は中学に入学したばかりで父に呼ばれて隣の真屋内科に入院している祖父を見舞った。聞かれて「中学一年になりました」と小さく答えた。葬儀には大物が来られるという話だった。社会党の鈴木茂三郎委員長である。祖父は戦前に伏石小作争議に関係し、窃盗と教唆の罪で起訴されて執行猶予であるが有罪となっている。当時高松市議会議員をしていて書家でもあった。拘置所では自作の漢詩を披露したこともあったという。被告の小作人の一人が自殺し、応援にきた弁護団の若林弁護士が後に自死したこともあって、大正末期の伏石事件は日本三大小作争議の一つに数えられている。当時、卯吉は労農党の香川支部長に籍をおいたこともあった。小柄な体躯だったが演説が好きだったのか、尾崎行雄に従って前座を務めたこともあったようだ。昭和二十八年には伏石事件之碑が建てられ今でも慰霊祭は執り行われている。題字は卯吉が刻んでいた。そんなこともあって葬儀には多くの農民の方々が参列された。真屋商店を引き継いだ叔父と父は香川の農民運動に関わっていた島木健作のことを話題にすることがあった。「あの手紙類が焼けずに残っていたらなあ」と嘆いていた。叔父は手紙で島木氏と頻繁にやりとしていたようだ。

　一方、祖父は瀬戸内海で網にかかる不思議な化石を多く蒐集もしていた。ナウマン象の化石である。その数は数百に及んだ。東京から高松に訪ねてくる研究者もいてそんな新聞記事が残されている。海外から高額での購入希望が舞い込んだりしたが、貴重な日本の化石が海外に渡るのは国家の損失であるというので上野国立博物館や早稲田大学に寄贈することになった。だが、戦前のことだったので寄贈した化石類は空襲で焼失してしまった。それでも私が小さいときには会社に棚がありそんな化石がごろごろ置かれていた。特に完全な下顎の化石は貴重なものなので大切に保存している。

晩年の祖父・真屋卯吉

青き時代

　中学生になり、哲学でも勉強してみようかと近くの本屋で探してきた本があった。「哲学入門」という書籍だった。だがこの本を読んでみてなんとも次元が違うので戸惑った。唯物史観とか弁証法とかいう言葉がしきりと出てくるので哲学というのは考える言葉から違うのかと驚いた。三一書房新書だった。今であればあの手の本かとわかるのであるが当時はそんなことには初心なものであった。それから憲法のことがあった。武力はこれを保持しないとあるのに何故自衛隊があるのか不思議だった。これには大人たちに不信感を持たざるをえなかった。どちらかが間違っている筈である。この社会にははがゆいものを覚えた。

学園紛争

　ケネディ大統領の暗殺など衝撃的な事件があったが、受験主体の高校時代を経て昭和四十年になんとか大阪大学（経済学部）に入学した。しかし、人生の目的については悩み多き時代であった。当時の流行り歌の「夜明けのコーヒー二人で飲もう」というフレーズには胸がときめいたものだったが不器用な学生だった。ただ有為な人物にならんとする気持ちは人一倍あるのだがどうすればいいのかは迷い道であった。もともと階級闘争なる唯物史観には違和感を覚えていた。それでもなんとかいろいろと彷徨を重ねてゆく中で、「人間論」や「人間関係論」のカール・ロジャーズ氏に邂逅、主体性の重要さを知り、更には箕面の下宿先から通った中之島フェスティバルホールでの日本映画回顧上映で黒沢監督の「生きる」を見て、感ずることが大いにあった。大学の講義では「君たちに教えるのは酒粕なんだ」という教授がいた一方「生産設備が余っているのに労働者は仕事を失っている。この矛盾を解決するのが経済学である」と語る真摯な教授もいた。ケインズ経済学である。ゼミの合宿で北陸の永平寺に向かっていた昭和四十三年にチェコで異変が起こった。「プラハの春」がソ連により圧殺された。東京オリンピックの花であったチャスラフスカの声は消し去られた。生々しい世界の現実に暗澹とさせられた。もはや象牙の塔は時代に合わなくなっていた。そんな中で学園紛争が拡大し、校舎は閉鎖されてしまった。羽仁五郎の「都市の論理」やフロムの「正気の社会」には惹かれるものがあった。そして五味川純平の「人間の条件」の主人公の梶に共感を持たないわけでもなかった。ベトナム反戦で御堂筋をデモで走り抜けたこともあった。下宿の仲間の一人は無口だったが突然、社会の矛盾についてアジ演説口調でしゃべり始めたには驚いた。学園紛争で卒論もままならず、社会にでてゆくことになった。だが、「自主講座」という立て看板だけはよく覚えている。

首尾一貫

商社に勤めることになり、実務の世界へと入った。事務処理や人間関係に多忙な中、彷徨は続いていた。実存主義でいう疎外感があったのであろう。なんとか首尾一貫した人生を送りたいというのが私の願いであり、同時に団塊の世代の課題でもあると思っていた。戦前は軍国主義で戦後は民主主義だというような価値観が変わる変節の人生だけは送りたくない。そう思っていたのであった。それで石橋湛山に出会うことになる。戦前には「我に移民の要なし」と植民地不要論をとなえ、支那からの撤退を論じた。敗戦では疎開先の秋田で「更生日本の前途は洋々たるもの」と構想を述べた人物である。また、戦前の不況期には円切上げとなる金解禁（金本位制）に異を唱えた。又ケインズ論者でもあった。戦後には首相を経験している。そんな首尾一貫した生き方に憧れたものだった。

学んだ一つにこんなことがあった。彼は戦前に月刊英文雑誌「オリエンタル・エコノミスト」を自ら創刊している。排日の世界の中で湛山は日本の経済事情を世界に発信していたのだった。あの時代に、この精神があれば日本は世界でもっと理解されていたのではと思う。

環緑化による高松田園都市構想

結局、家業を引き継ぐことになり、昭和五十一年に帰郷した。巷で「関白宣言」が流行り出した頃、見合いで伴侶を得て子供にも恵まれた。そして同窓の仲間と耕心会という勉強会を立ち上げた。香川では瀬戸大橋、新空港、高速道路と三つの大きなプロジェクトが進められていて、変革の時期が到来しようとしていた。そんなことから、「環緑化による田園都市構想」という地域開発を耕心会で立案してみた。昭和五十六年末のことだった。郷東、栗林、林地区、春日川を結ぶ弧を緑化して、コトデンとＪＲが乗り入れて環状線とするアイデアである。緑化地帯の内側は電気自動車などを走らせ情業都市とする構想である。海の開発を含めて環緑化による海田園情業都市構想である。具体化にまでは至らなかったが、思い出のある構想である。まだ見ぬ未来産業を情業という言葉に託したのだった。勿論、大平首相の田園都市構想を受け継ぐものである。

月曜随想

100年で100万本の花木を
環緑化による高松田園都市構想について

真屋《まや》 正明《まさあき》

環緑化による高松田園都市構想の新聞記事

その後、三大プロジェクトは完成を迎えインフラは整った。讃岐うどんブームで賑わうことにもなった。私の住む高松の大工町には一世を風靡した「かな泉」の本社があり、来客があればよく食べにいったものだった。釜揚げの漆塗り調の器がなつかしい。

家庭紙産業

日本人が長寿であるのは水道が普及して滅菌した水が飲め、ほぼ疫病が撲滅されたことが大きい。その滅菌に使用されているのが塩素である。県下では真屋商店が安定供給を担ってきたしこれからもそうでありたいと思っている。

讃岐はもともと雨が少ない地域であるが、栗林公園の東側一帯は川が流れていたこともあって伏流水がある。そこには多くの紙漉き屋があり、工業薬品の客先でもあった。紙漉きには植物繊維を均一に分散させるためにトロロアオイなどの植物による粘剤が使用されていた。しかし、生ものであり腐ったり品質にばらつきがあったりして問題があったところ、石油化学で製造された粘剤が開発されて品質が改善されティッシュやトイレットペーパーの大量製造が可能となった。石油化学時代の到来であった。真屋商店は一早く取り扱いを始めて大きな収入源となっていた。しかし、香川では水源に限界があり、伊予地区や静岡の富士地区の大量製造会社には及ばず、結局、常磐製紙や昭南製紙などの有力製紙会社の多くは廃業して姿を消してしまった。製紙向けの薬品で始まった真屋商店であったが、香川における昭和のひとつの時代が終わったのであった。しかし、それは環境ビジネスという新しい時代の始まりでもあった。

淡き夢　昭和の大業

あの学園紛争は軽井沢山荘の赤軍派の凄惨な事件で終わった。テレビでの生中継を全国民が見ていた。昭和四十七年のことだった。私と同じ団塊の世代が迷い込んだ不幸な結末であった。高度経済成長の頂点に私たちがいたこともあった。社員が日経を読みだし株式欄を見る時代だった。現代版カルタゴと揶揄する識者もいた。これからは日本が世界をリードするのだと胸が高まった。三種の神器に始まる一億総中流は昭和という時代の大業であった。だが、占領時に即製された武装解除憲法を平和憲法だとする背骨なき国民に本当の未来がある筈もなかった。三島の自害も故なきことではなかったのである。国防は領土と命を守ることであるが、それは雇用と健康を守り、文化文明を守ることでもある。雇用を守るためには産業を更に発展させ高度な技術の研究開発が必要である。国防とは単なる軍事力だけではないのである。だが、軍事力なき国防は精神の自律を歪ませ、昭和の繁栄は淡き夢に終わった。ジュリアナ東京は咲いたあだ花だった。私達団塊の世代が世の中心となってから昭和はガラガラと崩れ落ちてしまった。慙愧の念にいたたまれない。少年の頃読んだ児童百科事典は平凡社の下中彌三郎氏によるもので、彼は戦前の八紘一宇を世界連邦運動に求め、非核による平和の理想を追っていた。

不易なる精神遺産

戦後に生まれてきたが生き苦しさを抱えている多くの人達がいます。私もその一人であった。昭和は近代西洋文明により労働が機械やシステムに置き換えられた時代だった。そして敗戦により、いわゆる価値観がひっくり返った時代でもあった。そんな中でも疎開先の秋田で湛山が洋々たる日本の前途を語ったように、

昭和と平成を経た令和の日本は新しい未来を構想しなければなるまい。日本の文明の原点をたどり、世界に貢献できる日本人でありたいと思う。聖徳太子の十七条憲法や万葉集、源氏物語を産んだ平安時代、爛熟した江戸文化、明治の五箇条ご誓文、日露戦争、そして第一次世界大戦後の国際連盟での人種差別撤廃提案、農民解放運動、植民地解放の大東亜の戦い、そして一億総中流の繁栄の頂点へと続く私たちの精神遺産はなかなかのものである。古くから日本は和を尊ぶ民主的民族であった。私たちが還暦を迎える頃、記念文集「夢と志の行方」（平成十八年）を高校の仲間と編集作成して昭和の夢と志を問いかけた。しかし、グローバル化の中、大災害もあって、経済の停滞は続き、格差の拡大と貧困化が進みつつある。狂信的な集団に

昭和の夢と志を問うた還暦文集

よるテロも発生し、未曾有の自殺も経験している。ITでは取り残されてしまった。日本的経営も危機を迎えている。残念である。なんとか後につづく若者に不易なる精神遺産を受け継ぎ新たな精神を興してもらいたい。

精神文化の拠点

幸い、大正に創業された真屋商店は社員二十名の地場の化学品専門商社でありますが、昭和を経て営業拠点を檀紙町に移し平成二十八年（二〇一六年）に創業一〇〇周年を迎えることができました。南海トラフ災害に備え建て替えた大工町の本社事務所は研修室（図書室）としている。本社は繁華街の中心にあり、商店街は物とサービスの売買で賑やかである。しかし、街には精神文化を育てる場所が必要であろう。そんな想いから図書室を設置することにしたのである。だが図書室は数千冊の書籍でほぼ一杯になってしまった。もっと広いスペースにすればよかったと後悔している。主に近現代史、日本文明と心の問題に関する書籍が多い。これからの日本を担う多くの若者たちにこの図書室を利用してもらいたい。精神文化の復興を図り世界に貢献して欲しい。そこには祖父で創業者の真屋卯吉が蒐集したナウマン象の下顎の化石も併せて展示している。

不易なるものを求める旅に終わりはない。

昭和60年頃の大工町真屋商店

新設の図書室とナウマン象下顎化石

真屋正明（まや・まさあき）
一九四七年（昭和二十二年）高松市大工町に生まれる。高松高校、大阪大学経済学部卒業、三井物産㈱に入社し数年で帰郷、工業薬品卸売りの㈱真屋商店に入社、代表取締役となり、現在は取締役会長。高松北ロータリークラブ会員、香川いのちの電話協会理事。

私の昭和時代「大阪から和歌山、香川へ」

阪本　晴彦

昭和の時代が終わり、既に三十二年が経った。私は昭和二十二年生まれであるので、第二次世界大戦以前のことは知らない。まさに戦後ベビーブームの最盛期に、人口の多い大阪で生まれ育ったので小学校、中学校は戦後ベビーブームの最大の影響を受けたかもしれないと思う。

幼稚園

幼稚園（阿倍野保育所）の頃のことはあまり覚えていない。記憶は断片的である。この頃は戦争に負けてまだ数年しかたっていなかったので、戦争の傷跡のようなものがあちこちに見られた。傷痍軍人の方が駅でアコーディオンなどを弾いてお金を集めていたのを覚えている。また、我が家は少し大きかったので、米軍の兵隊さんに部屋を貸していたのを、何となく覚えている。

鮨詰の小学校

小学校は大阪市立常盤小学校で、入学したころの一学年は全部で十一クラス、一クラス五十人少しくらいであったと思う。クラスの人数は学年が進むとともに数人ずつ増えて、卒業するころには七十一～七十二名にまでなっていた（写真1）。この生徒数の増加は越境入学が主な原因であり、仲良くなった同級生の家が電車に乗って五つくらい先の駅まで行かなければならなかったことから、越境入学ということを知った。

写真1　小学校６年生の一クラス（71名）

最初の一クラス五十名で十一クラスのところですでにベビーブームの影響が出ていたように思われるが、体が大きくなった六年生が一クラス七十名以上、一番後ろの席や窓際の席は壁にくっついて座っていたので生徒数の増加ももう限界であったろう。六年生になった時に、皇太子殿下の結婚式があった。この時日本中の家庭でテレビが購入されたが、我が家でもテレビを購入し、結婚式のテレビ中継にはくぎ付けになった。

マンモス中学

中学校は大阪市立文の里中学校であった。この中学校の生徒数はすさまじく多く、一クラスの人数は五十名であったが、クラスの数は一年生の時には二十四、三年生になった時には二十六もあった。われわれの前後の学年も二十数クラスあり、教室の数が足りず、運動場にプレハブの校舎を建てて急場を凌いでいたのを覚えている。全国で二番目に大きいマンモス中学と聞いたことがある。

ラッパ吹きの高校時代

中学の中頃までは殆ど勉強をしなかったが、これではいかんと何となく危機感を覚え、少しは勉強もするようになった。高校は大阪府立天王寺高校に入学することができた。クラブ活動は中、高通じてブラスバンド部でトロンボーンを、また大学でも軽音楽部でずっとトロンボーンを吹いていた。この楽器を始めたのは、たまたまする人がいなかったからという、消極的な理由であった。しかし、その後もトロンボーンの吹き手は少なく、トロンボーンからは離れられなかった。わりに真面目に練習をしたので、結構上手になったと自分では思っている。残念なことにこの楽器の音は馬鹿でかく、家で演奏するのにはむいていない。また少し練習しないと満足に音が出なくなるので、今はもうできないと思う。最後に演奏したのは大学の同級生の結婚式であった。その頃に買ったトロンボーンは我が家の書斎の本箱の上でずっと静かに横たわっている。

高校時代の日本の最大のイベントは、何といっても東京オリンピックであった。この時には日本の家庭では白黒テレビからカラーテレビへの買い替えが進んだとのことであるが、我が家のテレビもカラーテレビに代わっていた。日本の体操や女子バレーボールの金メダルを喜んで見ていたのを覚えている。

大学入学

大学は和歌山医大に入った。和歌山医大は当時入試を一期校と二期校の間で行う、いわゆる中間校であった。第一志望ではなかったが、近所に住んでいた友人の父上（開業医）が「大学はどこでもよいから入ったところで頑張ったらええんや！」と、ビールを飲みながら和歌山医大に行くことを勧めてくれて、その気になった。この時はまだ十八歳であった。現在のようにアルコールに対して年齢制限が厳しかったら、私の決心がどちらに向いたか分からない。酒、煙草を勧めるわけではないが、選挙権が十八歳からなら、酒、煙草も十八歳からでもよいのではないかと思う。

教養課程はたまねぎのにおい

大学の教養課程の間は大阪の家から通った。下宿をしていた同級生たちはこの間にマージャンを覚えたり、酒を飲んだりしていたようで、三年生になってから下宿した時にはマージャンを覚えるのには差が付き過ぎていて、溺れることはなかった。幸いだったのかもしれない。

教養課程は紀伊というところにあった。阪和線で大阪にほぼ接したところにあり、駅から畑の中をぶらぶら歩いて通学した。玉ねぎの産地であったが、道端に山と捨てられた玉ねぎのにおいが強烈であった。

教養課程の先生方は個性豊かであったが、どの先生も学生思いであった。中でも教祖というあだ名で呼ばれたドイツ語のY先生が特に強烈で、質問に答えられなかったら「はい、この文章を一万回書いておいで」と涼しい顔をして命ずるのであった。この先生は授業中の脱線が面白く、十八番の話がいくつもあった。その話には必ず教訓的な落ちがついていた。「君らは風に舞う種や。たまたまこの紀伊の田舎に落ちたんや。ここで立派に大きく育つのやで！」と言われたのは、先に述べた友人の父上の言葉と重なりよく理解できたように思う。

教養の時代は割と暇な時間が多く、この間に運転免許も取った。同級生のS君は早くから自分の車で通学していたが、気前よく「運転の練習するか？」と尋ねてくれた。休み時間に彼の車を借りて校庭で練習ができたおかげで、免許の試験は大学の二年の夏休みに飛び入りで受けて通ってしまった。酒、煙草は十八歳で始めたが、煙草は二十歳でもう殆どやめていた。

写真２　かつての和歌山医大（黒い線で囲まれた部分。上に見える森は和歌山城、右に見えるグラウンドは隣の中学校の運動場。）

基礎医学

三年生になって専門課程が始まった。専門課程は和歌山市の公園前というところにあった。ここは目の前に和歌山城があり、割に賑やかな所であった。当時の和歌山医大は飲みに行くのには便利であったが、狭くて校庭にあたる場所が専門課程にはなかった（写真２）。最初の二年間は基礎講義棟で過ごした。ここは東西に細長く、地下に病理、法医の解剖室、その奥に学生の解剖実習室があった。また、一階が講義室、実習室、事務室、二階から四階まで、基礎の教室が入っていた。臨床の講義棟は昔の高島屋の建物であり、講義棟というには妙な感じであった。例えば講義室（第二）の真ん中に太くて丸い柱が二本あり、講義の途中に柱の陰に隠れて逃亡するのに便利であった。講義の最初と最後では人数が大幅に違うこともよくあった。こんなところで四年間を過ごした。因みに現在の和歌山医大は平成十年に紀三井寺に移転を果たし、格段に広く立派になっている。

三年生になって基礎の教室で実験の手伝いでもさせてもらえたらと考えていたところ、大阪から来ていた友人のＨ君が薬理のＭ教授が学生の手伝いを欲しがっているというので、一緒に薬理学教室に行ってみた。M教授は喜んで我々を迎えてくれて、網膜電位図（ERG）の仕事をしてみないかと提案してくれた。この提案に乗って我々二人は薬理学教室で実験をすることになった。

はじめは手伝いのつもりであったのだが、決まった話は「自分たちで実験して学会に出そう」というものであった。使うのは手の平大の大きな食用蛙、眼球をくり抜いて強膜を切り開き網膜を取り出し、予め作ってあった二つのチャンバーの間にセットし薬材を加え、光を当てて網膜の両面にできる電位差を観測するというようなものであった。蛙は食用なので大きく、ぬるぬるしていて触るのが気持ち悪く、捕まえるのがまず一苦労であった。さらに眼球を取り出すところで、蛙の口の中へ鋏を入れて、一挙に目を含む顔面を切り取るという作業は、いきなりするのは大変抵抗があった。さらに頭を切られた蛙の脊髄の中に針を突っ込んで最終的に殺すのであるが、蛙は顔がないのに、ぴょこぴょこと逃げ出すことがしょっちゅうで、捕まえるのに大騒ぎをした。ストレスの大きい仕事であったが、時間が経つにつれて少しは慣れてデータらしきものが出るようになった。

大学封鎖

この頃、全国的に学生運動が盛んになっていて、全学共闘会議の学生による大学の封鎖が広がっていた。私はどちらかと言えばノンポリで大学の封鎖という考えには賛成できなかった。しかし、学生による大学封鎖の波は和歌山みたいな田舎にも伝わってきて、基礎の校舎は全共闘の学生たちにより封鎖され、我々の実験も中止せざるを得なかった。この封鎖は反対派の学生の実力行使によって解かれたが、我々の実験は何となく終わってしまった。

月面着陸

このころ丁度、アメリカが人を月に送り込むことに成功した。薬理学教室にはテレビがあったので講義をさぼって、月面に着陸する場面や月面での活動をリアルタイムに見ることができた。この場面はM教授も一緒に観ておられたが、「月面着陸を見ることは、講義を聴くより大事だよ！」と言われたので、我々も気を大きくして人類初めての月面着陸を観ることができた。

三代目の悲劇

日常の会話の中でよく覚えているのは、同級生のK君の「三代目の悲劇」説である。彼曰く、「商売では一代目は苦労して財産を作る、二代目は一代目の苦労を見ているので何とか財産を保つことができる。三代目は先祖の苦労を知らないので財産を食い潰してしまう。自分は祖父、父が医学部の教授で三代目だからダメな医者にしかなれない」。彼は試験勉強でも、分からないことが出てくるととことん考えるので、試験勉強が最後まで終わらず、結局試験に失敗してしまうというタイプだったが、純粋に分からないことを必死で考える態度には感心させられた。今は開業し立派に消化器の内視鏡医をされている。

臨床医学

医学部の五、六年目は臨床系の科目の勉強に忙しい時期であった。特に患者さんを診て診断を付けるという勉強や、手術室で手術の見学、時には手洗いをして間近で見ることもあった。病気のことをしっかりと勉強できているわけではないので、訳が分からないまま見ていることも多かったが、それでも何となく分かってきたような錯覚を覚えた。患者さんには悪いけれど、経験のない医学生の理解の程度はあまり高くはない。けれど患者さんは我々を先生と呼んでくれた。白衣のお陰であろう。

卒業も近くなって、どの科を選ぶか悩みだした。親戚に精神科の病院があってそれも考えたが、あまり気が進まなかった。内科系かと思えば次の瞬間には外科系を考えており、頭の中で次々とポリクリで回った科の良いところ、悪いところが浮かんでは消えた。どれでも良いという事は自由なようで苦しいという事を思い知らされた。そんな時、同級生のH君と薬理のM教授のところへ相談に行こうという事になった。M教授は学長もされた偉い先生であったが、堺市のお宅にお邪魔して晩御飯を御馳走になった。その時先生は「何科でもよいと思うが、まず勉強することを考えなさい」といわれた。学生時代に何となく物足りなさを感じていたので、病理学をもう一度勉強しようという気になり、第一病理のO教授の教室に大学院生として入ることにした。

この時代に日本で起きた大きた衝撃的な事件に、浅間山荘事件や三島由紀夫の自衛隊事件などがあるが、勉強に忙しく何となく他人事として済ましてしまっていた。

研究

卒業と同時に国家試験を受け無事に合格できた。しかし、それまでの疲れを何となく感じていたので、一年くらいはのんびりと過ごしてしまった。大学院に入ったら学位の仕事をしなければならない。けれど何をしてもよいということになると、何をすればよいのか分からない。大学院の二年目はまたしても何の仕事をしようかと、くるくると思いめぐらす日が続いた。そんな時にO教授が「慢性肝炎、肝硬変における細胞性免疫について」というテーマで研究したらどうかと提案してくれた。教授がテーマをくれるのは当たり前のようだが、当時和歌山医大の第一病理では「一年くらい解剖や組織の勉強をしながら自分の気に入ったテーマを探すこと」と言われていたので、教授の提案でテーマを決めるという事は全く考えていなかった。しかし、テーマについて迷っていたので、ここは有難く、このテーマで仕事をさせてもらうことにした。

このテーマは慢性肝炎や肝硬変の人の血液を貰ってリンパ球を培養し、リンパ球のT細胞の機能を調べるので、まず、リンパ球の培養について勉強しなければならない。さらに、臨床の教室で血液を貰えるように協力をお願いしなければならない。このあたりの面倒なこともO教授が手伝ってくれ、リンパ球の培養は免疫学のE先生に、臨床の患者さんについては、教室のT先生を介して消化器内科のN先生に渡りを付けてくれた。結局自分一人では何もできないという事を痛感させられるスタートだった。何はともあれ、折角の機会を失うことなく研究のスタートを切ることができた。

研究のスタートはまず培養器を作ることから始まった。E先生が培養器を自分で作っておられたので、それを真似たのである。リンパ球の培養は赤血球が混ざったままで行ったので、簡単に溶血させるために三つのモーターを束にして一度に三本の試験管の中身をかき混ぜる機械を作成した。この機械は小学校以来の友人のN君が私のアイデアを実際に働く機械に設計し、組み立ててくれた。

血液の供給はN先生がほぼ一手に引き受けてくれたので、すごく楽に材料が手に入った。それでも、腹腔鏡の行われる日の採血の時間に合わせて、朝の六時には病院に行って、採血された血液を貰ったものである。約二年の間に肝疾患の症例を百例以上集め、慢性肝炎、肝硬変では細胞性免疫が落ちているという論文を書き上げて医学博士の学位を貰った。今にして思えば決して満足のできる論文とは言えないが、自由に研究ができ、研究に興味を持てたのは確かである。この後、組織内のT、B細胞の分布や、血小板の放出するMAPPの仕事を徐々にではあるが発表することができた。MAPPの仕事は自分のライフワークになり、今でも続けている。

結婚

大学院の三年目に家内の雅子を二人の共通の友人に紹介された。紹介されるより以前に知り合っており、気に入っていたのは間違いない。これは良い機会だと話に乗って正式に紹介してもらった。話はとんとん拍子に進み、大学院四年目の夏に結婚した。以来、四十五年もたってしまったが、子供三人、孫が十人と順調にできた。これまで研究に没頭できたのは雅子のお陰と感謝している。

助手、講師の時代

大学院を終わってすぐに助手になった。この頃、教室の先生方が学位を取るとどんどん辞めていったのでお鉢が回ってきたのである。そして、助手を二年したところで講師になった。さらに、O教授も定年までにまだまだ時間があるというのに、辞めると言い出され、教室には私と同級生のK先生の二人だけになってしまった。K先生は研究生という立場で給料なしであるのにかかわらず、教室運営を手伝ってくれた。彼なしではこの時期を無事には過ごせなかったと思う。

S先生

一年と少したってから次の教授としてO先生（頭文字は前の教授と同じ）が来られた。さらに、ちょうど昭和の終わるころ、第二病理のS教授が「香川医大のU教授が助教授をさがしているが行かないか」と声をかけてくれて、行くことになった。U先生は学生時代に講義で教えてもらったことがあり、気持ちの上で抵抗がなかった。四国への赴任は平成元年七月であった。実はS教授は胃癌のため、私が香川医大に来て約二週間でお亡くなりになった。こんなことがあってよいのかと、思える出来事であった。重病を押して私の行く末を心配してお膳立てをしていただいたS教授にはいくら感謝してもしきれない思いである。

その後

学生時代から数えて二十二年も暮らした和歌山を離れることは自分にとっても家族にとっても大きな出来事であったが自分の将来を考えて決心した。U教授は二年後に香川医大の副学長に昇進され、その結果香川医大第二病理学は新しい教授を選ぶことになった。私は論文数も未だ少なく自信があったわけではないが、U教授その他の先生方の後ろ盾もあり当選できた。香川医大はその後、香川大学と合併し香川大学医学部となった。私は医学部での最後は医学部長に、さらに香川大学の副学長を務めさせていただいて、定年を迎えた。教授時代も山あり谷ありであったが、お陰様で無事に現役生活を終えることができた。優秀な後輩の先生方が大勢跡を継いでくれており、今後益々の彼らの健闘と大学の発展を祈っている。

まとめ

昭和の時代は私にとって大阪、和歌山で過ごした思い出の多い時代である。平成、令和の時代は香川県でお世話になっている。今や時代を作っているのは、我々の子供達であり、更には孫達の年代も活躍し始めている。今後の彼らの活躍に期待したい。

阪本晴彦（さかもと・はるひこ）
一九四七年（昭和二十二年）生まれ。大阪府出身。和歌山県立医科大学卒業、同大学院終了、和歌山県立医科大学助手、講師（この間オーストラリア、メルボルン大学に一年間留学）、香川医科大学助教授、香川医科大学（現香川大学医学部）教授、香川大学医学部長、香川大学副学長などを経て現在は香川大学名誉教授、客員研究員。

宇高連絡船出航（昭和39年）
（高松市歴史資料館蔵）

昭和から令和へ
—団塊の世代を生きて—

横田ひとみ

早稲田大学、慶應大学の有名教授達の提唱した「女子大生亡国論」がマスコミにもてはやされた一九六〇年代に大学進学し、男女雇用機会均等法もなく、男女共同参画社会基本法もなく、社会でも家庭でも男女差別がまかり通る時代に、家庭を持ち四十年近く現場の薬剤師としての仕事をして来ました。「女のくせに」「女だからやっぱり」と言われたくない一心で仕事をしてきましたが、それには男性の倍働く気概が必要でした。男性と同じように仕事をしていては「女」は評価されない時代でした。私の後には多くの女性薬剤師が働いていましたので、彼女たちのためにも女性が適切に評価される時代にすることが私の役目だと思い、仕事を続けました。

時代の流れもあり、勤務していた病院では初めての女性薬剤部長となり、〝「女」でもやれるじゃないか〟と〝うれしい〟評価をいただきました。その後、後輩女性薬剤師も次々と薬剤部長になっています。家庭でも「女」の仕事は有り余るほどでしたが、全自動洗濯乾燥機、自動食器洗い機、今では自動掃除機ルンバ、ブラバージェット等の機器の利用で〝業務改善〟を図り、主人との諍いを減らしました。

あっという間に七十歳を過ぎてしまい、人生の第四コーナーも回ってしまいましたが、このあたりでこれまでの自分を振り返ってみたいと思います。

生まれた日・生まれ育った所

私は昭和二十三年（一九四八年）三月六日生まれですが、その日は郷土が生んだ偉大な文化人で、現在の文壇隆盛の基礎を築いた菊池寛が亡くなった日であることを、最近知りました。菊池寛は一八八八年生まれですので、干支も同じ〝ねずみ〟ということになります。能力的には比べ様もありませんが、讃岐人独特の風貌は悲しいかな似ているような気がします。

菊池寛は香川県香川郡高松七番丁（現在の高松市天神前）生まれの貧乏士族の息子ということで伝えられていますが、私も高松の旧市街、高松市西通り町（現

連子格子の家（今に残る古い町並み）

在は扇町）で生まれました。現在もその地に、家もほとんど当時のままで住んでいますが、江戸時代の地図を見ると町名は木蔵町となっています。ちなみに筋違いの隣町は鉄砲町となっていて、高松城にも近く、お城関係の職人集団が住んでいたのではと思っています。

私の江戸時代生まれの曽祖父、明治生れの祖父は共に大工で、お城の御用を承っていたとか。親戚には指物大工など建築に関連する職種の方も多くいました。生家一帯はＪＲ高松駅に近い市街地であるにも関わらず、第二次世界大戦での焼失を免れたことで、家の周辺はいまだに古い家屋、街並みが残っています。我が家も母屋だけでなく、大工だった祖父が、後にロッキード事件で全日空社長として話題になった大庭（高松藩士族）さん宅から引っ張ってきたという江戸時代の穀物蔵が残りました。また道路は城下町に多くみられるカクカク曲がる鉤の手や丁字路、食い違いなどが多く残り、車社会となった現代では地域の発展を〝邪魔〟している遺物のようにも思えますが、角ごとにある神社や寺院は江戸時代の面影を少し今に伝えてくれています。振り返ってみると、この古い町並み、古い家が大好きだったことが、私の人生に少なからぬ影響を与えたようにも思います。

穀物蔵（江戸時代）

現在、明治十八年建築の母屋は、二つの連子格子はそのままに、バリアフリーにリフォームし、蔵は雨漏りのため屋根を吹き替えて、終の棲家としています。

育った世代

第二次世界大戦直後の昭和二十二年から昭和二十四年は空前のベビーブームで、三年間の合計出生者数は約八〇六万にのぼり、後に堺屋太一氏の近未来小説「団塊の世代」により〝団塊の世代〟とよばれるようになりました。戦後日本の高度成長期を経済的にも思想的にも文化的にもけん引してきた世代ですが、その後の少子化もあって、人口ピラミッドに極めていびつな形を作り出しています。現在では、この世代が全員七十五歳以上の後期高齢者となる二〇二五年を〝二〇二五年問題〟として医療体制を含めた社会保障制度に大きな影響を及ぼす〝問題の世代〟と捉えていて、対応が迫られています。高齢化社会の中で、この大人数がどこで死ぬか、いかに死んでいくかというのは二〇五〇年位までの日本の大きな社会問題であり、自分自身に突き付けられた問題でもあります。

小・中・高時代

私の小学生から高校生までの一クラスの人数は約五十五名から約五十九名で、現在、小学一年生の孫のクラスが三十二名というのを聞くと、少なくて驚いてしまいます。中学校では一年生の時二十三クラスであったものが、二年生では校舎の部屋数が足りないとかで二十二クラスに編成し直されていて、一学年一二〇〇人余りの大人数でした。中学三年生になった時には、在校していた高松市立紫雲中学校は全校生徒三〇〇〇人余の全国屈指のマンモス校となりました。娘・息子が中学生になった時には、全生徒がクラブ活動参加を勧められましたが、私達の世代では人数が多すぎて、場所・器具共に不足し、クラブ活動は能力的に優れた人達だけのものでした。本当に人がいっぱいでしたが、生まれた時からそうだったので「大変だ」と回りの大人が言うようには感じていませんでしたし、いじめ等の問題も認識した記憶がありません。ただ、今より先生は権威があって、生徒にとっては怖い存在でした。そのせいか、のちに教職を勧められましたが、先生になろうという気持ちは全く起こりませんでした。

高校は香川県立高松高校に進学しましたが、高校の定員も九三五人と多かったので、入学式の体育館は人であふれていました。紫雲中学からは二二〇余名が進学し、中学の延長的な雰囲気を感じましたが、校長先生が「君たちは磨かれざる玉」だからこれからは一生懸命努力して、光輝いてほしいと話され、やはり中学とは違うと印象に残っています。高松高校は進学校だったのですが、今と比べるとなんとなくのんびりしていて、高校三年生の十一月三日の文化祭が終了して、受験生だなという気になりました。そのころは日本の全世帯にテレビがいきわたった時代で、テレビ番組が目新しくて面白くて目が離せませんでした。とにかくテレビを見ることが楽しみで、学校から帰ったという記憶があります。社会評論家の大宅壮一が〝テレビというメディアは非常に低俗なものであり、テレビばかり見ていると人間の想像力や思考力を低下させてしまう〟という意味合いで「一億総白痴化」という流行語を生みだした時期でしたので、テレビ好きの受験生は肩身の狭い存在でした。読書好きであった現在九十六歳の父親は視力・聴力共に低下し、唯一の楽しみは大画面で音量を高くして見るテレビとなっていきます。社会的な刺激もテレビから受けて、ボケずにいるのを見ると、普及して六十年、テレビの功罪は如何にと思われます。

大学進学

私自身、勉強に熱の入らない高校生でしたし、当時は女性の大学進学は少なかったのですが、母親が教育熱心で有無を言わさない雰囲気だったので、進学することにしました。テレビばかりで、本を読まない高校生でしたので、文系への進学は考えられず、理系を選択しました。祖父が大工であったこと、建築物を見るのが好きだったこともあって、進学先は工学部の建築科を志望しました。高校三年の進学相談で、このことを担任の先生に伝えると、「男子ばっかりのところに女子一人でも行けるんやな」と言われ、びっくり仰天。そんな自信はなく、それほど強く建築科を志望していたのではなかったので「それでは女子は何科を志望したらいいのですか」と問うと、担任の先生は「薬学部か学校の先生やな」と言われました。学校の先生は苦手だったので、あっさり薬学部を志望先にしましたが、これはいまだにある意味で後悔の残る選択でありました。

当時はまだ日本中貧しくて、親たちも貧しかったため、大学進学するといっても現在ほど自由ではありませんでした。国立大学は学費が月に千円で、高校の学費より安かったため、一般家庭では進学は国立大学が原則でした。一期では県外国立大学、ダメなら二期に地元の国立大学という選択が一般的で、地元になると学部選択の余地はあまりありませんでした。国立の薬学部も今のように多くなく、岡山大学、広島大学にもなく、近場では徳島大学、大阪大学、京都大学くらいでした。京都大学には学力的にも、社会二科目という選択科目にも問題があり、連絡船に乗って行きたいとの思いで、大阪大学薬学部を選びました。無事合格して進学早々「薬学部は有機化学を勉強するところである」と言われまたびっくり仰天。有機化学は大嫌いでした。女子の進学先としては、限定されたものしか考えられていなかった時代でした。

最近も医学部入試で女性差別が問題となりましたが、このころも盛んに「女子大生亡国論」がもてはやされ、女子学生入学の多い薬学部では、女子学生の入学を制限するようなことが公然と行われていました。当時、女性の大学進学率は徐々に上がってきていましたが、就職後は結婚して寿退社というのが一般的なパターンで、長く仕事をするということは想定されていませんでした。結婚適齢期は二十五歳までとされ、それを過ぎるとオールドミスと呼ばれ、私も母に絶対に二十五歳までには結婚するように言われていました。昭和四十五年当時もまだまだ男尊女卑が残っていて、女性には進路選択を初めとして、役割の固定化など、束縛の多い生きにくい時代でした。

就職・結婚

薬学部を卒業して香川県庁に就職し、病院薬局に勤務しましたが、これも一人娘を手元にという母の希望で、母の見つけてきた就職先でした。イヤイヤの薬学部、親の言いなりの仕事でしたが、いざ働き出すと、これまでとは違った手ごたえを感じました。病院薬剤師の当時の仕事は単純肉体労働に近いもので、男性薬剤師からは嫌われていましたが、学生時代は大学紛争に明け暮れ、考えることに疲れていた私には、心地良かったことを覚えています。また金銭的に親からの自立ができたことで、精神的にも自立できたように思います。女は成長するまでは親の言うことを聞き、嫁しては夫の言うことを聞き、老いては子供の言うことを聞けと言われた時代でしたが、二十五歳でどうにか結婚できてからは、逆にとても自由になりました。親から想像以上に束縛されていたことを改めて感じました。

仕事・家事・育児

　結婚後は相手が同年齢で安月給だったこともあり、共働きを続けました。職場では産休をとった最初の薬剤師でしたが、休暇期間は産前産後それぞれ六週間で育児休業もない時代でしたので仕方なく、子育てに母親の手を借りました。大忙しの毎日でしたが、仕事を辞めるという選択肢はなく、仕事・家事・育児に忙殺されました。一番手がかかったのは食事の用意で、マーケットで総菜を買ってくることには何故か罪悪感があり、家で作って食べるか外食するかで「お母さん、僕、内食がいいよ」と息子が言っていたのが思い出されます。

　また仕事をしていてもいなくても、一人の人間を育てる子育ては本当に大変な作業で、今でも親を演じているところがあります。これはたぶん死ぬまで続く演技になるでしょう。大きな志を持っていたわけでもなく、目の前につるされた人参を食べる馬の如く仕事をし、家事をし、子育てをして毎日を過ごしてきましたが、仕事を続けたことで得られたことは計り知れなくて、今の自分を作ってくれたと思っています。「福家（旧姓）さん、学生時代よりいい感じになったよ」と大学の同級生に言われたことがありました。私には本当にとても嬉しい一言でした。

娘・息子の進学

　子供達の時代には、大学進学をしないという選択はあまりなく、大学を卒業させるまでは親の仕事という考えに変わってきていました。自分の時の反省から、娘・息子には自由に希望通り進学させたいと思っていました。娘は、人に頭を下げることが苦手なので、職種は限定されると思いましたが、自立のため何か手に職をつけてほしいと、息子は男なので自由に進学すればよいと考えていました。娘は研究者になりたいと言いましたが、私は反対しました。それは、薬学部で何人もの優秀な女性の研究者が、〝女〟ということで男性のようには評価されず、悩んで大学を去って行ったのを見ていたからです。

　私の父親は医者が大嫌いで、医学部に行くのなら学資を出さないという人でしたが、医療現場で仕事をしてきた私は女性に向いている仕事だと思い、医学部受験に賛成しました。また、自分の希望ではなかったものの、薬学部卒業で取得した薬剤師免許で〝一生、ご飯を食べれた〟ことで、資格を得られる進路も大切だと実感していました。娘の進路指導では、医学部志望を担任の先生に話すと、女性には医学部受験は難しいと強く反対され、有名大学歯学部受験を勧められました。親としては悩みましたが、娘の志望は変わらなかったので、浪人覚悟で受験しました。運よく香川医科大学（現在の香川大学医学部）に進学する事が出来ました。

今では医師の仕事が天職だと言って、生き生きと働いています。息子は「他の学部に行くと、お姉さんが医学部に行ったのにどうして、と人に聞かれるから」「だけど姉さんと同じ大学はいやだから」とこれも浪人覚悟で岡山大学医学部を受験しました。予想に反してストレート合格しましたが、姉のように医師の仕事を天職とは思っていないみたいです。はからずも姉弟が同じ仕事をすることになりましたが、同業なので話が合うらしく、お互いが連絡を取り合って仲良くしているのは、親として嬉しいことです。

人生第四コーナー

人生の第一コーナーはゆっくりと、今でも様々な記憶が鮮明に残っています。第二コーナーは超スピードで忙しく、あれこれ考え迷う間もなく、充実していました。仕事の悩みは家事で、家庭の問題は仕事で忘れて精神的にも安定できました。多忙にもかかわらず、大きな病気もせず、体力を維持できたことは、丈夫な体を与えてくれた天のおかげと感謝しています。嫌いな薬学部ではありましたが、仕事を続けることで薬剤師としての使命感を持てるようになり、最後には全力を尽くして仕事に臨めたことをありがたく思っています。正に「継続は力なり」です。第三コーナーも何故か素早く過ぎてしまいましたが、母が大好きで、毎年飾り続けていた雛飾りは引き継いで、現在も飾り続けています。「皆老いて雛の客とも思われず」ですが、退職後に知人達と会う良い機会にしています。毎年楽しみにしていた雛飾りの用意にも身体の衰えを感じ、いつまで飾れるか不安になり、人生の第四コーナーに突入して来たことを実感しています。

現代は、進学には昔のような差別などほとんどなくなり、男女共同参画社会基本法など男女平等の掛け声

雛飾

は高くはなっていますが、現実はやはりまだまだ男社会だと思います。女性にとっては生きにくい様々な問題が存在していますが、娘も子育てをしながら医師として頑張っています。娘にも仕事を通して自分の人生を生きてもらいたいので、老体ですが、手助けできる間は役に立ちたいと思っています。それが終われば、命が持てば、どこかの施設で上げ膳、据え膳の生活を初体験したいと思っています。どうぞ最後まで．ボケませんように。それが人生最後の願いです。

横田ひとみ（よこた・ひとみ）
一九四八年（昭和二十三年）三月六日、香川県高松市生まれ。香川県立高松高等学校卒業。大阪大学薬学部卒業後、一九七〇年に香川県庁に入り、県立四病院に勤務。二〇〇二年香川県立中央病院薬剤部長。定年退職後、二〇一七年三月まで徳島文理大学香川薬学部教授。

写真と山と家族と

佐藤　功

私の昭和は、一九四九（昭和二四）年に生まれて成人し結婚、そして三人の子供たちが産まれ、その子供たちが小学校、保育園に入る頃までである。

その間、私自身が歩んできたこと、特に本業とは異なる領域で、その後の人生の基礎の一部となったことは、学生時代の写真と山登りであろう。山登りは大学卒業後、職についてからのパキスタン・カラコルム遠征隊への参加につながり、その体験は貴重な精神的な財産となる。昭和とは家族全員のその後の歩みの原点となる時代であった。

子ども時代

私は岡山市生まれの、団塊の世代の最後になる。この原稿を執筆している現在時点で私は満七一歳、いわゆる古希を過ぎた歳となった。自分が七〇歳になるとは、そのような歳になるとは、と不思議に思われる。

私が産まれ育った家では祖父母と両親、それと私を含めた三人兄弟の七人で住んでいた。その家には戦時中から、狭いにも関わらず多くの人が間借りというか下宿というか、入れ替わりに人が住み込んでいたようだ。

父は国鉄職員であった。私が中学生になってから一軒おいた隣の酒やタバコを販売する店と土地を販売権とともに購入した。父は国鉄に勤務しながら、母が店を運営し、父が非番の日に店を手伝う経営方針だった。そのため元の家は祖父が亡くなっていたことから、祖母が一人で生活し、和裁の技術を生かし市内の呉服店の仕立てをしていた。つまり使わない部屋ができたことから再び下宿人が入ることになる。我家の向かいには、我家を取り囲むようにある会社の診療所があった。そこの先生のご一家と親しく、下宿人は岡山大学の医師など、医療従事者が多かった。ある年、一人の医学部学生が下宿し、私はその大学生に憧れ医学部への進学を希望するようになった。

弘前大学時代

高校生までは普通の当たり前の生活で、幸せな子供時代を過ごしてきたと思う。変わるのは大学以降である。医学部を志し弘前大学へ進学した。本州の最も北の青森県であり、太平洋岸の南部に対し、弘前は青森の八甲田山群の西に位置する津軽地方である。合格発表のその日、日航機のよど号乗っ取りが勃発し、一日中そのニュースであふれていた。その年の秋には三島由紀夫の割腹事件も起こったし、卒業まではあさま山荘事件や長嶋茂雄の現役引退など、そのような時代であった。

岡山市で生まれ育った身には青森県とは気候、環境が全く異なっていた。最も異なるのは雪が降り、明確な四季があることであった。雪の季節が終り、文字通り輝く春となり、一斉に葉が芽吹き花が咲きほころぶ。梅が咲き桜が咲いて、その後、桜が散って梅が散る。その頃にはリンゴの白い花が姿を現す。津軽の人は「花見」とは言わず、日常的に「観櫻会」と言う。弘前城公園の桜は全国的に有名で、満開の頃にはNHKのニュースには常連で取り上げられる。特に弘前城公園の桜の背景には岩木山が控えるのが絵になるのである。市内のどこからでも西にそびえる岩木山が見えるが、弘前城公園の上からは津軽富士とも称される堂々とした山容が映える。

学生時代力を入れて取り組んだことの一つに写真がある。

この今になるまで多くの先輩、同輩、後輩にいろいろと教えていただき、あるいは場合によれば同じ目標に対して一緒に行動をしてきたように思える。そのような流れの中で、本当に多くの方々から、自分自身の理解の範囲を超える知識、事柄を指導し、与えていただき、今から思い返すと感謝しきれない思いがあふれる。

その中から写真に関して、それまでは自分の思いからは想像もつかず思いもつかなかった、カルチャーショックとも言うべき異次元の体験、いわば「目からウロコ」とも言うべき、驚くほどの影響を受けた師を振り返ってみたい。

その人、向井弘さんは青森県の津軽地方、弘前の南、大鰐町で写真店を営業していた、昭和八年生まれのアマチュアカメラマンである。出身は香川県香川町で、戦後満州から引き揚げ親せきを頼り青森へ移った。

学生時代は全学山岳部にも所属したが、同時に医学部写真部にも入部した。当時の写真部の目的の一つには大学でも高校でも自分で写真を大きく引き伸ばすという基本的なことがあったように思う。私も中学校時代に友人と学校の暗室で写真、当然白黒写真だが、その引き伸ばしをしていた。高校時代には「芸術写真」を思いながら写したり、図書館でアサヒカメラを見たりの、横目で写真の世界を見ていたように思う。

大学入学後は引き伸ばし技術など、いくらかでも高度な技術を教わりたく写真部に入った。山で写した写真も大きくしたい、という感覚だったのだろう。先輩方にも「焼きの〇〇」というキャッチフレーズのついた先輩もいて、白黒写真のきれいな仕上がりに一目を置かれる方もいた。

1970（昭和45）年10月日本第二峰北岳と左奥に甲斐駒ヶ岳を望む。

そんな中、三年ほど先輩で、今は糖尿病専門として仙台で開業している先輩からは写真そのものの指導に加えて、周囲の実績のある方から評価をいただき自分たちの作品作りにどういかすべきか、ということを教わった。すなわち大学の評価だけでなく、外部の方々から意見をいただくべく、行動するその先輩を「金魚のうんこ」的に後姿を追っていた。

そのような状況で写真部の写真展の開催では、その先輩といっしょに向井さんの来場を待って意見を聞く、評価をしていただくようになった。向井さんからはやさしい口調で丁寧に、しかも手短に要点を指摘いただき、本当に納得し「教えられた」感がいっぱいであった。向井さんは地元で写真グループを主宰し弘前でも有名な方だったとは後で分かる。そうしているうちに先輩が向井さんのところに行って直接教えてもらおうと言い出し、二人で一緒にご自宅を訪問するようになった。ご自宅は小さい写真店だったが、そのお宅に写真グループの方々が出入りしており、一緒に写真の話や写した写真についての感想を交わしたり指導を受けていた。

そこでの教えや活動の始めは、写真雑誌の月例コンテストへの毎月の応募だった。先輩や私も向井さんの指導を得て、白黒写真のプリント技術をいろいろと教えていただき、大学でのレベル以上の、白は白く黒は黒く、と本当の焼きとはこういうものかと実感させられた。先輩も私も当時刊行されていたカメラ毎日に何度か入選や特選にもなった。向井さんたちのグループの活動としては写真雑誌への入選は日常のこととなっていた。

しかしその頃、向井さんたちの写真雑誌の応募への考え方が変わりつつあった。すなわち写真雑誌やコンテストでは選ばれるのにはある基準や概念がある、それを理解するコツのようなものがある、それを追い求めるのは自分自身の表現をするものではない、と言ったものであった。写真雑誌が発売される毎月二〇日に弘前市内で、新しい雑誌の写真も見ながら食事をしてお酒も飲みながら次なる世界への段階を模索していた。そのような中で新しいグループ、「イマージュ」を結成し、自分たちの表現を追求しようと、今から思うとすごい熱意に包まれていた。

「イマージュ」としての表現方法、手段は各自が複数の写真、組み写真をまとめ、その複数のメンバーの作品を暗室作業でプリントしてホッチキスでとめ、一冊の本のスタイルにすることだった。一口でプリントと言うが、今から思うと膨大な作業である。まず印画紙は今のコピー用紙に類似の薄いものであった。各自の作品は一枚の印画紙に一つの像をプリントする、組み写真なのでその数だけのプリントする、それが複数のメンバーのため、一冊だけで枚数がかなり増えて来る。さらに仕上げの冊数を考えると膨大な数になる。あのような写真集の作成に関しては、今ならパソコンとプリンターで作業量はかなり楽になっていたであろう。「イマージュ」は二〇号までということで昭和四七年にスタートし、その年に三号までを、私の大学卒業の昭和五一年三月までに十一号まで発刊された。

1974（昭和49）年イマージュ９号表紙

この号ではA4を４分の１に切った大きさの写真を20枚弱をプリントして付録とした。

向井さんは地方にいながら写真家としては写真雑誌の編集者や第一線の写真家とも親交があった。そのような中で雪の深い青森県津軽に居住し写真を撮っていると中央からは「雪の津軽」というイメージがあったようである。私自身は学生の頃の弘前は雪も降るが、当然雪のない季節が長いし、郷里の岡山と同じようなことや、全く異なることがあり、それは当然のことである。しかし中央の写真の関係者からすると青森は「雪の津軽」の概念だったと聞いた。これは小島一郎という写真家が、雪の深い津軽の風景や人々の生活を写した写真集「津軽」を出版し、このイメージが中央では定着したと知った。

写真は本当に真を撮るのか、ということが言われるが、鳩を撮れば平和、逆光の水面にススキが揺ら揺らするときれい、など画像が決まったイメージやメッセージとなるのは間違いだろう、ということである。向井さんたちは、いわばこの固定された概念に強く反発していた。津軽には雪もあるが、そうでない世界が広がっている、それを自分たちが感じたものを、自分たちが思ったように表現する、という気持ちだったと思う。そしてイマージュの活動は、自分たちの表現を模索していた全国のアマチュアカメラマンたちに次第に知られるようになってきた。

1976（昭和51）年
カメラ毎日6月号　特選 男
写真活動では名前を「いさお」と間違われないように「かたし」としていた。

向井さんは亡くなったが向井さんを偲んで、二〇一九（令和元）年十二月から翌年三月まで青森県立美術館で企画展が開催された。タイトルは「ローカルカラーは何の色？　―写真家・向井弘とその時代―」と題され、発刊された「イマージュ」の展示や、当時の大きく伸ばしたプリントなど、向井さんだけでなくメンバーの作品や、向井さんと交流があり津軽にしばらく移住されたプロの写真家、秋山亮二さんの作品なども美術館の壁を飾った。開会の日には、写真家になっている向井さんの息子さんと向井さんに次いでイマージュを牽引した補佐ともいうべき方、企画展をまとめた学芸員の三人のトークショーもあった。私も懐かしの想いで参加した。ちなみに私は学生時代に結婚をしたが、そのお仲人は向井さんである。

大学の卒業後、一九七八（昭和五三）年三月号のアサヒカメラに私の写真が掲載された。偶然ながら同じ号に向井さんも写真八枚を八ページにわたり掲載された。向井さんの写真は「激突！　中堅プロ対アマチュア最高峰」というシリーズの一環であった。同じ雑誌に載るという、本当に私の良い記念となった。

1978（昭和53）年アサヒカメラ３月号　夾竹桃の頃

その後の私は写真を撮るのは家族の記念写真が主となった。しかし撮るのは撮るが整理をしない、ということで家内からは文句を言われる。それでもその膨大な家族写真は、今となっては日常生活の良い表情を切り取っており、密かに自分の腕を自慢している。現在はデジカメ、スマホでそれこそ膨大な量の写真が蓄積される時代になった。また新しい方法での表現の世界があろう。

大学卒業後

私の履歴には欠損事項がある。

一九七八（昭和五三）年六月から同年十月にかけての期間である。何をしていたか。パキスタンのカラコルム山群、七〇二七ｍのスパンティック峰への登山隊、カラコルム遠征隊に参加していた。学生時代の山岳部仲間からの誘いであった。

当時、岡山大学放射線科に在籍していたものの雇用形態が国家公務員ではなく、したがって休職扱いがかなわず、一度退職して再度採用となることになった。その後、新設の香川医科大学に赴任する時に提出した履歴書上、この期間が欠損であったため、事務局から記載するよう指導があり、当時の隊長に依頼して「高所医学研究従事」で「パキスタンに赴いた」旨、証明していただき、現在はそれが正式な履歴となっている。歳は移り二〇一八（平成三十）年、遠征四十周年の記念会を開催した。参加隊員は七名で、私より若年者の二名がすでに鬼籍に入った。歳は経つものである。

私にとっての初めての外国がパキスタンであった。その後、学会や家内との旅行でいくつかの国や地域を訪れたが、このパキスタンでの経験は最も強烈で印象に残るものである。それは何か。発展途上国、イスラム教国、首都のイスラマバードやラワルピンディなどの熱帯ともいえる地域から荒涼としたカラコルム山群の北方地域への、異なる民族や言語体系などの著しい環境の差、氷河や雪と岩の山群での登山活動、等々通常の旅行やはたまた生活では経験できないことの連続であったからであろう。

今、思い出しても印象的なことの一つは水であった。

我々は登山に関する種々の手続きのためラワルピンディに二週間ほどだったか、滞在した。ホテルはトップクラスではなかったが、イギリスの旧植民地のためか、建物もしっかりしたきれいなホテルで、日本からのいくつかの登山隊も宿泊していた。出発前には生水は飲むまい、自販機でコーラか何か買えばいい、くらいに思っていたが、自販機がない。そこへホテルの従業員のおじさんが「この水は大丈夫」と言って冷たい水をポットに入れて持ってきてくれた。我々もまあいいか、と飲むしかなかったが、はたして、全員が下痢。早い者で翌日から、遅かった者で一週間目と、すごい下痢に罹った。他の日本からの登山隊の隊員には点滴をした者もいたようである。

街中では瓶入りのコーラを飲むことが多かったが、路上の出店でチャイもよく飲んだ。たっぷり砂糖の入った濃い紅茶で、湯を使うから細菌の混入もなく、良いだろうという判断である。これはおいしかった。

山へは八千メートル級の山の間を飛ぶ飛行機で奥地に向かう。そこの村でポーターを百人ほど雇い、追加の食料を買い入れるなどして、インダス川の源流を渡り、そこから一週間歩く、いわゆるキャラバンが始まる。氷河から流れ出るインダス川の水も炊事に使うことがあった。日本では雪解けの、山奥の水はきれいだという印象があるが、彼の地では全く違う。水を汲むと、水中にキラキラと光る微小の鉱物が観察され、しばらく放置しておくとそれらが沈殿し下に溜まるので、その上澄みを炊事用に使う。なるほど、ポーターや地元の住人の口内を見せてもらうと、虫歯はないものの歯がすり減った状態が観察される。日常的な炊事に利用するため当然の結果であろう。

ベースキャンプは氷河上である。飲料水は氷河の表面を溶けて流れてたまった、氷河上の池の水であるため透明なきれいな、見た目には鉱物などの異物がないものであった。

印象的なことは多々あったが、もう一点、パキスタンの人々との考え方や国としてのシステムの差である。

ラワルピンディで種々の登録や手続きで各種の窓口を訪問した時のこと。かなり待たされ、やっと順番が来て係員と話をしていると、突然横から他の人が割込んで係員と話を始めたことがあった。その前の順番だったのか、あるいは単なる知人の雑談とも見えなくもなく、挙句の果ては我々の手続きに戻ると、また明日来い、ということであった。

キャラバンの途中、木々がある緑の場所には小さい村があり、登山隊には医者がいることを知っている人々が大勢集まって来る。各登山隊には連絡将校として尉官クラスの軍人が、お目付け役で同行する。地元の人との会話は、その連絡将校と英語で話し、それをパキスタンの公用語のウルドゥ語にし、それを北部の言語であるバルチー語に通訳する。帰って来る言葉の順番はその逆である。たくさんの人に薬を渡したり、靴をはいていない人もあって傷口が化膿している場合は消毒したりと、村を通るとしばらく時間をとられることになる。そんな中、我々の新鮮なタンパク質として、例えば鶏を売ってくれるよう依頼しても、まず拒否される。無料で治療をしたのに、誰も一羽も売ってもくれないことがあった。売るほどの余裕がなかったのかもしれないが。イスラム圏では持っている人が持っていない人に対し、分け与えることが常識のようで、喜捨と言う。このためキャラバン途中の最奥の村でも、はたまた都会の公共施設の係官からもいろいろなものを要求されることが多々あった。

イスラム圏といえば酒、アルコールを基本、飲むことができない。パキスタンではビールを飲むのにホテルによっては申請書を記載すれば飲むことができた。

もう時効であるが、パキスタン入国時に日本の免税店で買ったウイスキーを一本、係官にそっと渡すと審査なしで通過させてくれた。その反面、酒の話題を出すと顔をしかめて拒否する人もいる。

私はカラコルム遠征中に撮影した白黒写真による写真集、「アルバム　私のカラコルムより」としてまとめ、自費出版した。国立国会図書館から収蔵する旨、寄贈を依頼された。

この期間が私の「高所医学研究」として履歴書には記載されているが、身をもって高所の生理的変化を体験したものの、学会発表も論文発表も、全くなされていない。

ちなみに私の車のナンバープレートの番号は、行った山の標高にちなんで7027である。

さて、登頂成功後、ラワルピンディに戻るときに合わせて家内が日本から来て合流。その後、二人でイスタンブールへ向かうべく、イスラマバードからカラチに移動し、パキスタン出国時に印象深い出来事があった。

家内とカラチに到着したのが夕方遅い頃であった。そして搭乗ゲートへ向かう。まず家内がゲートを通過した。もうそこはパキスタンの国外である。続いて私が通ろうとした。事件はそこで起こった。なんと私のパスポートが長期間滞在していたためか、出国の手続きが不十分だと言う。そこで係官が私を案内して、というよりは連行して奥の方へ連れて行った。当然、家内はパキスタンの国外の領域なので、そこへ留め置かれて私一人が連行された。空港の奥の大きい部屋へ行き、横に国旗がある大きい机の向

1978（昭和53）年パキスタン
カラコルル　我々の食料のニワトリ
後に香川県美術展写真部門で観音寺教育委員長賞を受賞

左奥のスパンティック峰の山頂を目指す

こうに黒い肌の、偉そうな、本当に高官という人がいた。パスポートが不備だと言われた。私は頭の中が真っ白くなるほど驚いた。どうなるんだろう！　そこで黙っていたり、アイ・アム・ソーリーなどと言うとダメだろうと考え、とにかくしゃべらないといけないと決心した。すなわち、「日本から山登りに来た。過去、多くの日本人グループが山登りに来たが、こんなトラブルは聞いたことがない」のようなことから始め、英語が得意でないにも関わらず、話続けようと、「パキスタンの空は青く、美しい。また近いうちに山を楽しむために訪れたい」など、口から出まかせ状態であった。向こうも諦めたのか、「分かったから、書類を書け」と一枚の紙を渡された。指示通り氏名や国籍、パキスタンへ来た目的などの他、父親の名前や宗教なども書くと、大きいスタンプを押して「ＯＫ」と許された。家内のところまで行くと、家内も本当にほっとした様子だった。無事にイスタンブールへ向かった次第である。ただ飛行機は大幅に遅れ、出発したのは真夜中過ぎであった。ちなみに帰国後に聞いたところでは、他の日本隊の中で、同じ理由で何日か留め置かれた者もいたそうである。

この話を数年後に知り合いにした時にこう言われた。「スピーク○○○！」と言った?、と。○○○とは外国タバコの名称である。当時はテレビで国内外のタバコ会社がＣＭを流していた。その中である外国のタバコ会社が、映画の「大脱走」や「荒野の七人」などに出演していた有名俳優を使うシリーズがあった。そのシリーズの一つに私と同じようなシーンが出てくるものがあり、その俳優が肌の黒い偉い人の前に連行され、困った最後にタバコを取り出し、一本をその高官に渡すと、もらった方が笑顔になって許す、そして俳優がカメラに向かって「スピーク○○○！」と。「スピーク○○○！」と言ったかと私に尋ねた知り合いや私は、禁煙支援で活動している関係であり、仲間受けする内容と言えよう。

この時は一か月ほどかけてギリシャ、エーゲ海、エジプトを全くの行き当たりばったりの旅をした。そのような自由でエキサイティングな旅はその後、縁がないし、今ややりたくても体力、気力もないのが実情である。特にこの原稿執筆時は新型コロナ感染拡大により旅行が制限されている。

昭和最後の年とその後

その後、待望の長男が誕生してくれた。

仕事の面では一九八二（昭和五七）年に新設の香川医科大学に異動となる。附属病院の開院までに札幌医科大学呼吸器内科へ国内留学することになった。その教室の教授は鈴木明先生で、呼吸器疾患、特に肺癌の画像診断の新しい世界を開拓されていた。その読影方法は、肺にある気管支や血管の部位を解析し同定することにより、画像上に描出される陰影の正確な存在部位や進展様式を解析することにあった。すなわち種々の疾患はその疾患に特有な発症場所や、進展・進行様式を有するため、それらの関係を把握する方法と言えた。私も手術や病理解剖で摘出した肺を臨床の画像と対比検討することを勉強した。

この頃、別の師として挙げられるのが、当時、京都大学放射線科（後に福井医科大学教授、副学長）の伊藤春海先生である。先生は摘出肺標本と画像との詳細な解析を続けられており、高解像度画像が得られるCTの改良、開発をされていた。鈴木先生、伊藤先生の世界の一環に私も加わり、肺の末梢構造の解析に従事することになった。これが私の医学博士論文となった。肺の末梢構造と疾患に関する研究の夜明け前、といった感じであろうか。

もうお一人忘れてはならないのは、鈴木先生の師匠の山下英秋先生である。解剖学者で膨大な解剖症例から肺の解剖の英語の大書を執筆されている。鈴木先生は山下先生の元、結核を主として研究された。その中で、当時増加しつつあった肺癌の診断に関する新しい診断法に気づかれ、ある研究会でそのことを発表されると会場の山下先生が鈴木先生をお叱りになった。「いい加減な、見てきたようなことを言うんじゃない」と。しかし別の日の会で山下先生が鈴木先生に謝られた。「先日、君の言ったことは正しい。僕が間違っていた」と。山下先生は研究に没頭すると他のことが目に入らないこともあるそうで、若いころに息子さんと銭湯に行き、息子さんを忘れて自分だけで帰宅したこともあったとのこと。

後の平成になって。鈴木先生を中心とした肺癌の泊まり込みの勉強会が、今でも毎年開催されるが、私が香川県で会長として開催した時のこと。講演を山下英秋先生と伊藤春海先生にお願いした。それに加え、その会では医療とは別の講演を一つ組み入れており、先に述べた写真の師、向井弘さんにも写真のお話をお願いした。

さて昭和最後の年は一九八九年の一月の数日のみで、すぐに平成に変わった。この年、長男が小学校二年生、双子の娘が保育園の年長組となった。我々一家は留学のためアメリカ、ボストンへ渡る。秋の頃、ボストンの地元新聞に日本から総理大臣が来るとの記事があり、その見出しは「今年、三人目の総理大臣」として、竹下登から宇野宗佑と変わり三人目の海部俊樹総理大臣を紹介していた。またサンフランシスコ地震があった年であり、その報道で午後の明るいサンフランシスコの惨状を、もう暗くなったボストンのテレビで見ていた。ベルリンの壁崩壊もこの年であった。

昭和の時代。日々、家内は長男と二歳違いの双子の娘の子育てをしながら、休みの日には私も参加し、夫婦でなんとか幸せな家庭を築けたと思っている。私は放射線科医として、主として胸部疾患の研究と診療に従事するスタート地点に立てた。また、後になって大学人として医療のより広い領域にも関与できたこと、子供たちも各々、自らの道を進むことができたこと、など、我々夫婦、子供たちにとって昭和はその基礎であった。

昭和から平成、令和へ。私は昭和の頃、中学生から高校生の時代に憧れた元医学生が設立した病院で、その元医学生の下で勤務を続けている。

一部、以下より再録し加筆修正を行った。

・坂出市医師会誌より

二〇一九年三月第九〇号リレーエッセイ　履歴の欠損事項

二〇二〇年三月第九二号リレーエッセイ　目からウロコ、私を導いて下さった師、向井弘

・宇多津病院ホームページ　放射線科画像診断センター長の独り言より

#23　二〇二〇年一一月　タバコCMの思い出

佐藤　功（さとう・かたし）

一九四九年（昭和二十四年）岡山市生まれ。一九七六年弘前大学医学部卒業。同年岡山大学医学部放射線科医員。一九八二年香川医科大学放射線医学教室助手。香川大学と統合した後、助教授として二〇〇六年退職、同年香川県立保健医療大学看護学科教授。その後、副学長、学長を経て二〇一八年退任。同年、香川県綾歌郡宇多津町の清仁会宇多津病院放射線科画像診断センター長。現在に至る。かがわ長寿大学名誉学長、香川県立保健医療大学名誉教授、徳島大学医学部大学院客員教授、中央環境審議会石綿健康被害判定小委員会専門委員、全国労働衛生団体連合会胸部エックス線検査専門委員会委員、香川県がん対策推進協議会肺がん委員。

桃実る丘のふもとで

山崎千津子

春風が心地よい彼岸の日、両親や祖父母の眠る実家の墓に参った。小高い所にあるその場所は、前田山と芳尾山の間に広がる前田東町を一望の元に見渡すことができる、私の隠れたスポットである。民家の連なる屋根の向こうを東西に走る高松東道路、その上を走る大型トラックやバス、乗用車。音は聞こえない。南には香川大学医学部の広大な建物が広がる。周囲の山並みに山桜がポツポツと咲き始めている。幼い頃にはなかった風景が広がる私の故郷である。

祖母のこと

最近よく祖母のことを思い出す。祖母は昭和三十四年八月四日六十二歳で亡くなった。私は九歳だった。

その頃讃岐の多くの農家では、若い母親は忙しい農作業の大事な労働力として朝から晩まで田畑で働くのが常だった。従って家事や子育ては祖母の仕事であった。私が生まれた昭和二十五年頃祖父はすでに他界し、曽祖母、祖母は元気で若い私の両親を助け、家事一切を仕切っていた。雨が降る日、母は新聞紙を切って桃の袋を作る。傍らでじっと見ている時間が好きだった。祖母は、戦前、七人の子供を育て夫を四十八歳の時に病気で失っていた。長男である私の父はまだ十六歳であった。終戦の年である。お陰で父は戦争に借り出されず戦後を生き、母と結婚し、私たち三人の娘を持った。

祖母は戦争未亡人となった長女、次女と十代の娘、息子五人を抱え途方にくれたことだろう。幸い夫―私の祖父―が残した田畑が八反あり、真面目によく働く私の父がいたことで戦後を生き抜くことが出来た。ただ長男である私の父は憧れであった木田農学校を諦めざるを得なかった。十六歳の自分が働かなければ四人の弟妹や二人の祖母たちを養うことができない。夫のいない婚家で赤ん坊を抱え田畑を耕さなければ生きていけない二人の姉の手伝いにも行かなければ―と真面目な父は、年中休みなく働いていた。祖母はそんな父によく働く嫁（私の母）を迎え自分は孫たちの世話をし、ニワトリを飼い、牛の世話をし、野菜を作り、近所のつきあい、親戚への気配りその他諸々の家事を引き受け、いつも忙しく働いていた。

私はいつも祖母と一緒の布団で寝た。五歳くらいまで夜更けに一度起こされおしっこに連れて行かれた。トイレは座敷の向こうの縁側の端っこにあった。近くのお寺がやっている保育所に入るまで私は祖母につきまとって遊んでいた。裏の畑に咲く季節ごとの花々。矢車草やタチアオイ、ダリア、百日草、菊など祖母は仏壇に上げる花をいつも育てていた。近所の子とままごと遊びをする時、取ってもよい花、今は取らない方がよい花を私は覚えた。祖母はニワトリ、私はうさぎを家の前にある小屋で飼っていた。ウサギに食べさせるタンポポの柔らかい葉っぱを取りに行くのは私の仕事だった。前歯でおいしそうに葉っぱを食べるうさぎの可愛いかったこと。やがてちいさな赤ちゃんうさぎが生まれる。タンポポの葉を集める春は忙しい。子牛が生まれるのも春が多かった。夜じゅう獣医さんと父が親牛を助け、祖母も母も子牛が無事に生まれるのを見守った。朝起きると子牛が立っていた。つぶらな瞳が可愛い。親牛がモーと泣いた。大人たちの表情も明るい。納屋の奥にはいつも牛がいた。親牛に近づくのは恐かった。祖母は手際よく藁を切って牛に与える。牛は器用に長い舌で掬い取って食べる。見ていて飽きなかった。祖母は時々卵を一緒に探させてくれた。放し飼いにしているのでニワトリは自由に遊び回るのだ。草の中に真っ白な卵を見つけた時のうれしかったこと。近所の庭先にはヤギがいた。家ではなぜか牛乳は飲まず、ヤギの乳を飲まされた。少し甘味のある悪くない味。卵もめったに食べられない。少し病弱な若い叔父には毎朝味噌汁に生卵。母が作っていた。後で分かったことだが彼は結核を患っていたということだ。子牛も赤ちゃんウサギも少し大きくなるとうちからいなくなる。そういうものだと思っていた。

祖母は忙しく働いていたが夏の午後は家の中で少しゆっくりできた。井戸で冷やしたスイカを切ってくれたり、お大師様の出てくる絵本を見せてくれた。近所の人と世間話をすることもあった。みんなよその家のことをよく知っている。私は不思議に思いながら聞いていた。祖母たちの話に出てくる老人や大人たちは、よく働く人は尊敬され、田畑や家のことをほったらかしにして町に出かける人はよく言われない。子供は何もわからないと思って話してるな―私は聞きながら大人にもいろんな人がいるんだと知った。どうやら私の大好きな祖母は近所の人から信頼されてるらしいとわかってうれしかった。尊敬も信頼も後から知った言葉ではあるが……。祖母は私がすることは何でも褒めてくれた。口に出さなくても喜んでいることはわかった。保育所で行事があると来てくれた。どんなに上手に私がお遊戯をしていたか、歌を一生懸命に歌ったか母に話すのが常だった。ある時、叔父のお見舞いに町の病院に行った帰り祖母は、私に木琴を買ってきてくれた。私は適当に叩いて遊んだ。嬉しそうに見ていた祖母の姿。

あの頃親戚の人が来る行事がよくあった。祖父の法事、お祥月命日、お盆、お正月の訪問等々。今と違って料理は全部自分の家で作らねばならない。近くに店もない。特に法事は重要行事であった。祖母と母は何日も前から準備したことだろう。小学校入学後のある日、うちに大勢の人が来る法事があった。多くの親戚、近所の人達も招待した。お経が済んだら食事会である。お客様は皆知っている人ばかり。年の近い従兄たちと遊べるのもうれしい。子どもたちにも特別なお膳が出た。宴たけなわ一人の大叔母（祖父の姉）がよく通る声で「この家には娘ばかり三人もいて嫁に出す時には秀男（私の父）も大へんやろ、うちの息子には子どもが居らん、一人うちにもらいたい。明美（私の妹）ならまだ一歳や。今のうちに貰えんか、実家の子やから大事にするで」と言い出した。私は咄嗟に「明美はうちの子や。おばさんくにはあげんで。そんなことばっかり言うんならうちにはもう来んでええ。」と言ったと記憶する。一瞬皆がしーんとなった。祖母が「三人ともうちには大事な娘や。皆要る子や」と言った。父と母がやれやれという顔で何事もなかったようにお給仕する。それから大叔母は二度とそういう話はしなかった。今五歳下の妹夫婦が実家を継いでくれている。

夏の思い出と言えば蛍狩りである。近くの川べりには蛍がいっぱいいた。竹ぼうきを使って蛍を集め紙の袋に入れる。祖母は蛍を蚊帳の中に放してくれた。小さな光が点滅する。眠くなるまで布団の上で遊んでもよい。昼間は裏のブドウ畑を抜けてかき氷を食べに行く。イチゴシロップをたっぷりかけてスプーンでシャリシャリかき混ぜながら食べる。祖母はところてんを注文する。夏は、桃を出荷する両親にとって最も忙しい季節である。朝私が起きる頃までには大量の桃が納屋に置かれている。午前中は桃の箱詰めで大忙しである。近くのご夫婦がオート三輪で市場まで持って行ってくれる。桃がおいしくなるころ、祖母の実家の曾祖母が泊りに来る。うちの曾祖母と仲良しらしく何日も泊まっていく。二人はいつも手仕事をする。石臼で大豆を引いてきな粉をつくったり、しょうゆ豆にするそら豆をほうろくで炒ったりする。ご飯はおくどさんで炊く。そばについていなければならない。その年の夏は祖母の実家の曾祖母は来なかった。我が家の曾祖母がこの春亡くなったのである。家族が一人欠けるのはこんなに淋しいものかと思う毎日であった。

仲良しのアキちゃんちに遊びに行って幾日もたたない八月三日晴天。私たちは、部落総出の海水浴に行った。母はお弁当を作り、皆の水着を用意し、朝から大忙しであった。おばあちゃんの卵焼きも入っているはず。祖母はこの日三木町井上に嫁いでいる二人の娘に桃を持って行くという。「暑いから涼しいうちに行ってくる」と言ってでかけた。私たち五人は「海だ海だ」とバスに乗りでかける。近所の人たちもみんな乗っている。当時学校にプールはない。普段はため池か用水路で泳いでいた子どもたちにとって年一度の海水浴は最高のご褒美であった。いつもは忙しい親たちも今日は皆のんびり、世間話に興じている。砂浜に寝転んで親達が楽しそうにしているのも嬉しい。何回も海につかり、貝殻を取り思う存分楽しんだ。場所は壇ノ浦の海岸だっただろうか。帰りのバスは皆爆睡状態。家に着いたのは夕方だった。祖母が待っていた。「ご飯は炊いといたよ、ちょっと頭痛がするけん、先に寝かせてもらうよ」という。私たちはびっくりした。普段丈夫な祖母が先に寝るというのは余程のことだ。母は驚いて「涼しい部屋に蚊帳をつっておくけん、はよ寝ていた、今日は千津子は私らと一緒に寝かすけん」と言って祖母の寝支度をした。

心配しながら私たちは祖母の炊いておいてくれたご飯を食べ、お風呂に入って寝ることにした。お湯につかると日焼けした所が痛い痛い。いつもより早めに寝た家族皆は、深夜、母の「おばあちゃん息をしてない!」という大きな声に飛び起きた。母は祖母の具合が気になって明かりを持って様子を見に来たらしい。それから大騒ぎになって明け方ようやく医者が来てくれた時には、祖母の心臓は再び動くことはなかった。

今だったら救急車が来てくれて処置も早い。助かっていたかも―とあれから何度も思うことだった。祖母の死は衝撃だった。当時の葬儀は近所の人が細かい所まで段取りしてくれる。火葬に必要な薪、棺桶の手配、葬列の準備、参列の人に出す料理等々家族は茫然として悲しみにくれていても着々と葬式は進んでいく。家から村はずれの小さな斎場までリヤカーに載せた棺桶を守りながら葬列は進む。近所の遊び友達も造花を持ってついてきてくれた。斎場でいよいよお別れの時私は我慢せず泣いた。今日から私のおばあちゃんはこの世界のどこにもいなくなる―それは恐怖だった。

その後の数日、あんなに大事にしてくれた祖母がもう二度と私のもとに帰ることはないという事実に打ちのめされた。一人隠れて泣いた。

祖母は幸せだっただろうかと今も思う。

祖母の死と同時に私は何の悲しみも知らない幼年時代を脱した。私を取り巻く風景も変わった。今、私は祖母の死んだ年を超えてしまった。あなたの知らない少女の私、大人になった私を、それなりに一生懸命生きた私を語ってみたい。現実に祖母に会えることはないが、あれから過ごした私の人生を祖母に面白く報告できたら―と昨今思う。祖母はきっと大笑いしたり、喜んだり、くやしがったりしてくれるに違いない。

小学校時代

朝学校に行くとき、ランドセルを負わせ、靴を履かせ、忘れ物はないか何くれとなく世話をしてくれた曾祖母と祖母は、もういない。まだ保育所にも通っていない末っ子の世話、動物たちの餌やり、朝食の片付け、母も俄然忙しくなった。少しずつ慣れてくるが、当初私は何もかも自分でしなければいけない状況に茫

母、妹たちと小学生の私

然とした。

　それでも学校は毎日が刺激的で大いに楽しかった。先生は親や近所の人が教えてくれないことをわかりやすく教えてくれる。理科や図工、体育の時間は、よく近くの山や川に連れて行ってくれた。目の前の風景を絵に描いたり、岩の下のザリガニを捕まえたり、きのこを探したり—昼食まであっという間である。算数と国語の時間は新しい計算方法やおもしろい物語をわくわくして学んだ。近所の貸本屋でルビ付きの漫画本を借りて読んでいたため大抵の漢字は読めた。

　学校が終わって帰宅するのはさらに楽しかった。小川沿いの道を春はスカンポやアヒルの卵を探しながら帰る。一メートル以上ある川幅をジャンプできる。男の子がヘビを持って追いかけてきた時、私は「そんなんこわーないわ」と投げ返した。家に着くと大急ぎで宿題をすませ、ケイ子ちゃんやテルちゃんのうちに行く。前田山に登るのも得意だった。往復一時間くらいで降りてきた。新記録を作ろうとがんばって登った。干上がった、ため池の中を流れる水路でダムを作った。石や木を集めて水門を作る。水が溜まると一気に水門を開けて下のダムを決壊させる。夕暮れまで夢中になって遊んだ。秋は庭先で一つ年上のセッちゃんと縄跳びや石けりをして遊んだ。セッちゃんは親切でおもしろい。沈む夕日が半分になるまでセッちゃんはうちにいた。彼女のうちはお母さんが知的障害があり家事がうまくできない。貧しさは子ども心にも理解できた。セッちゃんがしなければならない仕事がいっぱいある。私と遊ぶ時は、はしゃいでいたが時々屈託のある表情を見せる子だった。雨降りの日は室内で学校ごっこ。指人形を作ってお話ごっこもした。冬が近づくとカエルたちが少なくなる。見つけたカエルを冬眠させてあげるつもりで穴の中にチリ紙で作ったベッドを拵え無理やり入れた。カエルはあっという間に飛び出した。迷惑なことだっただろう。冬から春にかけて母たちは丘の上の桃畑で働いていた。現在、香川大学医学部の附属病院になっている場所である。春休みには桃の花がそこら中一面に咲き誇る。前田小学校から東南の丘を見ると、ずーっとピンク色である。桃の木の下に茣蓙《ござ》を敷いてお花見をする。大きなお握りを食べながら男井間池がキラキラ光るのを見ていると隣の畑にいた伯父が牛乳を差し入れてくれる、母は蒸したお芋などをお返しする。大人たちもみんな若く元気だった。イチゴが熟れる頃、畑に妹たちを連れて行く。赤くなったイチゴはいくら採っても無くならない。洗わなくても大丈夫ということですぐに食べる。父も母もニコニコしながら見ていた。桃畑の隣は伯父のブドウ畑、そのすみに小さなため池があった。ザリガニがたくさんいる。カエルをつかまえて糸にくくり竹竿に吊るすとザリガニはすぐやって来る。三十分もするとバケツいっぱい取れる。いつまでも遊んでいたいけれど私達子どもは先に帰ってやることがあった。茶色の野兎がピョンピョン跳ねる細い道を駆けて帰ると私はポンプを百回くらい押してお風呂に水を入れる。その次はお風呂炊きである。この仕事はお正月とお盆以外は私の義務であった。やがて母が帰宅する。テレビも読む本もおもちゃもない当時、農家の子どもたちの日常は大体こんな風であった。

学校では眼前の靄がすーっと晴れていくように私は様々なことを理解し、記憶するようになった。見たこと、聞いたこと以外に思ったことを表現する言葉も次第に修得できたのは四年生くらいだったように思う。担任の先生は学級会の時間いっぱい本を読んでくれた。初めて読んでくれた「王子と乞食」は分厚い本で何週間も続く。毎週皆、しーんとなって聞き入る。ひょんなことから入れ替わった王子と乞食。人々は乞食の身なりをした王子を邪険にする。乞食の少年は周囲の人が俄然自分をあがめ奉り、近寄ってくるのにびっくりしながら居心地悪く本物の王子の帰還を待つ。二人とも今まで経験しない世界に驚愕しながら冒険を重ねる—わくわくしながら先生の朗読に聞き入った。マーク・トウェインの名作だったろうか、先生が全部読み終わるまで数週間かかった。学校に行くのが楽しかった。読み終わった後、先生は図書室という所に初めて連れて行ってくれた。職員室の真上にあるその部屋に入った時、私はびっくりした。天井まで本がびっしり並んでいる。種類ごとに分類され、どの本も澄ましている。先生はこれらの本を借りてよいと言う。その日から学校は一層楽しくなった。ドッジボールも鉄棒も鬼ごっこも時々は、する。でも一番好きなのは図書室で本に囲まれて過ごすこと。卒業までにココにある本全部読むと決めたが実際は半分も読めなかった。シャーロックホームズも赤毛のアンもトムソーヤーも若草物語のジョーも私の親友になった。現実の友人よりそばにいない分よけいに想像ができる。

今ここにないもの、こんな風になればいいなと想像するって素晴らしい—赤毛のアンのいう通りだと思った。本に出てくる主人公たちは失敗しながらも諦めない、願ったことを実現する情熱と愛をもち、苦しいときも友情に助けられ雄々しく生きる。

中学校時代

「願ったことはかなう」人生を始めたばかりの私をその後も支えてくれたアンたち。

本は読み切れないほど存在することを知ったのも嬉しい。自分の知らない素晴らしい世界が、この先待っていると信じて中学校に入学した。中庭にバラの花がいっぱい咲く学校だった。

中学校では授業ごとに先生が変わる。先生が教えてくれることは皆知らないことばかり。スポンジが水を吸うように知識を吸収していった。今私が持っている知識の多くはそのころ得たものだ。ものを考えるっておもしろい。学校の試験は簡単にできた。将来はアインシュタインやキュリー夫人のような科学者になろうと思った。日本の歴史の中にも多くの国民に犠牲を強いた戦争の時代があり、なぜそのような事態を回避できなかったのか、貧富の差が何故生まれたのか考える機会はなかった。自分に許された枠組みの中で努力することが大切だと自然に思っていた。

二年生の春、一歳上のセッちゃんが中学卒業と同時に県外の職場に行ってしまった。私に何にも言わなかった。名古屋の紡績工場だと近所の大人は知っていた。手紙を書きたくても彼女のお母さんは字を書けない。私に住所を教えてくれそうもない。その後四十五年もの間彼女の消息を聞くことはなかった。古いバイクに乗って彼女が家に来てくれた時二人とも六十を過ぎていた。会えなかった時間を埋めるように今までのことを話してくれた。苦労話を愉快に話す彼女は、今幸せそうだった。頼りになる息子さんたちと造園の仕事をしていると言う。

高校時代

高校はめでたく高松高校に合格できた。前田では大学合格はそれ程話題にならないが高高《たかこう》合格はその日のうちに家々に伝わる。受験生のいない隣近所も四国新聞を読んで話題にする。前田小学校卒業生の合格はその年四人だった。当時の高高《たかこう》は一学年に八百八十人いたと記憶する。各中学校から優秀な生徒が集まる進学校であった。満員電車に乗って通う日々が始まった。琴電長尾線には長尾中、三木中、協和中の卒業生たちが乗ってきた。特に帰りの車内は賑やかであった。授業中の先生の冗談、友人のこと、部活のこと―はじめのうちは屈託のない話題で盛り上がった。半年も過ぎる頃から皆（と思う）授業が難しい―特に数学、物理、地学等々理系の勉強が超難しいことに気づく。私も授業中は理解できても家に帰って一人で数学の難問を解こうとすると全く歯が立たない。回りに教えてくれる人もいない。課題をこなせないと学校に行くのはかなりしんどいものだ。中学校まで経験したことのない事態である。もちろん登校拒否はありえない。長尾線の満員電車で痴漢にあってからは余計に朝の登校が苦しくなった。寝坊して朝食抜きで電車に飛び乗り貧血を起こしたこともある。森鴎外の舞姫をすぐれた散文として載せている国語の教科書には違和感を持った。一人の若い女性を異国の地に捨ててきた鴎外の生き方をいくら美文調で綴られても感動はできない―今ならそう言えるが当時は言えなかった。源氏物語も女性を道具のように扱う光源氏にちっとも感心しない、紫式部はこんな男の何がよくて長々とした小説を世に残したのか―理解できない。今なら言えるが授業中は言えない。

大学進学はしたかった。我が家の経済状態からすると国立で、しかも近くの香川大学なら親は喜ぶ、わかってはいたが、一度県外に出てみたかった。数学に苦しんだのに努力したら数学の教師ならできるかも、キュリー夫人は無理でもと考えた。奈良女子大の数学科なら試験が案外易しそうだったので合格可能と思い、奨学金も貰えるし、学生寮も入れると母を説得した。ダメだったら香川大の教育学部を受ける、それもだめなら浪人はしないで就職すると親には言って受験に臨んだ。東大の入試がないため地方の大学まで影響があると予想された昭和四十四年の春だった。母は奈良まで一緒に行くと言ってついてきた。初めての親子二人旅であった。女学校も通えなかった母にとって娘が行きたいと言う大学というものを見ておきたいと思ったのだろう。国鉄奈良駅前の旅館に荷物を降ろして春日大社の参道に繋がる三条通を二人で歩いて猿沢の池に出、興福寺の前を通り学生街に戻り、奈良女子大の正門に着いた。途中会う女性はほとんど女子大生と思われた。時おり拡声器の演説が聞こえる。誰も聞いていないが一人の学生は長々と演説する。私には意味不明であった。鹿が何頭か悠然と歩いてくる。学生寮はまだ新しく大学の正門前にある。四人部屋ということだ。中も見学したかったがそれは遠慮する。試験は翌日と翌々日にあった。物理は易しかったが、他の教科は難しい。母は初めての奈良をいくつか体験したようだ。夜旅館で大仏様の大きかったこと、奈良公園は広すぎて迷子になりそうだったこと、鹿は人間に良く馴れ、食べ物をねだること等楽しそうに奈良見物の様子を話してくれた。「入学出来たらお父さんも一緒に来たいね」と私は言った。もし祖母が生きていたら一緒に行ってみたいと言うに違いない。

大学時代

　無事合格できた。高校時代の長尾線友だちも皆それぞれ志望大学に合格していた。一番仲良しだったひろこちゃんも広島大学に受かった。夏休みには会いに行くねと約束して別れた。担任の先生も近所も親戚も皆が喜んでくれた。満開の桃の花に送られて両親と私は奈良に向かった。受験の折に泊まった旅館に着くとおかみさんや仲居さんが大いに喜んでくれた。父も大学を見て安心していた。奈良女子大は奈良の人々にとっては誇らしい存在だそうだ。数学には不安があったけれど何とかなる―いろんな経験をして四年後は故郷に戻ると決めて私の大学生活は始まった。

　同室の新入生は岡山出身の横田さん。彼女の第一声は「高橋さん（私の旧姓）じゃろう」である。なんだなんだこの「じゃろう」は。半年くらい彼女の話には必ず「〇〇じゃろう」がついていた。私は「こっちきまい」「〇〇食べまい」が出る。彼女はすぐに「こっち来て」、「食べて」の意味であるとわかってくれた。

　新入生歓迎のコンパが初日にある。四部屋ごとにブロックがあり、夕食後一室にみんな集まる。お菓子と果物が盛り上げられている。新入生の平凡な自己紹介の後先輩の自己紹介が始まる。皆さんすごい経歴である。故郷に双子を残して奈良に来た人、小説家志望ですでに芥川賞候補になっている人、全学連の活動家を恋人に持っているので時々上京するという人、朝日にあたると神様から罰があるので午前中は外出出来ない人。一歳か二歳しか違わないのに先輩は凄い生活をしている――あっけにとられた。フォーク歌集が配られギターに合わせ何曲か歌った。最後にリーダーらしい人が立ち上がって「寮の掟を言います、守れない人は即刻退寮してもらいます」という。一つ新入生は、六時起床。二つ、先輩に好きな飲み物を用意する。三つ、その後興福寺まで駆け足で行き、整列後寮歌を歌う。最後に寮の部屋を隅々まで掃除する。先輩がよしというまで。私たちは茫然とした。えらいところに来た—。明日は六時起きかとしょんぼりしながら自室に戻った。さて翌日緊張して六時に起きた私たちは先輩に好きな飲み物をうかがいインスタントコーヒーを恭しく供した後駆け足で興福寺に向かった。興福寺についてしばらくすると昨夜のリーダーがゆっくりした様子でやってくる。「皆さん昨夜はよく眠れましたか。今から皆さんにお話しすることは全部本当のことです。昨夜話したことは全部嘘です。」エーという声。彼女は「寮には掟なるものは存在しません、興福寺に集合するのも今日だけです。寮歌もありません。掃除はしたい人がすればよいのです。そうそう飲み物も用意しなくてよいですよ。先輩は夜更かし人間なのでそっと寝かしてあげてください。」と先輩。自己紹介の嘘も明らかになった。双子の子供も小説も全学連の恋人も皆嘘だった。入寮歓迎嘘つきコンパは、長女が入学した二十五年後も実行されていたそうである。奈良女のすばらしい伝統である。

大学の寮は有難い。三食と光熱費、寮費合計で月五千円以内だっただろうか。特別奨学生の私は毎月日本育英会から八千円が支給される。授業料は年間一万二千円である。高校時代より安い。貧しい家庭の子弟もこれなら通える。当時の政府は教育こそ国の基本、人材を育成することは政治の仕事だとわかっていたのではないか。母は月初めに現金書留で五千円を送ってくれた。今授業料は六十万円を超えると聞く。当時の授業料の五十倍以上である。給料は五十倍以上にはなっていない。卒業時に奨学金という名のローンを抱えて、非正規で働く若者も多い。何ということだろう。格差は広がるばかりである。私立は百万円を超える大学もあるらしい。このまま行けば二十年後には高等教育は一部の富裕層や特権階級のものになる。政治は弱者を助け、差別のない社会を作る仕組みであって欲しい。昨今の政府は意図的に格差を作ろうとしているように見えて仕方がない。当時の授業料を知る私たちは今こそ声を挙げるべきではないだろうか。

数学科に入ったことは間違いだったと気がつくのに

時間はかからなかった。まず初めに数学の専門教科としてあげられる解析概論―教授が懇切丁寧に教えて下さるのだが、私には宇宙の言葉のように聞こえるばかりであった。これはたまらない。分厚い教科書も全く理解できない。周りの人達は皆わかっているようだ。かつて感じたことのない劣等感に苛まれる。解析概論演習を担当して下さる鯨岡先生はやさしくて悩みを聞いて下さる雰囲気がある。一度お宅にお邪魔してよいですかとうかがうと「どうぞ」と言って下さった。先生は数学者として高名な岡潔先生の娘さんである。高畑にある先生の白い大きな家を訪問したのは連休明けだったろうか。三人くらいでお邪魔した。入学以来感じていた数学を続けることの意味や悩みを聞いていただいた。とりあえずお昼を用意しているからご一緒にと言って下さり、遠慮なくいただいた。握り寿司とお吸い物を出して下さった。食後先生は「父が起きてるようですから、話してみます？」と気軽におっしゃって岡先生を呼んで来られた。国語の教科書にエッセイを書いておられたかの岡博士が私たちの前に座っておられた。先生はひっきりなしにタバコを吸われる。時々タバコを振り回しながら不思議なお話をされる。「森羅万象目に見えない所にこそ真理は宿るのです。数学はそういう学問です。」という意味のことをおっしゃったように記憶する。

　素晴らしい先生に恵まれていたものの相変わらず数学はわからない、高校時代の数学の難問が解けないというのと本質的に違うと感じた。苦しかった。その分万葉集の世界に魅かれた。国文科の学生達と万葉集の研究会「草枕会」に属し奈良のあちらこちらにある歌の詠まれた場所を訪ねて回った。一日に二十キロ近く山辺の道を歩いたこともある。まだ観光の手が入らない明日香村のレンゲ畑もうれしかった。夏休みには近畿周辺や山陰地方も訪ねた。春浅い琵琶湖を古い電車に乗ったり、歩いたりして一周したことも忘れられない。失われた都の一隅に

明日香村のレンゲ畑ー草枕会（1972）

歴史の悠久を感じた。天智天皇、額田王、柿本人麻呂は歌を通じて近しい人になった。一緒に歩いた物知りの後輩たちは、今も頼もしい友人である。

万葉学者として名高い犬養孝先生の講演会を企画したこともある。文化祭に来ていただきたいとお手紙を出したら二つ返事で来てくださった。謝礼は八千円。入場料一人百円とお化け屋敷で儲けた二千円を合計して捻出した。先生は素晴らしく伸びのあるお声で万葉歌を歌われる。「み熊野の浦の浜木綿百々重なす心は思えどただに会わぬかも――」今もよみがえる響きである。

家庭教師のバイトをした。近鉄奈良駅の近くにある日蓮宗のお寺の一人娘さんが私の生徒である。初めて「先生」と呼ばれ、こそばゆかった。毎回、豪華な夕食を彼女と食べる。寮の食事には絶対に出ないステーキ、イチゴミルクなどが出た。帰りにはお土産がある。月謝は三千円だったろうか。彼女は、高倉健の大ファンであり、当時、大人気の「昭和残侠伝―死んでもらいます」という東映映画を見に行きたがった。彼女のお母さんから「先生、一度つき合ってやってください」と頼まれた。ある日曜日、二人で出かけた。お母さんから「外食はしないように」と弁当を持たされた。成程、高倉健は、かっこよく、藤純子は、美しかった。奈良公園のベンチで鹿を払いながら二人でお弁当を食べた。卒業後お寺を継いだ彼女とは、私が奈良に行くたびに会った。

私たちの大学時代は、実は満足に授業のない四年間であった。授業より討論を―という活動家の声が強く、容易に授業は中止に追い込まれる。試験もない（おかげで私は助かった）。レポートで単位は貰える。寮にこもっているとデモに誘われる。ああイーンターナショナールと声を揃えてデモ行進する。卒業に必要な専門の単位十単位は四年時の卒業研究という名のゼミで何とか揃える。論文も書く必要はない。フランス語でガロアの論文を読むゼミだったが数回やっただけで、不勉強な私たちは予習していかないものだから全く前に進まない。教授も諦めているのか「さあ、今日は奈良公園を散歩しよう」と提案してくれる。飛火野の芝生の上で卒業後の目標や目に映るあれこれを語り合ううちに時間は過ぎ、今週はここまで―ということになる。そうして何とか卒業の見込みはできた。教員免許に必要な教育実習は帰省して母校でさせてもらう。教員採用試験は夏にあるが全く準備できていない。教員採用試験は不合格であった。初めての挫折であった。悔しさもないのが不思議だった。心のどこかでもっと違う仕事をしてみたいと感じていた。例えば新聞記者。文学部に入りなおしてチャレンジする手もあるなーとぼんやり考えた。万葉学者になるのもいいなー親は卒業して帰って来るのを待っているのに非現実的かも、やっぱり無理、講師でもしながら次のことを考えようと教育実習中は考えた。母校の中学生は素直で可愛い。数学の授業も失敗しながら結構やれた。昔の学校ごっこより愉快だ。来年はこの手でいこう。奈良に戻ると皆それぞれ就活をしていた。教師になる人が多いが数学科はコンピューター関係の会社に就職する人もいた。十月、ゼミの教授が「京都の女子高校から数学の教師を募集してるよ」と声をかけてくれた。就活も一度体験してみようと京都の成安女子高を訪問した。知恩院が経営している高校らしい。長い坂を上がって事務所らしい所にようやく着いた。教頭先生が応対してくれる。履歴書を見せて訪問の意図を言うと彼は、こう言った。「本校は、良妻賢母を育てる学校なので一人暮らしの女性は困るのです。」次が凄い。「国立の女子大を出て一人暮らしをする女性をエリートの男性は選びませんよ、例えば一橋を出て住友銀行に勤めている人、東工大を出て新日鉄に勤めている人は本校の卒業生のような女性を選ぶはずです。悪いことは言いません。四国のご両親の所に帰った方がいいですよ。」と親身にアドバイスして下さる。今だったらこんな目にあったとブログにアップして社会問題にするところだが、当時の私にそういう手段もなく、ただ、打ちのめされた。「選ばれない女」という響きは怒り以上に悲しい意味を持って押し寄せて来た。

しょんぼりしながら桂離宮でも見て帰ろうと足を運ぶ。予約がなくても入れた。誰もいない広大な美しい庭園を回っているうちに彼の言ったことを、将来笑い話にしてやろうと決めた。卒業までの半年はあっという間だった。

紫雲中へ

四月から一年間紫雲中学校で数学の講師をすることになった。高松市内のマンモス校である。一学年十一クラスもある。私は一年三組の担任と五クラスの数学授業、その他細々した分掌を与えられた。国道の横に教室が並ぶ紫雲中では余程大きな声を出さないと後ろまで教師の声は届かない。元気のよい中学生に負けるものかと精一杯威厳を出して教壇に立ったが、新米教師の私は、すぐに見透かされてしまう。ベテランの先生は普通の声でゆっくり話すが生徒はよく聞いてくれる。一時間、人前で話すって大変。毎日、四十人の生徒と格闘する心境であった。連休前には目が落ちくぼんできた。生徒には全く舐められる。膨大な事務仕事も提出期限までにこなさなければいけない。少しずつ慣れてきて、家庭訪問が済む頃には、受け持ちの生徒の個性も分かり出す。女子は人懐っこい。男子はちょっと斜めに構え、まだまだ幼稚。照れ屋でいたずら好き。無口な子もいるが声をかけると嬉しそうに話してくれる。「先生のうちに行きたい。田舎なんやろう」と言う。「じゃ、今度の日曜日電車で高田までおいで。迎えに行くから。」当日何と二十人くらいの中学生が降りてきた。駅から歩いて十五分くらいの所に我が家はある。季節は六月、梅雨入り前であった。元気な中学生は大きな声で騒ぎながら、あっという間に到着。母と妹たちがご飯を炊いてお握りを作る計画だったが人数を見て急遽もう一回炊くことにした。彼らは片時もじっとしない。裏に大きなスモモの木が実をつけているのを見て採ってもよいかときくので良いよというと何人か交代でよじ登る。スモモの赤い実は大きなカゴにたちまち一杯になった。学校にいるより、生きいきしている。お握りと漬物、みそ汁の昼食は裏の桃畑で食べた。昼食後はそこら中で鬼ごっこが始まる。膨らみだした桃の実もビックリしたことだろう。スモモの実をお土産に彼らは帰って行った。すっかり仲良くなった担任の生徒たちだが、授業はかえって困難になった。教師はやはり遊び友達になってはいけない。それでも少しずつ見通しも出来、余裕も出てきた。八十個の瞳に見られることも普通になった。

担当している新聞委員会で学校新聞を発行することになった。夏休み中の部活や二学期の運動会の予定等取材し、生徒に記事を書かせる。なかなか記事にならない。結局私が取材し、原稿もかなり自分で書いた。鉛筆書きの原紙をファクシミリという機械にかけて、それを輪転機で摺り上げる。途中インクが薄くなると新しいボトルに取り替える。全校生千二百人以上の家に配布する予定だ。約千五百枚摺らなければならない。機械の機嫌が悪いと二時間以上かかる。それでも新聞作りは結構おもしろい。二学期はもっと上等な新聞にしたい。次の号では生徒と先生たちの座談会を企画した。校長先生、教頭先生、生徒指導の先生に来ていただいた。数名の生徒を集め「学校に希望すること」をテーマに自由に語り合うという次第である。生徒は初めは固くなっていたが次第に話すようになった。宿題を少なくして欲しい、意見箱を置いてほしい、試験が難しい等々。上履きに履き替えるのがめんどう、靴がなくなる。様々な希望を生徒は抱いている。記事にまとめた。印刷にかかろうとすると一人の教頭先生が記事が出来たら見せなさいと言う。「当然」という口調である。私は思わず「新聞作りは生徒の学習活動です、学校のサービス活動ではありません。字の間違い等はご指摘ください。内容については事前検閲は困ります」と反論した。教頭は机をたたいて立ち上がって怒った。「何を言うか、全世帯に配布されるものを検閲するのは当り前じゃないか、俺の立場にもなってみろ。」私はひるまず「それは違います。生徒は間違うこともあります。まず検閲ありきでは委縮します。」と言い返した。そばにいた事務長が下を向いて嵐が通り過ぎるのを待っていた。教頭は少し穏やかに「検閲ではない、ともかく読ませてくれ」と言う。「表現の間違い等はご指摘ください。」と私も少し折れた。彼が少々気の毒になってきた。新聞発行には表現の自由がかかっていた。年間三回結構おもしろかった。上靴は使用しないという画期的変革が紫雲中に起こったのは成果だったかも。

「数学教室を見せて欲しい。アナライザーの利用実態を研究しているので」という電話が隣の香川大学教育学部の先生からかかってきた。数日して彼がやって来た。私が数学教室を使う順番にあたっていた。当日は最も賑やかで、いたずら好きのクラスを教えることになっていた。悪い予感。さて授業が始まった。後ろに見慣れないお客様が座っている。生徒は「だれだれ」と早速騒ぐ。「静かに前を向きなさい。」と言っても聞かない。授業が進行しないので後ろのお客様はじっとしていられないのか、「ちゃんと先生の言うことを聞け」と注意して下さる。男の子が「先生この人だれ、この人と結婚したらええんちゃう」と冷やかす。中学生の言いそうなことである。「何を言うんですか。失礼なこと言うんじゃないの」私は注意して回る。クラスは一層にぎやかになる。アナライザーどころではない。

滅茶苦茶な数回の授業の後、香川大学の彼は、アナライザーの使い方をまとめたので他の先生たちにも発表したいと言う。放課後職員室で彼の「講義」を聞く。グラフなど見せられたが、ちんぷんかんぷんであった。

それから半年後、あの時の彼—山崎敏範と私は結婚した。結婚式の前日、離任式があった。お別れの後、国道を歩く私を「やっぱりなー」と教室の窓から大声で生徒たちが手をふって祝福してくれた。式にはあの教頭先生、担任の生徒たちが普段着でやってきた。司会をしていた彼の親友・岡崎弁護士が突然やってきた私の生徒たちにジュースを飲ませ、歌をうたわせた。「てんとう虫のサンバ」を即興で歌ってくれた。何年か経って紫雲中では私たちの結婚の顛末が伝説になっていると教えてくれた人がいる。

三人娘と仕事に追われて

結婚後は小学校教員として仕事を続けた。次女が生まれた頃一年間の育児休業が制度化された。有難かった。昭和五十五年、三女が生まれる前年、夫が大阪大学に内地留学したため、私たち三人は、香川医科大学の足元にある現在のこの家に引っ越した。二階には香川医科大学一期生の女子学生が下宿していた。彼女は同志社大学を三年生で中退し、新設の医科大学に入学したとのこと。試験の時など余分に作った料理を差し入れした。

目の前の丘の上から朝日は昇る。星も月も町の家より美しい。父が開墾し手入れをしてきた見事な桃畑は数年前に県に買い取られ、そのころは白い建物が連なる医学部の駐車場に変わった。附属病院の建設が進む。伯父たちのブドウ畑も柿畑もテニスコートや野球場、駐車場に変わっていく。どちらをみても桃色に包まれた私のふるさとは大いに変化していた。どこまで変わるのかじっくり観察してみようと思った。田圃の間を縫うように造られた農道で娘たちは自転車の練習をし、用水路のめだかを追いか

造成の進む香川医科大学用地（1976）

けた。すぐ近くのため池には亀やウシガエル、ブラックバスがいた。巨大ななまずを捕まえた男の子もいた。

小学校は忙しい

三女が一歳の誕生日を迎えた翌日から保育所に預けて働くことになった。実家の母や妹が近くに住んでいるので何かあったら助けてくれる。普段は夫のいないワンオペ育児である。小学校の教員は空き時間がほとんどない。事務仕事は山のようにある。採点、ワークブックの点検などは図工や読書の時間にやらざるを得ない。連絡ノートを書きながら給食を食べる毎日である。全教科を一人でこなすスーパーマンである。昔の先生は職員室でストーブにあたりながら談笑していたように思う。今職員室はがらんとしている。同学年の先生と打ち合わせする時も大急ぎ、早口で済ます。

忘れられない行事は毎年体育館でやる演芸会である。「やまなし鳥」や「ごんぎつね」など教科書に出てくる民話をミュージカル風に仕立て全員で演じる。二か月ほど子どもたちも私たち教師も夢中で練習する。シナリオはどこかに笑いと教訓を入れておく。どの役もいつでも代役ができる。なぜなら子どもたちはすべてのセリフを覚えてしまうから。大人になった彼らは今もあのセリフを覚えてくれてるかしら。

授業だけでもいっぱいいっぱいなのに、ある年新任の校長が低学年用の図書室をもう一つ造りたいと言い出した。必然的に図書主任の私にやってくれるかという話であった。図書の分類法、ラベルの張り方など知らないので本を買って勉強した。それから予算百万円以内で書架と児童書の注文である。出入りの本屋さんにカタログを持って来てもらい、電卓片手に注文票を埋めていく。百万ギリギリで結構買えるものだ。足りない分は生徒の家に「眠っている本をご寄付下さい」とお便りを出す。あっという間に続々と本が届く。空き教室いっぱいになった。次は分類とラベル張り。図書委員総動員でやる。書架に並べるのは私のクラス全員でやった。四年生は頼りになる。計画が動き出して約一か月半。低学年用図書室の完成である。小学生の頃幸せにしてくれた図書館を今自分の手で作ることができた。秘かに誇りに思う仕事である。

その年の夏休み前、成績表をつけるため三時間程、正座で仕事をし、立ち上がろうとすると腰に強烈な痛みが走った。這うようにしてトイレに行く。その日から夜も眠れない程の痛みに苦しんだ。香川医科大学整形外科に入院した。椎間板ヘルニアという診断である。はみ出した軟骨が神経に触れているので痛みが激しくなっているらしい。こうなると手術の日が待ち遠しかった。教え子たちから励ましの手紙を貰った。すぐ下にある我が家から子どもたちは毎日やってくる。エレベーターに乗るのが好きらしい。家の庭の延長に病院があるみたいだ。ご先祖さまのお陰である。手術は成功し、その夜からあの強烈な痛みは嘘のようになくなった。退院後、お世話になった研修医の先生を鍋パーティーに招待した。在日韓国人として神戸で暮らして来られたご家族のこと等を話して下さった。世間は日航機墜落のニュースで騒然としていた。二学期いっぱい休職することができ、子供たちの帰宅を待つ日々、自分の子どもを毎日世話できる生活って素晴らしい、幸福ってこれだと思った。翌年受け持ちの子がクラス替えになる時まで勤め、三月末で退職することにした。やるだけやった、私じゃなくても誰かがしてくれる―仕事ってそんなものだと思った。

自分の子どもを見てやれる―毎日がわくわくした。昭和はあと少しで終わろうとしていた。

追記　変わりゆく故郷―物言う女性達

三人娘を育てていた忙しく幸せな頃、気が付けば周囲の自然は大いに変わっていた。どちらを見ても桃色にあふれていた周囲の里山は、山桜や新緑に包まれる。レンゲ畑は放置水田に変わり、雑草におおわれる。メダカの用水路もコンクリート製に変わった。蛍はもう飛ばない。四国を東西に結び鳴門大橋へと続く高速道路の建設も進む。前田を南と北に分ける巨大なコンクリートの道路である。香川医科大学附属病院には県内のみならず、他府県からも重症患者さんが来る。夜中に救急車もひっきりなしにやって来る。大学が出来たばかりの頃周囲の農民たちは一度見てみたいと学食に昼ごはんを食べに行ったり、文化祭には子ども連れで出かけた。職員宿舎のご家族も、子どもたちを地元の保育所や小学校に通わせるようになると子どもだけでなく母親同士の交流も盛んになってきた。ＰＴＡ活動にも新風が吹いた。ＰＴＡ新聞作りは興味深くかつての夢が実現した気がした。

時代は平成に変わる。退職後、娘の通う高松高校地下駐車場建設反対運動や前田小学校サンケイリビング配達阻止問題等ＰＴＡ活動に出会う。いつか「ＰＴＡ物語」にまとめてみたい。三木町の場外舟券売り場建設反対運動には全力で取り組む。建設阻止に成功するまでの五年間の記録は原稿用紙五〇枚のルポルタージュにまとめ週刊金曜日に応募した。社会の動きには関心が少ない方だったが、平成の時代は「物を言う」ことの大切さに目覚めた。誠実で行動力のある多くの女性達に出会った。ボートピア阻止のため連帯した全国の女性達のこともいつか書き残したい。ターシャチューダーのような庭も造りたい。

昭和が平成になった日ー滝宮天満宮（1989.1.7）

今回書いてみた「昭和の私」とは違う物語をいつか書く時が来るかも知れない。そもそも一人の平凡な人生を年号で区切る必要はない。連続する時代を変える生活者でありたい。娘の一人が親戚の人に言った。「生きるって変わることだって、うちの母は言ってるよ」子どもは親の言うことを聞いてるものだ。

故郷は変わる。人も変わる。愛しく、美しい故郷を守っていきたい、みんなの力で。

主な文献

ボートピア騒動顛末記—ボートピア建設阻止を勝ち取るまで—、週刊金曜日（No.462, 463）第13回ルポルタージュ大賞　優秀賞、二〇〇三・六．
http://www.pikara.ne.jp/sequoia/

山崎千津子（やまさき・ちずこ）
一九五〇年（昭和二十五年十月）高松市生まれ。高松高校から奈良女子大学・理学部・数学科卒業。紫雲中学校、栗林小学校講師、松島小学校、古高松南小学校教諭。「ボートピア騒動顛末記」で二〇〇三年第十三回『週刊金曜日』ルポルタージュ大賞優秀賞受賞。高松少年鑑別所学習支援カウンセラー、調停委員、場外券売場建設反対ネットワーク代表。http://www.pikara.ne.jp/sequoia/

夢のまた夢

水重　克文

「先人から学ぶ」と思う時、同時に「明治・大正・昭和を生きぬいた」と言う言葉を思い浮かべる。その先人達にも、既にお会いすることは叶わない。とは言え、語られた内容は憶えていないにせよ、いかにもかくしゃくとして威厳を感じさせる語り口調は、しっかりと記憶にある。自身が、近い将来に「先人」と言う立場に居れるか？　と考えると、若い世代に対してある程度「上から目線」で語るなど、真におこがましい。そのような年齢に達するのはまだ先のことではあるが、「昭和・平成・令和を生きぬいた」と言う枕詞をいただいてそのような立場にあったとしても、いかにも堂々とした態度で接するなどとんでもない。昭和と言う共通した時代を生きてきたにも拘わらず、この威厳の違いは、いったいどこからきたのか？

「昭和」に存在する断層がその原因であろうと、誰しも思うに違いない。記憶の糸をたどっていくと、幼い頃のちょっとした風景や身近な人たちの表情が、あたかも一枚一枚の写真のように思い浮かんでくる。それからあっと言う間に六十年以上が経過して、その時間差を感じさせずに以前のことがまるで昨日であったかのように頭に残っている。「光陰矢の如し」とはこのことだ。「明治・大正・昭和を生きぬいた」先人達の頭の中には、昭和の大きな出来事が深く刻まれていたに違いない。明治から始まった強い日本と最終的な敗戦、その頃の血を吐くような苦労がその世代の先人方々の人格を形成している。しかも、その記憶は頭の中に凝集されてすぐそこにあって、「近代を確立したこと」への自信と「大きな挫折」がつい先日のように同居し、それゆえに深みを増した世代がそこにはあった。戦後に生まれて平和な時代の繁栄を享受して令和の時代に七十年目を迎える世代と、昭和の時代に七十年目を迎えた世代との大きな違いはここにあるのではないか。そうだ、我々に畏敬の念を持たせるのは威厳と言うべきものではなく、「重厚」と言うべきものなのだ。

とりたてて大きなダメージを被っていない一方で、戦後生まれの世代は敗戦国としての劣等感を生まれながらにして背負っていたのかもしれない。その一つの現れが、言語ではないか。戦勝国が占領地域の言語を塗り替えると言うことは、歴史上の多くの事実があるが、その意味では、日本は救われている。日本語は生きている。とは言え、国際的な公用語は英語であることに変わりはない。米国での学会に十歳ほども離れた後輩をともなって参加した時に、既に留学を経験してある程度は英語に慣れていたものの、「英語を話す時には、何となく緊張するよな。やっぱり、欧米人に対しての変なコンプレックスがあるのかな。」と言うと、「そんなものはない。」と後輩は答える。単なる言葉である英語に違和感があるのは、戦後十―二十年までに生まれた世代までなのか？　それなら、その彼が米国人と交渉事をしてくれればよいと、密かに思う。やはり、威厳などないものだ。

広島市から四十キロほど県北に向かった山間部に生まれ育って中学校までは比較的のんびりと暮らしていたし、何と言っても原爆投下から十年も経ていない頃に生まれて、二十歳にも達していない年頃に、母親から聞く「米国の仕打ち」には憤りもあったからだろうか、英語とローマ字が頭の中ではごっちゃのままであった。その頃の日本では、「敵国語」とまでは言わないが、それでも「戦時中は敵国語」とはよく聞かされた。とにかく、英語は嫌いだった。一つのハードルとしての受験英語は一応マスターしたものの、それ以後は全く進歩していなかった。

高校受験の時の衝撃は今でも忘れない。田舎の中学から広島市内の高校への進学を目指して、広島大学附属高校を受験することになった。試験日程も進んで、嫌な英語になったところで、試験官が小さな機器を無表情に持ち込むではないか。それが、ソノシートプレーヤーであった。「まずは、ヒアリングから」と言われると、動転してしまって「ヒアリング？」、中学では日本語訛りの強い教師の方々の英語しか聞いたことはない。ましてや入学試験で、これは何だ！　英語の試験にヒアリングがあることすら事前には知らぬ。流された英語は、まさにノイズだらけで全く聞き取れず、お陰で既に試験を終えていた私立の高校への入学が決まってしまった。

もしかしたら、英語教育にも問題があるかもしれない。調べてみると、江戸幕府が開国と同時に「洋書調所」や「開成所」を設置したとある。明治になると、東京外国語学校が開校、さらには「小学校令」でも英語教育が推進されたとあるから、決して英語教育がないがしろにされたわけでもなさそうだ。ただその後、急速な欧化主義に反対する一派によって時の文部大臣森有礼が暗殺され、これを契機にして英語教育は縮小されてしまう。その後は国際情勢が急速に変わって対米関係は悪化し、「小学校令」から四十年後の一九二四年に、米国は「排日移民法」を成立させる。どうやら、これが日本人の英語嫌いを増長させたようだ。米国との関係悪化が「敵国語」へと進むと、もう英語教育どころではない。しかしやがて、敗戦を契機として「英語」と「日本語」とは、対等な立場から大きくバランスを崩すことになった。もちろん、教育と言う観点から物申せば、我々の英語能力の劣勢は、戦後の英語教育のあり方に依るところが大きい。そのような意味合いでは、二〇二〇年からの小学校高学年での英語の必修化の成果に期待する。

昭和の前半は戦争に走ってしまったとは言え国力を増した時期であり、後半は急激な経済成長の時代ではあった。がむしゃらと言う言葉が共通して似つかわしいように感じる。「戦後が終わった」と言われているのが、一九七五年から一九九三年の約二十年間とされている。それを引き継いだ「平成」は、日本が自ら一歩を踏み出しながら成熟に向かった時代だったように思う。私にとっても大きな転機が平成になってやって来た。

二〇一六年春、金沢市で日本循環器学会が開催された。既に六十歳を超えてはいたが、一般演題として応募した演題が採択されたこともあって、家内を連れ立って参加した。その際の特別講演の演者として、かつて米国留学中にお世話になったAnthony N DeMaria先生（前米国心臓病学会誌編集委員長）が招聘されていたので、せめて講演は聴かなくてはなるまいとの思いから講演会場に出向いた。講堂の階段状通路の際に座っていたので、講演を終えて引き揚げてこられる先生にご挨拶も出来た。彼は通常の米国人よりもさらに長身で、私よりも数十センチは高い。挨拶としてのハグは、欧米社会では通例のことではあるだろうが、通路を塞いでのハグであったので、随分と目立ったのではなかったかと思う。「カツ」と彼は、私をそう呼ぶ。「家内も、カツのことを心配している。元気か？」と言われるので、「まあまあ」と答えたものの、お会いするとは思っていたが会話するとは考えていなかったので少々戸惑う。彼ら夫妻は、私の現在のポジションのことを心配してくれていたらしい。「ハッピィー?」、ウーン「まあまあ」。曖昧に受けているうちに、後ろが詰まってきたので外に出て、そうすると他の人にも囲まれたこともあって、これでお仕舞いであった。こんな留学での出会いが、戦争を知らない私にとっての「戦後の終わり」であった。

この出会いは、子供が中学に進学する頃、一九九一年九月からの彼の地、ケンタッキー州立大学への単身留学に依っている。出発の時からして、国民性と言うか文化の違いに触れることになった。成田からミネアポリス、そこから乗り継いでケンタッキー州レキシントンに向かうのだが、米国人は日本人のように時間がきちんとしているわけではなく、乗り継ぎ時間などチケットに記入されているスケジュールとは全く違い、そのような状況にあっても米国人は気にも留めていない。重い荷物を持っての一人旅である上に不安感もあって、しっかりと疲れる。予定からかなり遅れてレキシントンに到着、次の日にはDeMaria先生と面会して夕食もご一緒する。肉料理のレストランで、メニューには注文すべき牛の部位が書かれており、唯一の判読可能な「Eye」を指名するのがやっとだった。ほぼ半日分のジェットラグで半分居眠り状態であったこともあって、頭の中も混乱していた。日本語か英語かも分からないような強い日本語訛りの英語で、喋っていた。

ケンタッキー州立大学留学中、休日に訪れたケンタッキー・フライド・チキン１号店。田舎の一軒家と言った風情のカフェではあるが、ここから世界的なフード店として発展したのかと思うと、発想力と行動力の大切さを実感した。味は、日本のものと変わらない。店内には、創業者Colonel Sanders氏の胸像がある（本名Harland David Sanders, 1890-1980)。

しゃんとしていない小柄な日本人留学生との初対面なのだから、「これは、大変なお荷物をしょい込んだ」と、内心思われたに違いない。でも、食べた肉は結構美味しく、米国の肉は不味いと言う先入観はなくなった。考えてみれば、日本でも「トロ」とか「赤身」だとか、魚を部位で分けて呼称する。食材や味付けは全く違うものの、どこかに共通点はありそうだ。しばらくは米国の文化にはまってみるのもいいかもしれない。

そうこうしているうちに、ケンタッキーでの生活がまだ確立してもいないのに、DeMaria先生がカリフォルニア州立大学サンディエゴ校の内科学教室からチーフとして招聘された。DeMaria先生は米国での超音波心臓病学の一人者で、我々の日本の教室と同じフィールドの方だったことが留学先を決めた要因でもあったので、当然ながらそれに伴って私もサンディエゴに移ることにした。どちらの州でも一年間限定の、かなりの制約がある医師免許（医療行為許可書と言うべきか）を手に入れて、自分の臨床研究プロトコルに従って、ヘタな英語で患者さんに内容を説明してデータを集め、さらに論文化まで、特に異動後はかなり忙しい毎日になった。付き従って異動したと言うことからだろう、日本人的義理と人情に篤いDeMaria先生にも出張のない週末には、常時私のアパートで論文執筆の稽古をつけていただき、最後は免許皆伝に近い状態になった。ほんの数週間ほど渡米してきた家族や短期間の観光にやってきた両親までもが、親切に扱っていただいたこともあってか、心のどこかにあった「戦後」は全く消失していた。ただ、「原爆投下」の意義については、その時点ではまだすれ違いがあった。

その後も循環器関連の学会では何度も招聘されて来

サンディエゴの北、ラ・ホヤ（La Jolla）での交差点の標識。住まいの近くを散歩中、Lebon通りとNobel通りの交差点で見つけた。リバーサルになっているのが面白くてカメラをもって引き返して撮影、故意に名付けたのか偶然か、しばらくは楽しめた。独身ならではの暇な休日の或る一日でした。

日されており、その都度再会する。広島での日本心臓病学会の際、例によってホテルの部屋に訪問して世間話、その後原爆資料館に訪れ、その時やっと、「悲惨」と言っていただいたことで何かしら安堵した。東日本大震災の時にもメールをいただいた。私の方も、カリフォルニアの広範囲な山火事の折には、随分と心配をした。

グローバル化した世界を義理と人情が駆け巡り、今はお互いに「老後」を気遣っているような気もする。「昭和・平成・令和を生きぬいた」先人になれただろうか？ あっと言う間に過ぎてしまって、まるで夢のようだ。

大学を卒業した昭和五十年代前半は、医療のフィールドに関連する工学系技術が急速に発達するその先駆けとも言える時代であった。私にとっては米国留学の切っ掛けともなった超音波心臓病学との出会いの時期と言える。今から振り返って正確に言えば、「超音波心臓病学」という言葉自体がその頃から徐々に確立されていったその走りの時期でもあった。医学分野で病態を解析・診断するツールとしては、高校の理科の分野で言えば、生物学領域、化学領域、および物理学領域に関連する各領域がある。生物学的な内容は診断のツールと言うよりも医学の基本とも言うべき生理学に通じるものだろうから、病気を理解するための知識の基本的ツールとも言うべきものではある。化学領域として典型的なものは、健康診断でお馴染みの血液検査といった類、さらに物理学的領域となると心電図やレントゲン検査などいわゆる医療機器関連のツールである。

心臓と言う臓器は、周期的に拍動することで血液を全身に送ると言う機能を果たしており、数々の数式で解析して機能の状況を判断できるので、その意味からもそもそも物理的臓器である。そのことが私の心にフィットして、卒業のかなり前から心臓を専門にしようと決めていた。しかも、体の奥深くにある動的臓器である拍動する心臓を目の前にした際の感動は、真に新鮮に心に響いたと鮮明に記憶している。その上、身体に大きな害を及ぼさない、非侵襲的ということが魅力的に思えて、超音波法をツールとして研究と診療にあたることに意を固めることになる。正に私の医師としての歩みは、超音波医学の発展の歴史と共にあった。この分野の発展を飛躍的と言う言葉で飾るにふさわしいものにした代表的技術の一つが断層心エコー装置の開発であった。これでも感動するに十分であったことは、既に紹介したが、さらに心臓の中の血液の流れまでもが目に見えるようになると、心臓そのものを手に取って見るといった感覚で、診療や研究にあたることができる。目の前で動く心臓を観察しながら、「ああでもないこうでもない」と思いを巡らすのは楽しいものだ。一日の仕事を終えてしっかりと疲れて熟睡すると、その夜に夢を見て、その夢の中で昼の疑問を解決できたりするのも、最初に感じた感動の所為と思われる。

さて、我が国での冠動脈疾患集中治療室（ＣＣＵ）がまだ黎明期であった頃、私は臨床医としての第一歩を踏み出した。それは、心筋梗塞が高齢者の病気である時代から四十歳代でも発症しうる病気へと変遷しつつある時代でもあった。その当時、米国では既に中年層を襲う突然発症の病気として一般的であったから、我が国は確実に病気の構造と言う点でも米国の後を追っていた。ＣＣＵでの勤務は、ほぼ二十四時間体制であったから今のご時世で言っている働き方改革どころではない多忙な日々を送っていた。週一度の帰宅、直後に呼び出されて一時間近くもかかる深夜のとんぼ返り通勤など、日常茶飯事であった。新婚時代でもあったから、よく耐えてくれた家内には感謝せねばなるまい。救急医療のあり様が理解出来て来た頃、医師不足の解消と地域医療の整備を目指した一県一医大政策による香川医科大学の創設が実行されて、私もスタッフとして異動することになった。まだ二十歳代であったから、これまでにない新しいシステム、明確な目標とする形はなかったかもしれないが、新しい何かを創作出来ることの新鮮さを感じつつ着任した。

小高い丘を切り開いて建設中の建屋がそこにあり、こまごまとした作業に明け暮れているうちに、やがて病院がオープンする。最初の頃に診させていただいた患者さんは、案の定心筋梗塞や狭心症と言ったＣＣＵで扱う疾患で、しかも五十～六十歳代、香川でも疾患構造は変わりつつあったと言うことだ。学内の雰囲気は、全体に活力に溢れていて一つの集団として一つの方向に向かっているように感じられた。その経緯については先に触れたように、我々は循環器病の専門で、しかも超音波法を使うことを得意としていたから、血液検査のように数値化されたデータを扱うよりは、画像化されたデータの解析を専らにしていた。そう言った意味から、以後急速に進歩・普及したコンピュータについては、on-off情報を直接的に演算してその結果を画像化するWindowsよりも、入力情報自体を画像として認識すると言うことをコンセプトにしたMacintoshを好んで使用した。ところが、あまりにも急速に進歩するコンピュータ技術には到底追随出来るものではない。かと言って、ついていけないと言うことは、診断技術や学問にも遅れてしまうことを意味している。そんな状況にあって学内には共同研と言う、種々の研究用機器を一括管理するセクションが設けられた。そこには、コンピュータにかなり詳しい技官が配置されており、当然のようにそこに入り浸ることになる。何でもかんでも相談に行くので、ついに堪忍袋の緒が切れる状態になった彼は、「自分で組み立てるコンピュータがあるから、それをやってみたらコンピュータのことが良く分かる」と言い出す。「そうだな」とやり過ごして、長くそのままになっているが、でも、当時の日常会話の中から一つだけ、「メモリー」には二つの意味がありそうだと言うことが分かった。ソフトを動かすためのメモリー（Random Access Memory）といわゆるデータ保存のためのメモリー（Read Only Memory）だ。前半のメモリーは、ソフトの記憶・作動に係わっている。こちらのメモリーが充実していれば同時に多種類の情報処理が出来て、画面一杯にウィンドウを開いてすべての情報を眺めながら一気に仕事が捗ると言うものだ。後者については、内蔵されているメモリー以外にもUSBメモリーとか外付けメモリーなど、最近では簡単に保存や持ち運びが可能で、しかも大容量のものが使用出来る。デスクワークで言えば、前者が机の広さに後者が引き出しの数に例えられている。

我々の頭の中にも、コンピュータのように単純ではあるまいが、色々な機能を持つメモリーが内蔵されている。そう思いながら記憶の糸を出来るだけ遡っていくと、保育所の一風景にたどり着く。戦後十年が過ぎたその頃には、田舎の多くの地域で今でもそうであるように、お寺が子供をあずかって簡単な教育も含めて面倒を見てくれていた。もちろん私は、面倒を見られていたのだが、住職が園長をしておられて何人かの保母さんが我々の保育を担当される。建物は、お寺さんの住まいである居住区と時々遊び場になる本堂から成っており、それらは渡り廊下で結ばれていて、そこも育ち盛りの子供たちにとっては走り回るには丁度いい。年齢を重ねるにつれて記憶は徐々に薄まって来てはいるが、渡り廊下の本堂の手前は、地面からいかばかりかの高さがあって手すりがついていた。そこからは裏庭が見渡せて、それなりに風情を感じさせる。誰かと悪ふざけをしていてそこから転落、恐らくは右だと思うが鎖骨を骨折してしまった。（アー、右だな。今触ると骨折の痕と思われる歪を右鎖骨中央に触れる。）不思議と痛みは記憶されていないにも拘わらず、その辺りの景色、特に極近傍の廊下や手すりと言った限られた部分が私の頭の中に焼き付いている。「よくあることだ」と、その頃は今のように責任問題に発展することはなく、幼児とは言え私が悪いと言うことで決着した。このような身の危険を感じる恐怖感を伴った出来事の現場は、記憶にも残りやすいのだろう。恐怖心は残っていないが、視覚を介した記憶は長く残るものらしい。

恐怖に関して言えば、他にも記憶にある。やはり就学前のこと、我が家の実家は農業用水路を挟んで、その北側に本宅、南側に納屋があった。納屋は二階建てで、男三人兄弟の次男である私は、時々その二階に、格好よく言えば孤独を楽しみに、悪く言えばいじけてなのだろうか、上がっていって窓の外に広がる中国山地の山並みや盆地一帯の田圃を眺めるのが好きだった。ゆっくりとした時間を過ごしてから階下へと向かう。と、その時、階段のどこやらから転落してしまった。一時的に意識がなかったようだから、もちろん痛みやその後のことは憶えていない。記憶にあるのは、階下の一階部分の一瞬の光景のみだった。ちょっとしたことではあっても、命の不安があった瞬間の出来事が、視覚に凝集されて脳に焼き付くのだろう。

令和の現在、我々夫婦、家内が九十五%、私が五%程度ではあるが、近くに住む孫、四歳と二歳になる男子の面倒を見ている。私は、仕事を終えて帰宅してから母親が迎えに来るまでの短時間しか接点がないのだが、それでも乳幼児の記憶の発達の仕方に、面白みを感じている。一人の子の経過を観るだけでなく、四歳と二歳の比較が出来るからであろうが、四歳の孫の記憶には足を地につけた「確実性」を感じる。四歳の孫がまだ二歳であった頃のことを考えれば、第一子であることと第二子であることの差よりも、やはり三歳の前後であることの差の方がより大きく、二人の差を生じさせている原因として正しいように思える。

私がまだ三歳になる以前、生命に係わる大きな事故にあっている。よちよち歩きをする私が、電気炬燵をいじっている間にコードをショートさせてしまい、焼けたコードが私の服に焼け移る。背中の皮膚には大きな火傷の瘢痕があるらしいが、私には見えない。この時の恐怖の瞬間は記憶にはないから、コンピュータで言うところのRead Only Memoryはまだ、形成されていなかったと言うことだ。思うに、およそ三歳頃までの間は、Random Access Memoryを作って若干のソフトをインストールする過程で、これによって今後の脳の働き方が決められて、次の段階であるRead Only Memoryの形成はこのRandom Access Memoryの容量で決められるのかもしれない。Random Access MemoryとRead Only Memoryは、その後も相互に影響しあいながら発達するものだろうけれども、大きくはこの時期に決められてしまうのだろう。例えば、「恐怖心」はその後の「危機管理能力」、場合によっては「つまずいた時にくじけない能力」として生かされるように思う。もちろん、発達することが少々億劫になる二十歳以降の経験も、応用能力と言う意味からは脳を発達させる要因となっている。

医師と言う仕事につけていただいて、私は感謝している。治療に成功した時の感動は、どんな宝物よりも素晴らしい。二十歳代のメモリーの中に、当時三十〜四十歳の中年男性の顔がある。心不全を呈した心臓弁膜症の患者さんで、ＣＣＵの運営が始まった時代であったからか、より上級ではあるものの集中医療がまだ難しかった大学病院からの依頼であったため受け入れることになった。まだ、卒業二―三年目の私には少々荷が重い。案の定、夜になると無尿だ。利尿剤にも反応が弱いから、このままだと二十四時間が危ないかもしれない。「心臓への負担が少ない腹膜灌流でもやったら」との、たった一言のアドバイスで体の腎臓を休ませてあげるために、体の老廃物を腹膜から抜き去ると言う作業に入った。何もかもが初めてではあったが、こんな時に最も役に立つのはやはりベテラン看護婦さんだった。少し大掛かりな装置をＣＣＵに運び込んで、何本かのカニューレをお腹に挿入する。灌流液を腹腔内に注入して、一定時間の後に廃液する。これをひたすら繰り返すことで、まずは、命は助かる。

でも、永久には出来ないからこうしているうちに腎機能の回復をひたすら祈ると言うことになった。実は、私はその頃、学位論文のデータが出来上がったこともあって、大学でのドイツ語と英語の外国語試験を受けるべく勉強中でもあった。「こんな時に！」と言った心不全入院であったが、それも仕方ないと言うことで、何が何やらわからない徹夜の日々を過ごした。明日は試験と言う日にも徹夜になった。がしかし、夜明け前、「一滴の尿」が排泄された。助かった！　看護婦さんに頼み込んで、数時間ほどの外出、試験、それが終わって病院へと向かう。ＣＣＵでは、一滴が二滴ずつの排尿になっていた。泣きそうになったと、今でもこれを書きながら少しだけ目が熱くなりそうだ。「お父さんはよく泣くから気を付けろ」と娘の結婚式の時には言われた。実際には、最初に結婚した息子の時には、感極まって涙が出たが、不思議と二人の娘の時には泣かなかった。結婚年齢のせいかな⁉　それは、まあいい。細い体形で眼鏡をしたこの患者さんの顔は今でも忘れていない。今はどうされているだろうか。

　成長させていただいた多くの患者さんのことを書き連ねていると、とても紙面が足りない。そこで、私のライフワークとも言うべき「家庭菜園」から拡張した「家庭農業」にも少しだけ触れておきたい。私は、もう十四年もの間、百十四経済研究所の機関紙「調査月報」のお世話になっている。「My Health」と言うコラムを書かせていただいており、日常的な出来事を取り上げては、健康に繋がる話題を提供している。患者さんからいただいた感動への恩返しにでもなればよい。読んでいただいている方々から農業の話ばかりだとよく言われるので、それを幸いにこの稿では、これまで掲載された内から「家庭農業」にいたった経緯と現状を書いた一部を引用したい。

調査月報「My Health 156　野菜考 in Golden Week」より抜粋

　この春の本来の計画でいけば、孫の入学に合わせて長男一家が住んでいる宇都宮に出かける予定にしていて、夫婦ともども楽しみにしていましたが、コロナ騒動でこれもキャンセルになりました。それも含めてあらゆる今春の予定はキャンセルになり、しかも三密禁止の今年のゴールデンウィークには近場ですらお出かけというわけにもいかず、春からの週末とゴールデンウィークは連日の畑仕事で過ごしておりました。連休前にも頑張りはしましたが、それでも畑は雑草が一杯で、連休を畑で過ごせたのも作業の進行という意味からはよかったかもしれません。この時期の農業は忙しい。冬から春にかけての野菜を収穫した後、雑草が生い茂った畝を使用できるように耕す。まずは、これが大変です。大まかに大きな雑草を抜く。耕運機で耕す。再び畝にする。今後の作業がしやすく、かつ植え付けの面積を減らす意味も込めて、溝の幅を広くするために鍬を使ってのこの最終作業もなかなかの労力です。今回のイラストは、連休中の一日八時間にもおよぶ労働の成果として、我が家の農場の見取り図を掲載いたしました。この時点で既に植え付けを済ませていた畝と一から耕した畝が半々でしょうか。大小合わせて合計四十三筋ありますから、連休明けには、全身の筋肉痛もあるものの何となく隆々とした筋肉に自己満足といったところでした。

　この畑に植えてあるもの、近々に植える予定の野菜をも含めると次の四十二種類になります。ジャガイモ、カボチャ、ニンジン、ソラマメ、赤シソ、青シソ、コマツナ、シュンギク、トマト、モロヘイヤ、オクラ、サトイモ、タケノコイモ、マンバ、サニーレタス、ニンニク、ツルムラサキ、ワケギ、キュウリ、サヤエンドウ、スナップエンドウ。グリーンピース、ナス、クロマメ、エダマメ、インゲンマメ、メロン、イチゴ、ニガウリ、ニラ、タマネギ、ネギ、チマサンチュウ、ツクネイモ、ラッカセイ、キクイモ、ズッ

調査月報「My Health」への連載に、私の娘が書いた草花や野菜のイラストを添えている。農業と健康への思いも込めて、その内の３点（シソ、ダイコン、ハクサイ）を掲載させていただいた。

キーニ、トウガン、ミツバ、パセリ、ピーマン、パプリカ、こんなところでしょうか。いや、まだあるかもしれません。というのも、昨年栽培した野菜の落ち種が、その場、あるいは雑草などを積み上げて作っている腐葉土にまぎれこんでおり、それを運んでいって混ぜ合わせた畝で発芽、成長するといった具合です。ちなみに昨年は、植えた覚えのないスイカが三個も収穫できました。買って食べたスイカの種が、生ごみの中に混ざっていて、それが成長したものでした。結構甘くて、非常なお得感がありました。

調査月報「My Health 157　シソの効用」より抜粋

　そもそも何でこんなにも広い農地を、夫婦二人で耕すことになったのかと思い起こしてみると、庭先にちょっとした野菜を植えたのが最初だったとはいえ、それがここまで拡大するなんて、野菜作りへの興味というだけではあり得ない。そうだ！　ネギなどのちょいと使う野菜に留まらなかったのには、それに加えて幾つかの条件がありました。㈠引っ越し先の目の前が畑だった。㈡この持ち主と親しくお付き合いできた。㈢義父が農業を好きだった。こんなところでしょうか。特に、私が単身で米国に留学していた時には、義父が家族のことを世話してくれていて、その二年間に耕作面積が一気に拡大したような気がします。帰国してびっくりといったところです。そのころには私も本格的には参画せずに、家内とその父親の仲のいいのに安心して横で見ているといった具合だったように思います。義父も歳を重ねて、もちろん私の出番になりました。義父は既に亡くなりましたが、助けてくれていたところに購入した耕運機が、父親の代わりに我々を助けてくれています。

（中略）

　アカシソの赤はアントシアニン色素である「シソニン」が含まれるためだと記載されていますが、シソニンのシソは、シソの「シソ」なのでしょうね。これが酸に反応して赤く染まるとのことで、梅干しの酸とマッチして真っ赤に発色します。このシソニンにも、抗酸化作用があります。一方で、カロテンはアオシソの方に比較的多く含まれているようです。基本的には抗酸化作用に富む食材であって、アカシソは色素で、アオシソはカロテンでそれぞれ抗酸化作用をより強く発揮するということでしょうか。

我が家の食卓では、この時期、「きざみ」や「てんぷら」に加えて塩分控えめの「ゆかり」と「アオシソ振りかけ」がならびます。体内で活性度が高まって血管を錆びつかせる活性酸素を中和する。さらには、免疫機能を正常に保つと紹介されています。新型コロナウイルスに負けない体を作るのにも役立つかもしれません。我が農場の収穫物です。

耕作面積があまりに増え過ぎたこともあって、畑のことを農場と言うことにしている。週末の限られた時間に少しずつ耕すのだけれど、「太陽の光を炭水化物と言うエネルギー源に変えると言う作業は人類にとって不可欠であり、それを行う農業はこの世で最も尊い仕事ではないか」と、体中で感じている。

故意にすることが難しいことであるので、まったくの偶然であろうが、私の長女の誕生日、それから家内の母親の誕生日が同日で、四月八日だ。仏教で言えば、灌仏会（釈迦の誕生日）なのだから、義母からみれば、自身と孫が、真にめでたい日に生を受けたことになる。さらに偶然とは恐ろしいもので、私の誕生日は涅槃会の二月十五日、釈迦が亡くなった日である。またさらに、家内の誕生日はお彼岸の九月二十三日だ。この日は釈迦とは関係はないが、日本の農耕文化に根差した太陽信仰とも結びついて、仏教に励むようにと言った意味を持っている。私は熱心な仏教徒であるわけではないが、何ともご縁と言うのは面白い。

私には遠慮しがちであったのだろうけれども、義母は何でも思ったことを遠慮せずに口に出す人であったような気もする。結婚した時に「あまりカラーに染めていないから、あんたがしたいように作ればいい」と言って、送り出してくれもした。米国への留学も「単身赴任」を前提にしていたのは、義母であったし、現在広島大学で教鞭をとっている義弟を広島に留めたのも、この人の意見であったと記憶している。私がもし、家族で米国に渡っていたら、「このまま米国で仕事をせよ」と誘っていただいたDeMaria先生と、今でも一緒に仕事をしていたかもしれない。「家族が日本だから、だめか」との一言で帰国出来たのだから、母親の迷うことのない発言も、私の人生に大きな影響を及ぼしている。

留学の直前に、私は家を建てることを決意した。実際の所は、私は家とか車などと言った身の回りのものには興味がなく、家内にまかせっきりにしていた。家にしても、将来の展望に根差したしっかりとした考えからではなく、単に子供たちが通う小中学校が近い所と言うだけのことだった。孟母三遷の教えとか言った高尚なものでもなく、単に「近い」と言うことだけだったと思う。将来の建て替えを前提にして古い農家を買った、その直後の留学なので、留守の間は義父のお世話になったと言う次第だ。帰国後、台風の来襲で洪水にあった。床下浸水であったので、畳を上げて凌ぎ、その後にバケツで床下の水を汲みだすと言った大変な労力を要したが、家内の火事場の力持ちには助けられた。そんなこともあって、かなりの地上げと一緒に家も新築することになった。家は、もともと納屋があった所に建てたので、その後しばらくの間は、古い家と新しい家と二軒の母屋を管理することになった。もちろん、一軒はほったらかしで。

そうこうしている内に、台風が再度やって来た。またもや床下浸水で、これではたまらん。とその頃、仕事からも手を引いて民生委員とかでやたら出かけることが多くなっていた父親が亡くなった。四人の親の内の最初でもあって、やはりつらい思いをした。間質性肺炎を患っていたから、そう長くはあるまいとの気持ちもあったが、教科書通りで発症から五年目であった。入院した時に、結婚後しばらく子供が出来なかった長男の嫁が最初の子供を妊娠したとの知らせが入ったのは、偶然とは言え気持ちが少しだけ安らいだ。我々にとっても初孫になる。父親も中々出来ないと言うことを気にかけてくれていたから、かなり苦しそうにはしていたが、出来たらしいとは伝えた。「よかったな」との返事にも、表情は既にない。私は、三人の子宝と六人の孫に恵まれて、長男は宇都宮で大学の教員をしており、一時期の私と同じように論文執筆稼業、いや地方大学だから教育の方が大変そうではある。父親が亡くなった時に生まれたそこの孫がもう最年長で中学一年生になっている。長男には三人の子供がいるが、全てが女の子で、私自身が男三人兄弟であったことを思えば、随分と華やかな感じがする。

そんな風にして失った父親の遺産が少しばかり入ったので、それで古い母屋を建て替えることにした。高校入学の時に家から出て行った私は、もちろん休みには実家に帰ると言った普通の生活ではあるが、日常的な関わりの少なかった父親の記念館と称している。住んでいる母屋には和室がないこともあって、和室二部屋と台所だけの間取りにして、日常の生活ではあまり使うことはなく、何かの集まりの時に使うようにしている。生活もあまり派手ではなく家や車には拘らない私の、人生最大の贅沢と言える。娘たちの結婚の時に相手方をお招きする、娘たちが出産をした時の里帰りの宿舎、時には突然の来客にも使う迎賓館にもなる、そんな使い方だが、父親への思いを一杯に詰め込んである。建ててからもう十年以上も経っているが、いまだに新築の香りを残している。

Read Only Memoryの中に整理されている情報を、時系列を無視して開いて見た。十分には整理出来ていないファイルもいずれ開いて見よう。近々に入力して、整理能力が低下して来ると、それを逆行性健忘と言うのかもしれない。それも面白い。いずれにしても、やはり過ぎてしまえば全てが夢のようだ。

本原稿の大部分は、調査月報No.409, 2021.4（百十四経済研究所）に転載している。

水重克文（みずしげ・かつふみ）
一九五三年（昭和二十八年）、広島県高田郡（現　安芸高田市）吉田町生まれ。広島私立修道高等学校卒業。一九七八年、大阪大学医学部卒業。循環器内科学を専攻。附属病院と大阪警察病院での研修を経て、一九八一年から香川医科大学の創設に携わる。一九九一年から米国ケンタッキー州立大学、カリフォルニア州立大学サンディエゴ校に留学。香川大学医学部助教授を経て、二〇〇四年、国立病院機構高松東病院（現　高松医療センター）病院長。二〇一三年から四国電力総合健康開発センター所長。高松医療センター名誉院長、香川大学客員教授、愛媛大学客員教授、四国医療専門学校非常勤講師。

去り行く昭和のアパート

北原　峰樹

「あれ、ここ更地になったんだ。そういえば前に古いアパートがあったよな。誰も住んでなさそうだったけど、とうとう、取り壊したんだ。あの頃全国的に作られたんだろうから、築五十年くらいかな。コンクリート製だから長持ちするかと思っていたけど、案外もろかったな」

最近こんな思いをすることが何度かあった。古びたコンクリート製のアパート、それが壊されて更地になるケースが。その中でも私がいつも気になって見てしまうアパートが二つ。一つは三階または四階建てで、階段を挟んで両側に各家があり、そしてその階段が二つか三つあるもの。もう一つは二階建てで、一階と二階が一軒になっていて、それが二棟ないしは三棟合わさっているものである。

なぜか。それは昭和三十六年生まれの私が小学校のころ、つまり今から五十年ほど前の昭和四十年代に、それぞれのアパートの「新築」に住んだことがあるからである。

時はさかのぼり、私が生まれたころに広島の街中で住んでいたのは、いわゆる長屋のような、まだアパートとは名づけられないような建物だった。生まれて五年間しかいなかったのであまりはっきりとは覚えていないが、二階建てで、一階も二階も八畳一間が並んでいて、それぞれに一家族が暮らしていた、そんな建物だった。炊事場とトイレは共同、お風呂は近くの銭湯へ。今から思えばよく八畳一間に一家四人、父と母、そして兄と私の四人が住んでいたなと思う。今どき大学生の下宿でももっといいのはたくさんあるだろうに。でもその八畳間には食卓のテーブルもあり、テレビもあり、タンスもあり、ベビーベッドさえあった。ちょっとしたベランダでは犬も飼っていたりと、今から考えると不思議だが、確かに一つの家族が暮らしていた。

そういえば、そのころ近くに子供の間では「けんけんアパート」と呼ばれていたアパートがあったことをかすかに記憶している。あとから思えばそれは「県警

筆者（左）のうしろにあるのは「けんけんアパート」
S40

アパート」であったようだが、昭和も四十年代に入ると、そろそろ公務員住宅としてのアパートが作られ始めていた頃かもしれない。

さて、父親は海上保安庁に勤めていたので転勤が多く、私が五歳の時の夏に福山へ転勤することになった。新しく保安署が作られたからのようだった。私にとって初めての引っ越しの日、家の前にはこれまで見たこともないくらい大きな大きなトラックが横づけにされ、それに荷物を積み込み、父親は道案内とかでそのトラックに乗り、母と兄と私は列車で福山に向かった。私たちのほうが早く到着し、来るトラックをしばらく待ったと記憶している。新しい官舎がまだできていないからそれまでの仮住まいということで、両側を川に囲まれた小さな小さなマッチ箱のような、畳の部屋が二つと台所だけの家、トイレは汲み取り式、お風呂は薪でわかす五右衛門風呂、そんなちっちゃな家だったが、ちゃんとした一戸建ての家だった。両親にとっても結婚して初めての一戸建ての住まいだったので、特に母はとてもとても喜んだそうだ。

両側が川に挟まれていたので、もっぱら遊びは川。小さな魚やザリガニ捕りは兄からよく教わった。川が流れるその先にトンネルがあった。兄たちは冒険心旺盛で中に入っていたが、幼稚園生だった私にそんな勇気はなかった。もう片方には土手があって、その向こうが川になっていた。土手で犬を散歩させたり、夏になるとよく泳いだりしたものだ。泳ぎながら仕事を終えて帰ってくる父親を待ったりもした。ある大雨の日、片方は足元を流れる川なので、いつ家の土台がさらわれるか、もう一つは高い土手があったので、いつその土手が崩れるか、子供心に気が気ではなかった。そんな怖くて眠れない一夜を過ごしたこともあった。

その後長いアパート暮らしで、そんなことは経験できないとつゆ知らず、自然に囲まれた生活を送っていた。

一軒家で約一年過ごしたのち、私が小学校二年にあがる年の春、ようやく新しい家が完成したということで引っ越しをすることになった。残念だったのは今度はアパートなので犬は飼えないといわれ、一戸建てに来て子犬の時から育てた犬とお別れをすることになった。保健所に連れていかれる車を見送った記憶が今でもある。そのあと私はしばらく熱を出して寝込んだそうだ。

引っ越し先は同じ福山市内の新築鉄筋コンクリート四階建てのアパートだった。階段が二か所あり、その両側に各家がある構造だったので、一棟に十六戸がいる集合住宅だった。まだまだコンクリートの匂いの残る、ひんやりとした階段。それでも四階建てだったので、小学生にとっては巨大な建造物だ。昭和四十三年の春のことである。

新築４階建てアパートの階段入口　S44

さて、引っ越しの時から一苦労。なぜかというと階段が狭い。人がすれ違ってやっと通れるくらいの幅しかなかったので、荷物を運び入れるのが大変だった。タンスのような大きなものは角が当たっても大丈夫なようにあらかじめ古い毛布でくるみ、さらにひもをかけて手をかけるところを作っておいて運び上げる。先に行く人と後から行く人とで息を合わせ、周りでは、そこもっと右、ゆっくりそのままそのままと声を掛け合いながら、私の家は三階だったので、何度か角を曲がってようやく到着。もちろんほかの荷物も三階まで持っていかなければならなかったから、とにかく何度も何度も階段を行ったり来たり、とにかくぐるぐる回っているような感覚だった。

玄関扉は鉄の扉、これも今までで初めての経験だった。扉をバタンと閉め、鍵をガチャッとかけると、もう外とは隔絶された我が家がそこに広がった。

間取りはこうだ。まず玄関ドアを開けて入ると、靴置き場ともいえる四、五十センチ角の土間、横には靴箱があった。そこを上がるとすぐ右手がキッチン。左手がトイレとお風呂。トイレはなんと水洗。もちろん敷地内にマンホールがいくつかあったので、浄化槽があったのだろうと思う。お風呂はガス。水を湯船にはっておいて左手で片方のつまみを押さえながらもう片方を右手でぐっとひねると、ボッという音がしてガスの火が付いた。少しコツがいったが、それも何度かすると要領がわかる。夏だとこれで十数分待つともういい湯加減である。我が家にとっては画期的なことだった。というのも最初の家は銭湯へ通っていたし、次の家は五右衛門風呂で、薪を焚いて沸かさないといけなかった。湯船に入るのも一苦労だった。まだ体重の軽い幼稚園生だったので、それこそ踏板なるものにうまく体重をかけて沈めるのが難しく、さらに周りは触れないほど熱い鉄であるから、それに触れないようにしなければならない。そんなお風呂だった。

それに比べるとスイッチをひねるだけでお風呂に入れる、周りを触っても熱くない、ほんとに夢のようなお風呂だった。ただ今頃のお風呂と違ってタイマーなどはなかったから、沸かし始めた後も時々気にして湯加減を見に行かないといけなかった。ガスの火をつけたままにしておくと空焚きになって火事になる、どこそこではスイッチを入れたまま寝てしまって危なかった、そういう話も聞こえてきた。狭いのは確かに狭かった。子供の感覚だから正確ではないが、洗い場は一メートル四方あったかどうか、だったと思う。

4階建てアパートの茶の間　左から筆者・母・父

玄関を入ってすぐの板の間を通り抜けると六畳の畳の間があった。そこが我が家でのお茶の間となった。台所は調理をする場所と水屋を置いてしまえば、もうスペースはほとんどなかったから、食事をするのはいつもその六畳の部屋だった。テレビを置いていたし、父と母の寝室でもあった。そこと続きの間で三畳ほどの部屋が私の部屋になった。ふすま一枚でお茶の間とつながっている、まだまだ親の目が行き届くことが必要だったのだろう。

その部屋に小学校にあがる時に買ってもらった机と本棚を置き、押し入れには布団が入った。北側に向いたガラス窓からは、すぐ下の田んぼからはるか遠くまで見渡すことができた。なにしろ三階だったので、これまでに経験したことのないすばらしい眺めだったことを覚えている。

兄には一つの部屋が与えられた。私とはキッチンを挟んで対角になる、玄関を入ってすぐを右手に折れたところにある部屋だった。ある種特別感があった。四畳半ながらふすま戸を閉めると個室だったから。父は工作が好きだったので、狭いベランダでコツコツと兄のためにベッドをこしらえた。お手製ではあったが我が家にベッドが置かれることになった。当時はフローリングの部屋などなかったので、畳敷きにベッドだった。それも兄だけ。五つ年上の兄だったから、時に不機嫌だととても恐く、その部屋にはほとんど足を踏み入れたことはなかった。

さて、玄関ドアを開けたお向かいにどんな方が住んでいたかは正直まったくと言っていいくらい覚えていない。なぜならドアを閉めるともう全くかかわりがなかったからである。その代わり上下のおうちの方はよく覚えている。すぐ上の四階にお住まいの方は単身赴任の男性だった。なぜわかるかというと、足音である。玄関のバタンという音も聞こえるし、ミシ、ミシと歩く音も聞こえる。あ、今ここを歩いている、こちらが静かにしている時はそれもわかるくらいだった。少し大きめな男性の方だったと記憶している。

すぐ下の階に引っ越してきた家族には同級生の男の子がいた。引っ越してきたその日か次の日くらいに、そういう情報を得た母親が、「下行って遊んでおいで」と言うので、「なんて言えばいいの」と聞くと、「呼び鈴を押して、あちらが返事をしたら、〇〇くんあそぼって、玄関ドアに向かって言うんだよ」と言われたので、すぐ下の階に言って言われた通り、ピンポーンと音がしたあとに大きな声で「〇〇くん　あそぼ」。そう言うとその男の子が出て来た。遊ぶものといっても、縄跳びしか持っていなかったので、下に降りて交代で少しばかり遊んで、恥ずかしかったのでほとんど言葉を交わすこともなく、じゃあねといって別れた。アパートで友達と遊ぶ、それにはこんな作法があるんだということを学んだできごとだった。

後から思えばこの二階に住むご家族には大変な迷惑をかけたに違いない。なにしろうちは男の子二人だったから、プロレスごっこはしょっちゅうだった。当時はジャイアント馬場やアントニオ猪木、デストロイヤーがテレビの中で活躍していた時代だった。父親が好きだったこともあって、プロレス中継はよく見ていた。それから「柔道一直線」、桜木健一主演のそんな番組もあった。二人で柔道のまねごとをして遊んでいた。一人でも座布団相手にドタバタどころでなく、ドッタンバッタン。人が歩いただけで階下には音が伝わるのに、遊び盛りの中学生と小学生が暴れまわるわけだから、それはもう大迷惑だったに違いない。今さらながら恥じ入るばかりである。

同じ敷地内にはもう一棟アパートが建っていた。同じように階段があって、その両側に家がある作りだった。こちらのほうは三階建てだったと記憶している。この二棟のアパートが福山の街中から南の方角、ちょっと郊外の田んぼに囲まれた中に造られたようで、周りとは金網で仕切られていた。その金網、小学校二年生の子供にとってはかなり高く、それに足をかけて上って向こう側に乗り越えられる人をうらやましく思って見ていたものだ。

新築のアパートだったので、こんなちょっとした事件もあった。学校から走って帰ってくる。急いで階段を駆け上がる。ランドセルを置いて友達と遊ぶ約束でもしていたのだろう。三階だから、もう階段をぐるぐるぐるぐると何回転もする。ようやく三階、ぱっと「我が家の玄関」ドアをあける。あれ? 違う。玄関の雰囲気が違うのである。おや、こんなマットあったっけ。え、ひょっとしてよその家? 玄関ドアを誰にも気づかれないようにそおっと閉めて名札を確認。あ、よそんちだ。ここでようやく気付く。あ、やってしまったと思ったが、あ、だれだれ君いないんだ、といかにも間違っていないぞという言い訳の独り言をつぶやきながら階段を下りていく。下りたあとでもう一度見上げると、一つ手前の階段を上ったようだった。それでは我が家にたどり着くはずがない。でも階段の途中ではわからない。玄関ドアを開けるまでわからない。それがアパートだなと痛感した。今でもそのお宅の玄関ドアを開けた時の光景が目に焼き付いているから、そうとう恥ずかしい思いをしたのだろう。

この二棟のアパートには小学生がたくさんいた。今時と違って少子化を心配することなんてなかったので、遊び友達には事欠かなかった。人数が集まれば鬼ごっこや缶蹴り、三角ベース、そんなことをして遊んでいた。なにしろ車を持っている人が極めて少なかったのか、記憶をたどっても、この敷地内で遊んでいて車にぶつかりそうになったとか、車にボールをぶつけて怒られたとか、そういう車にまつわる記憶はまったくなく、だから二棟のアパートの間の空き地は、すべて子供たちの遊び場だった。

子供はたくさんいる。遊び場はすぐそこ。特に缶蹴りは道具も空き缶しかいらないから、よくやっていたように思う。誰か一人が鬼になって、缶のところにいる。隠れている人を見つけると、大きな声で「○○ちゃん、みいつけた」と叫びながら缶を踏む。そうすると鬼につかまったことになってしぶしぶ缶の周りに描いた円の中にいないといけない。だんだんつかまっていく人が増えて、全員がつかまると鬼が交代というルールだった。しかし、誰かが、鬼に見つからないようにそおっと缶に近づき、鬼がほかに気を取られている間に、鬼が缶を踏む前にその缶をみごとに蹴とばすと、みんなが生き返る。わーっと元の通りに散らばる。「カーン」という音は、蹴った方は胸のすく快適な音、鬼にとっては落胆の音、といった具合だろうか。

アパートには意外と隠れるところがあった。一家に一つ、長屋式に並んでいる倉庫が割り当てられていたが、奥行きは自転車が入るくらいで、横幅は自転車が三台置けるか置けないかくらい、高さは大人が立って少し余裕があるくらいだったか。それがいくつか二棟のアパートの間に並んでいた。その倉庫が缶蹴りの時にはかっこうの隠れ場になった。隠れながら少しずつ鬼に近づく。その倉庫は三軒、あるいは四軒で一棟だったからその間に隙間があるので、そこに隠れながら近づいていって、鬼のすきをみて缶を蹴り飛ばす。鬼もそのあたりはわかっているので、倉庫のほうを注意して見る。すると意外な方から、つまりアパートの向こう側を回って倉庫とは反対の方からやってくる人もいる。しかもアパートは二棟。そうなると鬼は大変。あちこちに気を配らないといけない。アパート二棟と倉庫とが、缶蹴りという遊びにとって絶妙に配置されていた。というよりも、実際にはその配置に合わせてみんなができる遊びを考えて、おもしろいのが残ったといった方がいいのだろう。

真冬に一度大雪が降って、大きな等身大の雪だるまを作って遊んだこともあった。

さて、今でも日曜日になると我が家の近くを通っているあの「ロバのパン」。当時アパート三階の我が家にいるとよく聞こえてきていた、例のあの音楽が。自分の記憶を頼りに歌詞を復元するとこんなところだろうか。

ロバのおじさん　ティンカラリン
ティンカラリンと　やってくる
ジャムパン　ロールパン
できたて　やきたて　いかがです
チョコレートパンも　アンパンも
なんでもあります　ティンカラリン

この歌が聞こえてくると、もういてもたってもいられず、無性にパンが食べたくなったものだ。母親に何度おねだりしたことか。ただ残念なのは我が家がアパートの三階であること。遠くから近づいてくるのはよくわかるが、なにしろ、アパートの敷地の外をぽっこぽっこと歩いている。今と違って軽トラで運んでいるわけでなく、本物のロバが引いていたので、走っていけば間に合うわけだが、なかなか母はうんと言ってくれない。我が家ではいわゆる買い食いというのはほとんどなく、どこかに出かけていても外食をして帰るというのはまずありえなかった。料理はすべて家庭で作るもの、そういう信念が母にはあったみたいで、だから、母はなかなか買ってくれない。母がしぶっている間に、「ロバのパン」はいつのまにか通り過ぎてしまう。これがアパートではなく、我が家が一軒家でその前の道を通り過ぎるのであれば、もっと話は違っていたかもしれない、と思う。買ってもらったのはおそらく一度。確か揚げパンのようなものだったと思う。普段だったら手に入らない、珍しいパンだから、もう大喜び。でもその一回だけだったと記憶している。

ある時、この狭いアパート住まいの我が家に一大事が起きた。父親が数えで四十二歳になり、四十二歳というのは厄年なので、その厄を払うために、みんなに集まってもらって厄祝いというのをするんだ、と言われたが、小学校低学年の子供にそう言われてもなんのことやらわからなかった。ただわかったのは親戚が大勢我が家にやってくることだった。父親が海上保安庁に勤め始めたのは九州の大分で、そこで高松生まれの母と結婚し、二人の生活が始まった。その大分で兄が生まれ、広島に転勤になり、私が生まれた。それからあとは先ほども書いた通りで、一家四人で狭い所に住んでいたので、我が家に親戚が集まるなんて、かつてなかった一世一代の出来事であった。

父親の両親、つまり私の祖父母は九州の小倉から、当時の国鉄を使って急行で何時間かかけて来たのだろう。そのほかの親戚は四国高松から、連絡船に乗って岡山経由でやってきたはずである。当時我が家で撮った記念写真から推測すると、先ほどの父方の祖父母に加え、父の兄、父の妹とまだ赤ん坊だったその子ども、母方の兄、そして母の妹の旦那、つまり義理の弟、さらに誰だかわからないがカメラで写している人。それに父と母、兄と私の総勢十二名である。その十二名が一堂に集まり、お膳をとって食事をしている様子も残っている。歌を歌っている写真もある。当時はカラオケなどという便利なものはないから、歌の本を見ながら歌っている。それをのぞき見する子どもたちの様子もある。歌本を持たずに父親が歌っている写真もあるが、父親は謡曲をやっていたので、おそらく一曲うなったものと思われる。さて、大変なのは寝る時。みんなの服装からするとお正月休み頃のようなので、布団はどうしたのかと気になるが、そのあたりは記憶には残っていない。ただはっきりと覚えているのは、叔父や兄が布団のなくなった押し入れの中で寝たことである。押し入れの戸の間から横になった叔父が顔をのぞかせていた姿はいまだにはっきりと覚えている。


さて、四階建てアパートの暮らしは三年で終わった。福山の次は尾道への転勤を命じられたのである。私が小学校五年生にあがる春だった。

ところが、新しい「アパート」がまだ完成していない、入居が遅れる、引っ越しは五月になるということで、そのまま元の小学校で五年生になった。その学校は三年生と四年生が持ち上がりだったので、二年間一緒だった友達と別れて、あまり知った人のいないクラスに行き、そして約一か月その教室で過ごして転校となった。

小学校のことよりもやはり話はアパートである。父の勤務先は尾道だったが、住むのは尾道水道という狭い海を挟んで向かい側にある向島だった。そこに新しく公務員住宅ができるからということでそちらに引っ越した。今度は同じ「アパート」といっても、四階建てアパートの三階のように、階段を上がっていかない

２階建てアパート　S47

と我が家の玄関にたどりつけないのではなく、各家とも地面からすぐのところに玄関がある二階建てで、それが二軒または三軒、四軒と横につながっているものだったのである。昭和四十六年新築の新しい様式のアパートであった。

　間取りは次のようなものだった。玄関を入ると靴脱ぎがあり、そこからやけに高い位置に板の間があった。右手にはすぐドアがあって、入ると狭いキッチンがあった。何か上から圧迫されているような感じを受けた。二階にあがる階段の真下だったのだ。シンクに向かうと何やら背中に圧迫感を感じる原因は、階段の斜めの部分がキッチンに出張っていたからだった。キッチンを過ぎて次の間が四畳半、テレビを置き、食事をする、そこが茶の間となった。その向こうはアルミサッシになっていてもう外だった。以前のアパートでは六畳の広さがあったのに、今回は一階に四畳半一部屋しかなかったので、必然的に茶の間がそこになってしまった。父と母の寝室でもあったからさぞ窮屈な思いをしたに違いない。

　さて、玄関を上がって茶の間に向かうべく、右のドアをあけたさらに右側にお風呂があった。以前と同じようにガスで沸かす狭いお風呂だったので、それほどの感動はもうなかった。それより、キッチンのすぐ横で着替える場所もほとんどなかったから、お風呂に入るタイミングが難しかった。茶の間から丸見えである。確かに茶の間とキッチンとの間に引き戸はあったが、茶の間にお客さんが来ている時はやはりお風呂に入りにくかった。そしてトイレとなると、お風呂から言えばドアを開けていったん玄関を通り過ぎないと行けなかった。そういう作りになっていた。

　とにかく一階は狭い中にぎっしりと最低限必要なものが埋め込まれていた。それに比べて広かったのは二階だった。隣の家とくっついているとはいえ、我が家が初めて二階建てになったことで、家の中に階段が現れた。それは全く初めての経験だったから大喜びで、階段を上がったり下りたりした。二階への階段を上がりきったところで左右にわかれて二部屋があった。兄と私の二人兄弟だったから、そこが子供部屋になった。なんとどちらも六畳。北側が兄、南側が私、なぜそう決まったかわからなかったが、そうなった。それぞれの机や本棚がその部屋に入り、小さな棚もそこに置かれたが、それでも十分な広さがあった。押し入れはちょうど階段の上の空間を利用して、私の方は上、兄は下といった、いわゆる入れ子の状態で押し入れがあり、そこにそれぞれ一人分の布団が入ることになった。両親と子供二人という我が家にとってはちょうどよいアパート、というか、子供二人にとっては、それぞれに個室が与えられ、それもこれまで親の監視の目がすぐ横にあったが、これからは二階に上がれば親の目が届かない理想的な部屋が手に入った。

ただ難点があるとすれば、アパートというのは上の人の足音はよく聞こえる。親の目がないからといってついつい遊んでいると、あとから「二階で何トントンしよんね」と母親に怒られる。勉強していないのがすぐバレることになる。そういえば茶の間のすぐ上は私の部屋だから私の物音はすぐ下に聞こえる。一方兄の部屋は玄関の真上だったから、親にはすぐには聞こえない。もしかして兄が北側を選んだのはそういうことだったのか。この原稿を書きながら今ようやくそんなことに気がついた。さすが兄はよく考えている。

さて、この家で画期的だったのは階段のほかに、地面だった。地に足がついていたのである。玄関が地面からすぐであるうえ、玄関と反対側は庭になっており、フェンスまでは、家から十メートルほどはあったろうか。つまりその地面は我が家の庭として自由に使ってよかったわけである。これまでの四階建てアパートでは庭を持つということは考えられなかった。「畑を作るぞ」。引っ越してそうそう、父親に言われて鍬で耕した記憶がある。おそらく日曜日、父親が当直か何かで不在だったか。母親と二人で庭に出て慣れない鍬をふるって土を耕した。これくらいでいいかな、と思ったのは大きな間違いで、父親が帰ってきて、これでいくものか、これくらい掘るんだ、といって実に力強く、鍬を振り上げて振り下ろしていた。ザクッザクッと鍬が土に当たる音が響いた。それに比べて私のはおそらく鍬を置いた程度だったのだろう。数センチほど土が削られていたくらいだった。そんなことを繰り返し、掘った土が盛り上げられてようやく畑の畝らしくなった。最初に何を植えたか、それははっきり覚えていないが、一番外側にはとうもろこしがなっていた記憶がある。収穫時期になると、自分の背丈よりも高くまで伸びたとうもろこし畑の合間を縫うようにして、とうもろこしを収穫した。ナスやキュウリを植えたところもあり、こんな花が咲くんだということを始めて知った。スイカを作ったこともあり、だんだん大きくなるスイカを見て食べられるようになるのが楽しみで、自分の頭より大きくなっていよいよ収穫。あまりにうれしくて写真に撮った。それ以外にもいろいろな野菜を作った。ニンジン、トマト、枝豆、ジャガイモ、キャベツ、定番の野菜たちだった。このアパートにはほぼ三年間暮らしたが、畑がこれほど充実していたのはここだけだったと思う。私が小学五年生の途中から中学一年生の終りまでだったので、その時期にいろいろな野菜の、植えてから育って実がなるまで、それをきちんと子供に見せておきたい、そういう親心だったのだろう。改めて両親に感謝したい。

このころから父親が盆栽に凝り始めた。何しろアパートなのに庭があったので、鉢物がどんどん増え、それを置く台も自分でどんどん作っていっていた。ついには野菜を席捲することになってしまったが、盆栽の鉢がいくつあったか、正確な数はわからない。ただこののち引っ越しではかなり苦労することになる。トラックで移動する間の振動で盆栽が傷まないよう一つ一つがすっぽり収まる木枠をそれぞれにこしらえなければならず、着いた先ではそれをまた一つ一つ解体しなければならない。引っ越しの荷物の整理のうえにそうした手間が増えることになった。さらにトラックに載せてみると意外にかさばる。トラックの後ろ三分の一が盆栽だった、なんてこともあったように思う。だが、この新築のアパートに入った頃にはまだまだ先の話だった。

玄関の反対側に庭、というのは今お話しした通りだが、新しいアパートにはなんと我が家の横にも空き地があった。フェンスで囲われていたので、いずれ二棟続きのアパートが建つんだと言われ、そうかと思っていたが、いっこうに建つ気配がない。空いていれば当然そこは子供の遊び場になった。父親が竹馬を作ってくれた。どこかで見た材木だと思ったら、それは以前のアパートでベッドの一部だったものだった。今回はなぜか兄のベッドは解体され、いろいろなところで使われていた。先ほどの盆栽を置く台にもなっただろうし、竹馬にもなった。この竹馬は苦手で、私はわずか十センチの高さのものでさえ乗れるようにならなかったが、兄はこれが得意だった。今度は我が家に二階がある。さすがに二階からではなかったかもしれないが、それでも二階の窓から出てきたかと思われるほどかなり高いところに足を置いて、悠然と竹馬で闊歩していた。

走り高跳びの道具、バックにアパートが見える

　この空き地で走り高跳びができるようになった。ベッドを解体した木材を使って、両側に棒が建つ。そこに五センチごとに釘が打たれ、バーが横に渡されるとそれはもう立派な走り高跳びの道具。着地するところには穴を掘って、どこからか砂場の砂を持ってきて敷き詰めた。さらにそこにクッションのマットも置かれた。どこかで見たマット、そういえばそれはベッドの下に敷いていたマットだった。これで見事に走り高跳び完成。はさみ跳び、正面跳び、ベリーロール、いろいろとやった。両足跳び、これはルールにはなかったが結構はまった。さすがに背面跳びは勇気が出せないままだった。助走には十分すぎるほどの広さがあり、近所の友達や小学校の友達も珍しがって跳びにきていた。この練習のおかげで、高さはそれほど跳べなくてもきれいなフォームで跳べるようになった。

　父がグラブとボールを買ってくれた。父や兄とその空き地でキャッチボールをした。でもそれより面白かったのは、壁当てだった。なにしろ二階建てのアパートの側面の壁が広く開いているわけだから、その壁を利用して遊ばない手はない。壁にボールを投げ、返って来るボールをいかにうまくキャッチするか。二人でやる時など、最初、ウォーミングアップの頃には簡単に取れるコースへ投げてあげるが、それがしだいに慣れてくると、取るのに難しいコースへ投げるようになる。友達と日が暮れるまで延々とやっていた記憶がある。

でも今から思えばその壁の向こうには父や母がいたはずで、兄が大学受験だった時もあった。中にいる人間にとっては、ボールが壁に当たる音が断続的にいつまでも聞こえてくるわけだから、うるさくなかったはずがないが、まだまだ小学生だった私にはそこまで気が回らなかった。

近所に造成地があって、いずれはそこにもアパートが建つだろうと思える広い土地があった。そこでサッカーをしたり、野球をしたりしたが、一番面白かったのは、なんといってもジャンプだった。昭和四十七年、札幌で日本初の冬のオリンピックが開かれることになった。夏の大会が東京で開かれたのは昭和三十九年のことで、三歳だった私はまったく覚えていないが、この札幌オリンピックの時には十一歳、小学校の五年生だったからよく覚えている。確か、スケート選手をまねて、学校の廊下でスケーティングのまねをして先生に怒られたりもしたが、一番スリルがあっておもしろかったのは、その近所の造成地で友達と競ったジャンプだった。造成中だったので、土が盛り上げられている。でも土の向こうにはまだ埋め立てられないままの池が残っていた。高さ数メートルの盛り土だったからまずまずの高さだった。そこから池の水ぎりぎりのところめがけてジャンプするわけだ。もちろんその飛行体勢はスキージャンプ七十メートル級で金銀銅のメダルを独占した日の丸飛行隊の姿だった。手は体の横にぴったりとつけ、両足はしっかりと閉じ、少ししゃがんだ状態からふっと飛び出し、前傾のまま飛んでパッと着地する。もうまるで自分がオリンピック選手になったつもりで、何回も何十回も飽きるまでやっていた。

尾道の対岸にある向島でのアパート暮らしはほぼ二年だった。私が中学校二年生になる春に、今度は岡山県の水島に転勤することになった。そこではアパートではなく平屋の一軒家に住むことになった。そしてそこで二年間暮らした後、今度は山口県の徳山に転勤。そこでまたアパートに住むことになった。向島と同じように各家が二階建て、それが三棟続いたアパートだった。もう家の中の勝手はわかっている。キッチンやトイレやお風呂がどこにあるか、二階がどうなっているか。すべてわかっていた。下の四畳半が茶の間で両親の寝室。二階の南側が私の部屋。兄は北側だったが、大学生になっていたので長い休みのほかはほとんどいない。二階は私が独占していたといってもよいくらいだった。残念なのは横に広い空き地がなく、遊び場がなかったことだ。だがもう高校生だったから、外でボールとグラブを持って壁当てなんかする年齢ではなかった。

そこも二年間で引っ越し。次は私が生まれた広島だった。縁とは不思議なもので、あの五歳まで住んでいた長屋の少し南、「けんけんアパート」と子どもの間では呼んでいた、そのすぐ近くのアパートに住むことになった。これは最初に住み始めたアパートとよく似た構造の二階建ての二階に住んでいた。

広島には三年間いて、次は新居浜。その次は香川県の牟礼、そして宇多津と三か所続けて同じ作りのアパートだった。そのころ私は大学生だったので、長期の休みの時に帰省するだけでそこまでの愛着はなかったが、これまでと明らかに違うのは、新たにリビングという板の間が加わったことだ。それはフローリングといわれる八畳くらいの板の間で、それが真ん中にあってそこがお茶の間になり、そのリビングを中心にして、キッチンや三つの部屋が繋がっていた。これまでのアパートの間取りの真ん中にそうしたフローリングの部屋が増えたわけだから、かなり広い印象を受けた。昭和のアパートも、五十年代になると進化したようで、最初の狭いアパートに比べるととても快適に過ごせた。

宇多津で定年を迎えた父親は、栗林公園から少し南のところに二階建ての一軒家を建てた。転勤もなくなり、終の棲家のつもりで自ら設計をして建てた思い入れのある家である。私もちょうど就職するということで香川県に帰ってきて、そこに住むようになった。それが昭和六十三年。あの瀬戸大橋が開通した年と同じである。高松で両親と一緒に住むことが決まったあと、瀬戸大橋を歩いて渡るというイベントに参加した。坂出と与島を往復する区間を三人で歩いた。昭和の終わりまであと一年もなかった春だった。

これで私のアパート暮らしは終わりを告げるはずだった。

しかし、なんと、私がその次に住んだ家は昭和のアパート。それも小学校二年生の時に最初に住んだ四階建てのあのアパートと同じ作りだったのである。今度は三階建ての二階だったが、結婚して初めての新居として選んだ教職員住宅の玄関をあけてびっくり。まさに当時新築のアパートに入った時と同じ間取りがそこにあるではないか。「まず玄関ドアを開けて入ると、靴置き場ともいえる四、五十センチ角の土間、横には靴箱があった。そこを上がるとすぐ右手がキッチン。左手がトイレとお風呂。トイレはなんと水洗。お風呂はガス……」どこに何があるかは手に取るようにわかった。ちょうど二十五年後、すでに平成になっていた。平成五年、私にとっては奇跡とも言えるできごとだった。

昭和の様子を伝えるものがいくつか残っていた。一つはお茶の間である六畳の長押にある金具。四隅に加え六畳の長い方は間にもう一つ、何かを引っ掛けるための金具があった。昭和のアパートに暮らした私にはすぐわかる。それは蚊帳を吊るための吊りがねだった。当時は一家に一つはあった蚊帳。夏になると蚊帳を吊って、中で蚊取り線香を焚く。蚊が入らないようにその中に入るには要領がいったのを覚えている。暗くして蛍を飛ばしたこともあった。

あと一つはブレーカー。今住んでいる新築の家には十八個のブレーカーがついているが、その昭和のアパートには二つしかついていなかった。昭和四十年当時はそれで足りていたのだろう。でも平成になっての新婚生活では、冷蔵庫も大きくなっているし、エアコンもある。ドライヤーも毎日使う。ついにその二つでは足らず、容量オーバーでしょっちゅうブレーカーが落ちるので、県にお願いして容量を増やしてもらった。時代の移り変わりをブレーカーで感じたできごとだった。

昭和のアパートには総計十三年、帰省時のまで含めると八か所のアパートに住んだことになる。父と母、そして兄はすでに他界した。そしてそのころ家族で住んだアパートもしだいに消えていっている。令和の世、おそらくもう二度とあのようなアパートに住むことはあるまい。

北原峰樹（きたはら・みねき）
一九六一年（昭和三十六年）三月十三日、広島で生まれる。北九州大学大学院中国言語文化専攻を修了後、香川県で教職に就き高校で国語を担当する。翻訳書に『物語でつづる中国古代神話』、編著に『「大禹謨」再発見～それを受け継ぐ人々』、『平田三郎の生涯～大禹謨を世に出した人』、著書に『荘子の哲学を生きる　九万里を分母に　漢文好き高校教師の語り合い』などがある。

タイムカプセルを開けてみたら

二〇〇六年〜二〇〇九年の「さと子の活動日記」より

渡辺　智子

一九九五年から二〇一〇年までの十五年間の無所属議員としての県議会活動を振り返る……なんて大きなお題を頂き、頭を抱えてパソコンのデータ整理をしていたら、当時の私のホームページに掲載していた「さと子の活動日記」のメモの一部が出てきました。読み進むうち、何だか十数年前の自分自身に励まされているような気持になりました。あえて、当時の記述のまま、まるでタイムカプセルのように掘り出されたあの頃の記憶を皆さまと共有したいと思います。

ベトナム帰還兵ネルソンさんが語る「ほんとうの戦争」（二〇〇六年十一月二十五日）

コープ自然派オリーブ主催のアレン・ネルソンさんの講演会に参加しました。

彼は海兵隊員としてベトナム戦争の最前線で戦い、帰国後十八年間もＰＴＳＤに苦しみました。初めてアメリカの小学校で子どもたちに体験を話したとき、「あなたは人を殺しましたか？」という問いを受けた彼……本当のことを言ったら、何と思われるだろう、と苦しみながらもやっとのことで答えたとき、たずねた女の子は彼を抱きしめてくれたそうです。そして、彼も子どもたちも教師もみんな泣いてしまったのだそうです。

そのときの経験がきっかけになり、彼は無慈悲で残虐な戦争の真実を日米各地の学校などで語り続ける活動を続けています。とてもおとなしく講演は聴かないだろう……と言われていたような荒れた中学や高校でも、子どもたちは真剣に彼の話を聞いてくれるそうです。そして、子どもたちの素朴な質問が戦争の真実に迫るカギを握っている、とも彼は語っています。彼自身もそうですが、当時も今も貧しい家庭の若者たちが職を求めて軍隊に入り戦場に送られているという現実……決して有力政治家たちは決して自らの子どもたちを前線に送ることはない……と強い口調で語っていたのが印象に残りました。

アメリカでは経済の疲弊した地方の町で、盛んに兵士の入隊勧誘が行われていると聞いたことがあります。日本でも格差社会が進み、「仕事があるなら、たとえ軍隊でもいい」という潜在的入隊志望者は増えているのかもしれません。

平和の問題の講演会は中高年の参加者ばかりになりがちですが、うれしかったのは、約一五〇人もの参加者の中に若い人が多く、子ども連れの方もいたこと。平和は私たち一人ひとりから始まる……そして、私たちは決して一人ぼっちではない、同じ思いの仲間が世界中にたくさんいると信じてやっていこう……という、自らの体験にもとづく彼のメッセージに共感しました。

格差社会と女性の不安定雇用（二〇〇六年十一月二十六日）

高松市男女共同参画市民フェスティバルの一環として女性の労働問題に関する講演会を開催（主催は「女性を議会に！　エンパワーメントセミナー実行委員会」）。講師は労働問題について著書も多い朝日新聞記者・竹信三恵子さん。

各種のデータと取材経験を踏まえ、雇用の規制緩和の中で、いかに不安定雇用と所得格差が広がっていったか、諸外国の取組みとどう違うのか……を明確に示してくれました。

年金も税金も払えない大量のワーキングプアを生み出す今の政策は、将来の福祉も社会の安定も危うくしているが、安倍首相らの新保守主義は、こうした構造改革による「痛み」と格差に何の手も打たず、「教育」や「憲法」「治安」で抑え込もうとしている……とも。貧しく苦しくとも、悪いのは自分だ、と不満を言わない人たちを育て、できればそうした不満は他国や異質な人たちへの憎しみに転嫁させ、もし、不満が爆発しそうになっても共謀罪などの「治安対策」で抑え込む……。なるほどこう考えると、安倍政権が教育基本法「改正」や共謀罪、憲法「改正」などを急ごうとする理由がとてもよくわかります。

竹信さんのお話でもう一つ印象に残ったのは、自立観の変更ということ。自立とは、誰の助けも受けないことではない……、困ったときに頼れる人、利用できるサービスを探し出し、助けを求められる力をもつことが「自立」だというのです。そう考えると色々な問題に道が開けてきます。女性の労働問題については、来年一月に「働く女性の全国センター」を設立し、孤立しがちな不安定雇用の女性たちが助け合いながら、状況を変えていこうという動きがあるそうです。まさしく、こうしたセンターに参加し、支えあって問題を解決しようとすることも「自立」なのです。

誰もがみんな少数派であり、大切なのは少数派同士が共通点を探してともに戦うことだとも、彼女は強調していました。おかれた状況によってバラバラに分断されることなく、情報を共有し、しっかりと問題の構図を解き明かして本当の敵に向かい合っていくことが大切だと感じました

あけましておめでとうございます（二〇〇七年一月五日）

お正月早々の「議員特権廃止キャンペーン」チラシ配り、なかなかいい反応でした。「がんばってるねえ」と声をかけてくださる方も何人もいて、とても元気を頂きました。

議員特権の問題は決して枝葉末節ではなく、議員が自分たちへの特別待遇にアグラをかくことなく、しっかりと税金の使い道をチェックできるか、また、しんどい思いをしている県民の痛みを感じ取る感覚を失わずにいられるか、を測るリトマス試験紙だ……という訴えは、多くの方に共感してもらえたようです。ご協力くださった皆さん、本当にありがとうございました。

さて、安倍首相の年頭所感では、教育基本法「改正」や防衛省昇格が「美しい国」への礎と位置づけられ、改憲を掲げて参院選を闘うことが表明されました。今、私たちがしなければならないのは……何が起きているのか、この国はどこに向かおうとしているのか、そして、そうではない「もう一つの未来」の選択肢は何なのか……を、少しでも多くの人に、わかりやすく発信すること。

さらに、その「もう一つの未来」を選び取る力は私たち自身の中にあるのだ、ということを自らの行動で示すこと（その行動は「もう一つの未来」にふさわしく、のびやかなものでありたいもの）。

メッセージを受け止めてくれる人がきっといるはずだと信じて、めげず、あきらめず、活動を続けたいと思います。今年もどうぞよろしくお願いします。

「怒りの一票」街頭アクション（二〇〇七年二月十日）

政治家とお金、議員特権、年金や福祉、税金のムダ遣い、少子化対策、教育問題……みんな色々な問題に怒っているはず。でも、ともすると「どうせ政治には期待できない」と投票に行かない人も多く、また、投票に行っても日頃の怒りを忘れ、選挙前に目くらましのように掲げられた「争点」にだまされてしまったりする……だから、政治家はタカをくって、いつまでも問題は解決しない……というのがこの国の政治の貧しさの悪循環のように思えてなりません。今の政治への怒りを選挙のときの一票に込めて意思表示することで、その一票を希望の一票に変えよう！　と街頭での「怒りの一票」アクションを行いました。

「あなたは今、何にいちばん怒っていますか？」というアンケート・ボードにシールをはってもらうものですが、「ようけあって一つに決められんわ」とボードの前で悩んだあげく、「これも、これも……」とたくさんシールを貼ってくれた中高年の女性たち、真剣な顔で「平和の問題……一番の環境破壊だから」と答えてくれた若い男性……など、「シールをはる」というひとつのアクションに一歩踏み出した人は、きっと「一票に怒りを込める」という二歩目にも踏み出してくれるだろう、と思える手ごたえがありました。

アンケートの結果は、「税金のムダ遣い」が一番多く、「政治とお金・議員特権」などがそれに続きました。今後も、ただ一方的に訴えるだけでなく、こんな参加型のアクションをもっとやっていきたいなあ、と感じました。第二弾、第三弾もぜひやりたいと思います。

政務調査費の領収書（二〇〇七年三月九日）

政務調査費の領収書添付を義務づける条例改正案を、他の九人の議員とともに県議会二月定例会に提案しました。この改正案は調査費の支給対象を議員個人とする規定も含み、より責任の所在を明確にする内容になっています。全国で領収書添付を義務付けているところがすでに十道県。また、支給対象については、議員個人が六県、会派と個人の両方が十七道府県となっています。

「個人に支給すると、不明朗になる」という批判に対しては、「領収書を付けてすべてチェックできるようにすれば問題なし」と反論できます。また、県が多様な課題を抱える中、一人ひとりの議員がそれぞれの問題意識をもって調査研究することで、より幅広い視点からの調査研究を充実させることができますし、会派でまとまって行う必要がある場合は、費用を出し合って調査研究をすることも可能なのですから、より合理的な方法です。

提案理由説明をした議員には自民党の議員たちから「自分はちゃんとやっとんか?!」という激しいヤジが飛びましたが、私は自席から「全部オープンにしてきちんと議論しましょうよ」とヤジり返しました。選挙前のパフォーマンスだ、という批判もあるようですが、私はずっと毎年、支出明細と領収書を付けて提出してきましたし、制度を変えることも求めてきましたから、「パフォーマンスなんかじゃありません！」と自信をもって言えます。全国で議員特権の見直しに目が向けられている今がチャンス！　県議会がどんな答えを出すか、しっかりとご注目ください。

いよいよ県議選！（二〇〇七年三月二十九日）

いよいよ明日は県議選告示日。過去の三回もお金をかけない手づくり選挙でしたが、今回は、市議会の植田まきさんの軽自動車の選挙カーを借り、ポスターもできるだけ安上がりになるよう工夫するなど、公費助成部分もできる限り節約しています。前回の植田まきさんの市議選の取り組みを見て、大いに反省させられたからです。お金がなくても立候補できるようにするために、選挙の公費助成制度は大切ですが、現在の助成上限額はかなり高く設定されており、適正な額への見直しが必要です。

今回、合併によって選挙区が広がり、ポスター掲示場所も約四〇〇箇所から約七〇〇箇所へと大きく増えました。複数の候補のいる各政党の候補者は、みんなで手分けして何分の一か所ずつ貼ればいいのですが、

`95香川県議選－
手づくり選挙の記録1995.12

何の組織もない渡辺さと子陣営はすべて自分たちで貼らなければなりません。どうなることかと心配しましたが、おかげさまで、すべての箇所をボランティアの方たちの手で貼っていただける手配ができました。本当にありがたい!!さあ、明日から九日間、全力で駆け抜け、しっかりと街頭で訴えます。

議会出席旅費は受け取りません!（二〇〇七年五月七日）

「議会費の透明化と削減を進め『議員特権』の廃止を求める要望書」（議長宛）を提出。議会出席手当て（「費用弁償」と呼ばれているもの）の受け取り拒否についても記者会見しました。

1日八、〇〇〇円から一二、〇〇〇円という、多くの議員にとって実費よりはるかに多いこの議会出席旅費は、公用車で送迎される議長や副議長にも支給されており、議会開会中の自分の所属以外の委員会の傍聴についても、わずか二、三分傍聴席に座っているだけで支給されています。

私自身はこの議会出席手当ての見直しを求めてきましたが、なかなか実現しないため、十二年間、議員報酬アップ分などとともにプールして選挙区外のＮＧＯなどにカンパしてきました。今回、市議会の植田真紀さんのようにより明確に受け取り拒否の姿勢を示すことで、この制度の見直しと議員特権廃止の議論を進めようとするもので、あくまでもこれは第一歩です。市議会で受け取り拒否をする議員が少しずつ増え、ようやく見直しの議論が始まろうとしているように、県議会でも動きを広げていきたいと思っています

愛？ 憎しみ？ あなたの中の「北朝鮮問題」（二〇〇七年八月十五日）

今年で二十八回目を迎えた八・一五戦争体験を語りつぐ集い。昨年の北朝鮮ミサイル危機の頃から何度も話し合いを重ね、ともすると正面から議論することを避けがちな「北朝鮮問題」に何らかの形で取り組もう、と企画を練ってきました。

地元のアマチュア劇団「マグダレーナ」のお芝居「アイラブピョンヤン……ある家族の物語」（北朝鮮に帰国した家族を気づかう在日コリアンの一家とその家に忍び込んだ日本人の泥棒のやりとり）を見た後、パネルトーク。お芝居は日本人と在日コリアンがお互いになかなか本音で言えないことをぶつけあう設定で、コ

メディ仕立てながら、深い、重いテーマが込められていました。パネルトークでは「北朝鮮問題」は、実は日本が自分たちの過去の歴史をどう見るかの裏返しでもあり、また、物事を相手の側の立場から見るとどう見えるか、世界の情勢を客観的に見るとどうなのか、という問題でもあった、ということがわかりやすく提起されました。

会場とのやりとりでは、「朝鮮半島の人たちを徴兵したり、徴用したりしたのも当時の法律に則った合法的なものだったはず」という、毎年、多様な意見の人たちが参加して下さる、この八・一五の集いならではの意見も出ました。それに対してパネリストの側からは「創氏改名だって合法的に行われた。だからと言って他の民族の名前も言葉も奪うということが許されるはずがない」という意見、そして、在日コリアンのパネリストからは「私も日本名を名乗っていた。日本名を名乗らなければ配給も受けられなかった」という体験が語られるなど、同じ考えの仲間内だけの議論では素通りしてしまいがちな多くの問題点が改めて浮かび上がる、貴重な時間となりました。

会場から「日本も強制連行などひどいことをしたのはわかるが、拉致家族も納得のいくような解決策が必要」という意見が出ていました。「強制連行と拉致、お互い様じゃないか」という考え方では決してなく、まず、私たちがそれぞれの側の痛みを共有するところから解きほぐしていくことが必要だと感じます。威勢のいい先制攻撃論や感情的な制裁強行論には、それによって苦しむ普通の人々の姿が見えていないのではないかと思えてなりません。相手国を戦前戦中の日本のようにカラに閉じこもらせるのではなく、むしろ扉を開かせて人や情報が行きかうようにするところから始めるしかないのではないでしょうか。

気になるのは、毎年、八月十五日の集いには多くのメディアが取材に来るのに、今年は二社だけだったこと。「北朝鮮問題」に関する本音の議論を報道機関がタブー視している（あるいは避けている）のでなければよいのですが……。最近、戦争や平和をめぐるメディアの姿勢に疑問を感じることがありますが、メディアの沈黙はとても危険な兆候。平和が脅かされるとき、一番に殺されるのは言論の自由だからです。タブーを恐れず、しっかりと本音の議論をすることの大切さを改めて感じた今年の八・一五の集いでした。

市民力アップと議会改革（二〇〇七年十月十三日）

高松市議の植田真紀さんといっしょに企画している、香川地方自治政策研究会の今回の講師は前・我孫子市長の福嶋浩彦さん。

この夏の「虹と緑」の全国政策研究会で彼の「市民自治と新しい公共」というお話を聞き、議員にとっても行政職員にとっても、そして、市民にとってもとても新鮮なその切り口に共感し、すぐに講演依頼をしたのでした。

何より説得力があるのは、市の補助金の市民審査、市職員採用での民間試験委員、市民債による自然環境の保全など、福嶋さんの市長としての十二年間の徹底した市民参加型の行政運営の実践に裏付けられていること。行政が市民感覚を高めていくことが重要であり、そのためには聖域とされている部分にこそ市民の参画を進めなければならない、という理念にもとづく実践です。

そして、議会は、異なる意見をもつ議員同士がもっとしっかり議論して市民の合意形成機関としての役割を果たすべきだ、という指摘は、ほんとうにその通りです。ほんとに議会には議員同士の議論がない！　香川県議会でも本会議での採決前の討論はあるものの、それによって議会の議論が深まったり、議員の賛否が変わったりすることはありません。

本来は、委員会の審議も、行政の担当者に疑問点を質したり、参考人として住民や専門家の意見を聞いたりしたあとは、議案への賛否について議員だけでしっかりと議論して結論を出す、というのがあるべき姿だと思いますが、香川県議会の場合、参考人も全くと言っていいほど呼ばず（十二年間で一回くらい）、議員同士で議論することもありません。よく聞くのは「自分の意見はあるけど、会派で決まったけんなあ」という声。委員会や本会議での採決の前に会派で賛否を決定してしまい、それに縛られるという「会派拘束」は、議論の機会を奪い、議員一人ひとりの責任も不明確にしてしまっています。

また、異なる意見の市民がそれぞれ行政に陳情するのではなく、市民同士がきちんと議論して合意形成していく力を持たねばならず、行政はその市民同士の対話をコーディネイトする力を持たねばならない、という指摘は目からウロコでした。市民がそのような力を持ったとき、議会も変わる？　それとも議会がきちんと議論のできる場になったとき、市民も変わる？ たぶん両方を連携させながら同時進行でやらなければならないのでしょう。やっぱりカギは「市民力」ですね！

西条まつり今昔（二〇〇七年十月十五日）

私の生まれは愛媛の西条。今は母が一人で暮らしています。大島の寺の住職をしている弟から電話で「久しぶりにお祭に帰ってこん？ お母さんもお祭りに一人だったら寂しいんじゃないかな」と誘われ、日曜日午後の学習会が済むなり電車に飛び乗りました。全国から毎年何があっても必ず西条まつりには帰省するという西条人は多いのですが、私の場合、おまつりは大好きなんだけど、帰省するのはこの三十数年間に数えるほどしかありません。母を囲んで、弟や妹、甥や姪たちと夕食。昔はああだったねえ、こうだったねえ、貧しかったから、おまつりのちょっとしたご馳走もうれしかったんだよねえ、と話がはずみました。甥や姪たちにいちばん受けたのは、何と言っても私たち三人姉弟の小さい頃の失敗談。そんなネタには事欠きません。

地域の二十数台の「だんじり」が石岡神社に集まってお神輿を迎えるお宮出し。夜中の三時頃からたくさんの提灯で飾られた「だんじり」が太鼓の音もにぎやかに繰り出します。昔は晴れ着を着る人も多かったのですが、今年は晴れ着の人は一人も見かけず、その代わりに、「よさこい」風のおそろいの派手な衣装やハッピをまとった娘さんたちが威勢のよい掛け声をかけたり、男性に混じって元気に「だんじり」を担いだりしていました。母に聞くと、その昔、担ぎ手が足りないときに、「女にも担がせて欲しい」と提案したところ、「とんでもない！」と却下されたとのこと。時代は変わったものです。荷物もいっしょに担い、楽しみもいっしょに分かち合うっていうのは、まさしく男女共同参画の精神。それにやっぱりおまつりは見ているだけより参加するほうが楽しいですもんね。

「だんじり」がまるで生き物のように競り合うおもしろさ……その動きに合わせてテンポを上げる太鼓や鉦の音のわくわくすること！ 朝の九時にはまた電車に乗って高松に戻るというわずか十数時間の帰省でしたが、やっぱり故郷のおまつりはいいなあ。

ミニ国会議員にして欲しい？（二〇〇七年十二月十四日）

昨日の議会改革検討委員会で、政務調査費の領収書添付は決まりましたが、提出するのは「一万円を超えるもの」のみ。透明度はとても低くなります。来年四月から見直しをする他の十三の県議会のうち十二が全領収書添付なのに、なぜ香川県議会だけは全部提出できないのでしょう。使途基準についてもかなり甘いものになりそうです。

また、議員定数は、高松選挙区で二、さぬき市と三豊市で各一の計四議席削減することになりました。議員特権への批判を定数減でかわそうとしているようにも見えます。ついでに高松の定数を減らせば、渡辺のように組織のない議員が当選しにくくなるだろう……ということかな（ひがみすぎ⁈）。大政党や大きな組織のあるところが有利になって、多様な意見がますます反映できなくなる恐れがあるので、私は、それよりもまず、議会費全体を見直し（一億円以上削減できますから、経費的には定数四減に匹敵します）、もっと活発な議論のできる議会に変えるのが先だと思っています。少数意見も尊重しながら、きちんと議論のできる議会になったら、そのときは定数削減も可能でしょうが……。

議会最終日、「地方議会議員の位置付けの明確化を求める意見書（案）」という、一見まっとうそうに見えて実は、県議をミニ国会議員にして、「歳費」という県民にうるさく文句を言われない（政務調査費だと監査請求されたりするから）お金をもらえるようにしよう（私にはどうしてもそう見えます）という意見書案に反対討論をしました。この意見書案の一番の問題点は、議員と住民の意識のズレは住民が議員の仕事を理解していないからだ、としている点。自分たちが県民の意識からズレているということがわかっていません。県の財政難、県経済の行き詰まり、県民の窮状が議論される議会で、行政側には厳しく行革を求めながら、議員自身の公金意識はどうなのか、という点には知らんぷり、という矛盾です。その矛盾の一つの例、議員の海外派遣に私はずっと反対してきましたが、今日は白川議員が反対討論をしてくれて、すっきりしました。

アフガニスタン現地レポート（二〇〇八年二月十四日）

フリーカメラマン、前田しぶきさんのアフガニスタン・レポート（「ゆるすな戦争！　香川の会」主催）。難民キャンプで出会った子どもたちの笑顔、米軍の空爆で家族を失った人たちの苦しみ、タリバンに捕まった若い国軍兵士のこと……一人ひとりの人たちへの思いがあるのでしょう、ときどき声を詰まらせながら語る前田さんの真っ直ぐな視線と映像が、アフガニスタンの状況を伝えてくれました。

　井戸掘りの資金集めのために自分ができることは？　と考え、手づくりのクッキーを売り始め、それをインターネットで知った人が仲間に加わってくれ一〇〇万円を達成したとは！　人を信じて行動してきた若い人のパワーに心底敬服です。

　私たちはともすると「どうせ私が何かやったって、何も変えられない」と思いがちですが、それは言い訳に過ぎないことを彼女たちの行動力が示しています。元気を出して活動を続けよう！　と改めて元気をもらいました。

しなやかに抵抗する（二〇〇八年七月二十一日）

　君が代不起立によって、現在停職六ヶ月の処分を受けている東京都の養護学校教員・河原井純子さんを迎えてお話を伺いました。知的障害をもつ子どもたちが性をめぐる問題の被害者にも加害者にもならないために、どうすればわかりやすく性を伝えられるだろう、と河原井さんたちが保護者とともに取り組んできた七生養護学校での性教育が、センセーショナルなバッシングのターゲットにされたのが二〇〇三年のこと。

　そして、同年十月二十三日の東京都の出した一〇・二三通達以後、教員の「君が代・不起立」への厳しい処分が続いています（東京地裁では違法という判決が出たのに）。

ピースアクション2005

　「納得のいかないことには、NOと言っていいんだよ」「男らしく、女らしくではなく、自分らしく生きていいんだよ」ということを、子どもたちにちゃんと伝えたいと教育現場で取り組んできた河原井さんにとって、納得のいかない命令に不服従の姿勢を貫くことは、教育労働者としての根幹に関わる問題なのです。彼女はさりげない日常に忍び込んでくるファシズムの気配に初めにNOと言わなければ、それはいつか社会を蔽いつくしてしまう……という「茶色の朝」というフランスの寓話を紹介し、茶色の朝にしないために、自分たちが今できることをやらなければ、と語りました。わずか四十秒か、四十五秒、黙って座っていただけ……合計でわずか五分足らずの不服従に対して、重い処分を課す……この国は何とひどいことになっていることか！

絶望してしまいそうな状況の中で、なぜあんなにもしなやかに、そして毅然としていられるのか……。河原井さんはこう語りました。「がんばらない」でも「あきらめない」「楽しみたい」「つながりたい」。がんばりすぎてポキンと折れてしまうよりも、あきらめずしなやかに抵抗を続ける。その過程での多くの人々との出会いを楽しみ、つながって、自分らしい人生を生きる……そうか、それならもしかしたら私にも少しはできるかもしれない、と希望を与えていただきました。

貧困の連鎖を断つ（二〇〇八年十月七日）

九月議会最終日。文教厚生委員会で不採択となった「貧困の連鎖を断ち、市民生活の底上げをすることを求める陳情」を採択すべきという立場から討論をしました。

昨年二月議会一般質問でも、住民税の課税データをもとに、県内の給与所得者の収入階層の動向を取り上げましたが、最新のデータはさらに悪化。年収二〇〇万円以下の給与所得者は二〇〇一年度の一五・八％から二〇〇七年度は二〇・八％に増加しています。貧困の世代間連鎖という問題では、県内の就学援助の受給率も二〇〇六年度は一〇・五％に増加しており、高校の授業料を払えない子どもたちも出てきています。

陳情は毎年二二〇〇億円の社会保障費を削減するという国の方針の撤回、不安定就労と低賃金労働などの雇用問題の改善、年金や生活保護などの社会保障制度の拡充の三点を求めるものですが、自民党と公明党の反対で不採択となりました。

筑紫さんの死（二〇〇八年十一月十一日）

筑紫哲也さんが亡くなりました。追悼番組の中で、久米宏さんが、「ライバル番組と言われたけれど、筑紫さんとはタッグを組んでやっているという気持ちだった」と語っていましたが、今の政治に怒り失望するニュースが目白押しの毎日……十時からのニュース・ステーションと十一時からのニュース23を見て、彼らのコメントでようやく何とか溜飲を下げていた私にとって、筑紫さんの死は本当に残念でたまりません。

少数派の悲哀をなめる県議会の中で、あるいは、日本は一体どこに向かっているのか、という思いで続けている平和活動の中で、不遜な言い方ですが、私も筑紫さんとタッグを組んでやっているような気持ちだったからです。たぶん今の日本の中で少数派と言われるような活動をしている人は、みんな筑紫さんに励まされタッグを組んでいるような気持ちでいたのではないでしょうか。

問題を見えるようにしてわかりやすく伝えること、そして、権力におもねらないこと……それはジャーナリストにも議員にも共通している大切なことですが、心に熱いものを秘めながらあくまでも冷静にその姿勢を貫く筑紫さんは本当にかっこよくて、すぐにカッカしてしまう私にとって大切なお手本でした。

齢のせいか、大切な人を送ることが多くなりました。そのたびに、悔いなく生きたいと、改めて思います。

五十五歳の誕生日！（二〇〇九年二月二日）

今日は、私の五十五歳の誕生日。三人の娘たちにも「誕生日はお母さんに『生んでくれてありがとう』って言う日だよ」と言ってきた手前、今年も、朝一番に西条で一人暮らしをしている母に「お母さん、ありがとう。おかげでめでたく五十五歳になりました。元気にやってるよ」と電話しました。

一年、一年の何と早いこと！　昨年末から義母のプチ介護生活も始まり、夫も今年還暦を迎え、夫婦で自分たち自身の「老い」ということについても考えるようになりました。やりたいことはできるだけやれるうちにやっておく（でも、やれないときはやれることを楽しめる潔さをもつ）……という感じで、とにかく日々を悔いなく生き、うまく齢を重ねていきたいものです。

「政務活動費の領収書」（二〇〇七年三月九日）の後日談

二〇二一年四月二十日、高松地裁で画期的な判決が言い渡されました。香川県議会議員の政務活動費約一、五八〇万円を違法と認定し、二十三人に約九七〇万円を返還させるよう香川県知事に求める判決です。地域の祭りや、趣味の会、自治会の総会などに議員たちが五、〇〇〇円、一〇、〇〇〇円などを支出していた「意見交換会費」はほとんどすべてが違法とされました。

市民オンブズ香川は、香川県議会議員の政務活動費の全領収書の提出が義務付けられた二〇一三年度分から毎年、膨大な文書と格闘して住民監査請求も続けてきました。

政務調査費の公開促進運動2007

今回の判決に、「おかしい！」と思ったことを「おかしい！」と言い続けきたことはムダではなかったのだと、苦労が報われた思いです。

香川県議会は監査委員からの改革の要望も無視し続けています。他の都道府県議会では領収書のインターネット公開も進んでいるのに、香川県議会では全く議論もされず、政務活動費公開度は全国ワースト二位（二〇二〇年度）。今回違法とされたのと同様の支出は今も続き、過去六年間で計八、〇〇〇万円以上にも上っています。コロナ禍で多くの県民が苦しんでいる中、八、〇〇〇万円あればできることがたくさんあるはずなのに……。県は高裁に控訴しましたが議員の公金意識が厳しく問われるこの地裁判決を、さて県議会はどう受け止めるのでしょう？

渡辺智子（わたなべ・さとこ）
一九五四年（昭和二十九年）愛媛県西条市生まれ。西条高校を経て京都大学文学部卒業（一九七六年）。通訳・翻訳業の傍ら、教育や平和などの市民運動に取り組む中で女性の政治参画の必要性を痛感。仲間たちの手づくり選挙で香川県議会へ。一九九五年より香川県議会議員を四期（十五年）。現在はみどり・香川代表、市民オンブズ香川事務局長、ＮＰＯ法人福島の子どもたち香川へおいでプロジェクト事務局担当。

「記者クラブ」と「報道の自由」

―菊池寛訴訟取材を通じて滝恒夫さんに教えられたこと―

三宅　勝久

私が高松市議の滝恒夫さん（故人）にお会いしたのは、新聞記者として高松にいた一九九九年のことだった。高松市が多額の税金を使って「菊池寛全集」（文藝春秋）を発行、そのなかに「西住戦車長伝」など軍国主義を賛美する作品を収録して、「郷土が生んだ偉大な文豪」と無批判に持ち上げたことに強い疑問を持った滝さんは、前市長の脇信男氏を相手どって出版費用の返還（一七巻、二〇巻、二三巻、二四巻の四冊分約四千万円）を求める住民訴訟を起こしていた。私が取材したのは、一審二審で敗訴、最高裁に上告したところだった。狭い居間に大量の資料を広げ、菊池寛が侵略戦争に協力する作品を多くつくったこと、盗作疑惑があることなど、長時間にわたって丁寧な口調で熱心に語る姿を覚えている。

菊池寛銅像
（高松市中央公園内）

当時私が勤めていた新聞社は、入社式で新入社員に君が代を歌わせ、休日には題字の下に日の丸をつけるような右翼的な傾向の強い会社だった。菊池寛訴訟への関心は低かったが、デスク（記者に指示を出したり原稿を受け取って注文をつける編集職）を説得してなんとか記事にした。裁判は、それからしばらくして最高裁が上告を棄却し、滝さんの敗訴が確定した。あわただしい会社員記者生活のなかのほんの一瞬の取材経験だった。

それから二十年以上の年月が経つ。「菊池寛」の問題は決して過去のものではない。報道というものに関わってきた経験から、折に触れてそう感じることが多くなった。この機会に私なりに考えてみたい。

気ままなカメラマンから新聞社員へ

私はことしで五六歳になる。現在東京を拠点にジャーナリストの仕事をしている。二〇代のときに内戦中の中米ニカラグアを通信社の取材助手として訪れたのが最初で、以後フリー（組織に所属しない）報道カメラマン、新聞記者、フリーのジャーナリストとして取材・報道の仕事に携わってきた。都合三十年あまりになるが、このうち「新聞記者」だったのは五年間だ。時間としては短い。しかしかなり特異な経験をした。日本の情報空間がどのようにして作られているかを目撃することができた。また、一般に考えられている「新聞記者」と実像の間に大きな乖離があることにも気がついた。

山陽新聞社という岡山に本社を置く新聞社に入社したのは一九九七年四月、三一歳のときだ。阪神淡路大震災（一九九五年一月十七日）の記憶はまだ新しかった。また、ペルーの反政府ゲリラによる日本大使公邸占拠事件に世界の注目が集まっていた。

それまでは、大阪を拠点にフリーカメラマンとして気ままな暮らしをしていた。土木作業のアルバイトで資金を稼ぎ、アフリカ・中米の紛争地や貧困地帯を訪ねるというやり方で年中旅をしていた。当時、土木作業は日当で一万二千円ほどの稼ぎになった。下宿の家賃は月に一万三千円で自炊をしていたから生活費は五万円もあれば足りた。毎月二十万円くらいを貯金に回し、半年で百万円ほどの資金ができた。

そうやってカネをつくっては物価の安い国に数か月単位の長期取材に出かけた。帰国すると写真や記事を雑誌などに売った。三〜四の媒体に掲載されて二十〜三十万円も原稿料が得られれば上出来だった。生活を原稿料に委ねていなかったので不満はなかった。ひと仕事終わるとアルバイト生活に戻って次の構想を練った。

著者が駆け出しのフリーカメラマン時代に撮影した写真。ゴミの山の中から使えそうなものを探す少年。1990年、中米ニカラグアの首都マナグア市にて。

このやり方で、アンゴラやモザンビーク、南アフリカ、メキシコ、ニカラグア、エルサルバドル、グアテマラ、キューバ、ハイチ、東チモールなどを訪ねた。ホテルは高いので現地の住民と交渉して民家に下宿した。生活がよく見えて取材には好都合だった。

「日本は豊かで平和な良い国だ。日本に行きたい」と行く先々で言われた。日本は言論の自由や報道の自由がある民主的な国だと信じて疑わなかった。

山陽新聞社に入ったのは、募集案内を友人が見つけて知らせてくれたのがきっかけだった。特段、会社員になりたいわけではなかったが、何ごとも経験だと思って応募してみたら運良く採用された。カメラマンの仕事を中断することになるので、うれしいような残念なような複雑な心境だった。岡山の両親は「ようやく安定した職についた」と喜んだ。

私は大阪外国語大学イスパニア語学科（現大阪大学外国語学部スペイン語学科）の出身だが、留年と休学を重ねて卒業に九年を要した劣等生だった。勉強から逃げ出して計二年間スペインとメキシコを放浪した末にぎりぎりの成績で卒業した。就職せずに旅行に明け暮れる私に親は気をもんでいた。

ただこのとき、父（一九一五年＝大正四年生まれ）の反応がほかの家族とは少しちがった。うれしそうにしながらも、ぼそとつぶやいた。

「新聞ゴロになるんか。ろくなもんじゃねえのお」

「新聞ゴロ」なる言葉を私はこのとき初めて聞いた。何を的外れなことを言うのかと家族の非難を浴びていたが、いま振り返ると的確な指摘だった。インテリの対局にあるような父だったが、実生活のなかで「新聞」のうさん臭さをかぎ取っていたのだろう。

失望の連続だった新聞記者生活

入社がきまった私は、無邪気にも新聞社に対して刺激的でさわやかなジャーナリズムの世界を頭に描いていた。そしてすぐに落胆する。立派な建物の中に広がっていたのは古くさい封建的な世界だった。会社での年次は古いが年齢は十も年下の「同僚」から「おいミヤケ」と呼び捨てにされて驚いたが、それくらいは序の口だった。

「社会部」という主に岡山県警本部を担当する部署への配属がきまり、歓送迎会が開かれた。その二次会での出来事だ。会場のスナックに入った私は、T氏というデスクの隣に座った。大学時代は体育会系だったという巨漢のT氏に、酒が入って気分が高揚した私は打ち解けた気持ちで「抱負」を語った。

「社会面には共同通信の配信だけじゃなくてもっと自社ネタを入れたらどうでしょうか……」

しばらく黙って聞いていたT氏だったが、にわかに顔をこわばらせ、大声を出しながら殴ってきた。ふいをつかれた私は顔面にパンチを受けた。にぎやかだった宴会は一瞬で静かになった。数十人の社員がいた。だれもT氏をとがめる者はいない。みな顔をこわばらせて黙っている。

「のう、仲直りしょうや」

沈黙を破ったのは人事異動で送り出される社会部長だった。握手しろという。

「なんで握手せないかんのですか、この人を謝らせてくださいよ」

私は立腹して抗議した。

「おい、謝れ」

部長に促がされてT氏はしぶしぶ「スマン」と頭を下げた。

暗澹たる気持ちで深夜帰宅し、洗面所で鏡をみると唇が少し切れて新品のネクタイに血が飛んでいた。メガネのレンズは割れて、無残にゆがんだ枠だけになっていた。何より心配だったのは眼球である。私は過去に網膜剥離の手術をしているので顔面への衝撃は禁物だ。幸い後の検査で異常はみつからなかった。

後日、しらふにもどったT氏は手をついて謝り、メガネの修理代を弁償した。社内処分を受けたかどうかは知らないが、山陽新聞社に大きな失望を感じた最初の出来事だった。

もっともT氏とはその後、悪い関係にはならなかった。「よう書けとるが」と原稿をほめてくれたことも何度かある。正直な性格だったのだろう。私の退社後、T氏は役員になったが病気で亡くなったと伝え聞いた。ご冥福をお祈りしたい。

事件のあと会社を辞めなかったのは、入ったからには記者の仕事をしてみたかったからだ。まだ「マスコミ」に幻想を抱いていた。

最初の職場は岡山県警東署の記者クラブだった。記者クラブはおかしいという認識はすでにあった。警察署の中にどうして民間企業である新聞社のイスや机、ワープロがあるのか。なぜ会社に出勤せずに警察署の

「クラブ」に出勤するのか。とくと観察してやろうと意気込んだ。

だが仕事がはじまるとそんなことをするゆとりはなかった。早朝から深夜まで、警察や消防、ＪＲの「御用聞き」に追われた。事件事故はないか、始終電話をかけて確認する。何かあれば記事にする。いわゆる「発生モノ」といわれる雑報だ。

たまには記事らしい記事を書きたいのだが、東署の記者クラブの部屋に缶詰にされ、ほとんど外出できない状態ではアイデアがわかない。外出するための口実を探して電話をかけまくった。電話機は東署の記者クラブに設置された黒電話である。料金はどうやって払っているのかと、一度副署長に聞いたことがある。複雑な表情を浮かべて副署長は言った。

「六万円くらいじゃ」

「オレのポケットマネーじゃ」とも言ったと思う。裏金で処理しているのではないかと勘ぐったが、当時の私にそれ以上追及する力量はなかった。

「先輩」の指示で、電話をかけないときは署内の各部署を回った。交通課からはじまって捜査一課、捜査二課、生活安全課と順番に顔を出し、「何かないですか」と決まりきったことを課長に聞く。署の広報責任者である副署長のところにも行く。これを一日何度も繰り返す。すぐにバカバカしくなって適当にさぼった。だが「悪事」はすぐに発覚する。

「お前最近二課長のところに行ってないだろう。なんで行かんのじゃ」

先輩が難詰した。彼も署内をぐるぐる回りながら「新人」の動向を聞き込んでいたのだ。

帰宅するのは早くて深夜零時すぎだった。署内のクラブ部屋にはベッドがある。疲れてしばしば泊り込んだ。警察署に泊まるのとは別に、月に何度かは勤務としての本社泊まりがあった。泊まり中に事件があったり他社に特ダネを抜かれると即座に対応して追いかける。朝は五時前に起きてＮＨＫニュースをチェックする。建前は仮眠できるはずだが、じっさいは寝ていられなかった。

いつも寝不足でふらふらだった。思考力が鈍り、「記者クラブ」問題を考えるどころではなかった。「顔色が悪いよ」と久しぶりに会った友人に言われたのもこのころだ。

成人式事件がきっかけで退職する

岡山市でそんな生活を半年ほどやってうんざりしたころ、高松に転勤になった。引き続き警察の記者クラブを担当させられた。過密労働であることに変わりはなかったが、寝不足は多少解消された。また精神的にも楽になった。時間がたって周囲を眺める余裕が生まれたのと、会社が自分に何を求めているかがわかったのが大きい。新聞社にとってもっとも大事なのは警察との関係なのだ。警察の情報を逃さず追っていれば上司や先輩は機嫌がよい。要領よく警察ネタをとるのが、息苦しい会社員記者生活のなかで「自由」を手にする道だった。

「誰だれを○×容疑で逮捕した」「県警が○○キャンペーンをやる」「△署の署員がこんな立派なことをやった」――警察の記者クラブにいると、刻々とおびただしい情報が提供される。それらを、深く考えず流れ作業のようにこなせば一日は過ぎていく。だが油断はできない。往々にして警察はこっそり特定の会社の記者にだけ情報を漏らす。そういうときに備えて、警察幹部と「いい関係」をつくっておくことが求められる。

大きな事件が起きないことを祈りながら私は毎日を過ごした。事件が起きると多忙になるのが嫌なだけではない。警察の広報機関となって書きたくもない記事を書かされるのがたまらなく苦痛だった。むろん、警察のことばかりを書いていたわけではない。暇をみつけては、自分なりに興味のあるテーマも追って記事にした。ハンセン病の問題、三木町のボートピア問題、ヤミ金問題、聴覚障害者の大学受験の問題。しかし、結局これらの仕事は、会社からみれば傍流の仕事にすぎなかった。

入社してちょうど五年が経った二〇〇二年、私は山陽新聞社を退職する。きっかけは「成人式」だった。二〇〇一年一月、高松市の成人式を取材中、私は泥酔して暴れる新成人らに取り囲まれて殴る蹴るの暴行を受けるという事件に巻き込まれた。怪我はたいしたことはなかったが、精神的なショックで不眠や不安の症状が発生し、一時的に仕事ができなくなった。病院で「急性ストレス障害」（心的外傷後ストレス障害＝PTSD＝の一種）と診断され、休職して二か月間自宅療養をした。

療養を終えて元気になり仕事への意欲も出てきた私を待っていたのは、記者職以外の部署への異動だった。復帰後ほどなくして私は高松から岡山の本社に戻る。久しぶりに本社をうろついていたある日、デスクのひとりがすれちがいざまに言った。

「三宅、おめえなんで二か月も会社休んだんじゃ」

「医者が休めというから休んだんですよ」

そう答えるとデスクはぶっきらぼうに続けた。

「会社はそういうの嫌うんじゃ。三年は編集にもどれんぞ」

三年は編集にもどれんぞ——なぜそんなことを言われるのか意味がわからなかったが、辞める決心がついた。記者ができないのならつまらない。三年後に記者職にもどれたとしても、行きたい職場が見あたらなかった。自由にテーマを追いたいという欲求が高まっていた。

武富士に訴えられる

私はふたたびフリーとなり、東京に居を移した。稼ぎがいいだろうとテレビの仕事をやりかけたが、原稿料が安くても記事を書くほうが向いていると気づき、まもなく方向転換した。どうせなら新聞時代にできなかった仕事をしようと考えた末に、サラ金問題に取り組むことにした。新聞でサラ金批判はタブー同然だったからだ。「サラ金」という表現は使えず、「消費者金融」と書かねばならなかった。もし紙面に出してしまえば始末書ものの事故となる。新聞だけではない。テレビや大半の雑誌も取り上げないタブーだった。

私は『週刊金曜日』という雑誌に消費者金融最大手の株式会社武富士を批判する記事を売り込み、採用された。『週刊金曜日』は広告に依存しない「タブーのない真のジャーナリズム」を掲げた雑誌だった。二〇〇三年二月、連載の一回目となる「武富士残酷物語」が掲載された。激しい取り立てによる被害を報告した内容だ。大きな扱いに得意な気分でいたのもつかの間のことだった。すぐに武富士から訴状が届く。記事は事実無根であり、名誉毀損にあたる、出版社と連帯して五千五百万円を支払え——そういう内容の訴えである。

ひるまず連載を続けたのは、事実を書いたのだから簡単に勝てるだろうと編集部も私も考えていたという事情がある。二回目は「武富士社員残酷物語」と題し、劣悪な労働環境を報告した。すると、またもや武富士から訴えの変更申立書が届いた。損害賠償の請求額が一億一千万円に増えていた。さすがに動揺したが、さらに三回目の記事を掲載した。すると、訴額は変わらないままでこれも訴えてきた。三回目は「第三者請求事件」という題で、支払い義務のない親から長年取り立てていたことの違法性を問う訴訟を紹介した記事だった。

記事は事実だ。だから負けるはずがない。無邪気にもそう信じて訴訟に臨んだ私の前に立ちはだかったのは「名誉毀損」の厳しい現実だった。本当のことを書いても名誉を落とす内容なら名誉毀損になる。そのうえで、公益性・真実性・真実相当性（真実と信じるに足りる状況）があれば免責される。ただし、それらを立証するのは訴えた武富士ではなく、訴えられた被告側、つまり私のほうにある。それが名誉毀損の法理だった。要は、批判することは悪いという前提に立った理屈なのだ。

かくして武富士は「記事はウソだ」と言い続け、私と『週刊金曜日』が懸命に「ウソではない」ことの立証作業に追われた。苦労してある争点を立証したと思ったら、武富士はシレとして次の争点に移る。私たちはまた「ウソではない」ことの立証に取り組む。その繰り返しだった。ひとつでもうまく立証できない部分があれば負ける。被害者が証言するのをいやがったり、取材源を明らかにできない場合でも往々にして負ける。

訴訟対策に追われて私は心身ともに疲労困憊した。

同時に、一般の新聞やテレビがサラ金業界にいかに弱いかを見せつけられた。広告を垂れ流す一方で、批判的な内容はいっさいといっていいほど報じない。判決前に、一般紙で私の裁判をまともに取り上げたのは中日新聞（東京新聞）だけだったが、同紙は年間約一億円の広告を引き揚げるという「報復」を受けた。

裁判を通じて、新聞社時代にはわからなかった警察のべつの面も見た。警視庁幹部らが武富士から金品を受け取り、その見返りに個人情報を提供していた。また、山陽新聞時代、武富士社員が部下に暴行を働いていた、丸亀警察署に逮捕された事件を記事にしたことがあったが、そこには想像もしなかった裏事情があった。暴行事件の現場には創業者武井保雄氏（故人）の息子で同社幹部の健晃《たけてる》氏がおり、暴行は同氏の眼前で行われていた。武富士は事件をうやむやにしようとしたが、被害者の支店長は加害者を刑事告発した。その動きを

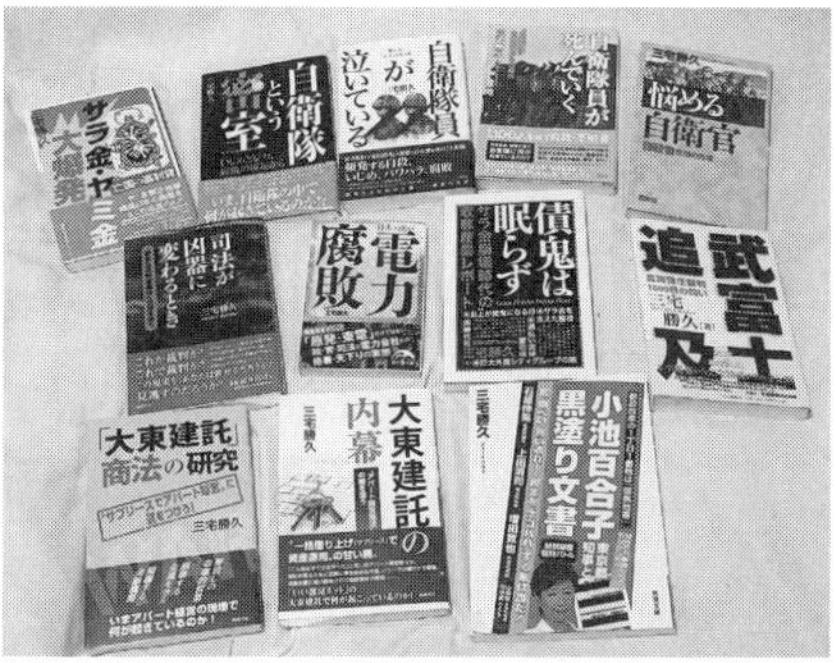

筆者が出版した著書。新聞やテレビが取り上げないテーマが多い。

警戒した健晃氏が父親の保雄氏に相談、保雄氏は調査会社に依頼して支店長の自宅の電話を盗聴させた。それが真相だった。

驚いた私は元職場である山陽新聞高松支社へ行き、古い新聞をめくって自分の書いた記事を確認した。そして元同僚の記者らに事件のことを説明した。後に武井保雄氏が電気通信事業法違反容疑で逮捕・起訴され、有罪となるという大事件に発展し、新聞やテレビもようやく報道するのだが、元同僚らはまったく関心を示さなかった。私ははっきりと理解した。警察がお墨付きを与えた情報だけを書いていればいい、余計なことをやってはならない。私のやっていた「新聞記者」の仕事とはそういうものだったのだ。

訴訟は、苦労しながらも勝つことができた。本書編集者である山崎敏範・千津子ご夫妻をはじめ香川のおおくの方に支援いただいた。これはうれしかった。

武富士事件を通じて、私はそれまで信じてきたこの国の「報道の自由」「言論の自由」というものを疑いはじめる。名誉毀損訴訟とは実質的に裁判所による検閲ではないのか。「報道の自由」「言論の自由」はほんとうに存在するのか、いったいそれらは本物なのか。以後、新聞社時代には考えもしなかったことだった。さまざまな取材現場を訪ねていくのだが、常に新聞記者時代にやった仕事、特に警察の記者クラブでやった仕事を問い直しながらの作業だった。

目の前で冤罪がつくられた

二〇〇八年九月二十一日の白昼、私の誕生日なので忘れられないのだが、千葉県郊外にある東金市という静かな町の路上で五歳の女児が全裸で死体になって発見される事件が起きた。千葉県警は、死体発見現場近くのマンションに住む若い男性を逮捕する。「容疑者逮捕」を新聞各紙は一面で報じ、テレビも連日派手に報じた。男性には知的障害があった。おびただしい報道から浮かぶ男性の印象は「凶悪な変質者」だった。

男性はその後、千葉地検によって、未成年者略取、殺人、死体遺棄の罪で起訴される。

私がこの事件の取材をはじめたのは、加熱報道がいったん収まり、公判に向けた準備手続が行われていた時期だった。知人のフリーのテレビ記者からの誘いで弁護人の記者会見に出た。「無実と考えている」。記者会見で弁護団はそう明言した。検察側が掲げる唯一の物証というのが、被害者の衣服が入っていたレジ袋から検出された指紋だった。だが弁護団で鑑定してみると別人のものとの結果が出た。また殺人現場とされる男性の自室からは被害者の痕跡が何一つ見つかっていない。その他多くの事情から考えて、男性の犯行は絶対に不可能だ、犯人性がない——弁護団の説明には説得力があった。私は興味を抱き、取材にのめり込む。

ところが、しばらくすると予想外の展開となる。弁護団長が辞任したのだ。そして新弁護団は弁護方針を一八〇度変更した。男性は犯行をやったという前提に立ち、障害ゆえに犯行能力はなかったとする。そういう主張である。弁護団は取材に応じなくなった。

やがて千葉地裁で公判がはじまった。私は連日傍聴取材を行った。弁護団が無実を撤回した事情が何なのかを見きわめようと、法廷でのやりとりに耳を澄ませた。はたして、「無実撤回」の訳を雄弁に説明する事実は何一つ出てこなかった。そして法廷で見る被告人の男性は、新聞テレビが報道してきた「凶悪な変質者」とは似ても似つかなかった。不器用でおとなしく、穏やかな性格の人物だった。証言内容も矛盾に満ちており、とても犯人のものとは思えなかった。やはり彼は無実だと私は確信した。冷静に公判内容をみれば誰でもそう思ったにちがいない。

だが判決は懲役十五年の有罪だった。裁判官は、おかしいと知りながら「世論」に迎合したのだろうと私は思った。目の前でえん罪がつくられていた。一審判決の日、新聞テレビは、司法が裁いた「変質者」の物語を創作するのに狂奔していた。嬉々として裁判所周辺を走り回る記者クラブの若い記者たちがいた。警察や検察と同化し、彼らと同じ視線で「犯人」を断罪し、「取材」した気になっている。私はかつての自分の姿を見た気がした。

別の取材経験のことに話題を移したい。大東建託株式会社という大手不動産会社の問題に着手したのは二〇一〇年ごろである。悪質な営業ぶりと労働環境の劣悪さに驚いたが、じつは知る人ぞ知る公然の秘密だった。そして、新聞やテレビをはじめとする商業マスメディアでは同社の批判はタブーだった。そうした状況で、二〇一五年、長野県松本市で大事件が起きる。営業社員が顧客と家族の頭をハンマーで滅多打ちにして瀕死の重傷を負わせたのだ。事件は報道されたが、犯人が大東建託の社員であることは完全に伏せられた。大東建託との関係を私が知ったのは読者からの情報提供によってである。

記者クラブ時代とちがって警察も検察もまったく取材には応じない。私は松本に通って公判取材を重ね、事件が大東建託の業務と深く関係があることを知る。

犯人の男性は、業績をあげるために架空契約などの不正を繰り返した。高齢の顧客の金を盗んでは契約金に充てるなどの犯罪的な行為にエスカレートし、最後は地主とトラブルになり、逆上した挙げ句の犯行だった。それでも新聞テレビは、逮捕時だけでなく、公判や判決に関する報道のなかでも社名を伝えなかった。なぜ社名をださないのかと地元の新聞記者に尋ねたところ、二〇代とおぼしき彼はこう答えた。

「警察が社名を伏せて発表したのでウチは匿名で行くことにしているんですよ」

警察が大東建託を擁護し、新聞やテレビがその意向に沿って「匿名報道」を行う。そのことを違和感なく受け入れていることに私は小さからぬ衝撃を受けた。かくして、事件後も大東建託松本支店はまるで何事もなかったかのように営業活動を続けた。テレビＣＭは流され、新聞広告が掲載された。

もうひとつ最近の取材経験を紹介したい。株式会社オープンハウスという東証一部上場の有名大企業がある。この会社の営業社員二人が特殊詐欺を働いて警視庁に逮捕された。「年金が還付されるが銀行カードが古い。交換が必要だ。銀行員が行くから渡してほしい」などと言葉巧みに高齢者をだまして銀行通帳やカードを受け取り、それを使って金を引き出して盗む手口である。二人を逮捕した際、警視庁は氏名だけを記者クラブに発表し、オープンハウスという会社名は伏せた。その結果、新聞テレビは会社名を匿名にして二人の名前だけを報じた。彼らがオープンハウスの現職社員であることがわかったのは、こんども同社の顧客が知らせてくれたからだ。

取材を進めていくとあきれた事実が判明した。事件当時、オープンハウスは神奈川県警と協力して「特殊詐欺防止キャンペーン」をやっていたのだ。新聞記事にもなっている。これは会社にとっても県警にとっても、社会に陳謝して説明すべき不始末ではないか。そう思った私は、まず県警に取材した。返ってきたのは次の言葉だ。

「記者クラブ以外には回答しない」

オープンハウスのほうも完全に取材拒否だった。以降の展開は大東建託のときと同じである。テレビにはCMが流れ、新聞には広告が掲載され続けた。オープンハウスには警察幹部の天下りが何人もいた。「特殊詐欺防止キャンペーン」の真の目的とは、犯罪防止というよりも、税金で企業の宣伝をし、見返りに再就職先を確保することにあるのではないか。そう疑いたくなる事件だった。

「名誉毀損」のルーツを探る

記者クラブを離れたいま、内部にいたときよりも「記者クラブ」のはたす役割がよく見える気がする。公に説明する義務を負っているはずの公務員たる警察や検察が、排他的な特定企業の任意団体にすぎない「記者クラブ」だけに情報を提供し、世の中に流す。「報道の自由」があるかのように装いながら、公務員が記事に干渉し、世論を誘導する。巧妙な情報操作のシステムである。そしてそのルーツをたどると戦前にたどりつく。後述するとおり、陸軍省記者倶楽部というものが菊池寛の作品にも登場する。

記者クラブのルーツが明治なら、私が武富士事件で苦しめられた「名誉毀損」のルーツも戦前だ。一八七五年（明治八年）に太政官布告で公布された讒謗律《ざんぼうりつ》である。ときの権力者が批判を封じる武器として作った、出版条例（後の出版法）、新聞紙条例（後の新聞紙法）とならぶ言論弾圧法である。時代を経るにつれ弾圧的性格を強め、旧刑法の名誉毀損罪に「進化」する。

これらの〝武器〟を使った政府の弾圧に当時の新聞雑誌はどう向き合ったのだろうか。歴史をひもとけば果敢にあらがった時代がたしかにある。香川出身の宮武外骨が発行した『滑稽新聞』には、入獄や発禁などの迫害を繰り返し受けた言論人のしぶとい抵抗の様が活写されている。ところが、あるところからそうした反骨ジャーナリズムの抵抗が小さくなっていくように見える。一方で、侵略戦争に協力することで部数を伸ばすメディアが登場する。政府批判から戦争賛美へ。その転機ともいえる筆禍事件が、一九一八年（大正七年）に起きた大阪朝日新聞の「白虹事件」ではないだろうか。

事件は『朝日新聞社史（大正・昭和戦前編）』の第二章「白虹事件にゆらぐ」に詳しい。以下はその概略である。

——シベリア出兵や物価高騰に対する国民の不満は高まり、米騒動が発生するなど猛烈な批判を浴びていた陸軍高級官僚出身の寺内正毅内閣は、批判の急先鋒だった大阪朝日新聞に弾圧の矛先を向ける。標的となった記事は、同年八月二十六日付夕刊の雑報「寺内内閣の暴政を責め／猛然として弾劾を決議した／関西記者大会の痛切なる攻撃演説」だった。

金甌《きんおう》無欠の誇りを持った我大日本帝国は今や恐ろしい最後の裁判《さばき》の日に近づいてゐるのではなからうか。「白虹日を貫けり」と昔の人が呟いた不吉な兆《しらせ》が、黙々として肉叉《フォーク》を動かしてゐる人々の頭に雷《いなづま》のように閃く。

このなかの「白虹日を貫けり」が、新聞紙法四十一条で禁止する「安寧秩序を紊《みだ》し又は風俗を害する事項を新聞に記載したる」行為に該当するとして、大阪府警察部新聞検閲係が咎め、事件化する。記事を書いた記者の大西利夫、編集人兼発行人の山口信雄の二人を起訴する。さらに個人の責任にとどまらず、新聞発行許可の取り消しをちらつかす。並行して、暴力を含めた右翼団体の攻撃が執拗になされる。発行停止だけは避けたいと悩んだ大阪朝日新聞の経営者は、判決前に謝罪の社説を出す。そこに使われた言葉が「不偏不党」だった。かくして大西は禁錮二か月、山口が同一か月の有罪判決を受けたものの、新聞発行許可の取り消しはまぬかれた。そして、寺内内閣に厳しかった記者・編集者約三十人が大阪朝日新聞を辞める。同紙の論調は以後精彩を欠く。

事件の影響は東京朝日新聞にも及ぶ。松山忠二郎編集局長を筆頭とする政府に批判的な記者らを排斥する動きが内部で起き、松山は会社を追われる。松山は経営不振に苦しんでいた読売新聞を買収して主筆とな

菊池寛全集

り、そこで政府批判を続ける。しかし長くは続かない。読売新聞は一九二三年九月一日発生の関東大震災で社屋を全焼、経営が厳しくなり、警視庁警務部長を辞めたばかりの正力松太郎に経営権が移る。——

大震災時には、混乱に乗じて警察が関与した言論人の暗殺事件も起きている。なりふりかまわない弾圧によって、政府に批判的なジャーナリズムは衰退していく。菊池寛が文藝春秋社を創業したのは一九二四年一月だから、ちょうどこの時期と重なる。

戦後、はるかに民主的な日本国憲法が施行され、新聞紙法は一九四九年に廃止となる。だが、名誉毀損（刑法と民法）は残った。讒謗律の精神がそのなかに息づいているように感じる。朝日新聞の社是には「不偏不党」という言葉がいまも使われている。白虹事件で有罪となった大西記者らの名誉回復がされておらず、その機運すらない事実をみれば、「報道の自由」が揺るぎない権利として獲得されたとはとても思えない。獲得できていないのに獲得したかのような錯覚に陥っているだけではないのか。

フリーと記者クラブを行き来した職業経験を通じて、私は以上のようなことを考えるに至った。

特攻兵だった滝さん

さて菊池寛訴訟である。訴訟記録や関連資料を読むと、滝さんの気持ちがよくわかる。

滝さんは一九二四年（大正一三年）に高松に生まれた。実家は農家できょうだいは十人いた。広島の通信講習所で通信を学び、郵便局に勤めた。皇国教育を受け、それに疑いをもたない軍国少年だった。「西住戦車長伝」など菊池寛の作品に強く影響を受けた。十九歳で海軍飛行予科練習生（予科練）に入り特攻隊員を志す。仲間が続々と自殺作戦に出撃して死亡するなか、大社基地（島根県）で本土決戦に備えて待機していたところで敗戦となる。そのときに受けた精神的な衝撃の大きさについて、尋問で滝さんは生々しく語っている。

（一九九八年六月二十三日、高松地裁。馬渕勉裁判長）

（原告代理人・久保和彦弁護士）——帰ってみたら実家はどうだったですか。

（原告・滝恒夫さん）「もう跡形なく、私の家もともと農家で納屋もあったわけですけど、もう何も残ってなかったです」

——全部焼けてたんですね。

「はい」

——そのときの生きて帰った気持ちというのはどうだったですか。

「もうこれは日本が負けた、自分が生きとるということで、そこに申し訳ないという非常な、顔出すのも恥ずかしいという気持ちで、虚脱状態いうか、ですね、それがしばらく続いたように思います」

——戦って死ぬはずだったのが、負けて帰ってきたということが恥ずかしかったんですか。

「そうです」

戦後、東京逓信通信所に入った滝さんは、東京裁判を傍聴するなどして戦争の真相を探る。一九三一年九月十八日の柳条湖事件が関東軍の自作自演だったと知り、衝撃を受ける。

——……あなたの人生観は一八〇度変わったわけですね。

「はい。もうどんでん返しいうのか、天地がゆらいだいうんか、驚天動地、もうどんな言葉でもちょっと説明できんぐらい、もう自分が、もうまるきりこう変わってしもうたというような大きな衝撃を受けました」

——あなたが、その社会観、人生観変わったというのはね、それ以前に戦争教育、あるいは戦争賛美するような、いろいろな著作や映画とかそういうのに触れておったから、というのがあったわけでしょう。

「はい。正義の戦争やと思っておったのが、その戦争やったのが九月十八日の事件（柳条湖事件）ですが、日本の軍部がやっておりながら、それを中国兵がやったいうことにして満州攻め込む、中国占領するという、これも大変な、何のために我々は生きておるんだ、ということまで考えざるを得ないなと、いう方向に進んでいくわけです」

――今回の全集の二〇巻の中に、「満鉄外史」というのがあるんですが。

「はい」

――この「満鉄外史」では、いまの柳条湖事件というのはどのように扱っているか、知っていますね。

「もうこれは中国兵の、中国の正規軍、正規兵が柳条湖の鉄道爆破したと、いうことを断定しとります。しかしそれがずうーっと伝わって、あれは怪しいんじゃないか、これは後から、怪しいんじゃないか、空気がただよう中で、そうしてはならじというのか、特別にその菊池寛の文章いうのが非常に巧妙な記述で、間違いなく中国兵がやったということを思わせるような、非常に長い記述がその中にあるんです」

――そういう意味では、菊池寛がそういう本を書いたということとの責任を問題にしたいということですか。

「はい。ですから今度出とる本、これも大変やと。こんなんを。小学校、中学校では、これぴしっと教えとるわけですわ、柳条湖事件の真相を。ところが菊池寛が、今、高松市が出しとる菊池寛（全集）の中には、まるきり前の軍国主義時代の、中国兵がやったということを堂々と書いてですね、それそのまま高松市が認めて出版しとると。何の説明もないです。これも大変だということが、非常に大きな、私は裁判にもっていくきっかけになったと思います」

滝さんは一九五四年九月十八日に結婚する。この日付を選んだのは、柳条湖事件を「死ぬまで記憶しておらんといかん」と思ったからだとも証言している。

「郷土の文豪」に人生を狂わされた無念さと、過ちを繰り返してはならないとの切実な気持ちで起こした裁判だが、裁判所にはまるで通じなかった。被告元市長側は、資料価値や研究目的もあり違法ではないと主張、それをなぞるような判決だった。滝氏はあきらめずに控訴、さらに上告したが、結論が変わることはなかった。

本稿を書くにあたり、高松市の菊池寛記念館を訪ねてみた。全集発行の真の狙いを確かめたかった。日本文芸家協会会長、日本文学報国会の創立総会の議長の経歴を紹介した記述はかろうじて見つかった。しかし、そこに「ペン部隊」としての説明はなかった。菊池寛原作の映画『かくて神風は吹く』（一九四四年、大映）を紹介したビデオのナレーションも作者に好意的だ。

「敗色が日増しに濃厚となった第二次世界大戦末期。せめて神力によって国民の士気を鼓舞させようと意図された作品である」

日本のジャーナリズムが、政府の弾圧に抵抗し、屈し、迎合して社会を破滅に招き、現在もその負債を引きずっている歴史は、展示からはまったく読み取れない。「郷土の文豪」の称賛一色であった。

軍神づくりに協力した「陸軍省記者倶楽部」

問題の第二〇巻に収録された「西住戦車長伝」も読んだ。西住大尉のベタ褒めに終始する物語は私には退屈だったが、冒頭付近に興味深い描写を見つけた。執筆経緯を菊池自身の語りで説明する部分なのだが、徐州攻略戦（一九三八年）で戦死した西住大尉の「功績」と人となりを陸軍情報部の幹部が大尉の上司（細見大佐）から聞き、「陸軍省記者倶楽部」をつかって「軍神」に仕立て上げる様子が詳しく書かれている。

昨年十一月二十日、千葉の戦車学校関係者で、戦地から帰還した将校達で、懇親会が催された。陸軍の情報部にゐるA中佐も参加した。A中佐も、戦車学校出身であつた。

席上、生々しい実戦談が交はされたが、細見大佐は、自然西住大尉が、いかに感心すべき人物であつたかを語つた。

熱情家のA中佐は、忽ち感激して、

「なぜ、その男の事を、もつと世間に発表しないのか。」

と、云つた。

「いや、それが……」

と、大佐は、それに就ての、自分の遠慮、気兼、悩みを細かに語つた。

「貴君《あなた》の立場としては、尤もだ。ぢや、東京へ帰つたら、部長に相談して、情報部の方で取扱ふことにしよう。」

と、云つてくれた。

西住大尉が戦死してから、六ケ月にして大尉の名は、世に現はれることになつたのだ。

中佐は、東京に帰ると、翌日、当時の情報部長A大佐に相談した。大佐も亦、直情径行を以て知られてゐる熱血漢であつた。

「そんな立派な人間が居るなら、それを普《あまね》く知らして、国民精神の上に生かして行かうぢやないか。俺は、最近中支方面に行くから、ついでに西住大尉の戦跡を視察して、土産話として大尉の話を、ラヂオで放送しよう。」

と、云つた。

が、A大佐は、その後情報部から、他へ転任したので、その計画は実現しなかつた。

その為に、新しい機会が撰ばれた。

その頃、陸軍省記者倶楽部の人々が、陸軍省関係の各学校を参観して廻つてゐたが、十二月十七日には、戦車学校に来る事になつたので、戦車の演習を見せた後、同校の教官である角中佐が「戦車の趨勢」と題した講演を為した後、細見大佐が立つて西住大尉の武勲と為人《ひととなり》に就いて語つた。

その講演は、それを傾聴した人々に、多大の感激を湧かさずにはゐなかつた。

翌日の各新聞紙は、一斉にこの若き武人に就いて、書き立てた。

昭和の軍神なる名称が期せずして冠せられてゐた。

（中略）

私《わたくし》は、西住大尉伝の執筆を、依頼され、軍当局の好意に依つて、上海《シャンハイ》、南京《ナンキン》の戦跡を視察した。また、第一線近くに待機してゐた石井部隊を訪ねて、大尉の旧部下の人々と親しく膝を交へて話を聞いた。

細見大佐は、始終私と同行してくれたが、大佐が西住大尉を懐ひ、その真実《ほんとう》の精神人格を誤りなく世に伝へんとする熱心さに、心を打たれた。

（「西住戦車長伝」『菊池寛全集第二〇巻』一〇二頁～一〇三頁）

陸軍省が提供した美談に、「陸軍省記者倶楽部」にたむろする新聞記者がとびつく様子が目に浮かぶ。そして、〝売れっ子〟菊池寛もこの「軍神」話に協力をする。日本文芸家協会会長や日本文学報国会の創立総会の議長を務め、いわゆる「ペン部隊」の先頭に立つ。「文壇の大御所」となり、事業家として成功する。

言論の自由を激しく攻撃した政府に協力して侵略戦争をあおりたてた人物と作品を手放しで称賛する高松

市や社会のあり方を、滝さんは「菊池寛訴訟」を通じて厳しく問うた。その問いは、「新聞記者」の名刺を持って記者クラブに入り浸っていた私自身にも投げかけられていたのだと、滝さんの穏やかな表情を想起しながら、いま強く思う。

追記　なお、久保和彦弁護士には訴訟記録の提供などのご協力をいただきました。この場を借りて厚くお礼申し上げます。

（二〇二一年七月七日、倉敷市の生家にて）

〈参考文献〉

・滝恒夫陳述書　資料集『白雲にのりて君還りませ井上信高君の霊に捧ぐ』（菊池寛訴訟を見守る会編、香川電通ＯＢ有志）収録
・『菊池寛全集』（全二十四巻。高松市菊池寛記念館編、一九九三年～九五年文藝春秋社刊）
・「『菊池寛裁判』を傍聴して／問われる自治体の歴史認識」（佐古口早苗、一九九八年十二月四日付朝日新聞香川版）
・「高松市の菊池寛全集刊行費返還訴訟　最高裁へ」（二〇〇〇年二月八日付山陽新聞香川版）
・『朝日新聞社史　大正・昭和戦前編』（朝日新聞百年史編修委員会編、一九九一年朝日新聞社刊）
・『滑稽新聞』（宮武外骨）

三宅勝久（みやけ・かつひさ）

一九六五年岡山県倉敷市生まれ。大阪外国語大学（現大阪大学）外国語学部イスパニア語科卒業。フリーカメラマンとして中南米やアフリカなどの紛争地を取材。『山陽新聞』高松支社勤務記者を経て二〇〇二年からフリーランスのジャーナリスト。第十二回『週刊金曜日』ルポルタージュ大賞優秀賞受賞。地方行政の腐敗、土地活用ビジネス業界の闇、研究不正、自衛隊の腐敗問題、「奨学金ローン」問題などのテーマに取り組んでいる。主著に『ヤミ金・サラ金大爆発―亡国の高利貸し』（二〇〇三年、花伝社）、『悩める自衛官―自殺者急増の内幕』（二〇〇四年、花伝社）、『武富士追及―言論弾圧裁判１０００日の闘い』（二〇〇五年、リム出版新社）、『自衛隊員が死んでいく―〝自殺事故〟多発地帯からの報告』（二〇〇八年、花伝社）、『債鬼は眠らず―サラ金崩壊時代の収奪産業レポート』（二〇一〇年、同時代社）、『日本を滅ぼす電力腐敗』（二〇一一年、新人物文庫）、『自衛隊という密室―いじめと暴力、腐敗の現場から』（二〇〇九年、高文研）、『自衛隊員が泣いている―壊れゆく〝兵士〟の命と心』（二〇一三年、花伝社）、『日本の奨学金はこれでいいのか！』（共著。二〇一三年、あけび書房）、『司法が凶器に変わるとき―「東金女児殺害事件」の謎を追う』（二〇一五年、同時代社）、『大東建託の内幕〝アパート経営商法〟の闇を追う』（二〇一八年、同時代社）、『小池百合子東京都知事と黒塗り文書　嘘、隠蔽、言い逃れ―税金を〝ネコババ〟する輩は誰だ！』（二〇一九年、若葉文庫）、『「大東建託」商法の研究〝サブリースでアパート経営〟に気をつけろ！』（二〇二〇年、同時代社）など。ブログ『スギナミジャーナル』主催。

https://miyakekatuhisa.com/

執筆者紹介（五〇音順、詳細は各執筆者の文末に記載）

伊丹淳一（いたみ・じゅんいち）
一九四一年（昭和十六年）、大阪府豊中市生まれ。一九六四年（昭和三十九年）甲南大学経営学部卒業。同年大日本プラスチックス㈱（現タキロンシーアイシビル㈱）入社、二〇〇一年代表取締役社長。現一般社団法人・国土政策研究会理事、㈱伊丹ビル代表取締役。

猪又清之（いのまた・せいじ）
一九四四年（昭和十九年）一月、香川県生まれ。高松高等学校、中央大学・法学部法律学科卒業。全国繊維産業労働組合同盟（現・UAゼンセン）・調査局、㈶関東電気保安協会・人事部長・理事・監事。㈱永木精機・参与、香川県民共済生活協同組合・理事。

江里健輔（えさと・けんすけ）
一九三九年（昭和十四年）山口県で出生。昭和三十九年山口県立医科大学（現山口大学医学部）卒。昭和四十七年アメリカコロラド大学膜型人工肺の研究員として留学。平成十三年二月日本心臓血管外科学会会長、同年山口大学・名誉教授、平成十九年中華人民共和国青島大学名誉教授、平成三十年山口県立大学名誉教授。

太田和代（おおた・かずよ）
一九四五年（昭和二十年）高松市三谷町生まれ。三渓小・中学校卒業、高松高校卒業、府立大阪女子大福祉学科卒業。東京在住中に板橋区立児童館勤務、まはやな保育園勤務。昭和五十二年高松に帰省し、公文式三谷教室を開設現在に至る。地域活動：民生主任児童委員、三谷地区遺族厚生会会長。民話収集：三谷の民話「三谷のじゃの話」「通れん谷の山姥の話」を紙芝居・絵本にする。

小笠原ユキ子（おがさはら・ゆきこ）
一九四四年（昭和十九年）、高松市生まれ。広島大学教育学部卒業。高松高校、高松商業高校、香川中央高校等で国語教諭。元香川県高等学校文化連盟放送部会部長。高松市在住。

沖田　極（おきた・きわむ）
一九四一年（昭和十六年）、長崎県西彼杵郡崎戸町生まれ。山口県立医科大学（現山口大学医学部）卒業、米国ペンシルバニア州フィラデルフィア市フェルス癌研究所研究員（一九七一年六月）一九七四年八月）。山口大学医学部第一内科帰局、助手、講師を経て一九八九年、山口大学医学部内科学第一講座教授。山口大学医学部付属病院長（一九九〇年十一月～一九九三年三月）。

柏木隆雄（かしわぎ・たかお）
昭和十九年三重県松阪市生まれ。三重県立松阪工業高校工業化学科卒業後、住友金属工業（株）勤務ののち大阪大学文学部入学。同大学院博士課程単位取得、パリ第七大学文学博士。神戸女学院大学文学部助教授を経て大阪大学文学部教授定年退職後、放送大学大阪学習センター所長、大手前大学学長を歴任。

北原峰樹（きたはら・みねき）
一九六一年（昭和三十六年）三月十三日、広島で生まれる。北九州大学大学院中国言語文化専攻を修了後、香川県で教職に就き高校で国語を担当する。翻訳書に『物語でつづる中国古代神話』、編著に『「大禹謨」再発見～それを受け継ぐ人々』、『平田三郎の生涯～大禹謨を世に出した人』、著書に『荘子の哲学を生きる九万里を分母に　漢文好き高校教師の語り合い』などがある。

阪本晴彦（さかもと・はるひこ）
一九四七年（昭和二十二年）生まれ。大阪府出身。和歌山県立医科大学卒業、同大学院終了、和歌山県立医科大学助手、講師（この間オーストラリア、メルボルン大学に一年間留学）、香川医科大学助教授、香川医科大学（現香川大学医学部）教授、香川大学医学部長、香川大学副学長などを経て現在は香川大学名誉教授、客員研究員。

佐藤　功（さとう・かたし）

一九四九年（昭和二十四年）岡山市生まれ。一九七六年弘前大学医学部卒業。同年岡山大学医学部放射線科医員。一九八二年香川医科大学放射線医学教室助手。香川大学と統合した後、助教授として二〇〇六年退職、同年香川県立保健医療大学看護学科教授。その後、副学長、学長を経て二〇一八年退任。同年、香川県綾歌郡宇多津町の清仁会宇多津病院放射線科画像診断センター長。現在に至る。

篠崎文彦（しのざき・ふみひこ）

一九四〇年（昭和十五年）、福岡県出身。九州歯科大学卒業、札幌医科大学卒業。札幌医科大学講師、九州歯科大学教授、山口大学教授。宇部興産中央病院院長、愛媛労災病院院長、山陽小野田市病院局顧問。山口大学名誉教授。

多田克昭（ただ・かつあき）

一九四四年（昭和十九年）高松市生まれ。四番町小学校、紫雲中学校、高松高校を経て防衛大学校（機械工学）卒業後陸上自衛隊に入隊。機甲科幹部として各地で勤務後、二〇〇〇年定年退官。岡山県赤磐市在住。

中澤　淳（なかざわ・あつし）

一九三六年（昭和十一年）大阪市生まれ。京都大学医学部を卒業後、同大学同学部、米国ジョンズ・ホプキンス大学生物学部、千葉大学医学部、山口大学医学部、東亜大学医療学部において、生化学、分子生物学の教育と研究に携わる。山口大学名誉教授。元山口大学医学部長、元東亜大学学長、元日本生化学会会長。

長尾省吾（ながお・せいご）

一九四二年（昭和十七年）四月、香川県三豊郡三野町生まれ、一九六七年岡山大医学部卒業、六八年同脳神経外科入局、七六年米国シカゴ市クックカウンティ病院留学、八二年講師、八六年香川医科大学助教授、九一年同教授、二〇〇三年同附属病院長、〇八年ＪＡ香川厚生連理事長、香川県医療政策アドザイザー、一一年香川大学長、一七年同退任。

西岡幹夫（にしおか・みきお）

一九三六年（昭和十一年）、山口県出身。山口県立医科大学（現山口大学医学部）大学院修了、山口大学助教授、香川医科大学教授、愛媛労災病院院長、高松大学生涯学習教育センター講師などを経て、現在、岡村一心堂病院顧問、ＮＨＫ文化センター高松講師、香川医科大学（現、香川大学）名誉教授。

野口雅澄（のぐち・まさずみ）

一九三七年（昭和十二年）八月二十八日、観音寺市柞田町生まれ。広島大学文学部卒業。昭和三十五年から三十八年間、香川県内高等学校教員。昭和五十六（一九八一）年、第十六回香川菊池寛賞受賞『俳諧の風景』。観音寺連句会代表、三豊の戦世を伝える会代表、観音寺市文化財保護審議会委員等。著書『鍬の戦士』、『父の帰還』、『志の文学』等。筆名　剣持雅澄。

萩原幹生（はぎはら・みきお）

一九三八年（昭和十三年）大阪市東住吉区生まれ。岡山県備前市三石へ疎開。和気閑谷高校、神戸商船大学（現神戸大学）卒業。国鉄入社。青函連絡船、本社船舶局、宇高連絡船、ＪＲ四国本社。退職後、日本船舶職員養成協会、海技専門大学校教官等を歴任。海事補佐人、現切り絵作家。

橋本康男（はしもと・やすお）

一九四四年（昭和十九年）三月、香川県東かがわ市生まれ。明治大学卒業。㈱ハシセン会長。香川のてぶくろ資料館館長。

真屋正明（まや・まさあき）

一九四七年（昭和二十二年）高松市大工町に生まれる。高松高校、大阪大学経済学部卒業、三井物産㈱に入社し数年で帰郷、工業薬品卸売りの㈱真屋商店に入社、代表取締役となり、現在は取締役会長。高松北ロータリークラブ会員、香川いのちの電話協会理事。

水重克文（みずしげ・かつふみ）

一九五三年（昭和二十八年）、広島県高田郡（現　安芸高田市）吉田町生まれ。広島私立修道高等学校卒業。一九七八年、大阪大学医学部卒業。循環器内科学を専攻。附属病院と大阪警察病院での研修を経て、一九八一年から香川医科大学の創設に携わる。一九九一年から米国ケンタッキー州立大学、カリフォルニア州立大学サンディエゴ校に留学。香川大学医学部助教授を経て、二〇〇四年、国立病院機構高松東病院（現　高松医療センター）病院長。二〇一三年から四国電力総合健康開発センター所長。

三宅勝久（みやけ・かつひさ）

一九六五年岡山県倉敷市生まれ。大阪外国語大学（現大阪大学）外国語学部イスパニア語科卒業。フリーカメラマンとして中南米やアフリカなどの紛争地を取材。『山陽新聞』高松支社勤務記者を経て二〇〇二年からフリーランスのジャーナリスト。第十二回『週刊金曜日』ルポルタージュ大賞優秀賞受賞。地方行政の腐敗、土地活用ビジネス業界の闇、研究不正、自衛隊の腐敗問題、「奨学金ローン」問題などのテーマに取り組んでいる。ブログ『スギナミジャーナル』主催。https://miyakekatuhisa.com/

宮武　都（みやたけ・みやこ）

一九二七年一月（昭和二年一月）鹿児島県川内郊外草道生まれ。小学校のとき大阪に移住、西成で育つ。昭和二十一年十一月結婚、高松市へ。野菜委託販売業などに従事。還暦ごろから随筆を地元新聞に投稿、評判となる。現在九十四才。

宮野恵基（みやの・けいき）

一九四二年（昭和十七年）千葉県成田市生まれ。県立千葉第一高校を経て東京大学理科一類に入学。昭和四十四年退学、香川県に移住。医薬品小売業、農業に従事。高松市農業委員など歴任。

六十歳のとき東洋大学文学部入学、十余年後に卒業。歌枕探訪家。

山崎千津子（やまさき・ちずこ）

一九五〇年（昭和二十五年十月）高松市生まれ。高松高校から奈良女子大学・理学部・数学科卒業。紫雲中学校、栗林小学校講師、松島小学校、古高松南小学校教諭。「ポートピア騒動顛末記」で二〇〇三年第十三回『週刊金曜日』ルポルタージュ大賞優秀賞受賞。高松少年鑑別所学習支援カウンセラー、調停委員、場外券売場建設反対ネットワーク代表。http://www.pikara.ne.jp/sequoia/

横田ひとみ（よこた・ひとみ）

一九四八年（昭和二十三年）三月六日、香川県高松市生まれ。香川県立高松高等学校卒業。大阪大学薬学部卒業後、一九七〇年に香川県庁に入り、県立四病院に勤務。二〇〇二年香川県立中央病院薬剤部長。定年退職後、二〇一七年三月まで徳島文理大学香川薬学部教授。

渡辺智子（わたなべ・さとこ）

一九五四年（昭和二十九年）愛媛県西条市生まれ。西条高校を経て京都大学文学部卒業（一九七六年）。通訳・翻訳業の傍ら、教育や平和などの市民運動に取り組む中で女性の政治参画の必要性を痛感。仲間たちの手づくり選挙で香川県議会へ。一九九五年より香川県議会議員を四期（十五年）。現在はみどり・香川代表、市民オンブズ香川事務局長、NPO法人福島の子どもたち香川へおいでプロジェクト事務局担当。

あとがき

書くことの苦手な私が編集を引き受けた。一万五千字、原稿用紙四十枚強の大量の原稿を大勢の方にお願いしなければならない。原稿執筆料なし、出版費用は割り勘でという企画である。友人知人に恐る恐る勧めてみる。案の定殆どの方々は後ろ向き。「時間取れない」「書くことない」はまだしも「原稿用紙四十枚も書いたことないわー。難しい！」との感触。なるほどそうか。原稿用紙十枚程度、四千字くらいなら何とかなるか。原稿集めが最優先、執筆要綱を見直す。四千字を目安に原稿を依頼する。

そのうち「本に載せる文章など書いたことない、一度でよいから自分の載った本も読みたい」「孫たちに私のことを残したい」「面白そう、書けるかどうか」「せっかくの機会だから」とお引き受けいただけそうな方々も出始める。「告別式の土産にしよう」と言った人もいる。

執筆動機は様々だったが締め切り直前の二〇二一年三月には、続々と原稿が集まる。殆どが目安文量を超える。心配は杞憂だった。二十六人の執筆者は、これまでの最高人数。九十四歳から五十六歳まで多様な経験を有する執筆者が揃う。香川菊池寛文学賞受賞者、著名な大学医学部元教授やフランス文学研究者、現役のジャーナリストの方々など。

元連絡船船長の紫雲丸事故の考察は同業者故の貴重な指摘である。当時小学校六年生だった私にとって、友人の父親の遭難死、修学旅行の中止変更などつらい経験も蘇る。戦病死した父親をめぐりたどる戦中、戦後の苦しい生活。美しい田園風景と子供の遊びから懐かしさが蘇る。貧しかった社会の様子など事実の持つ力に心打たれる。広島の胎内被爆者の困難に満ちた生活、九州大の捕虜生体解剖事件等、現代に生きる私たちも戦争による被害と加害の双方の事実を忘れてはならない。

高度経済成長に向かうニッポン。平和な環境の中、医学研究に励んだ青春の日々。ベビーブームの子供たちと受験戦争、まだまだ貧しい学生生活、結婚、子育てなど昭和のあれこれが浮かぶ。女性執筆者も六人あった。女性故に受けた就職差別や職場の問題、育児の喜びや困難等女性の視点も貴重である。

ゲームもテレビもない時代、子どもたちの遊びは自然と街の風景に溶け込む。忘れられない友人もあった。苦しく楽しい子どもの時間をこの本が思い出させてくれるに違いない。

愉快な思い出の中にピリっと顔を出す社会の圧力や矛盾。元新聞記者は平成のメディアの裏側を活写して興味深い。振り返って昭和を生きた私たちが共有する何かを次世代に手渡すのもあってよいのでは――。身近な人に長い話をするのは案外難しい。文章なら残るかもしれない。残らなければそれもよい。ここに集まった文章には家族や友人、同僚、、恩師への感謝とかけがえのない自分の人生を慈しむ思いが満ちている。読者に何かしらメッセージが伝わることを願う。

美しい故郷の自然や先に逝った先達の知恵、あの時阻止出来ず沢山の犠牲を出した戦争について、語り合う手がかりが要る。個人のささやかな思いや事実を記録し残すことの意味はそこにある。執筆者の思いがつぎの世代に伝わることを願って編集の任に当たった。得難い経験をさせていただいた。

執筆者のお一人で宇高連絡船元船長・萩原幹生氏には、表紙と本文中の切り絵利用のご快諾をいただきました。またコロナ禍とオリンピック開催の騒然とした状況にもかかわらずA5版への変更など困難なお願いもご快諾された美巧社様、ご関係の皆様に深く感謝いたします。

執筆者のお一人宮武都様は二〇二一年四月三日老衰のため逝去された。コロナ禍のためお目にかかれないままであった。彼女の書かれた「生る命」の中から数編を採録させていただいた。本書の完成を一番に報告したい。

二〇二一年八月

七十六回目の終戦記念日を迎える盛夏

山崎　敏範

昭和わたしの証言V

令和三年八月十五日　初版発行

編著者　西岡　幹夫・山崎　敏範
発行者　池上　晴英
発行所　株式会社　美巧社
香川県高松市多賀町一丁目八－一〇
TEL　〇八七－八三三－五八一一
FAX　〇八七－八三五－七五七〇

印刷・製本　㈱美巧社

ISBN 978-4-86387-151-9 C0023
落丁・乱丁本は当社にてお取り替えいたします。
定価はカバーに記載されております。